业主方项目管理策划工作指南

张治闾　编著

中国建筑工业出版社

图书在版编目（CIP）数据

业主方项目管理策划工作指南/张治阊编著. —北京：中国建筑工业出版社，2018.10
ISBN 978-7-112-22645-0

Ⅰ.①业… Ⅱ.①张… Ⅲ. ①工程项目管理-指南 Ⅳ.①F284-62

中国版本图书馆 CIP 数据核字（2018）第 205469 号

责任编辑：杨　杰
责任设计：李志立
责任校对：刘梦然

业主方项目管理策划工作指南
张治阊　编著
*
中国建筑工业出版社出版、发行（北京海淀三里河路 9 号）
各地新华书店、建筑书店经销
北京佳捷真科技发展有限公司制版
北京建筑工业印刷厂印刷
*
开本：787×1092 毫米　1/16　印张：20¼　字数：501 千字
2018 年 11 月第一版　　2018 年 11 月第一次印刷
定价：**79.00** 元
ISBN 978-7-112-22645-0
（32776）

序

编者从事建设项目工程管理工作近 40 年，曾从事过建筑工程类教学，并分别承担建筑工程设计和监理、施工、建设方的建设项目技术管理工作，特别是自 2003 年的 15 年来一直从事建设单位（业主方）特大型工程项目管理岗位，对建设项目管理经验的积淀深厚。编者所著的《业主方项目管理策划工作指南》一书，阐述了建设项目管理既是一门新兴的系统理论学科，又是一门实践性很强的应用学科，还是一门经营性广泛的实用学科。本书是对《建设工程项目管理规范》应用实践的演绎，更是实际建设项目管理成功案例的展示，是业主方建设工程项目管理方面具有操作性、实践性和参考性的工作指引书。

本书抓住建设工程项目管理策划这一业主方的项目管理工作首要及关键环节不放松，阐述了关于建设工程项目管理方面必须进行的顶层设计思路，展现了一个综合的、完整的、全面总体的项目管理策划路径，揭示了项目管理策划是指导项目管理工作前瞻性、纲领性、全局性的必备管理文件，它是实施项目管理标准化、制度化及科学化所必需的，它绝不是可有可无的，不论是哪个组织、哪个项目、什么样的项目管理难易程度，都必须编制项目管理策划以指导项目管理工作，决不能变相取消或削弱这项工作。本书所论述的观点、事例、案例对建设项目实施“一体化项目管理”理念、克服以经验管理为主的粗放式管理弊端、规范工程项目管理行为和最优实现项目管理既定目标等具有现实意义。

本人深刻理解编者能把从业 40 年来在开展建设项目管理的工作实践经验、心得体会及成功做法整理成册，愿能对建设单位（业主方）从业人员在开展建设项目管理工作时起到抛砖引玉的作用，为建设项目管理科学创新和发展添砖加瓦，提出实用有效的成功案例供需要者参考。

本人也熟知编者尽管着手编辑本书历时了近三年时间，在繁忙的工作之余积累零碎时间整理编写而成，更令人鼓舞的是编者近 15 年来所担任业主方项目管理工作的实践经验悉数总结和其心路历程的展现。《业主方项目管理策划工作指南》一书的正式出版，本人作为师兄和挚友非常高兴，拜读之后受益匪浅，愿提笔写此序言以资鼓励和向同业同仁推荐之。同时在此也携编者一道感谢所在单位的领导、同事及好书、好友给予的帮助和支持！书中若有错漏也请读者给予赐教，以便编者能持续改进和不断提高。

中国建设监理大师

广东省建筑业协会秘书长

2018 年 8 月 21 日于广州

前 言

本人从事工程建设第一线管理工作已达三十多年，特别是从事建设单位（业主方）大型项目管理十五年来，深深感悟到随着国家建设管理体制不断创新，诸如工程监理、工程代建、项目管理等中介服务机构近年不断推出，建设单位首要责任明确，建设单位项目管理尤为重要。工程项目管理既是一门新兴的系统理论学科，又是一门实践性很强的学科，还是一门经营性广泛的学科，学习并应用工程项目管理，可以克服以经验管理为主的、粗放式的传统管理的各种弊端，有利于规范工程项目管理行为，促进工程项目管理健康发展，确保项目建设目标的实现和项目本身的成功，并不断提高建设工程投资效益和管理水平。

建设单位（或代建单位）决策层对项目管理的模式仍在探索中，尚未形成有效的制约机制。决策层过度依赖项目管理层（项目经理部）对项目实施管理，指导帮助有限，过程审计、财务监督控制不够，决策层的触角得不到有效延伸，导致政令不通、信息不畅，决策层的要求得不到有效落实。

项目管理策划是在项目管理方面进行的一次顶层设计，是一个综合性的、完整的、全面的和总体的项目管理策划，它是指导项目管理工作的纲领性文件。项目管理策划是实施项目管理科学化所必需的，它不是可有可无的，不论是哪个组织、哪个项目、什么样的项目管理难度，都必须编制项目管理策划以指导项目管理工作，绝不能变相取消或削弱这项工作。它对项目的成功、对于实施“一体化项目管理”的理念具有十分重大的意义。

为此，编者有心做一次尝试，把近年来在开展某大型建设项目的管理工作中的实践、体会及做法整理成册，抛砖引玉，愿对我国建设项目管理水平能够再上一个台阶贡献绵薄之力。

2018 年 7 月于广州

目　录

第一章 概 述

一、为什么编此书

(一) 编制原因

1. 学习与应用工程项目管理的意义重大

工程项目管理既是一门新兴的系统理论学科，又是一门实践性很强的学科，还是一门经营性广泛的学科，学习并应用工程项目管理，可以克服以经验管理为主的、粗放式的传统管理的各种弊端，有利于规范工程项目管理行为，促进工程项目管理健康发展，确保项目建设目标的实现和项目本身的成功，并不断提高建设工程投资效益和管理水平。无数事例证明：工程项目管理是中国特色社会主义市场条件下工程建设进行科学管理的最有效模式，它已经在我国经济建设中发挥了巨大的作用，而且今后发挥的作用将会越来越大。编写《业主方项目管理策划工作指南》有助于帮助读者了解和掌握项目全过程中的各种管理职能工作、各种管理过程以及各种管理要素，使工程项目管理顺利地、有效地进行。同时，也有助于科学化工程项目管理的学习与应用。

2. 工程项目管理需要科学化

项目成功率并不如想象中那么高。

美国一家研究机构在 1994 年对 8400 余个项目的研究表明：

——16%的项目实现了其项目目标；

——50%的项目需要补救；

——34%的项目彻底失败。

美国 PMI（美国项目管理协会）主席 J. D. Frame 博士在 1997 年对 438 位项目管理者的调查结果如下：

——29%的项目没有达到目标；

——17%的项目费用严重超支；

——38%的项目在一定程度上费用超支；

——35%的项目严重拖期；

——34%的项目在一定程度上拖期。

以上的数据，来自美国的资料。国内尚未查到此类权威的统计分析数据。不过，根据本人的经历作初步估计，恐怕不会比上面的情况好，问题只会更严重。据分析，大多数项目出问题的根源，在于缺乏科学的工程项目管理。工程建设项目现状的改变，迫切要求学习和应用科学化项目管理；目前，项目管理通常存在的缺乏计划性与系统性、迁就现状、执行不到位、受控失效、不思改进的管理现状，迫切地需要解决科学化和现代化的问题。据本人分析，工程项目管理缺乏科学性的主要原因有以下三点：

（1）组织方面

1）建设单位（或代建单位）决策层对项目管理的模式仍在探索中，尚未形成有效的制约机制。决策层过度依赖项目管理层（项目经理部）对项目实施管理，指导帮助有限，过程审计、财务监督控制不够，决策层的触角得不到有效延伸，导致政令不通，信息不畅，决策层的要求得不到有效落实。

2）“项目上马建班子，项目完工散摊子”（长期业主和代建单位不在此列）的现象还十分普遍。尤其政府投资的项目，由于项目管理机构是临时组建的，往往只有失败的教训，却没有经验的积累。

3）建设单位的组织架构一般都是自上而下的宝塔形状，最高端的是行政一把手，最底层的是单位员工——工程师、现场管理人员。这种形状的组织架构容易培养不完善的思维。它鼓励“控制链”这一概念，在这里“决策者（管理者）”控制他们下边“低层次”的人的行为。高管和管理者们认为他们的工作就是命令员工的过程，常常忘记了自己的责任是为下面的员工提供资源和服务，也就是忘记了“顾客是关注的焦点”这一宗旨。事实上，管理（高层管理和中层管理）的目的就是帮助员工满足使用业主的需求。使用业主的需求是由单位的员工去直接实现的，如果员工们得到了他们所需要的资源或帮助，那么使用业主也会得到他们所需要的产品和服务。可是目前许多建设单位（代建单位）宝塔形状的组织架构形式，与推进工程项目管理的科学化，是不相适应的。

（2）法律、法规不健全，市场不成熟

法律、法规不健全。尽管我国工程建设行业已经有了相关法律、规章，但是仍没有一个项目管理专业和行业范围的指导性实施准则。同时，“有法不依，执法不严”的现象随处可见，随时可闻。

建筑市场体系与机制不健全、不成熟，条块分割、地方保护，不能充分发挥市场的决定性甚至基础性的调节作用，没有形成有利于应用与推广科学化工程项目管理的市场环境。

（3）项目管理人员的学历一般偏高，素质一般偏低

项目成功率低的深层次原因，主要是项目负责人的观念以及对项目管理方法的应用和理解存在欠缺。从项目管理的应用来看，项目管理人员更多的是从技术骨干中培养起来的，他们在项目的专业技术上堪称一流，但他们缺乏系统的项目管理知识和丰富的项目管理经验。项目管理人员中既懂专业又懂管理的综合性人才尤其缺乏，特别是在单位的高层，真正懂工程项目管理的人不多。一些人管理理念陈旧、管理手段老套、管理方法简单、习惯于用行政命令管理项目，难以发挥正能量的应有作用。单位高层的少数人认为管理可以无师自通，他们迷信自己的经验，缺乏学习和掌握现代管理知识的兴趣，觉得靠经验也完全能够“过好日子”。据我本人的观察，建设单位项目管理人员存在以下问题：

1）概念不清

工程项目管理的基础理论或一般方法是系统论、控制论、运筹学、组织行为学和信息论五大理论，而他们，特别是项目的负责人在项目管理中的一些思路和观念，却与五大基础理论的原则相悖，尤其缺乏运用系统的观点去观察、分析和处理各类管理工作的能力。

2）混淆了工程项目管理与企业管理的区别

从管理对象、管理目标、管理内容、实施主体和运行规律看，两者是有区别的。如从

管理内容看，工程项目管理局限于一个具体项目，是一种任务型管理。而企业管理则是一种职能管理和作业管理的综合，属于实体型管理。从实施主体看，实施工程项目管理的主体是多方面的，有投资人、开发人、承包人等；而企业管理的实施主体仅是企业自身。不过，就某一个具体的实施主体而言，项目管理又是企业管理体系的一个子系统。

3）混淆了实施主体

在工程项目中，不同的参与人承担的任务不同，经济利益不同，项目管理的目标、要求、途径和方法，也有较大的差别。而业主或代建单位或项目监理单位在项目管理实践中往往出现错位的问题，即从承包人（施工单位）的角度去策划各项管理活动。工程项目的三大实施主体——业主（投资人、开发人、发包人）、监理（咨询）、施工（承包人）三方，在项目实施过程中，施工负责“干”，监理负责“监（督）”，业主负责“管（理）”。如果业主的管理策划只侧重了“干什么”与“怎么干”，而忽略了“怎么监”与“怎么管”的话，项目管理难以执行到位，这是混淆了实施主体的表现。当然，会“监”和会“管”，必须懂“干”。总之，项目三方实施主体在项目管理中的任务和侧重点是不同的。

4）不重视项目管理策划

养成了习惯于“埋头苦干”，出了问题再去处理的定势思维。有些虽然作了策划，但是不科学，或策划内容没有覆盖《建设工程项目管理规范》GB/T 50326—2017 的规定要求：一是管理项目缺项，二是管理内容不全，三是可操作性不强。由于项目管理事前没有进行精心策划，可想而知，管理的混乱和有效性差就是必然的了。

5）缺乏持续改进

一些单位的领导和项目的负责人不思进取，或者囿于成见，所以满足于现状，缺乏持续改进的意识。在那里，形式主义、官僚主义、自由散漫大有市场；管理制度、业务流程一定几年不变；绩效的获取，不是通过技术进步或管理改进，而主要是靠加大投入。

有些项目负责人虽然也讲管理改进，但是不懂得怎样寻找改进的机会、不懂得怎么改；在指导思想、管理途径、管理方法等方面存在的问题，常常表现为停留在口头上的多，采取实际行动的少，管理改进的成效甚微，个别的，甚至越“改”越乱，越乱越改。

目前，项目管理的现状与我国工程建设的规模以及对管理的要求，是极不相称的，也是不相适应的，十分有必要努力提高项目管理人员的素质，加强科学的工程项目管理的教育和培训，坚持走工程项目管理科学化的道路。

3. 项目管理策划在实施科学化工程项目管理中的重大作用

项目管理策划是在项目管理方面进行的一次顶层设计，是一个综合性的、完整的、全面的和总体的项目管理策划，它是指导项目管理工作的纲领性文件。项目管理策划是实施项目管理科学化所必需的，它不是可有可无的，不论是哪个组织、哪个项目、什么样的项目管理难度，都必须编制项目管理策划以指导项目管理工作，绝不能变相取消或削弱这项工作。它对项目的成功、对于实施“一体化项目管理”的理念具有十分重大的意义。

（二）编制内容

编制内容按照《建设工程项目管理规范》GB/T 50326—2017 中项目管理规划大纲要求的项目范围、目标、组织、采购、投资、进度、质量、安全、环境、资源、信息、风险、沟通、收尾管理共 15 项管理。

（三）编制思路

1. 实施主体

实施主体选择业主。与项目的其他实施主体相比较，业主方的项目管理是对工程项目全生命期、全过程的管理。业主的项目管理策划还对各相关方的项目管理和项目管理策划起指导和首要作用。逐步提高业主项目管理的水平，必将会加快整个工程界项目管理科学化和现代化的进程。

2. 不是范本是指南

本书不是某一特定项目的项目管理策划大纲的范本，而是针对所有项目，尤其是大型工程项目的项目管理策划编制的指南，其作用在于指导如何编制项目管理策划。所以，在介绍项目管理策划的性质、作用、依据以及编制的程序、要求和内容的同时，还增加了定义、编制方法、编制原因等内容。

本指南的内容比《建设工程项目管理规范》GB/T 50326—2017 的要求略为详细，不仅介绍做什么、什么时间做、什么地点做、谁做和怎么做，还谈了为什么做，希望通过这些沟通，能增强对本指南的理解，并帮助正确使用。

二、项目管理策划为何物

（一）项目管理策划的性质

（1）项目管理策划是在项目管理方面进行的一次顶层设计，是一个综合性的、完整的、全面的和总体的项目管理策划，它是指导项目管理工作的纲领性文件，它应对项目管理的目标、依据、内容、组织、资源、方法、程序和控制措施进行确定。

（2）项目管理策划是对项目全过程中的各种管理职能工作、各种管理过程以及各种管理要素进行系统策划，以保证项目管理有效地、顺利地进行和项目成功。

（3）项目管理策划应随着项目环境条件的变化而进行动态调整。

（二）项目管理策划的种类

1. 按编制的目的不同分类

可分为项目管理策划大纲和项目管理实施策划。

（1）项目管理策划大纲是项目管理工作中具有战略性、全局性和宏观性的指导文件，它由组织的管理层或组织委托的项目管理公司编制，目的是满足战略上、总体控制上的需要。

（2）项目管理实施策划是项目管理策划大纲的具体化和深化，作为项目管理部实施项目管理的依据，具有作业性或可操作性。它由项目管理部组织编制。编制中除了对项目管理策划大纲进行细化外，还根据实施项目管理的需要补充更具体的内容。

2. 按项目管理组织分类

可分为建设单位的项目管理策划，设计单位的项目管理策划，监理单位的项目管理策划，施工单位的项目管理策划，咨询单位的项目管理策划，项目管理单位的项目管理策划等。监理单位的项目管理策划或施工单位的项目管理策划，为避免重复性工作，可以分别用监理规划、施工组织设计或质量计划替代，但必须对内容进行改革、扩展，应能够满足项目管理策划的要求。

3. 按项目管理策划的编制范围分类

可分为全面项目管理策划和局部项目管理策划。

(1) 全面项目管理策划。它是针对一个项目全过程中的各种管理职能工作、各种管理过程以及各种管理要素进行系统的、完整的项目管理策划。大中型工程项目都必须有一个全面的项目管理策划大纲和全面的项目管理实施策划。

(2) 局部项目管理策划。它是针对项目管理中的某个管理职能工作、某个管理过程以及某个管理要素进行策划的。例如，设计单位进行建筑设计或设备设计的项目管理策划；施工单位编制的施工阶段项目管理策划。局部项目管理策划有着针对性强和立竿见影的效果。

(三) 项目管理策划的作用

(1) 研究和制定项目管理目标。

项目管理采用目标管理的方法，目标对项目管理的各个方面具有规定性，有了目标，就有了行动的方向、追求的结果、管理的灵魂。

(2) 策划实施项目目标管理的组织、程序和方法，落实组织责任。

1) 组织是项目管理机能的源泉，项目管理的载体。做好了组织策划，便为项目管理的成功提供了最基本的保证。

2) 程序是工作的步骤，是规律，是使项目管理有秩序进行的保证。

3) 项目管理方法的重要性如同工具对于生产、武器对于战争，关系着管理的实施和成败。要提高管理方法的效能，就必须实现管理方法的现代化。项目管理策划要从大量可用方法中进行优选，以便选用最适用的最有效的方法。

4) 使每一个管理者明确自己的任务、程序和方法。

(3) 是项目管理的依据和标准。

项目管理策划是项目管理的规范，也即明文规定的标准，必须在项目管理中落实执行。

(4) 作为项目管理部考核的依据之一。

(四) 项目管理策划的编制要求

1. 对建设单位编制项目管理策划的要求

(1) 应当以实现建设工程项目策划、指导全过程项目管理的成功为目的。

(2) 主要是策划建设单位自身的项目管理行为。

(3) 应能对各相关方的项目管理起指导作用。

(4) 建设单位必须编制项目管理策划，也可委托符合要求的代建单位、咨询单位编制。

2. 对项目各相关方编制项目管理策划的要求

（1）符合使用业主的要求（包括符合《建设工程项目管理规范》的要求）。

（2）编制过程中必须全面研究项目的招标文件和合同文件。

（3）项目管理实施策划必须满足自身项目管理策划大纲的要求。

（4）符合国家（和地方）的法律、法规、政策、规范、规程和标准。

（5）符合现代管理理论，采用新的管理方法、手段和工具。

（6）编制人员必须树立科学发展观，通过科学论证及决策后进行编制。

（7）用系统观点编制项目管理策划，采用系统的方法，以取得系统的全面的理想效果。

三、项目管理策划大纲概要

（一）项目管理策划大纲的性质

项目管理策划大纲是项目管理工作中具有战略性、全局性和宏观性的指导文件。所谓战略性，是指其内容高屋建瓴，具有方向性、原则性、长期性的指导作用；所谓全局性，是指它考虑的是项目管理的整体而不是某一部分或局部，是全过程而不是某个阶段，是全部要素而不是单个因素；所谓宏观性，是指策划的角度是从总体上、大的、关键的、重要的方面去着手，而不是从微观方面去计划。

（二）项目管理策划大纲的作用

（1）对项目管理的全过程进行策划，为全过程的项目管理提出方向和纲领。

（2）作为承揽业务、编制投标文件的依据（项目各相关方）。

（3）作为中标后签订合同的依据。

（4）作为编制项目管理实施策划的依据。

（5）建设单位的项目管理策划大纲还对各相关方的项目管理和项目管理策划起指导作用。

（三）项目管理策划大纲的编制依据

（1）可行性研究报告。

（2）设计文件、标准、规范与有关文件（项目各相关方及业主施工阶段的项目管理策划大纲）。

（3）招标文件及有关合同文件（项目各相关方的项目管理策划大纲）。

（4）相关市场信息和环境信息。市场信息主要是指供求信息、价格信息和竞争信息。环境信息包括政策环境、经济环境、管理环境、国际环境、政治环境、自然环境、现场环境等信息。

（四）项目管理策划大纲的编制程序与要求

1. 项目管理策划大纲的编制程序

（1）明确项目目标。

（2）收集项目的有关资料和信息。

（3）分析项目环境和条件。

（4）确定项目管理组织模式、结构和职责。

（5）明确项目管理内容。

（6）编制项目目标计划和资源计划。

（7）汇总整理，报送审批。

2. 项目管理策划大纲的编制要求

（1）由代建单位或业主委托的项目管理单位编制，吸收拟委派的项目经理、项目技术负责人参加。

（2）策划中的各项目标，应符合项目策划或合同文件的要求。

（3）技术组织措施的策划应立足于本单位的经营管理水平和实际能力，可靠、可行、有效。

（4）项目管理策划大纲应较好地掌握详略程度，实施性内容宜粗不宜细。

（五）业主项目管理策划大纲的编制内容

1. 项目概况

（1）项目基本情况：包括工程项目名称，投资规模，工程规模，使用功能，工程结构与构造，建设地点，基本的建设条件（场地条件、自然条件、法规条件、资源条件、市场条件）。项目的基本情况应尽量引用数据指标。

（2）项目实施条件分析：包括对业主自身条件与基本建设条件的分析。通过分析，搞清利弊，对有利的条件如何充分利用，不利的条件怎么避免和克服，缺少的条件又如何去创造等作出妥善安排。

（3）项目管理基本要求：包括法规要求，政治要求，政策要求，组织要求，投资人要求，管理模式要求，管理理念要求，管理环境要求，其他要求（使用者或其他受益者的要求）等。

2. 项目管理策划

包括项目范围、目标、组织、合同、采购、投资、进度、质量、安全、环境、资源、信息、风险、沟通、收尾管理共15项管理的策划。

四、党、国家与住房城乡建设部关于建筑业改革与转型的基本思路

（一）继续推行工程建设项目全过程管理

（1）国办发〔2017〕19号《国务院办公厅关于促进建筑业持续健康发展的意见》指出：培育全过程工程咨询。鼓励投资咨询、勘察、设计、监理、招标代理、造价等企业采取联合经营、并购重组等方式发展全过程工程咨询，培育一批具有国际水平的全过程工程咨询企业。制定全过程工程咨询服务技术标准和合同范本。政府投资工程应带头推行全过程工程咨询，鼓励非政府投资工程委托全过程工程咨询服务。

（2）建市〔2017〕98号文《住房城乡建设部关于印发建筑业发展“十三五”规划的

通知》指出："改革工程咨询服务委托方式，研究制定咨询服务技术标准和合同范本，引导有能力的企业开展项目投资咨询、工程勘察设计、施工招标咨询、施工指导监督 、工程竣工验收、项目运营管理等覆盖工程全生命周期的一体化项目管理咨询服务，培育一批具有国际水平的全过程工程咨询企业。"

（3）建市〔2017〕145 号《住房城乡建设部关于促进工程监理行业转型升级创新发展的意见》，提出"鼓励大型监理企业采取跨行业、跨地域的联合经营、并购重组等方式发展全过程咨询，培育一批具有国际水平的全过程工程咨询企业"。"各地要在调查研究的基础上，结合本地区实际，积极开展培育全过程工程咨询服务、推动监理服务主体多元化等试点工作。"住房城乡建设部在上述最后一份文件中提出"鼓励大型监理企业采取跨行业、跨地域的联合经营、并购重组等方式发展全过程咨询，培育一批具有国际水平的全过程工程咨询企业"。上述提法虽事出有因，但视野似有些狭隘：由监理企业负责项目全过程管理的主要做法往往就是"管监合一"，虽然是我国推动项目全过程管理的重要方面，但也绝不是唯一方向。如由发改委主导的政府投资非经营性项目采用的"代建制"，就是由"代建单位"负责的项目全过程管理，因《国务院关于投资体制改革的决定》属国家最高层面法规的具体内容，所以仍然有效；商务部目前仍然对中国政府海外经济援助项目明确采取的"代建制"是委托原"工程投资咨询单位"为主负责前期策划与建设期管理，也是推广由一般"咨询单位承担项目"全过程。投资单位自行组建机构管理项目亦属于工程项目全过程管理的一个类型。

（二）广泛采用工程总承包项目管理模式

中共中央国务院、国务院办公厅及住房城乡建设部自 2016 年至 2017 年连续发布了《关于进一步加强城市规划建设管理工作的若干意见》《关于促进建筑业持续健康发展的意见》《关于进一步推进工程总承包发展的若干意见 》等文件，均提出："深化建设项目组织实施方式改革，推广工程总承包制"，"加快推行工程总承包"，"政府投资项目应当积极采用工程总承包模式"和"优先采用工程总承包模式"等指示精神。

从历史上看，建设部自 20 世纪 90 年代中期就开始大力推广 EPC 工程总承包模式在中国的使用，但最初效果并不明显。进入 21 世纪，随着投资主体多元化的产生与市场经济的快速发展，一些工业与基础设施项目开始较为广泛地出现了采用工程总承包模式的需求，而在近 4～5 年则日益扩大到包括房屋建筑的其他建设领域。

此思路借鉴了国际工程界近期日益广泛采用工程总承包（EPC 和 P & D+B）模式的趋向。但需要说明的是：国内目前进行的工程总承包存在大量的"假 EPC"，而 FIDIC 文件规定工程总承包模式也是有其"不适用情况"的，我们追求的应是国际工程界各类管理模式在中国都可以得到正确的运用。

（三）试点推动建筑师负责制

住房城乡建设部建筑市场监管司 2017 年 12 月 17 日发布了《关于在民用建筑工程中推进建筑师负责制的指导意见（征求意见稿）》，提出："推进建筑师负责制，充分发挥建筑师主导作用，鼓励提供全过程工程咨询服务。""推进民用建筑工程全寿命周期设计咨询管理服务，从设计阶段开始，由建筑师负责统筹协调各专业设计、咨询机构及设备供应商的设计咨询管理服务，在此基础上逐步向规划、策划、施工、运维、改造、拆除等方面拓展建筑师服务内容，发展民用建筑工程全过程建筑师负责制。”“鼓励建筑师参与项目管理培训，增加项目管理实践，全面提升项目管理能力，提高市场对建筑师负责制的认可度。”

此项改革任务是政府整体思路中最为困难的一项任务，原因包括：①我国设计企业的设计收费要远高于项目管理收费，而项目管理取费则偏低，设计单位缺少利益驱动；②国内从未采用过D+M管理模式，造成设计单位普遍缺少此方面的实践，没有项目管理能力与经验的积累。

由于设计与管理合一可以减少总体的智力资源投入，只要解决了上述能力和经验积累的问题，其市场可行性还是较为现实的。

(四) 借鉴国际经验及与国际项目管理接轨仍是改革的必经之路

1. 需要冷静看待我国的建筑业管理现状

我国自20世纪80年代就开始进行建筑业的管理改革，在建立建筑业投资与建设管理的基本制度，即采用国际通行的惯例性文件方面取得了成功，但在引入国际工程界具体做法方面却走了不少弯路：

(1) 如最初设想引入的“工程项目全过程管理”及“工程管理顾问制度”，偏差为“建设监理制”。2003年建设部就发布了“培育和扶植工程项目管理企业 ”的指导意见，十五年过去了，除个别企业实现了向全过程管理企业的转型外，绝大多数咨询企业除更改了名字为“工程项目管理公司”外，实质能力并无改变。

(2) 再如工程总承包方式的推行，除工业项目的工程总承包尚较为规范外，因没有清晰正确的国家规范指引，在其他领域的推行误区极多，大量号称采用了工程总承包模式的项目大规模失控，成了“假EPC”、“伪EPC”。

(3) 工程项目实施建筑师负责制更是基本停留在设想与纸面上，试点都尚未能进行。所以，我们近十年来虽进行了不少举世瞩目的“大国重器”工程，但很多也是付出了本可避免的工期、造价、质量、安全的额外代价才完成的。

2. 我国改革开放以来对国际工程管理体系与惯例的借鉴

(1) 建设行业四项基本制度的建立。四项基本制度即项目法人责任制、合同制、招投标制与建设监理制，大致起始于20世纪80年代前半期。当时中国尚处于全面的计划经济时期，对单一由国家提供建设资金的工程建设项目，实行的是计划分配勘察设计施工任务，按国家统一制定的概预算定额价格来结算投资，但因发生了中国对世界银行贷款的需求，就要建立并实行上述基本制度，以符合多边援助银行的基本规则，非此无法获得世界银行的贷款。至今，这四项制度仍是我国建设行业法律法规体系的基本支柱。

(2) 从1980年代开始，中国在工程投资与建设领域成功借鉴了一些重要的国际规范体系及相应的规范的惯例性文件，其中最为重要并影响至今的主要是联合国工业发展组织(UNIDO)可行性研究报告编制指南/手册与国际咨询工程师联合会(FIDIC)全套工程合同体系的引入。

两个成熟体系及文件的借鉴大致起始于同一时期。这类借鉴基本都是成功的，其中前者用于项目前期(即项目可行性研究报告获得投资人决策层批复前的项目前期)，而后者用于此后的项目建造/建筑期。

住房城乡建设部提出“鼓励大型监理企业采取跨行业、跨地域的联合经营、并购重组等方式发展全过程咨询，培育一批具有国际水平的全过程工程咨询企业”。

上述提法虽事出有因，但视野似有些狭隘。由监理企业负责项目全过程管理的主要做法往往就是“管监合一”，虽然是我国推动项目全过程管理的重要方面，但也绝不是唯一方向：如由发改委主导的政府投资非经营性项目采用的“代建制”，就是由“代建单位”负责的项目全过程管理，因《国务院关于投资体制改革的决定》属国家最高层面法规的具体内容，所以仍然有效；商务部目前仍然对中国政府海外经济援助项目明确采取的“代建制”是委托原“工程投资咨询单位”为主负责的前期策划与建设期管理，也是推广由一般“咨询单位承担项目”全过程。投资单位自行组建机构管理项目亦属于工程项目全过程管理的一个类型。

3. 建筑业改革与转型的思路就是继续与国际工程管理惯例的接轨

从前述三个建设领域改革或转型的方向我们可以看到三个等式：

（1）工程项目全过程管理＝国际工程投资与管理界的由顾问单位承担工程项目的全过程管理，即采用 FIDIC 规范合同文本中的“施工合同条件”（红皮书），并由 FIDIC 工程师担任建造期间的核心管理者。

（2）工程总承包模式＝采用 FIDIC99 年合同族系中的“工程设计＋采购＋建造条件/EPC”规范合同文本（银皮书）。

（3）建筑师负责制＝国际工程常用的 D＋M（设计＋管理）管理模式，由承担项目全部设计的建筑师同时担任 FIDIC 工程师，在承担了设计工作外也同时承担项目建造的管理工作。一般可采用 FIDIC“客户与咨询工程师的服务合同”（白皮书）。

这三个等式的左侧是我们目前改革转型的方向，右侧则无一例外的是国际工程界的标准管理模式与规范的惯例性文件，所以，可以说建筑业改革思路就是继续与国际工程管理惯例的全面深入接轨。

第二章　项目范围管理策划

一、概述

(一) 定义

1. 项目范围

项目范围是指为了顺利实现项目的目标，完成项目可交付成果而必须完成的工作，即项目行为系统的范围。对一个工程项目而言，它的范围就是完成一个确定规模的工程建设任务的所有活动，它构成了工程项目的实施过程。确定项目的范围就是确定项目的系统界限，明确项目管理的对象。简单来说，就是“需要做什么、不需要做什么”。

2. 项目范围管理

项目范围管理就是对项目工作范围进行的定义、计划、控制和变更等活动。

(二) 项目范围管理概述

1. 项目范围管理的对象

项目范围管理的对象由专业工作、管理工作、行政工作三类工作构成。

专业工作——是指各种专业设计工作、施工（制造）工作和供应工作等。

管理工作——是指为实现项目目标所必需的预测、决策、计划和控制等工作，如安全、质量、进度、投资、环境、合同、信息管理等。

行政工作——是指在项目实施过程中的一些行政事务工作，如行政审批工作等。

2. 项目范围管理的过程和内容

项目范围管理的过程是项目范围的确定→项目结构分析→实施过程中的范围控制。上述三个方面的工作也是项目范围管理的内容，项目范围管理策划就是对这三方面进行策划。

项目范围的确定就是明确项目目标和主要可交付成果，确定项目总体的系统范围并形成文件，以作为项目设计、计划、实施和评价项目成果的依据。

范围定义的结果是工作分解结构（WBS）以及相关的说明文件。用可测量的指标定义项目的工作任务，并形成文件，以此作为分解项目目标、组织责任、安排计划和实施控制的依据。通过工程项目实施过程中的范围控制保证项目范围的完整性。

3. 项目范围管理的目的

（1）按照项目目标、用户及其他相关者的要求确定应完成的工程活动，并详细定义、计划这些活动。

（2）在项目建设过程中，确保在预定的项目范围内有计划地进行项目的实施和管理工作；完成规定要做的全部工作，既不多做也不少做。

（3）确保项目的各项活动满足项目范围定义所描述的要求。

4. 项目范围管理的作用

（1）项目的范围是确定项目费用、时间、资源计划的前提条件和基准。项目范围管理是项目管理的基础工作，对其他项目管理都有纲领性、规定性，并贯穿于项目的全过程。

（2）有助于分清项目责任，有助于对项目任务的承担者进行考核和评价。通过明确项目有关各方的职责界限，以保证项目管理工作的充分性和有效性。

（3）项目范围是项目实施控制的依据。

5. 项目范围管理的原则

项目范围管理的原则就是“No More，No Less”，不多也不少的100%原则。应该做到范围100%的实现，不要做99%，如果每天做到99%，看起来也很有成就，可30天的结果就是73.9%。范围少了，投资人当然不同意也不会满意，直接影响到项目的验收和交付。也不要随便去做那101%的工作，额外的范围意味着额外的风险和成本的增加。所以，范围无小事，谨慎地对待一切范围变更，坚持“不多也不少的100%原则”，经常去核实范围、控制范围，项目才会成功。组织应确定项目范围管理的工作职责和程序，并对范围的变更进行检查、分析和处置。

6. 项目的结构分解

项目是由许多互相关联、互相影响、互相依赖的活动组成的行为系统，它具有系统的层次性、集合性、相关性、整体性特点。按系统工作程序，在具体的项目工作，如设计、计划和实施之前必须对这个系统作分解，将项目范围规定的全部工作分解为便于管理的独立工作单元（活动、任务、工作包）。通过定义这些工作单元的费用、进度和质量，以及它们之间的内在联系，并将完成这些工作单元的责任赋予相应的部门和人员，对项目建立明确的责任体系，达到控制整个项目的目的。将这项系统工作分解的结果称为工作分解结构，即WBS（Work Breakdown Structure）。

二、项目范围管理的策划

（一）项目范围确定

1. 项目范围确定的依据

（1）项目目标的定义文件：项目建议书、可行性研究报告、项目（设计）任务书、招标文件、合同文件。

（2）项目范围说明文件：工程的功能描述文件、规划文件、设计文件、规范、可交付成果清单（设备表、工程量表等）。

（3）环境调查资料：法律、有关工程项目设计施工的标准和规范、现场条件、周边组织的要求等。

（4）其他限制条件和制约因素：项目的总计划、上级组织对项目的要求、总实施策略。

（5）其他：同类项目的历史资料，特别是经验教训。

2. 项目范围确定的过程

项目范围确定的过程：项目目标的分析→项目环境调查与限制条件分析→项目可交付成果的范围和项目范围确定→对项目进行结构分解（WBS）工作→项目单元的定义（将项

目目标和任务分解落实到具体的项目单元上，从各个方面——质量、技术要求、实施活动的责任人、费用限制、工期、前提条件等，作详细的说明和定义）→项目单元界面分析，包括界限的划分与定义、逻辑关系的分析、实施顺序的安排。

项目目标的定义文件和项目范围说明文件都是定义和描述项目范围的文件，并为项目进一步实施（设计、计划、施工）提供了基础。项目范围的确定是一个前后相继、不断细化和完善的过程，前期文件作为后面范围确定的依据。如招标文件的依据是项目任务书、设计文件和计划文件；而项目任务书的依据是可行性研究报告和项目建议书。

3. 确定项目范围的影响因素

主要包括：

（1）最终应交付成果的范围

对不同的发包模式，工程承包项目范围的确定方式不同。

1）对于单价合同

业主在招标文件中应提供比较详细的图纸、工程说明（规范）、工程量表以及合同文件等。承包工程项目的可交付成果由如下几方面因素确定：

① 工程量表。工程量表是可交付成果清单，是对可交付成果数量的定义和描述。

② 技术规范。主要描述了项目的各个部分在实施过程中采用的通用技术标准和特殊标准，包括设计标准、施工规范、具体的施工做法、竣工验收方法、试运行方式等内容。

2）对“设计—施工—供应（EPC）”总承包合同，业主在招标文件中主要对最终交付工程的功能提出要求，相当于工程的设计任务书。它从总体上定义工程技术系统的要求，是工程范围说明的框架资料。承包商必须根据业主要求，在投标书中编写详细的项目范围说明书。

（2）合同条款

合同条款对承包商项目范围的定义有两个方面：

1）由合同条件定义的工程承包（设计、招标、施工）过程责任，如承包商的工程范围包括拟建工程的施工详图设计、土建工程、项目的永久设备和设施的供应、安装、竣工保修等。

2）由合同条件定义的承包商合同责任产生的工程活动，如为了保证实施和使用的安全性而进行的试验研究工作、购买保险等。

（3）因环境制约产生的活动

如由现场环境、法律等产生的项目环境保护的工作任务，为了保护周边的建筑，或为保护施工人员的安全和健康而采取的保护措施，为运输大件设备要加固通往现场的道路等。这些活动构成承包商施工项目活动的范围。

（二）项目的结构分析

范围定义的工具主要是工作分解结构，项目范围管理规划要通过工作分解结构去实现。工作分解结构定义了工程项目的全部工作范围，又描述了项目的系统结构。通常，列入项目分解结构中的工作即属于本项目的工作范围，反之，则不属于本项目的工作范围，分解的结果代表被管理的项目范围和组成部分，为项目范围管理提供了依据，又是项目管理最得力的工具，也为项目管理的其他后续工作提供了基础。

1. 项目分解

项目工作结构分解是“计划前的计划”或“设计前的设计”。项目工作结构分解是将项目按一定的方法划分为可以管理或方便管理的项目单元。

（1）工作分解结构的原则：

1）项目内部的WBS应遵循“自上而下与自下而上相结合，上下一致”的原则。

2）根据项目的规模和复杂程度，确定工作任务分解的详细程度，并不是分解得越详细越好，而是分解到满足管理的需要、可控为止，有明确的可交付成果。例如，大型工程项目在实施阶段，其工作分解结构通常可以分解为六级：一级为工程项目；二级为单项工程；三级为单位工程；四级为任务（或分部工程）；五级为工作包（或分项工程）；六级为工作或活动（或工序）。

3）项目内工作分解时一般选择下列分解要素：项目策划阶段、实施过程（工作流程和步骤）、工作类别、责任部门、交付成果、工作内容等。但同一节点下只能使用同一种分解方法分解出下一级节点，不能同时使用两种以上的方法。同时，不同的项目有不同的特点，因此分解要结合项目实施的要求和后继管理工作的需要，要与项目的承发包方式和管理模式相适应，不能简单拷贝分解模板和步骤。

4）项目分解应该做到：内容完整、不重复、不遗漏；一个工作单元只能从属于一个上层单元；每个工作单元应有明确的工作内容和责任者，工作单元之间的界面应清晰；项目分解应有利于项目实施和管理，便于考核评价。

（2）工作分解结构的步骤：

1）确定项目总目标——将联系紧密的许多任务要求归结为一个项目，这些要求就是该项目的范围目标。

2）划分项目建设阶段。

3）识别项目的主要任务。

4）确定子任务。将每个阶段分解成几个主要任务，任务再分解为子任务。

5）子任务继续分解，识别每一可交付成果的组成单元（工作包或活动）。

① 识别项目的主要组成部分。

② 确定该级别的每一单元是否可以恰当地估算费用和工期。

③ 识别每一可交付成果的组成单元。

6）证实分解的正确性。

7）建立工作分解结构图/表。

（3）工作分解结构的成果

项目工作分解结构的成果，一是工作分解结构图/表——树状结构；二是项目结构分析报告，报告包括项目分解、工作单元定义、工作界面分析三部分内容。

（4）项目分解结构编码设计

对每个项目单元进行编码是现代化信息处理的要求，通过编码给项目单元以标识，使它们互相区别。项目的编码一般按照结构分解图采用“父码＋子码”的方法编制。如编码14223表示项目1的第4个子项目中第2任务的第2个子任务的第3个工作包。（详见《项目信息管理规划》）。

2. 工作单元定义

对工作单元进行详细、明确的定义并形成文件，是分解项目目标、落实组织责任、安排工作计划和实施控制的依据。项目单元的最底层是工作包，定义工作包的主要内容包括：

（1）子项目名，即该工作包所属子项目的名称。

（2）工作包编码。

（3）日期和修改版次。项目结构分解是随着项目实施过程逐步细化、深入的，不是、也不可能是一成不变一次成功的；而且项目目标、合同和任务的变更而导致工作包内容的变化，也是难免的。所以，在项目过程中有不同的版次更替。

（4）工作包名称。包括工作包任务范围和总体要求的简要说明。

（5）工作包内容描述。包括位置、工作（程）量、质量标准、技术要求及实施工作的说明等。

（6）前提条件。完成该工作包应具备哪些条件，有哪些紧前工序，应先完成哪些活动。

（7）工序描述。组成工作包的各项工序的描述。如“混凝土浇筑”这一工作包包括垫层、支模、绑扎钢筋、浇筑混凝土、拆模、养护等工序。对大的工作包，要描述它的里程碑时间，设置的检查点。

（8）责任人与参加者。

（9）所需资源用量的估计。

（10）工期。即开工和完工日期。

工作单元定义可以采用表格形式，把上面10项内容反映在表格中，按规定逐项进行填写，便完成了对工作单元的定义。

3. 工作界面分析

项目单元之间界面的分析，包括界限的划分与定义、逻辑关系的分析、实施顺序的安排。将全部项目单元还原成一个有机的项目整体。这是进行网络分析、项目组织设计的基础工作。工作界面分析的任务是界面划分和联系分析，例如界面的位置、组织责任的划分、技术界限、界面工作界限和归宿、工期界限、活动关系、资源、信息交换时间安排、成本界限等。

工作界面分析应达到如下要求：工作单元之间的接口合理，必要时应对工作界面进行书面说明；在项目的设计、计划和实施中，注意界面之间的联系和制约。

在项目管理中，界面是非常重要的，大量的矛盾、冲突、损失都发生在界面上。所以，应将界面与项目单元一样，作为项目管理的一个重要对象。在项目的实施中，还应注意项目变更对界面的影响。

重要界面通常位于专业的接口处，项目生命期的阶段连接处。

工作界面分析亦可采用表格的形式。将界面分析的任务纳入表格中，逐项进行分析。工作界面分析的结果是项目系统界面一览表。

（三）项目范围控制

1. 项目范围控制的目的

项目范围管理的目的是严格按照项目的范围和结构分析文件进行项目的计划和实施控制，保证在预定的项目范围内按照规定的数量完成项目。“既不多做，也不少做。”

2. 项目实施过程中范围控制的策划

（1）明确并落实使用业主各职能部门以及项目各参建方相应的项目范围控制责任。

（2）在制定项目实施计划，审核设计任务书，进行图纸或技术方案会审，审查工程设计、施工、采购、招标段落的划分、咨询合同、工程变更指令、会议纪要时，应识别所确定（计划的或分派的）任务是否属于项目范围内，是否多余或遗漏。

在审核审批承包商的实施计划和验收已完工程时，必须注意承包商的工程项目范围的完备性，是否符合施工承包合同的要求。对工程项目范围的任何缺陷、遗漏应及时指令修改。

上述审核审批应建立和执行严格的程序和手续。

（3）项目的合同管理（工程变更、工程量计量、工程价款结算）、计划管理、质量管理都应承担项目范围控制的责任，都要包含范围管理的工作内容，从专业管理的层面保证工程项目范围的完备性。

（4）在项目实施过程中，应根据项目范围描述文件对设计、计划和施工过程进行经常性的检查和跟踪，建立各种文档，记录实际检查结果，了解项目实施状况，控制项目范围；通过项目实施状态报告，了解项目实施的中间过程和动态，识别是否按项目范围定义实施，判断任务的范围（如数量）和标准（如质量）有无变化等；定期或不定期进行现场检查访问，通过现场观察，了解项目实施状况，控制项目范围。若发现偏差应及时采取针对性措施予以纠正。

（5）严格工程变更管理。

1）精心策划，细致周全，切合实际。对项目实施的基本建设条件应深入细致地调查研究，全面掌握相关信息，摸清影响、制约项目实施的各种因素，评价可能存在的不确定与风险，使项目实施过程中的各类策划、计划、设计和决策做到细致周全，切合实际，最大限度地控制项目变更的发生。

2）预见变化、控制变化。应该实施工程项目的不确定性管理，系统地识别、分析、处置、监控不确定性，特别关注那些大概率的、对项目实施有重大影响的不确定性，采取措施设法化解与超越，尽量避免此类变化的发生。尤其要防止因业主自身原因——需求不稳定、策划不周、管理不善、工作失职、指挥不当等而造成的项目变更。应该对项目范围可能发生的变更有预见性，以便早作安排，减少对项目实施的影响。

3）项目范围变更的影响程度常取决于作出变更的时间。同样一个变更，发生在项目早期时，对项目目标及实施过程的影响要比发生在项目实施中的小，所以应该对项目范围的可能变更有预见性。

4）严格项目变更的审批程序和手续。制定和执行项目变更管理制度，建立和执行严格的项目变更审批程序和手续。项目变更呈批前应对项目变更的必要性、合理性进行论证，并对变更影响范围进行评价，确保项目变更符合项目范围定义。

5）范围变更后，应及时调整项目的实施计划及相应的成本、进度、质量和资源计划。

6）分析项目范围变更对目标的影响。项目范围作出重大变更决策前，应向有关方面提出影响报告。

三、项目范围管理控制的主要措施

（一）组织管理措施

（1）建立项目范围管理工作体系。业主及各项目干系人均应设置专门机构或指派专人负责项目范围管理工作，明确职责，并建立一套切实可行的项目范围确定、项目结构分析、项目实施过程中范围控制的制度、程序、细则，严格贯彻执行。同时，对规章制度实施动态管理。

（2）严格实施考核考评。业主内部实施绩效考核，对承包人实施综合考评。同时将考核考评与日常的监督检查结合起来，对发现的偏差及时处理。

（二）合同措施

（1）合同中对项目范围的描述必须准确无误，工作界面应界定清楚，并明确承包人在项目范围控制方面的经济责任。

（2）在项目的收尾阶段，应验证项目范围，检查项目范围规定的工作是否完成和最终交付成果是否完备。

（三）技术措施

（1）随着项目实施的进展对项目的结构分解逐步细化和深入，并根据各层级别管理需求的不同，采用不同的分解层次、详细程度，确保项目范围的确定做到科学、合理、准确。

（2）项目结束后，组织应对项目范围管理的经验进行总结，以不断提高项目范围管理的水平。

（3）充分运用现代信息技术和计算机参与项目范围管理的定义、计划、控制和变更等活动，以确保管理的效率和效果。

第三章　项目管理目标策划

一、概述

（一）定义

1. 工程项目目标

工程项目的目标，简言之即实施项目所要达到的期望结果，它是由项目的成果性目标和约束性目标构成的目标系统。其中，成果性目标是项目的来源，也是项目的最终目标。在项目的实施过程中，成果性目标被分解为项目的功能性要求，是项目全过程的主导目标。约束性目标通常又称为限制性条件，是实施项目成果性目标的客观条件和约束条件的统称，是实施项目过程中必须遵循的条件，从而成为项目实施过程中管理的主要目标。项目的目标是两者的统一。

2. 工程项目的目标管理

工程项目的成功来自于对项目有创建性的科学化管理。工程项目科学化管理的主要方法是“目标管理方法”（Management by Objective），其精髓是“以目标指导行动”。即欲使工程项目获得成功，首先需要制定科学合理的工程项目目标，然后以实现目标为宗旨，对工程项目的实施过程进行有效的控制，工程项目管理即是追求项目目标顺利实施的活动过程。没有明确的目标，行为就没有方向，也就不成其为一项任务，亦不会有工程项目的存在。

项目管理目标策划的主要任务是为建设项目设计一个完整的绩效系统，它将帮助项目实现高效运作。实施目标管理不但有利于各项目干系人更加明确高效地工作，更是为未来的项目考核评价制定了目标和考核标准。

（二）工程项目目标控制的方法

主动控制与被动控制均为实现项目目标所必须采用的控制方式，有效的控制是将其紧密结合起来，两者缺一不可。即项目目标控制既要做到事前控制，以预防为主，通过分析可能导致项目目标偏离的各种影响因素，针对影响因素采取有效的预防措施，加大主动控制的力度；又要对项目的实施过程进行定期、连续的跟踪检查，通过信息反馈实行被动控制——发现目标偏离时采取纠偏措施，两者有机地融合在一起，形成一个贯穿建设全过程的动态控制系统，方能确保项目目标的顺利实施。

（三）项目管理目标策划的主要内容

1. 选择确定一套完整的目标体系

工程项目的目标体系为多级（层次）递阶结构。首先应选择确定整个建设项目综合的或总体的管理目标，即确定顶层（第1层次）的工程项目总目标，又称为战略性目标，它用来阐明实施该项目的目的、意义和项目的使命；第2层次是项目的子目标，又叫策略性目标，它们表明实施该项目应达到的具体结果或边界条件对目标系统的约束，即工期、质量、投资、安全、环境五控制的总目标；第3层次目标是将第2层次的子目标再分解成项目的可执行性目标，它们指明了解决问题的具体目标和计划；可执行目标还可以分解为更细的目标因素（指标）。通过由上而下层层分解成分（子）目标和各种指标，在项目内部建立起纵横连接的完整的目标体系（参见项目收尾管理中的项目考核评价），把项目中各参与方、各部门、各类人员都严密地组织在目标体系之中，使个人的工作直接或间接地同项目的总目标联系起来，从而使参与者看清个人工作目标和项目目标的关系，了解自己的工作价值，激发大家关心项目目标的热情。

2. 目标选择确定的原则

（1）符合战略思想和管理方针

项目管理目标的选择确定应符合建设项目的战略思想和管理方针，满足建设项目追求的方向和目的，此外，还应该反映使用者或其他受益人的要求。目标是项目管理努力的方向，也是管理成果的体现，需进行可行性论证，并提出纲领性措施。制定的过程也是自身能力不断增长的过程，项目负责人必须和员工一起在不断制定高绩效目标的过程中共同提高绩效能力。

（2）目标应遵循SMART原则

所谓SMART原则，即是：

1）目标必须是具体的（Specific）。指目标要切中特定的工作指标，不能笼统；也指目标的明确性，就是要用具体的语言清楚地说明要达成的行为标准，而不允许将目标定的模棱两可。

2）目标必须是可以衡量的（Measurable）。指目标是数量化或者行为化的，验证这些绩效指标的数据或者信息是可以获得的；目标的衡量标准遵循“能量化的量化，不能量化的质化”。使制定人与考核人有一个统一的、标准的、清晰的、可度量的标尺，杜绝在目标设置中使用形容词等概念模糊、无法衡量的描述。对于目标的可衡量性应该首先从数量、质量、成本、时间、上级或客户的满意程度五个方面来进行；如果仍不能进行衡量，其次可考虑将目标细化，细化成分目标后再从以上五个方面衡量；如果仍不能衡量，还可以将完成目标的工作进行流程化，通过流程化使目标可衡量。

3）目标必须是可以达到的（Attainable）。指目标在付出努力的情况下可以实现，避免设立过高或过低的目标；选择确定目标既要使工作内容饱满，也要具有可达性。可以制定出跳起来“摘桃”的目标，不能制定出跳起来“摘星星”的目标，也不能制定出“唾手可得”的目标。

4）目标必须和其他目标具有相关性（Relevant）。目标的相关性是指实现此目标与其他目标的关联情况。如果实现了这个目标，但对其他的目标完全不相关，或者相关度很低，那这个目标即使被达到了，意义也不是很大。相关性也指目标是实实在在的，可以证明和观察。

5）目标必须具有明确的截止期限（Time-based）。指目标的时限性，就是指目标是有时间限制的，注重完成绩效指标的特定期限。没有时间限制的目标没有办法考核，或带来考核的不公。

无论是制定团队的工作目标还是员工的绩效目标都必须符合上述原则，五个原则缺一不可。

二、工程项目目标管理的策划

工程项目目标管理可以概括为：一个中心、三个阶段、四个环节和九项主要工作。

一个中心：以目标为中心统筹安排工作。

三个阶段：目标确定、目标实施和目标考核三个阶段。

四个环节：计划、执行、检查、处置（含总结）四个环节。即 PDCA 循环原理。

九项工作：确定目标阶段有三项工作即论证决策、协商分解、定责授权；

目标实施阶段包括咨询指导、反馈控制、调节平衡；

目标考核阶段包括考评结果、实施奖惩、总结经验。

目标管理系统如图 3-1 所示。

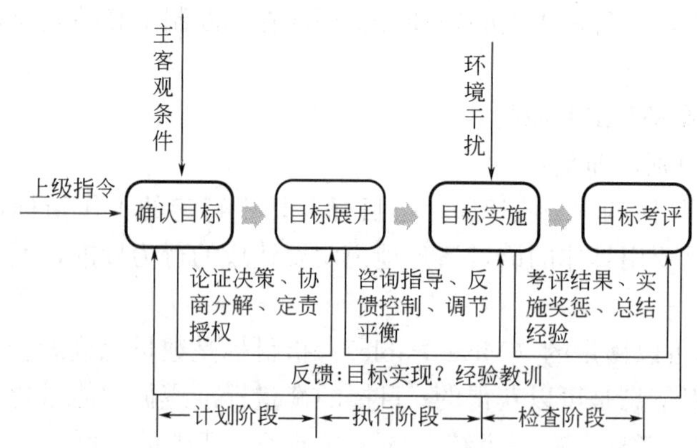

图 3-1　目标管理系统

工程项目目标管理内容策划的主要任务是对上述九项工作进行科学、合理、妥善的安排（活动、职责、资源、时间）。目标管理应结合项目其他管理一起进行。

三、项目管理目标策划的主要控制措施

（一）组织措施

（1）组织是进行项目目标管理考虑的首要因素。建立合理的组织结构模式，设置项目目标管理和项目目标控制部门，构建完善的项目目标管理组织体系。

（2）在目标分解的基础上进行任务分工和管理职能分工，并责任到人。

应该明确职责、划清关系，落实目标的责任部门和责任人，实行问责制度，目标完不成要追究责任。内部职能部门用目标管理卡又称目标责任书予以落实。目标管理卡是进行目标协商的资料。目标管理卡记载着目标责任者承担的目标内容、目标值、完成的期限以

及需要上级给予的权限和提供的条件。外部承包人的责任应在相应的承包合同中作出明确规定。

(3) 制定项目目标管理的工作制度，审查工作流程和工作制度是否有效并得到严格执行。

(二) 管理措施

(1) 建立和维持项目目标管理的管理体系，充分发挥管理体系在项目目标管理中的作用。

(2) 实施严格的计划管理，充分发挥计划的作用。

制定达成目标的计划和完成期限。一旦确定了目标及实现目标（解决障碍）的方法，就要制定每年、每月、每周甚至每天的计划，并设定完成的期限。

(3) 充分授权。

目标既定，就应充分授权各职能部门，调动执行者的积极性，让他们自己按照实现目标计划开展活动和工作。

(4) 检查和评价。

目标管理所追求的目标，就是项目的各个参与者在一定时期应该达到的工作成果。目标管理不以行动表现为满足，而以实际成果为目的。因此，对各级目标的完成情况要定期进行检查。检查的方法可灵活地采用自检、互检和责成专门的部门进行检查。检查的依据就是事先确定的目标。对检查中发现的偏差，应采取措施予以纠正。对于最终结果，应当根据目标进行评价，并根据评价结果进行奖罚。经过评价，使得目标管理进入下一轮循环过程。

项目结束后，应对项目的总体和各专业进行考核评价。项目考核评价工作是项目管理中一个很重要的环节，是项目实施效果的检验和评估，是客观反映项目管理目标实现情况的总结。通过项目考核评价，总结经验，找出差距，制定措施，对提高项目管理水平具有十分重要的作用。

(5) 坚持持续改进。

进一步改进和完善管理方法和管理措施，努力提高管理的有效性，持续不断地改进员工个人和项目部的绩效。

(三) 经济措施

建立并实施覆盖项目各参与方的利益机制——奖惩措施。

(四) 技术措施

(1) 确立先进的设计理念

不同的设计理念、设计技术路线、设计方案会对项目目标的实现产生不同的影响。在设计工作的前期，特别是在设计方案评审和选用时，应对设计技术与项目目标的关系分析比较，尽量选择有利于项目目标实现的设计方案。

(2) 优化施工方案

施工方案对项目目标的实现有直接的影响，在选用时，不仅应分析技术的先进性和经济合理性，还应考虑其对项目目标实现的影响。

（3）实施纠偏

根据项目目标实现和目标实施时纠偏的需要，优化或变更原设计、施工方案；或运用“四新”技术。

第四章　项目管理组织策划

一、概述

(一) 定义

1. 项目管理组织

进行或参与项目管理工作，有明确的职责、权限和相互关系的人及设施的集合，称为项目管理组织。

项目管理组织泛指参与建设项目管理的各方组织，包括业主单位、设计单位、施工单位、咨询单位以及其他相关单位的项目管理组织。业主作为项目建设的投资者和组织者，由于其在项目实施过程中充当了总策划、总集成、总协调的管理角色，因此，业主确定的自身的项目管理组织和整个项目组织模式对其他相关方的项目管理组织会起到规定性的作用，负首要责任。

2. 项目管理组织策划

项目管理组织策划就是对包括从组织设计、组织运行、组织更新到组织终结这样一个生命周期的策划、执行、检查纠偏、总结等一系列管理活动的总称。

(二) 项目管理组织策划概述

1. 项目管理组织策划的主要内容

(1) 项目组织结构形式的选择确定。

(2) 组建、运行、解体项目部。

(3) 项目团队建设等。

2. 项目管理组织的作用

(1) 合理的管理组织可以提高项目团队的工作效率。

(2) 管理组织的合理确定，有利于项目目标的分解与完成。

(3) 合理的项目组织可以优化资源配置，避免资源浪费。

(4) 有利于项目工作的管理。

(5) 有利于项目内外关系的协调。

3. 项目管理组织的建立原则

(1) 组织结构科学合理。

(2) 有明确的管理目标和责任制度。

(3) 组织成员具备相应的职业资格。

(4) 保持相对稳定，并根据实际需要进行调整。

4. 项目组织结构的影响因素

影响项目组织结构的因素主要有两大来源，一方面来自项目管理组织外部，另一方面来自项目管理组织的内部。

（1）来自项目管理组织外部的主要因素

1）国际通行的项目管理方法与惯例。

2）国家经济管理环境和与项目相关的管理制度。

3）项目的经济合同关系与形式。

4）项目管理的范围以及项目的种类、规模、性质和影响力。

（2）来自项目管理组织内部的主要因素

1）公司的组织管理模式与制度。

2）公司的项目管理方式。

3）公司内领导层及各部门之间的运作方式。

4）公司内对项目运作的理念与企业文化。

5. 项目组织结构的类型

（1）职能式组织结构。职能式组织结构就是在组织目前的职能型等级结构下加以管理，一旦项目开始运行，项目的各个组成部分就由各职能单位承担，各单位负责完成其分管的项目内容。

（2）项目式组织结构。在这种组织形式中，每个项目就如同一个微型公司那样运作，项目组的成员来自不同的部门，完成每个项目所需的资源完全分配给这个项目，专门为该项目服务。

（3）矩阵式组织结构（其中又包括弱矩阵、平衡矩阵和强矩阵三种形式）。现代大型项目中应用最广泛的新型组织形式，它是职能组织型和项目组织型的结合，将职能组织型的纵向优势和项目组织型的横向优势有效结合起来。一个矩阵组织型由垂直的职能部门和水平的不同项目组结合而成一个矩阵，把集权和分权结合起来，从而加强了各职能部门同各项目之间的协作关系。

（4）复合式组织结构。在一个公司中，可以同时存在职能式组织的项目和项目式组织的项目或矩阵式组织，这就是复合式组织结构。

上述组织结构有各自的特点和优缺点。但相对而言，矩阵式组织结构是经济发达国家采用较多的一种形式。

二、项目管理组织的策划

（一）项目组织结构形式的选择确定

1. 组建项目法人

为了建立投资责任约束机制，规范项目法人的行为，明确其责、权、利，提高投资效益，国家有关法规规定凡国有单位经营性基本建设大中型项目在建设阶段必须组建项目法人。实行项目法人责任制，由项目法人对项目的策划、资金筹措、建设实施、生产经营、偿还债务和资产的保值增值，实行全过程负责。

新上项目在项目建议书批准后，应及时组建项目法人筹备组，在申报项目可行性研究报告时，需同时提出项目法人的组建方案。项目可行性研究报告经批准后，正式成立项目法人。

由现有企业负责建设的新建或改扩建项目，只设分公司或分厂的，以及依托现有企业进行技术改造的项目，现有企业法人即是项目法人；需新设立公司的，新设立的公司为项目法人。

2. 项目组织结构形式的设计

组织设计是在特定的环境中，把企业（项目）的任务与企业（项目）的职能、部门、职权和规范进行有效的结构性配置的过程。

（1）工程项目的实施组织方式与工程项目的承发包模式直接关联。

业主必须先通过研究工程项目的承发包模式，去确定工程的合同结构，而合同结构的确立则决定了建筑市场主体三方（发包、承包、咨询）的不同合同关系，就会形成不同的工程项目组织系统，构成不同的项目实施组织形式，同时也决定了参与工程项目各方的项目管理的工作内容和任务。项目的组织模式通常有三种形式：业主自管形式、业主托管形式、业主自管与托管相结合。为了做到项目经理部组织的精干，建设管理工作要充分发挥咨询、监理、会计师和律师事务所等各类中介组织的作用。

（2）项目部应实行项目负责人负责制。

项目部是项目建设的管理责任系统，承担项目实施的管理任务和目标实现的全面责任。项目部应实行项目负责人负责制，接受项目法人职能部门的指导、监督检查服务和考核，并负责对项目资源进行合理使用和动态管理。超大型或集群型建设项目宜建立建设指挥部或项目负责人办公室，在指挥部或项目负责人办公室下设若干子项目部。

（3）应依据项目法人的管理方针、管理理念以及项目的具体条件，选择确定项目组织结构类型模式。

（4）遵循“精干、有效”以及“易于同所有参加者之间的沟通和协作”两大原则。做到“两层分离”，即管理层与作业层分离；处理好“三层关系”，即项目层次与单位层次的关系，项目负责人与项目法人代表的关系，项目部与承包人的关系。

（5）组织结构设计流程：任务分工→部门设置→权责设定→组织结构。项目部组织设计过程的基本结果是形成组织结构图、职位说明书和组织手册。

建设单位在选择自己的组织结构类型时，只能据实而定，不仅要考虑到组织自身的特点，还要考虑到这种组织结构是否能平衡项目与母体组织的需要，考虑到单位自身的组织文化和各种运行环境，有时也要结合项目的特点选择组织结构，最大可能地发挥组织的潜力和优势、最平衡最充分和有效地利用社会资源。项目管理要在有限的时间、空间和预算范围内将大量物资、设备和人力组织在一起，按计划实施项目目标，必须建立合理的项目组织。项目的组织结构是实施项目管理的一个基本手段，也是开展项目管理工作的基础。针对具体的项目情况和实施要求选择合适的组织结构至关重要。

（二）组建、运行、解体项目部

1. 组建项目部

（1）委派项目负责人

为实现工程项目目标，业主的项目负责人应由项目法人委托和授权，并根据法人授权的范围、期限和内容，履行管理职责，并对项目实施全过程、全面的管理，是项目建设的总负责人。职业项目负责人则是指深谙项目管理之道，熟悉项目管理知识体系，具有良好的职业道德，能够熟练运用项目内外各种资源，为项目的成功策划和执行负总责和首要责任的人。

项目负责人是项目的核心人物，也是项目成功的关键。建设单位应依据建设项目的具体情况明确项目负责人的任职条件，规定在教育、培训、能力、经验等方面的必要资格。项目法人委派项目负责人时，应结合他过去的经验和业绩并着重考虑其领导力。项目负责人确定之前应先进行评价，坚持优中选优的原则，符合其岗位应有的基本素质和健康的体格。

（2）职能部门设置和主要成员人选的确定

确立步骤：

根据项目法人的授权范围，确定项目部的管理任务→确定项目部的层次，设立职能部门与工作岗位（工作分析）→确定人员、职责、权限→由项目负责人根据“项目负责人目标责任书”进行目标分解→组织有关人员制定规章制度和目标责任考核、奖惩制度。

职能部门划分的实质是根据不同的标准，对项目管理活动或任务进行专业化分工，从而将整个项目部分解成若干个相互依存的基本管理单位，不同的管理人员安排在不同的管理岗位和部门中。传统的划分方法是根据专业化的原则，以工作或任务的相似性来划分职能部门。这些部门可以被划分为基本职能部门和其他职能部门两类。如工程管理部、设计管理部、采购合同部、财务预算部、前期工作部、综合部、总工办等部门。另一种划分方法，是按项目结构划分部门，如盾构项目部、土建项目部、大坝项目部等。

项目部应规定各职能部门中工作人员的责任、权限和职责，并编制岗位说明书，明确任职准则（学历、知识、经验方面的必要资格）。岗位说明书应该易于使用者理解和接受，应按任职准则选择项目的所有人员。

综上所述，组织好比一座房子；组织结构好比房子的框架；部门就是不同的房间；岗位设置就是各房间摆椅子；工作分析就是判定坐在椅子上的人应做哪些工作，应给什么报酬以及坐在这把椅子上的人应具备哪些条件。

（3）建立项目部的管理制度

1）项目管理部门及人员的岗位责任制度。

2）项目技术管理制度。

3）项目质量管理制度。

4）项目安全管理制度。

5）项目计划、统计、进度管理制度。

6）项目投资管理制度。

7）项目财务管理和成本核算制度。

8）项目合同管理制度。

9）项目环境、文明施工管理制度。

10）项目文档管理制度。

11）项目组织协调管理制度。

12）项目信息管理制度。

13）项目风险管理制度。

14）项目分配和奖励制度。

15）项目绩效管理制度。

2. 项目部的运行

（1）建立运行机制

1）建立并执行以岗位责任制为核心的、齐备的管理制度、流程、操作细则，以保障各项项目管理工作的有序和有效。

2）实行科学的绩效管理，严格检查和考核责任目标的实施状况，奖优惩劣，有效调动全员积极性，不断提升个人和项目部的绩效。

3）实行合同管理，加强对承包人履约活动的跟踪和控制，认真做好组织协调工作，及时进行履约情况和履约效果的分析和纠偏，确保项目目标的实现。

（2）主要工作

1）在项目负责人领导下制定“项目管理实施规划”及项目管理的各项规章制度。

2）对进入项目的资源和生产要素进行优化配置和动态管理。

3）有效控制项目安全、质量、进度、投资、环境保护等目标。

4）协调项目内、外部的各方关系，做到有效沟通。

5）持续地改进，不断提升管理水平和绩效。

（3）动态管理

项目部的组织和人员构成，甚至运行机制不是一成不变的，而应随着项目的进展、变化以及管理需求的改变而及时进行优化调整，从而使其适应项目和项目管理需求的变化，确保目标实现。

3. 项目部的解体

项目建成，完成了所有管理工作并在工程和档案移交办结后，即可按规定办理解体手续，组建新的项目部。

（三）项目团队建设

项目团队建设的主体是加强项目部成员的团队意识，树立团队精神，统一思想，步调一致，沟通顺畅，运作高效。项目团队建设的主要活动应包括：

1. 改善工作环境

应注意通过改善工作地点的周围情况和工作条件来提高团队的整体工作质量与效率，特别是工作周期较长的项目，尤应重视工作环境的逐步改善。

2. 人员培训和文化管理

培训的内容应围绕提高项目团队技能、知识和能力而设计，通过培训，解决对项目的认识，项目的工作方法，工作要求，工作计划，相互分工，相互合作，以及工作中疑难问题的处理等。总之，通过培训达到不断提升团队成员和整个团队更大绩效的目的。

培训的形式应多样、生动活泼，学以致用，注重实际成效。通常以会代训的方式、以师带徒的方式较为有效。

在培训中应注重引导团队成员的文化及价值导向，使培训与塑造良好的团队文化有机结合起来。

3. 评价、表彰与奖励

应采取指标考核、团队评议、自我评价等各种方式进行团队的评价，以促使团队内形成良好的团队精神和团队文化，树立正确的是非标准，让成员产生成就感和荣誉感，在一种竞争的激励中产生工作动力，提高团队的整体工作能力。

项目团队有必要建立表扬与奖励标准体系，以便正确运用表扬与奖励这一管理工具，以提高或强化管理者所希望的思想和行为。

4. 反馈与调整

项目团队应广泛、及时收集内、外部对团队的各种意见，这些意见来自团队成员、上层组织、项目相关方、政府主管部门以及社会媒体等方面。当项目团队成员的表现不能满足项目的要求或者不适应团队的环境时，项目负责人应及时进行调整。这种调整的另一层含义是对专业分工、岗位职责的调整。

项目终止时应将项目组织建设包括从组织设计、组织运行、组织更新到组织终结这一过程纳入项目评价范围，通过评价总结经验教训，为后续的项目提供借鉴。

三、项目管理组织策划的主要控制措施

（1）建设单位的最高管理者应主持项目组织结构的策划工作，决定：

1）项目组织管理模式、项目部机构设置和人员配备方案。

2）选派合适的项目负责人，并充分授权。

3）及时配备人员和必需的资源。

（2）建设单位对项目部实行绩效考核，以及定期的检查，必要时进行优化调整。

四、项目施工现场管理基本思路

（一）施工现场管理因素

1. 施工现场管理策划因素

（1）工程项目管理目标。

（2）工程项目管理目标分解——质量—安全—进度—环境—合同价格。

2. 施工现场管理工程因素

（1）质量风险。工程施工图纸缺乏可施工性工程材料缺陷，工程质量通病，工程地质的不确定性。

（2）安全风险。危险源的不确定性，危险源的变化与安全预防措施的错位。

（3）进度风险。关键路径的无序变化，进度偏差控制的不确定性。

（4）环境风险。环境因素与影响的变化，环境防范措施的有效性。

（5）合同价格风险。变更、索赔、签证、合理化建议的博弈，市场、政策、不可抗力的不确定性。

3. 设计单位、监理单位、施工单位协调控制

设计单位：设计师、限额设计、设计评审。

施工单位：项目经理、项目策划、技术交底、分包管理、质量验收、施工安全、进度控制。

监理单位：监理工程师、监理规划、监理重点。

（二）施工现场项目管理的风险

业主项目管理的风险：

（1）投资自主权利的限制。限制多，权利少。

（2）招标采购的限制。业主不能决定采购结果，但业主必须对采购结果负责。

（3）规定程序（含合同示范文本）的限制（效率与公平的错位）。规定的不合理性，规定的责任与风险的不对等。

（4）法律制度的缺陷。市场机制与政府职能的错位，法律内容的不合理性，法律机制的不合理性。

（5）项目团队经验的限制。团队专业经验，团队人员结构构成，配套水平。

（6）腐败影响的负作用。腐败的制度因素，腐败的影响与潜规则，腐败与人性的区别。

（7）业主方对施工项目的管理策划及其风险考虑。施工现场主要风险的确定，施工现场管理策划的内容与风险，施工策划与合同履约的错位风险。

（8）业主方对施工项目管理目标及控制重点的识别与确定。施工现场目标与勘察、设计、施工、试运行的目标分解，控制流程的识别与确定方法。

（9）施工项目不同管理模式的业主选择方法风险。不同模式的风险水平，不同风险的方法需求。

（10）项目管理规划与项目配套策划风险。项目全过程规划，项目阶段性规划（策划），项目专项策划，项目配套策划。

（三）业主的施工现场管理

（1）前期、中期、后期合理衔接的项目管理：策划的准确性和接口范围管理的前瞻性。

（2）项目实施风险分析与项目管理模式的确定：项目自身风险（有利和不利条件），业主团队风险，资源能力和综合选择适宜的项目管理模式。

（3）项目建设前期咨询与设计单位的选择与确定：咨询单位与咨询需求的模式策划，项目设计与项目方案的关键参数的确定，项目建议与项目可行性研究的衔接，项目咨询单位的确定，项目设计单位的确定，项目实施总体策划的实施与确定。

（4）项目代建制、项目管理承包、工程总承包、施工总承包、施工总承包管理模式的施工现场管理特点。

（5）项目可行性研究与设计方案、初步设计、施工图设计的接口。

（6）施工现场监理单位相关项目管理作用的发挥与风险规避。

（7）施工阶段管理准备。

1）施工招标策划：项目招标方式与项目规律模式，项目招标与风险规避，专业工程招标与总包工程需求衔接。

2）施工图设计深度与工程价值（项目特征描述）的关系：项目特征不仅应该满足施工一般规律需求，而且应该满足施工企业的具体能力需求。

3）施工招投标的制度特点与风险：施工招标文件与可施工性的衔接与错位，施工单位能力与招标方式的衔接与错位，施工中标价与结算价的衔接与错位。

4）施工图设计质量的问题研究：设计模式与设计团队能力，设计条件与设计审查，设计人员的过程控制。

5）施工图设计单位的质量控制：设计团队、施工经验与设计经验的结合，施工图设计单位与施工单位的经验结合，施工图变更质量与相关造价控制的集成（设计师与施工单位索赔、签证、变更、合理化建议的责任追究）。

6）工程项目的过程控制：图纸会审、技术交底、质量验收、工程款结算、进度款支付、项目实施趋势的分析、项目改进措施的实施、项目审计的实施与管理（结算依据、结算证据、结算结果）。

第五章　项目合同管理策划

一、概述

(一) 定义

1. 合同

合同，又称契约、协议，是平等的当事人之间设立、变更、终止民事权利义务关系的协议。建筑工程合同属于经济合同。

2. 项目合同管理

项目合同管理是指对项目合同的编制、签订、实施、变更、索赔和终止等的管理活动。

(二) 项目合同管理概述

1. 项目合同的作用

(1) 合同分配了工程任务，项目目标和策划通过合同去落实。

1) 明确任务的责任人，即由谁来完成任务并对最终成果负责。

2) 明确任务的规模、范围、质量标准、工作量及各种功能要求。

3) 明确工期，即时限的要求。

4) 明确价格，包括工程总价，各分项工程的单价和合价及付款方式等。

5) 明确了完不成合同任务的责任等。

(2) 合同确定了项目的组织关系，它规定了合同当事人的责权利关系，确定了项目的各种管理职能和程序，所以它直接影响了项目组织和管理系统的模式和运行机制。

(3) 合同作为工程项目任务委托和承接的法律依据，是当事人双方的最高行为准则。工程实施过程中的一切活动，都是为了履行合同，都必须按合同办事，双方的行为主要靠合同来约束。合同，是调节当事人之间关系的主要手段。

(4) 合同将项目的各相关方及其活动有机地联系了起来，协调并统一各相关方的行为。

(5) 合同是解决当事人双方争执的依据，一是争执的判定以合同作为法律依据，二是争执的解决方法和解决程序由合同规定。

2. 项目合同管理的作用

在项目管理中，合同管理居于核心地位。广义地说，工程项目的实施和管理的全部工作都可以纳入合同管理的范围。合同管理贯穿于建设工程项目管理的全过程和各个方面，是其他管理工作的指南，对整个项目的实施起总控制和总的保证作用。合同管理是一项综合性的、全面的、高层次的、高度准确严密精细的管理工作，没有合同管理，项目管理目标不明、方法不清，形不成系统，难以有高效率，不可能实现项目的目标。

3. 合同管理工作过程

合同管理工作过程：合同策划→合同签订→合同实施控制→合同后评价。项目合同管理策划就是对合同管理工作全过程的策划。

二、项目合同管理策划的主要内容

（一）工程合同管理组织的策划

大型或超大型工程项目的合同管理任务必须由一定的组织机构和人员来完成。要提高合同管理水平，必须使合同管理工作专门化和专业化。业主应设立专门机构或人员负责合同管理工作，一般宜设置合同部，由合同部统管所有工程合同的总体的管理工作。合同部人员应具有相应的工程造价和法律方面的专业素质，并熟悉项目建设的业务工作。合同部的规模和人员配置，应根据合同管理工作任务和工程项目的规模大小、合同关系的复杂程度、风险大小，并结合工程项目管理组织结构与管理模式，以及使用业主打算切入项目管理的深度等统筹考虑。

（二）合同策划

1. 合同策划的目的

（1）业主通过合同委托项目任务，并通过合同实现对项目的目标控制。

（2）确定项目组织关系和管理体制。

（3）寻求项目各参与方之间经济关系的调节手段以及解决争执的依据。

2. 合同策划的依据

（1）使用业主方面：业主的资信、资金供应能力、管理水平和具有的管理力量，业主的目标以及目标的确定性，期望对工程管理的介入深度，业主对工程师和承包商的信任程度，业主的管理风格，业主对工程的质量和工期要求等。

（2）承包商方面：承包商的能力、资信、企业规模、管理风格和水平、在本项目中的目标与动机、目前经营状况、过去同类工程经验、企业经营战略、长期动机、承受和抗御风险的能力等。

（3）工程方面：工程的类型、规模、特点，技术复杂程度、工程技术设计准确程度、工程质量要求和工程范围的确定性、计划程度，招标时间和工期的限制，项目的盈利性，工程风险程度，工程资源（如资金、材料、设备、信息等）供应及限制条件等。

（4）环境方面：工程所处的法律环境，建筑市场竞争激烈程度，物价的稳定性，地质、气候、自然、现场条件的确定性，资源供应的保证程度，获得额外资源的可能性。

3. 合同策划的内容

合同策划的内容包括：合同体系的策划和合同范围的选择、承发包模式的选择、合同种类的选择、招标方式的选择、合同条件的选择、合同风险策划、重要的合同条款的确定、合同体系协调共八大内容。

（1）合同体系的策划和合同范围的选择

在项目分解结构（WBS）的基础上，业主首先决定项目应分解成几个独立合同及每个合同的工程范围；一个个独立合同进而形成项目的合同体系。标段划分的大小应从业主、承包商、工程、环境四个方面统筹考虑，一般情况下宜大不宜小。标段划分过细，增加了合同关系的复杂程度以及由于界面的增多而引起的管理协调的难度。

(2) 承发包模式的选择

采用何种委托方式和承包方式，是由工程项目的结构分解（WBS）和业主所采用的承发包模式决定的。业主首先必须决定，对项目分解结构（WBS）图中的活动如何进行组合，以形成一个个合同，从而形成工程项目整个合同体系。

根据业主的项目实施策略以及自身的实力与管理能力，并结合工程项目和市场的实际情况，上述工程活动可以采用不同的方式进行组合，即为不同的承发包模式和合同体系图式。业主也可以将整个工程项目分阶段（设计、采购、施工等）、分专业（土建工程、安装工程、装饰工程等）委托，将材料和设备供应分别委托，也可能将上述工作以各种形式合并委托，甚至可以采用"设计—采购—施工"总承包。所以，一个工程的承发包模式是多样性的。总之，业主应统筹考虑，使选择的方式能充分发挥市场在资源配置中的作用，择优选定承包人，圆满实现项目目标。

1) 分阶段分专业工程平行承发包模式

平行承发包，即业主将设计、设备供应、土建、机电安装、装饰工程施工、项目管理委托给不同的单位。

① 工程的设计发包模式：

业主将整个工程的设计委托给一个设计单位。这样设计工作是一体化的，设计责任是完备的。

业主也可以将整个工程的设计分阶段委托，如方案设计、技术设计和施工图设计可以委托给不同的设计单位。目前，我国许多标志性建筑都由外国的设计事务所承担方案设计，我国的设计单位承担技术设计和施工图设计。而他们之间的合同关系又是多样性的。例如：他们分别由业主委托，与业主签订设计合同；其中的一方与业主签订设计总承包合同，另一方作为分包，或者由业主指定的设计分包；他们之间组成联营体联营承包设计。

有些工程可以按照专业设计（如建筑设计、结构设计、空调系统设计等）分别由业主发包。而工程的生产装置、控制系统的设计可以由相应的设备供应商完成。

在许多大型工业或公共工程项目中，设计的承发包模式可能更复杂。常常需委托一个设计单位负责工程的总体方案设计和设计协调（称为"设计总体"，它有时也承担部分设计任务），业主再将单项或单位工程或其中某个标段或专业工程的设计委托给其他设计单位（如广州地铁工程）。

② 工程施工的发包模式：

业主可以将工程的土建、电气安装、机械安装、装饰等工程施工分别委托给不同的承包商。

对大型工程项目，常常需要划分工程区段（标段）发包，如在地铁建设项目中划分不同的车站和区间段土建工程的施工发包。

在我国一些工程中，土建施工分标很细，如，可能分为土方工程、基础工程、主体工程等。这种做法常常是由于施工设计图纸滞后而采用的一种加快工程进度的措施，总的来说弊大于利，不宜在正常情况下使用。

③ 采购供应的承发包模式：

按照业主的工程实施策略，材料和设备的供应同样是多样性的。在我国，业主供应的范围很大，通常包括生产设备、成套装置、高等级的材料（如高级装饰材料）、大宗材料等。所以，业主相应的采购合同很多。业主应根据市场资源和竞争程度，从工程质量、进度、投资控制的整体出发，并结合自身的管理能力，合理确定甲供与乙供的范围。甲供（包括甲管乙供、甲控乙供）范围过大（超越了业主的管控能力）反而会影响工程项目的顺利实施，不利于项目目标的实现。一般情况下，对于生产周期较长（超过半年甚至一年）的材料设备或对质量、进度、投资影响较大的专项材料设备，宜纳入甲供范围。

④ 项目管理工作的承发包模式：

在现代工程中，项目管理模式是多样性的，它与工程承发包模式有复杂的关系。

业主将一个建设工程的项目管理工作全部委托给一个项目管理公司。在这种情况下，又可以分为以下几种情况：

工程的设计、施工、采购的发包由业主直接发包，签订合同。则项目管理公司仅仅负责项目管理，这属于代理型的项目管理。我国所推行的全过程项目管理，或所谓“代业主”管理实质上就属这一类。这是最典型的，在合同定义的项目管理服务内容上最完备的项目管理模式。

工程的设计、施工、采购的发包由项目管理公司发包，签订合同。这属于非代理型（风险型 ）的项目管理承包。它在形式上与工程总承包相似，业主和项目管理公司之间有风险负担协议。但项目管理公司的责任是代表业主管理工程项目，而不是建造工程。非代理型的 CM（建筑管理）承包模式（CM/Non-Agency）也属这一类。

第二种情况是业主将项目管理工作分阶段，甚至分职能委托。即将项目的可行性研究（咨询）、设计监理、招标代理、造价咨询、施工监理、施工阶段的项目管理等分别委托给不同单位承担。

三是在采用“设计—采购—施工”总承包模式时，业主通常要委托一个咨询单位负责工程咨询工作，如起草招标文件，审查承包商的设计和承包商文件，对工程实施进行监督，质量验收，竣工检验等。他的管理工作层次较高，而具体的项目管理工作由承包商承担。

四是按照对项目经理的授权，又可以分为：

项目负责人全权管理。最典型的是按照 FIDIC 工程承包合同规定授予工程师权力。在这样的项目中，业主主要负责项目的宏观控制和高层决策，一般与承包商不直接接触。

项目负责人与业主代表共同管理。业主也可以限定项目负责人的权力，可以把部分管理工作和权力收归自己，或项目负责人在执行某些权力时必须经业主同意。实质上我国大量的工程都采用这种管理模式。一方面，我国许多业主具有一定的项目管理能力和队伍，可以自己承担部分项目管理工作；另一方面，又可保证业主对项目的有效控制，如投资控制、合同管理的权力，常由业主代表承担，或双方共同承担。

其他模式，如代理型 CM（CM/Agency）模式。CM 承包商接受业主的委托进行整个工程的施工管理，协调设计单位与施工承包商的关系，保证设计和施工过程的搭接。业主直接与工程承包商和供应商签订合同，CM 承包商与设计、施工、供应单位没有合同关系。这种模式在性质上属于项目管理工作承包。

平行承包模式是20世纪工程承发包模式的主体。我国的业主、承包商和设计单位都适应这种承包方式。这种承发包方式的优缺点如下：

适应各专业工程设计和施工的专业化。各专业施工和设计能够高效率，高水平。但在工程中，业主必须负责各承包商、设计单位和供应商之间的协调，对他们之间互相干扰造成的问题承担责任。在整个项目的责任体系中会存在着“责任盲区”。例如，在工程中由于设计图纸的拖延或错误造成土建施工的拖延或返工，进而造成安装工程施工的拖延或返工。土建承包商和安装承包商并不向设计单位索赔，而向业主索赔，因为他们与设计单位没有合同关系。但业主却不能向设计单位索赔，因为设计单位的赔偿能力和责任是很小的。显然，在这个过程中业主并没有失误，却承担了损失责任。这种状况在分阶段分专业平行承包的工程中十分常见。这是合同争执和索赔的主要原因。所以，这类工程合同争执较多，索赔较多，工期比较长。据统计，工程中72%的索赔原因是设计变更引起的。

各承包商、设计单位、供应商之间没有合同关系，他们分别与业主签订合同，向业主负责。这种模式将各专业工程的设计、采购、施工等环节割裂开来，从总体上缺少一个对工程的整体功能目标负责的承包商。业主面对的设计、施工、供应单位很多，工程责任分散，而且各专业工程的设计和施工单位都会推卸界面上的工作和责任，而业主这方面的协调能力不足。这是影响我国工程运营质量和效率的主要原因之一。

对工程优化的影响。项目各参加单位的目标不一致，通常设计按照工程总造价取费，施工承包商按照设计确定的工作量计价，则造价的提高对他们都有好处。他们都缺乏工程优化的积极性，缺乏创造性和创新精神，容易引起工程造价失控。

通过分散平行承包，业主可以分阶段进行招标，可以通过协调和项目管理加强对工程的干预。各承包商的工程范围和责任界限比较清楚，工程造价的确定性较大。各专业设计、设备供应、工程施工单位之间存在着一定的制约关系。但在各个单位之间的界面上需要大量的管理工作，有费用和时间的消耗，导致项目实施和管理效率的降低和工期的延长。

在大型工程项目中，采用这种方式业主将面对很多承包商（包括设计单位、供应单位、施工单位），直接管理承包商的数量太多，管理跨度太大，项目的计划和设计必须周全、准确、细致，业主需要对出现的各种问题作协调。而业主常常很难胜任这些工作，容易造成项目协调的困难，造成工程中的混乱和失控。业主忙于工程管理的细节问题，会冲淡对战略和市场的关注。

工程分标过细，工程招标次数多和投标的单位多，会导致大量管理工作的浪费和无效投标，造成社会资源的极大浪费，而且更容易产生腐败现象。从总体上，这种模式会导致总投资的增加和工期的延长，会损害项目总目标的实现。

2）设计—采购—施工总承包模式

“设计—采购—施工”（EPC承包、交钥匙工程承包），即由一个承包商承包工程项目的全部工作，包括设计、采购、各专业工程的施工，甚至包括项目前期筹划、方案选择、可行性研究和项目建设后的运营管理。承包商向业主承担全部工程责任，向业主交付具备使用条件的工程，是最完全的总承包模式。我国高铁工程项目曾采用这种总承包模式。

总承包模式能克服上述分阶段分专业平行承包的缺点，它的好处有：

① 通过总承包可以减少业主面对的承包商的数量，这给业主带来很大的方便。业主事务性管理工作较少，例如仅需要一次招标。在工程中业主责任较小，主要起草招标文件，提出业主要求，作宏观控制，验收结果，一般不干涉承包商的工程实施过程和项目管理工作，有效地减少合同纠纷和索赔。

② 对业主来说，有一个对工程整体功能负责的总承包商，承包商对工程整体功能和运营责任加强。项目的责任体系明确且很完备。各专业工程的设计、采购供应和施工的界面协调都由总承包商负责，工程中的责任盲区不再存在。这样工程更容易获得圆满成功，能确保工程项目总目标。

③ 加大了承包商的风险责任，给承包商以充分的自主完成项目，承包商承担许多在工程施工中的不可预见的经济风险、工程范围风险、自然条件风险等，能够最大限度地发挥承包商在设计、采购、施工和项目管理中优化的积极性和创造性。

④ 承包商能将整个项目管理形成一个统一的系统，信息沟通方便、快捷、不失真；能够有效地进行质量、工期、成本等的综合控制；各专业设计、供应、施工和运营的各环节能够合理地交叉搭接，从而工期（招标投标和建设期）大大缩短；避免因设计、施工、供应等不协调造成工期拖延、成本增加、质量事故、合同纠纷。

⑤ 通常总承包合同采用固定总价形式，对风险大的工程，可以采用成本加酬金合同。工程的总目标（功能、合同价格和工期）是确定的。这样有利于降低工程造价和方便工程结算；有利于项目全过程优化，鼓励承包商工程设计、采购、施工优化和工程管理的积极性和创造性。所以，工程总承包对业主和承包商都有利，工程整体效益提高。

采用固定总价合同形式的总承包合同的基本问题：从总承包合同运作过程可以看出，总承包合同在程序上存在矛盾性。在项目任务书完成后，业主提出要求，承包商以此报价，而且签订总价合同。投标人根据招标人提供的功能描述书以及有关的要求和条件说明进行投标，编制设计建议书和设计文件，并根据其设计进行工程报价。承包商的报价在很大程度上是依据自己对业主要求的理解。而业主要求是比较粗略的。工程的详细设计是在报价以后完成，而且设计文件和相应的计划文件都必须经过业主代表的批准。显然按照上述程序，承包商的报价依据不足，由此加大承包商的报价风险。同时，业主风险加大，体现在：由于承包商风险加大，报价中不可预见的风险费用增加；业主对最终设计和工程实施的控制能力降低；对业主来说，承包商的资信、能力的风险加大。业主必须选择资信好，实力、能力和素质强，适应全方位工作的承包商。

对总承包商的要求：

总承包商承担全过程责任。与专业施工承包相比，他的项目管理是针对项目从立项到运营全生命期的。他必须具备工程项目全生命期观念，具有为工程项目历史负责的精神。

总承包商对项目的全生命期负责，承担各专业设计、施工、供应和运营的协调责任，要求全生命期的集成化的项目管理。

总承包商不仅需要具备各专业工程施工力量，而且需要很强的规划、设计能力，项目管理能力，供应能力和运营管理能力，甚至很强的市场策划能力和融资能力。

工程总承包更符合现代工程项目的特殊性，适合业主对工程项目和承包商的要求。这是工程总承包发展的根本动力。在20世纪80年代末，国际工程专家调查许多工程的经验和教训，得出结论：业主要使工程顺利实施，必须减少他所面对承包商的数量，越少越好。目前，这种承包方式在国际上受到普遍欢迎。据统计，在国际工程中，国际上最大的承包商所承接的工程项目大多数都是采用总承包方式。根据设计—建造学会（Design Build Institution of America）的报告，设计—建造总承包（D-B）合同比例，已经有一半的工程采用工程总承包的方式建造。

在我国，EPC承包模式过去不是采用得很好，主要原因是由于承包商的资信，实力、能力和素质不能适应这种承包模式的要求。进入21世纪后，在国家大力引导、扶植下，逐步形成了一批具有EPC承包能力的承包商，他们甚至结合工程项目的投融资，实行建设项目的BOT或BT运作。目前，我国在地铁、公路、水利工程等领域实行EPC承包模式的比较多，房屋建筑领域也开始推广EPC模式。

3）其他工程承包模式

当然业主也可以采用介于上述两者之间的中间形式，将工程以不同的方式组合发包出去。在现代工程中，在EPC和分散平行承包之间现在有许多中间形式：

① 将工程的整个设计委托给一个设计承包商，施工（包括土建、安装、装饰）委托给一个施工总承包商，设备的采购委托给一个供应商。这种方式在工程中是极为常见的。

②“设计—施工”（DB）总承包：承包商负责工程项目的设计和施工服务。

③“设计—采购”（EP）总承包：承包商对工程的设计和采购进行承包，还可能在施工阶段向业主提供咨询服务，或负责施工管理，工程施工由其他承包商负责。

④“设计—管理”总承包：由一个承包商承包设计和工程管理。供应和施工由其他承包商承担。

⑤ 项目管理承包（PMC）：承包商代表业主对工程项目进行全过程、全方位的项目管理，包括进行工程的整体规划、项目定义、工程招标，选择设计、施工、供应承包商，并对设计、采购、施工过程进行全面管理。

⑥ 其他工程总承包的变体形式，如“采购一施工”（PC）总承包等。所以，工程承包模式有很大的灵活性，不必追求唯一的模式，应根据工程的特殊性、业主状况和要求、市场条件、承包商的资信和能力等作出选择。

（3）合同种类的选择

在实际工程中，合同计价方式丰富多彩，有十多种。以后还会有新的计价方式出现。不同种类的合同，有不同的应用条件，有不同的权力和责任的分配，对合同双方有不同的风险。有时在一个工程承包合同中，不同的工程分项采用不同的计价方式。

1）单价/综合单价合同

这是最常见的合同种类，适用范围广，如FIDIC工程施工合同、我国的建设工程施工合同和我国的建设工程施工合同示范文本。在这种合同中，承包商仅按合同规定承担报价的风险，即对报价（主要为单价和费率）的正确性和适宜性承担责任；而工程量变化的风险由业主承担。由于风险分配比较合理，能调动承包商和业主双方的管理积极性，所以能够适应大多数工程。单价合同又分为固定单价和可调单价等形式。

2）总价合同

总价合同又可以分为固定总价合同和可调总价合同。总价合同是总价优先，承包商报总价，双方商讨并确定合同总价，最终按总价结算，价格不因环境变化和工程量增减而变化。通常只有设计（或业主要求）变更，或符合合同规定的调价条件，例如法律变化，才允许调整合同价格，否则不允许调整合同价格。在这类合同中，承包商承担了工作量和价格风险。在现代工程中，特别在合资项目中，业主喜欢采用这种合同形式，因为：

① 工程中双方结算方式比较简单，省事。

② 在总价合同的执行中，承包商的索赔机会较少（但不可能根除索赔）。在正常情况下，可以免除业主由于要追加合同价款、追加投资带来的需上级，如董事会，甚至股东大会审批的麻烦。但由于承包商承担了全部风险，报价中不可预见风险费用较高（可以通过市场竞争的手段予以控制）。承包商报价的确定必须考虑施工期间物价变化以及工程量变化带来的影响，同时在合同实施中，由于业主风险较小，所以他干预工程实施过程的权力较小。

固定总价合同的应用条件：

① 工程范围必须清楚明确，报价的工程量应准确而不是估计数字，对此承包商必须认真复核。

② 工程设计较细，图纸完整、详细、清楚。

③ 工程量小、工期短，估计在工程过程中环境因素（特别是物价）变化小，工程条件稳定并合理。

④ 工程结构、技术简单，风险小，报价估算方便。

⑤ 工程投标期相对宽裕，承包商可以详细作现场调查，复核工作量，分析招标文件，拟订计划。

⑥ 合同条件完备，双方的权利和义务关系十分清楚。

在以前很长时间中，固定总价合同的应用范围很小。但现在在国内外的工程中，总价合同的使用范围有扩大的趋势，用得比较多。甚至一些大型工程的“设计—采购—施工”总承包合同也使用总价合同形式。有些工程中业主只用初步设计资料招标，却要求承包商以固定总价合同承包，这个风险非常大。

3）成本加酬金合同

工程最终合同价格按承包商的实际成本加一定比率的酬金（间接费和利润）计算。在合同签订时不能确定具体的合同价格，只能确定酬金的比率。在招标文件中应说明中标的依据和作为成本组成的各项费用项目范围，通常授标的标准为间接费率。由于合同价格按承包商的实际成本结算，所以在这类合同中，承包商不承担任何风险，而业主承担了全部工作量和价格风险，所以承包商在工程中没有成本控制的积极性，常常不仅不愿意压缩成本，相反期望提高成本以提高他自己的工程经济效益，这样会损害工程的整体效益。

成本加酬金合同通常应用于如下情况：

① 投标阶段依据不准，工程的范围无法界定，无法准确估价，缺少工程的详细说明。

② 工程特别复杂，工程技术、结构方案不能预先确定，可能按工程中出现的新的情况确定。因此，这一类合同经常被用于一些带研究、开发性质的工程项目中。

③ 时间特别紧急，要求尽快开工。如抢救、抢险工程，人们无法详细地计划和商谈。

④ 在一些项目管理合同和特殊工程的“设计—采购—施工”总承包合同中使用。

在这种合同中，由于业主承担全部风险，合同条款应十分严格。业主应加强对工程的控制，参与工程方案（如施工方案、采购、分包等）的选择和决策，否则容易造成不应有的损失。

合同中应明确规定成本的开支和间接费范围。这里的成本是指承包商在实施工程过程中诚实的和适当的符合合同规定范围的实际花费。承包商必须以合理的经济的方法履行工程。对不合理的开支以及承包商责任的损失，承包商无权获得支付。业主有权对成本开支作决策、监督和审查。

成本加酬金合同的变化形式。为了克服成本加酬金合同的缺点，扩大它的使用范围，人们对该种合同又作了许多改进，以调动承包商成本控制的积极性。例如：

① 事先确定目标成本范围，实际成本在目标成本范围内按比例支付酬金，如果超过目标成本上限，酬金不再增加，为一定值；如果实际成本低于目标成本下限，业主支付一定值的酬金，或者当实际成本低于最低目标成本时，除支付合同规定的酬金外，另给承包商一定比例的奖励。

② 成本加固定额度的酬金，即酬金是定值，不随实际成本数量的变化而变化。

③ 划定不同的目标成本额度范围，采用不同的酬金比例等。所以成本与酬金的关系可以是灵活的。成本加酬金合同的形式是丰富多彩的。

4）目标合同

在一些发达国家，目标合同广泛应用于工业项目、研究和开发项目、军事工程项目中。它是固定总价合同和成本加酬金合同的结合和改进形式。在这些项目中承包商在项目可行性研究阶段，甚至在目标设计阶段就介入工程，并以总承包的形式承包工程。

目标合同也有许多种形式。通常合同规定承包商对工程建成后的生产能力（或使用功能）、预计工程总成本（或目标价格）、工期目标承担责任。如果工程投产后一定时间内达不到预定的生产能力，则按一定的比例扣减合同价格；如果工期拖延，则承包商承担工期拖延违约金。如果实际总成本低于预计总成本，则节约的部分按预定的比例给承包商奖励；反之，超支的部分由承包商按比例承担。目标合同能够最大限度地发挥承包商工程管理的积极性，适用于工程范围没有完全界定或预测风险较大的情况。

（4）招标方式的选择

1）公开招标

公开招标是指招标人通过公开媒体（如网络、报纸、电视等）公布招标公告，邀请不特定的法人或者其他组织投标，对投标人的数量不作十分具体的限定。这种招标方式使业主选择范围大，投标人之间充分地平等竞争，有利于降低报价，提高工程质量，缩短工期，但招标所需时间较长，业主有大量的管理工作。必须看到，公开招标不仅会造成业主时间、精力和金钱的浪费，而且导致许多无效投标，造成大量社会资源的浪费。除中标的投标人外，其他投标人的花费都是徒劳的。这会导致承包商经营费用的提高，最终导致整个承包市场上工程价格的提高。

2）议标

即业主直接与一个或几个承包商单独进行合同谈判，签订合同由于没有竞争或稍有竞争，承包商报价较高，工程合同价格自然很高。一般在如下一些特殊情况下采用：

① 业主对承包商十分信任，可能是老主顾关系，承包商资信很好。

② 由于工程的特殊性，如军事工程、保密工程、特殊专业工程和仅由一家或个别承包商控制的专利技术工程等。

③ 有些采用成本加酬金合同的情况。

④ 在一些国际工程中，承包商帮助业主进行项目前期策划，作可行性研究，甚至作项目的初步设计。当业主决定上马这个项目后，一般都采用总承包的形式委托工程，采用议标形式签订合同。因为该承包商最熟悉业主的要求、工程环境和工程的技术要求。

在此类合同谈判中，业主比较省事，仅一对一谈判，无需准备大量的招标文件，无需复杂的管理工作，时间又很短，能够大大地缩短项目周期。甚至许多项目可以一边议标，一边开工。但由于没有竞争或竞争不激烈，合同价格比较高，而且对其他的承包商不公平和公正。如果承包商能力和资信好，有足够的资本，报价合理（或报价有比较明确的依据），双方愿意，则通过议标直接签订合同也是一个很好的方法。在我国，议标并不是法律提倡的招标方式，但在非公有资本投资的工程项目中，采用的还是很多的。

3）邀请招标

指业主根据工程的特点，有目标、有条件地选择几个企业或者其他组织，以投标邀请书的方式邀请他们投标。这是国内外经常采用的招标方式。采用这种招标方式，业主的事务性管理工作较少，招标所用的时间较短，费用低，同时业主可以获得一个比较合理的价格。

在我国，选择性竞争招标是受到限制的。只有在如下情形下，经批准才可以进行邀请招标：

① 项目技术复杂或有特殊的专业性要求，只有少量几家潜在投标人可供选择的；

② 受自然地域环境限制的；

③ 涉及国家安全、国家秘密或者抢险救灾，适宜招标但不宜公开招标的；

④ 拟公开招标的费用与项目的价值相比，不值得的；

⑤ 法律、法规规定不宜公开招标的。

业主应对被邀请的投标人作比较多的调查，进行更为严格的资格预审。我国的招标投标法规定，采用邀请招标，投标人数量不得少于3家。国际工程经验证明，如果技术设计比较完备，信息齐全，签订工程承包合同最可靠的方法是采用选择性竞争招标。

（5）合同条件的选择

在实际工程中，业主可以按照需要自己或委托咨询公司起草合同条款，也可以选择标准的合同条件，如FIDIC工程施工合同和我国的建设工程设计/施工合同示范文本。在具体应用时，可以根据需要通过特殊条款对标准文本作修改、限定或补充。合同条件的选择应注意以下问题：

1）合同条件应该与双方的管理水平相适应。如果双方的管理水平很低，而使用十分完备、周密，又十分严格的合同条件，则难以操作、执行。

2）应选用双方都熟悉的标准的合同文件，这样能较好执行。

3）合同条件应受到国家相关的法律法规以及工程造价等方面规定的制约。

（6）合同风险策划

工程项目的构思、目标设计、可行性研究、设计和计划都是基于对将来情况（政治、经济、社会、自然等）的预测基础上的，基于正常的、理想的技术、管理和组织之上的。而在项目实施以及运行过程中，这些因素都有可能产生变化，在各个方面都存在着不确定性。这些变化会使得原定的计划、方案受到干扰，导致项目的成本（投资）增加，工期延长和工程质量降低，使原定的目标不能实现。这些事先不能确定的内部和外部的干扰因素，称之为风险。风险管理的工作过程即由风险识别、风险分析、风险评定、风险处理四大环节构成。风险策划，则是对风险管理的工作过程进行策划，详见第十四章《项目风险管理策划》。这里从合同管理的角度，对风险处理/应对/分配作一些阐述。

风险分配不存在统一的评价尺度，即不存在最好的风险分配方法。每一种分配方法都有它的问题和不足。合同风险分配关键是适度，所以它需要科学性和艺术性。应防止两种倾向：一是在合同中过于迁就和宽容承包商；二是业主不能公平地对待承包商，在合同中过于推卸风险，压低价格，用不平等的单方面约束性条款对待承包商。一个苛刻的、责权利关系严重不平衡的合同往往是一个“两面刃”，不仅伤害承包商，而且最终会损害工程的整体利益，伤害业主自己。

风险分配的原则：

1）工程第一原则

工程第一原则是工程建设的核心价值观，是工程建设的首要原则，是协调各方矛盾、平衡利益的准则，是一切工作和活动的出发点和落脚点，也是评价业绩的依据。工程第一，就是顾客第一，使用者第一，以满足或超越顾客的需求和使用者的期望为关注焦点。工程第一，就是工程利益高于一切，凡是有利于工程的就是对的，凡是不利于工程的就是错的。

2）效率（益）原则

合同风险分配应从工程整体效益的角度出发，最大限度地发挥双方的积极性，风险的分配必须有利于项目目标的成功实现。谁能最有效地合理地（有能力和经验）预测、防止和控制风险，或能够有效地降低风险损失，或能将风险转移给其他方面，则应由他承担相应的风险责任；从项目整体来说，风险承担者的风险损失低于其他方的因风险得到的收益，在收益方赔偿损失方的损失后仍然获利，这样的分配是合理的；通过风险分配，加强责任，能更好地计划和控制，发挥双方管理和技术革新的积极性等。

3）公平合理，责权利平衡

承包商承担的风险与业主支付的价格之间应体现公平，合同价格中应该有合理的风险准备金。

风险责任与权利之间应平衡，任何一方有一项风险责任则必须有相应的权利；反之有一项权利，就必须有相应的风险责任，应防止单方面权利或义务条款。

风险责任与机会对等，即风险承担者同时应能享有风险控制获得的收益和机会收益。

风险承担的可能性和合理性，即给风险承担者以风险预测、计划、控制的条件和可能性，不鼓励承包商冒险和投机，风险承担者应能最有效地控制导致风险的事件，能通过一些手段（如保险、分包）转移风险；一旦风险发生，他能进行有效的处理；能够通过风险责任发挥他计划、工程控制的积极性和创造性；风险的损失能由于他的作用而减少。

4）风险共担、利益同享

将许多不可预见的风险由双方共同承担，如不可抗力、恶劣的气候条件、汇率、政府行为、环境限制和适应性等。

5）符合工程惯例

按照惯例，承包商承担对招标文件理解、环境调查风险；报价的完备性和正确性风险；施工方案的安全性、正确性、完备性、效率的风险；乙供材料和设备采购风险；自己的分包商、供应商、雇用的工作人员的风险；工程进度和质量风险等。业主承担的风险：招标文件及所提供资料的正确性；工程量变动、合同缺陷（设计错误、图纸修改、合同条款矛盾、二义性等）风险；国家法律变更风险；一个有经验的承包商不能预测的情况的风险；不可抗力因素作用；业主雇用的工程师和其他承包商风险等。而物价风险的分担比较灵活，可由一方承担，也可划定范围双方共同承担。

（7）重要的合同条款的确定

1）适用于合同关系的法律，以及合同争执仲裁的地点、程序等。

2）付款方式。

3）合同价格的调整条件、范围、方法。

4）对承包商的激励措施。

5）科学合理地设计合同条款以保证业主对工程的控制权力，并形成一个完整的控制体系。控制内容应包括对工期、投资、质量、安全、环保、沟通、资料等所有工程活动和工程成果的控制权力；业主的控制应形成一个前后相继的过程，必须有一个严密的体系；业主拥有对承包商各种违约情况下的处置权力。

6）为确保双方诚实信用的条款。

① 工程中的保函、保留金和其他担保措施。

② 承包商的材料设备进入施工现场，则作为业主的财产，没有业主的同意不得撤离现场。

③ 合同中对违约行为的处罚规定和仲裁条款。

（8）合同体系协调

在一个工程项目中，业主要签订许多合同，如设计合同、施工合同、供应合同。这些合同从宏观上构成项目的合同体系，从微观上每个合同都定义并安排了一些合同实施活动，共同构成项目的实施过程。在这个合同体系中，各主合同之间，以及主合同和分合同之间存在着十分复杂的关系。要保证项目顺利实施，就必须对此作出周密的计划和安排。业主必须负责这些合同之间的协调。这也是合同总体策划的重要内容。在实际工作中由于合同不协调而造成的工程失误是很多的。

1）合同体系应保证工程和工作内容的完整性

业主的所有合同确定的工程或工作范围应能涵盖项目的所有工作，不应有遗漏或缺陷，即只要完成各个合同，就完成了整个项目，实现项目总目标。这一点对于超大型或集群型工程项目十分重要。

① 在招标前认真地进行整个项目的系统分析，确定工程项目的系统范围。

② 系统地进行项目的结构分解，在详细的项目结构分解的基础上确定各合同的工作范围，列出各个合同的工程量表。项目结构分解的程度和完备性是合同体系完备性的保证。

③ 进行项目任务（各个合同或各个承包单位，或各专业工程）之间的界面分析，确定各个界面上的工作责任、成本、工期、质量的定义。工程实践证明，许多遗漏和缺陷常常都发生在界面上。

进行上述工作的目的是防止和消除遗漏和缺陷。

2）技术上的协调

① 几个主合同之间设计标准的一致性，如土建、设备、材料、安装等应有统一的质量、技术标准和要求。各专业工程之间，如建筑、结构、水、电、通信之间应有很好的协调。在建筑工程项目中建筑师常常作为技术协调的中心；在工业工程项目中，生产工艺总工程师是协调的中心。

② 分包合同必须按照承包合同（总包合同）的条件订立，全面反映总合同相关内容。采购合同上的技术要求必须符合规定的工程技术规范。总包合同风险要反映在分包合同中，由相关的分包商承担。为了保证承包合同不折不扣地完成，分包合同一般比总承包合同条款更为严格、周密和具体，对分包单位提出更为严格的要求。

③ 各合同所定义的专业工程之间应有明确的界面和合理的搭接。例如，供应合同与运输合同、土建承包合同和安装合同、安装合同和设备供应合同之间责任界面和搭接界面上的工作容易遗漏，容易产生争执。各合同只有在技术上协调，才能共同构成符合总目标的工程技术系统。

3）价格上的协调

① 在工程项目合同总体策划时必须将项目的总投资分解到各个合同上，作为合同招标和实施控制的依据。

② 对大的分包（或供应）工程如果时间来得及，也应进行招标，通过竞争降低价格。

③ 对总价影响较大的材料设备单价和单价中暂定价，在招标前先向供应商询价，一般可先签订供应意向书，既要确定价格，又要留有活口，防止总合同不能签订。

4）时间上的协调

① 按照项目的总进度目标和总控（实施）计划确定各个施工合同的实施时间安排，在相应的招标文件上提出合同工期要求。这样，每个施工合同的实施能够满足项目工期策划的要求。

② 按照各个施工合同的实施计划（开工要求）安排该合同的招标工作，因为招标工作的全过程，需要一定的时间。这样，保证签约后合同的实施能符合总体计划的要求。

③ 与各施工合同相关的配套工作（甲供材料设备、施工场地的准备），则必须系统地安排这些配套工作计划。

4. 合同策划的程序

合同策划程序，如图 5-1 所示。

（1）进行项目的总目标和战略分析，确定企业和项目对合同的总体要求。由于合同是实现项目目标和企业目标的手段，所以它必须体现和服从企业及项目战略。

（2）相应阶段项目技术设计的完成和总体实施计划的制定。现在，许多工程项目在早期就要进行合同策划工作，如对“设计—采购—施工”总承包项目，在设计任务书完成后就要进行合同策划，进行招标。

（3）工程项目的结构分解工作。项目分解结构图是工程项目承发包策划最主要的依据。

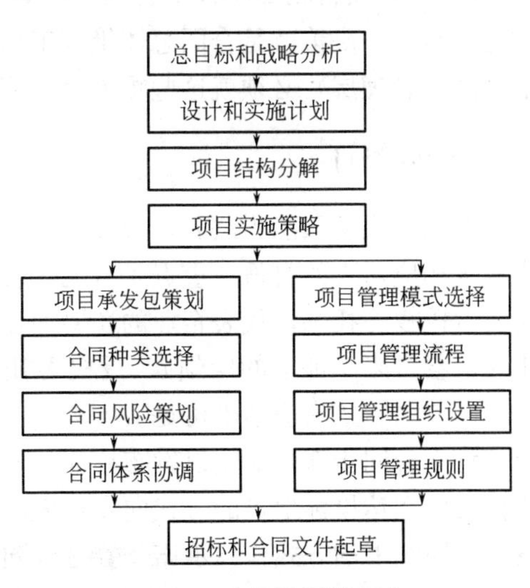

图 5-1　合同策划的程序

（4）确定项目的实施策略。包括：该项目的工作哪些由组织内部完成，哪些准备委托出去；业主准备采用的承发包模式，它决定业主面对的承包商数量和项目合同体系；对工程风险分配的总体策划；业主准备对项目实施的控制程度；对材料和设备所采用的供应方式，如由业主自己采购，或由承包商采购等。

（5）业主的项目管理模式的选择。如业主自己投入管理力量，或采用业主代表与工程师共同管理；将项目管理工作分阶段委托（如分别委托设计监理、施工监理、造价咨询等），或采用项目管理承包。项目管理模式与工程的承发包模式互相制约，对项目的组织形式、风险的分配、合同类型和合同的内容有很大的影响。

（6）项目承发包策划。即按照工程承包模式和管理模式对项目结构分解得到的项目工作进行具体的分类、打包和发包，形成一个个独立的，同时又是互相影响的合同。

（7）进行与具体合同相关的策划。包括合同种类的选择，合同风险分配策划，项目相关各个合同之间的协调等。

（8）项目管理工作过程策划。包括项目管理工作流程定义、项目管理组织设置和项目管理规则制定等。通过项目管理组织策划，将整个项目管理工作在业主、工程师（业主代表）和承包商之间进行分配，划分各自的管理工作范围，分配职责，授予权力，进行协调。这些都要通过合同定义和描述。

（9）招标文件和合同文件的起草。上述工作成果都必须具体体现在招标文件和合同文件中。这项工作是在具体合同的招标过程中完成的。

上述合同策划过程涉及项目管理的各方面工作，如项目目标、总体实施计划、项目结构分解、项目管理组织设计等。在上述工作中，属于对整个工程有重大影响的，带根本性和方向性的合同管理问题有：

1）工程的承发包策划。即考虑将整个项目分解成几个独立的合同，每个合同有多大的工程范围，这是对工程合同体系的策划。

2）合同种类的选择。

3）合同风险分配策划。

4）工程项目相关的各个合同在内容上、实践上、组织上、技术上的协调等。对这些问题的研究、决策就是合同总体策划工作。在项目的开始阶段，业主（有时是企业的决策层和战略管理层）必须就这些重大合同问题作出决策。

（三）合同签订

合同的主体只能为法人，公民个人不能成为建设工程合同的当事人。签订合同时应首先检查相应对方的身份，重点是有无代表企业签订合同的资格。凡不是法人代表本人的一定要有授权委托书，代表企业的还要加盖公章（不能用部门或财务章等代替，否则一旦发生纠纷会带来举证上的麻烦）。授权委托书上应记明授权范围、权限并有授权人的签名、盖章。签名、盖章应清晰可见。

订立合同步骤：业主以发布招标公告或者投标邀请书的形式发出要约邀请→承包商以投标文件送达投标地点的方式向发包人（业主）提出要约→发包人以向依法确定的中标人发中标通知书的方式作出承诺→签订合同，发包人和中标人应当自中标通知书发出后次日起30日之内，按照招标文件和中标人的投标文件订立书面合同。招标人和中标人不得再行订立背离招标文件实质性内容的其他协议。在签订合同前，业主应根据招标文件和国家的相关规定，对投标书中的差错进行纠错，对不平衡报价进行处理。

(四) 合同实施控制

1. 合同交底

(1) 合同交底的内容

在合同实施前，必须对相关合同进行分析和交底，这包括如下内容：

1) 承包商的主要合同责任、工程范围和权利；

2) 业主的主要责任和权利；

3) 合同价格、计价方法、补偿条件；

4) 工期要求和补偿条件；

5) 工程中的一些问题的处理方法和过程，如工程变更、付款程序、验收方法、质量、进度、投资、安全、环保控制程序等；

6) 争执的解决；

7) 双方的违约责任；

8) 在投标和合同签订过程中的情况；

9) 合同履行时应注意的问题、可能的风险和对策等；

10) 合同要求与相关方期望、法律规定、社会责任等的相关注意事项。

(2) 合同交底的对象

上至项目部管理班子，下至参与项目实施的所有人员，以及上级组织（公司）中与项目相关的人员。

(3) 合同交底的方法与形式

合同交底可以在项目开工前一次性交底，或分阶段分期进行。

合同交底既要口头（会议）交底也要书面（文字）交底。合同交底的内容，应组织学习和讨论，进行有效、充分的沟通，使参加的各个实施者都了解相关合同的内容，并能熟练地掌握与本职岗位直接关联的那部分内容。合同交底的过程，是落实合同责任的过程；也是为确保合同履行落实对策的过程。

2. 合同实施监督

合同管理的全过程中，对合同实施监督，即合同的标后管理十分重要。科学、周密的策划必须通过执行去落实，也必须在执行中检验和完善。

(1) 事前控制，预防为主

1) 实施前寻找合同和计划中的漏洞，以防止造成工程的干扰，对工程实施起预警作用，将计划、工作安排做得更完备些。

2) 及时地寻找和发现自己在合同执行中出现的漏洞、失误，以保证自己不违约。在发出一个指令，作出一个决策时要考虑是否会违反合同，是否会产生索赔。

3) 及时地寻找对方合同执行中的漏洞，及时提出警告或索赔要求。

4) 寻找各个合同协调中的漏洞。

这一切不仅可使工程实施更为顺利，确保项目成功；而且可以防止合同执行中的争执，防止索赔事件的发生。

（2）合同实施控制的主要工作

1）给项目经理、各职能人员、所属承（分）包商的工程负责人宣讲合同精神，解释合同，培养和树立合同意识和“按合同施工”的观念，落实合同责任，在合同关系上给予帮助。

2）对来往信件、会谈纪要、指令等进行合同法律方面的审查。协助项目经理正确行使合同规定的各项权力，防止产生违约行为。

3）对工程项目的各个合同执行进行协调。

4）作合同实施档案管理，记录工作范围变更和因此导致的成本、进度计划和任何商务及法律条款变更；记录对合同的修订，收集、记录和存档承包商等申报的各种文件、谈判纪要和来往信件。

5）对合同实施过程进行监督，对照合同监督自己的管理活动、各承包商的施工，做好协调和管理工作，应定期进行验证，以确保项目组、承包商、业主都满足合同要求。确保每个承包商都正确履行合同。验证结果应反馈到承包商，且措施应经认可。

6）对承包商履约状况实施跟踪，跟踪分为日常性的和集中的考核评价。跟踪要体现全过程、全方位和全要素。全过程是指实施前、实施中和实施后；全方位是指合同总体的履约绩效以及安全、质量、进度、投资、环境保护以及工地现场和内业资料等各个方面的绩效；全要素是指施工生产的全部要素——人、机、料、法、检、资源六大因素。跟踪中发现的偏差，应限时要求承包商予以整改。

7）合同诊断。在合同跟踪的基础上可以进行合同诊断，即对履约情况的评价、判断和趋向分析、预测。使业主对承包商的履约能力心中有数，必要时对合同实施可能发生的风险、问题和缺陷提出预警，并采取调控措施，防止合同管理失控而造成项目失败。

及时地向各层次的管理人员提供合同实施情况的报告，并对合同的实施提出建议、意见甚至警告。

8）调解合同争执，包括各个合同争执以及合同之间界面的争执。

9）合同变更管理。合同变更包括涉及合同条款的变更、工程变更、合同主体变更三个方面，一般情况下，常表现为工程变更。工程变更通常用设计变更与工程签证两种形式处理。合同变更应有一个正规的程序，应制定和实施一整套申请、审查、批准手续和分级管理的制度。

10）处理索赔与反索赔事务。

3. 索赔管理

由于工程技术和环境的复杂性，由于施工现场条件、气候条件的变化，施工进度、物价的变化，以及合同条款、规范、标准文件和施工图纸的变更、差异、延误等因素的影响，索赔是不可能完全避免的。在现代工程中，索赔额通常都很大，一般都占合同价的10%～20%，甚至更多。索赔管理是合同管理中一项十分重要的任务，一方面要端正对合同索赔的认识，合同索赔是一种正常现象，是一种正当的权利要求，同守约并不矛盾；另一方面要十分重视合同索赔工作，加强索赔管理。索赔处理的原则：应始终贯彻“以法律为准绳，以合同文件为基础，以事实为依据，以有度为界限”的原则。

业主索赔管理两大任务：理赔和反索赔。

（1）理赔

1）承包商索赔的原因分析。

可能存在以下情况，例如：

① 由于业主、业主代表或业主指定的或直接发包其他承包商违约，例如：未及时交付场地、提供图纸，未及时交付业主负责的材料和设备，未及时支付工程款，下达了错误的指令，或错误的图纸、招标文件，以及超出合同规定干预承包商的施工过程等。

② 由于业主因行使合同规定的权力而发生合同变更，从而使合同范围有了变化。例如：增加工程量，增加合同内的附加工程；或要求承包商完成合同中未注明的工作，要求承包商做合同中未规定的检查，而检查结果表明承包商的工程（或材料）完全符合合同要求，业主压缩或延长工期、提高技术标准或质量等级、不正当地终止工程等。

③ 发生了合同中规定的应由业主承担责任的风险事件。例如：战争、动乱、不可抗力、市场物价上涨、法律修改、汇率变化、反常的气候条件、异常的地质状况以及其他方面干扰工程实施的情况等。

2）承包商索赔的审查

① 索赔事件真实性审查。

② 干扰事件责任分析。

③ 索赔理由分析。

④ 索赔时效性审查。

⑤ 干扰事件的影响分析。

⑥ 证据分析。

⑦ 索赔值审核。

（2）反索赔

从业主的角度，更多的是反索赔。反索赔着眼于防止和减少损失的发生。

1）反驳对方（合同伙伴）不合理的索赔要求，即反驳索赔报告，推卸自己对已发生的干扰事件的责任，否定或部分否定对方的索赔要求。

2）防止对方提出索赔，通过有效的合同管理，使自己不违约，处于不会被索赔的地位。

3）寻找、发现索赔对方的机会。根据对承包商合同实施的跟踪和监督，发现对方违约的事实，应收集充分证据记录在案，并告知对方。这些干扰事件的各种实际工程资料，既是向对方索赔的依据，也是处理承包商索赔时协商、谈判的筹码。

4）制定反索赔的策略和计划。考虑如何对待所提出的索赔，采用什么样的基本策略，并从总体上对反索赔的处理作出安排。合同总体分析，分析评价承包商索赔要求的理由和依据。找出合同中对对方不利、对己方有利的条款，以构成否定对方索赔要求的理由。

（五）合同后评价

按照合同全生命期管理的要求，在合同执行后必须进行合同后评价，这是目前许多建设单位常常忽视的合同管理环节。将合同签订和执行过程中的利弊得失、经验教训总结出来，提出分析报告，作为以后工程合同管理的借鉴。

由于合同管理工作比较偏重于经验，只有不断总结经验，才能不断提高管理水平，才能通过工程不断培养出高水平的合同管理者。所以，这项工作十分重要。但现在人们（尤其是一次性业主）还不重视这项工作，或尚未有意识、有组织地做这项工作。合同的后评价包括如下内容：

1. 合同签订情况评价

（1）预定的合同战略和策划是否正确，是否已经顺利实现。

（2）招标文件分析和合同风险分析的准确程度。

（3）该合同环境调查、实施方案、工程预算以及报价方面的问题及经验教训。

（4）合同谈判中的问题及经验教训，以后签订同类合同的注意点。

2. 合同执行情况评价

（1）本合同执行战略是否正确，是否符合实际，是否达到预想的结果。

（2）在本合同执行中出现了哪些特殊情况，应采取什么措施防止、避免或减少损失。

（3）合同风险控制的利弊得失。

（4）各个相关合同在执行中协调的问题等。

3. 合同管理工作评价

这是对合同管理本身，如工作职能、程序、工作成果的评价，包括：

（1）合同管理工作对工程项目的总体贡献或影响。

（2）合同分析的准确程度。

（3）在招标工作和工程实施中，合同管理子系统与其他职能的协调中存在的问题，需要改进的地方。

（4）索赔处理和纠纷处理的经验教训，根据各类索赔事件发生的概率及结果，总结分析下一步如何更好地规避合同风险等。

4. 合同条款分析

（1）本合同的具体条款，特别对本工程有重大影响的合同条款的表达和执行利弊得失。

（2）本合同签订和执行过程中所遇到的特殊问题的分析结果。

（3）对具体的合同条款如何表达更为有利等。

5. 合同体系分析

（1）工程和工作内容的完整性方面存在的问题。

（2）项目任务界面定义是否存在遗漏和缺陷。

（3）各个相关合同之间的协调问题等。

三、项目合同管理策划的主要控制措施

（一）组织措施

（1）配备专门机构或人员负责合同管理工作，合同部人员配置的数量和素质应满足合同管理的需要。

（2）制定并实施合同管理责任制。项目负责人是第一责任人，合同部是主责部门，同时分配和落实项目相关职能部门和人员的职责。

（3）制定切合项目实际又可操作的项目合同管理制度，详细规定管理的任务、程序、

流程、途径和方法，并明确项目各干系人在合同管理方面所承担的责任。业主的合同主管部门应牵头对管理制度的贯彻落实状况进行严密的跟踪检查，对检查中发现的各种问题及时处理。

(4) 通过不同形式的教育与培训，让员工牢固地树立合同意识，自觉地将合同作为行动的指南，开展各项管理工作的依据，处理冲突、协调矛盾的准绳，并关注合同执行中疑难杂症的有效处理和偏差纠正，在管控合同的实践中不断提高合同管理的能力。

(二) 管理措施

(1) 由于工期、造价、质量为合同所定义的目标，所以合同控制必须与进度控制、成本（投资）控制、质量控制等协调一致地进行。

(2) 限时要求承包人在履行合同前呈报合同实施计划，经监理/业主审批同意后执行。合同实施计划应包括合同实施总体安排，分包策划，合同实施保证体系的建立与运行以及合同实施工作程序。

(3) 充分地运用合同所赋予的权力和可能性。

1) 利用合同控制手段对各方面进行严格管理，最大限度地利用合同赋予的权力，如指令权、审批权、检查权、处置权等来控制合同实施。

2) 全面收集并分析合同实施的信息，严格进行合同跟踪和诊断。对合同实施进行跟踪诊断时，要利用合同分析原因，处理好工程实施中的差异问题，并落实责任。要将合同实施的跟踪诊断与对承包人的考核评价结合起来。

3) 在对工程实施进行调整时，要充分利用合同将对方的要求（如赔偿要求）降到最小。

(4) 工程过程中实施严格的检查验收制度，防止漏检、漏验的发生。不符合要求的均必须按规定处理。

(5) 建立和执行合同管理工作程序。

1) 定期和不定期地协商会办制度（解决问题如：各项计划落实情况，协调工作；发生和可能发生的问题；变更问题等）。

2) 建立文档系统

① 各种数据、资料的标准化。

② 将原始资料收集整理的责任落实到人。

③ 明确各种资料的提供时间。

④ 准确性、及时性、完整性要求。

⑤ 建立文档系统。

3) 建立报告行文制度——定期的工程实施情况报告；实施过程中发生的特殊情况及处理的书面文件及其他。

(6) 充分运用信息和计算机技术进行合同管理工作。

第六章　项目采购管理策划

一、概述

（一）定义

1. 采购

是指从项目组织外部获得产品和服务。

2. 项目采购管理

项目采购管理是对项目的勘测、设计、施工、资源供应、咨询服务等采购工作进行的计划、组织、指挥、协调和控制等活动。

（二）项目采购管理概述

1. 采购的重要性

（1）降低造价。

（2）关注核心业务。

（3）引进新技术。

（4）提高项目建设组织的灵活性。

（5）增加项目建设工作的责任性。

2. 项目采购管理的重要性

（1）是项目管理的重要组成部分。采购管理是项目管理的重要组成部分，在项目管理的几大知识体系中，采购管理是其中之一。

（2）项目的实施离不开采购管理。采购管理是项目管理实施的重要环节，是项目实施的基础和前提条件，绝大多数项目的实施都离不开采购活动。

（3）直接关系项目的成功与否。如果项目采购不当或管理不善，所采购的产品达不到项目要求，不仅会影响项目的顺利实施，还会降低项目预期的效益，妨碍预定目标的实现，甚至导致整个项目的失败。

（4）项目目标实现的保证。健全的项目采购管理工作可以合理确定或降低项目造价，避免合同纠纷，保证按期按质交付并避免浪费。

3. 项目采购的内容

项目采购的内容是勘测、设计、施工、货物供应、咨询服务等。勘测、设计、施工、咨询服务的采购在第五章《项目合同管理策划》中已作了阐述，本节仅对货物供应，即材料设备的采购管理以及招标活动予以规划。

4. 材料设备采购的重要性和特点

（1）确保工程项目的功能符合要求

无论工程项目大小，其实体均是由材料设备构（组）成的，就如同人体中的骨骼、器官、血脉、经络、肌肉一样，它是确保体现工程项目功能的物质基础；它直接决定了工程项目的使用性、安全性、先进性、经济性与观赏性。

(2) 材料设备费用的控制关系到投资控制的有效性

在工程项目的建筑安装成本中，材料设备所需的费用，一般约占六成，有的甚至更多。材料设备的采购与控制，应是工程项目施工阶段投资控制的重点之一。

(3) 对工程项目进度、质量以及项目成败的影响重大

对于规模巨大、技术先进、功能齐全、结构复杂的大型（特大型）工程项目，涉及的材料、设备规格品种极多，专业性强，是制约工程项目进度和质量的主要因素，决定了工程项目建成后具备的功能是否符合前期策划的要求，稍有失误，不仅影响到整个工程的质量、进度和费用控制，甚至会严重影响项目投入使用后的运营能力及状况。所以，它对项目成败的影响重大。

(4) 不确定性大，风险高，管理艰巨

工程项目中工程材料与生产设备的采购管理，是工程项目采购管理的重要组成部分，在工程项目管理中占有十分突出的地位，与工程建设全过程的质量、进度、费用控制有着密切的联系。由于需要采购的材料（含承包方自制）、设备不仅品种繁多、专业性强、涉及面广、工作量大、时间紧、费用高而且涉及因素复杂，严重受市场约束，又受利益博弈的牵制，具有巨大的不确定性与高危的风险性，管理工作既烦琐又艰难。

(5) 具有项目的特征和属性

采购工作本身具有项目的特征和属性，具有特定目标的唯一性、临时的一次性、渐进并逐渐完善的周期性等一般项目的特征，其活动是项目管理行为。完成一次采购任务也同样涉及综合、范围、时间、质量、费用、人力资源、沟通、风险等方面的管理任务，甚至也包括资源采购各方面的管理任务。所以，采购工作本身就是项目工作行为，完全有理由把一次采购工作视为一个“项目”进行管理，并可借助项目管理的方法和工具，以便更有效地完成招标采购任务。

5. 项目采购管理应遵循的程序

明确采购产品或服务的基本要求、采购分工及有关责任→进行采购策划，编制采购计划→进行市场调查，选择合格的产品供应或服务单位，建立合格供应商名录（库）→采用招标或协商等方式实施评审工作，确定供应或服务单位→签订采购合同→运输、验证、移交采购产品或服务→处置不合格产品或不符合要求的服务→采购资料归档。

6. 工程项目材料设备供应方式、适用范围

(1) 甲供

甲供是指由发包人采购供应的材料设备。即由发包人直接与材料设备供应商签订供货合同并支付合同货款的材料设备。如电力工程中的柴油发电机、变压器，机电安装工程中的电梯，精装修中的高档饰材等。甲供的材料设备一般是工程项目中技术含量高、造价高并对系统运行起关键作用的主要材料设备，或者是生产周期较长（超过半年以上）或者是市场稀缺由特殊供应商提供的特种材料和设备，或者是需要从国外采购的材料设备。

（2）甲招乙供

甲招乙供属承包人采购材料设备范畴，是指由发包人通过公开招标的方式确定材料设备供应方，发包人与材料设备供应方签订条件供货合同，承包人与材料设备供应方在条件供货合同的原则下签订具体的供货合同。发包人、承包人、材料设备供应方、银行签订四方协议，材料设备款由承包人的监控账户支付给材料设备供应方。甲招乙供的材料设备一般是甲供范围内，且具有公开招标条件的那一部分。

（3）甲管乙供

甲管乙供属承包人采购材料设备范畴，是指某些材料设备在招标文件中设为暂定价的，由承包人与发包人共同组织通过公开择优竞价方式确定材料设备供应商，然后由承包人与材料设备供应商签订供货合同并直接支付合同货款、发包人予以监管的材料设备。甲管乙供又称甲控乙供。

（4）乙供

乙供是指由承包人采购供应的材料设备，是由承包人根据设计图纸、招标文件、施工合同的要求自行采购的材料设备。

7. 工程项目材料设备采购控制

（1）工程项目材料设备采购控制的主要任务

质量、进度、费用三大任务。采购的材料设备品种、规格、性能应符合设计图纸以及相关规范指定的技术标准和质量要求；采购的材料设备数量、交货时间、交货地点等应与施工计划相一致，能满足实际工程进度的要求；采购的材料设备价格和采购成本等费用应满足投资控制的要求。

（2）工程项目材料设备采购控制的主要途径

对采购过程实施过程控制：制定采购计划，按计划控制采购实施。

（3）工程项目材料设备采购控制的主要方法

实施甲供、甲招乙供、甲管乙供、乙供的分类管理，为此，应建立并实施相应的管理程序/制度，做到责任明确，体现过程控制的原则和预防为主的思想。

8. 项目采购计划

（1）定义

识别哪些货物和服务需要采购，并考虑采购的安全在途时间和安全存量水准，算出正确的采购数量，对采购工作做出合乎要求的总体安排，以便于项目顺利地实施。

（2）编制依据

1）项目范围的信息，如项目建议书、可行性研究报告、项目（设计）任务书、招标文件、合同文件等。

2）项目产出物的信息，如设计文件等。

3）项目资源需求信息，如项目资源配置计划等。

4）现场条件，如货物、工程、服务的供应状况、供应价格等。

5）其他的项目管理计划，如项目进度计划等。

6）约束条件和假设前提，如运输工具与能力、气候、存储、关税等。

二、项目采购管理策划的主要内容

（一）工程采购管理组织的策划

采购管理任务必须由一定的组织机构和人员来完成。要提高采购管理水平，必须使采购管理工作专门化和专业化。业主应设立专门机构或人员负责采购管理工作，一般宜设置采购部，或同合同部合署办公，统管所有工程采购的总体管理工作；也可以将项目采购中的商务工作交给合同部门兼管，而专业性工作由技术部门分管，同时在这两个部门中指定一个部门是工程采购的主管部门。

采购部门的人员配置应根据采购管理工作任务和工程项目的规模大小、合同关系的复杂程度、风险大小，并结合工程项目管理组织结构、管理模式统筹考虑。

为了规范采购行为，采购部门应编制一套完整的、可操作的采购管理制度/程序、管理细则，特别是应建立采购管理责任制。

（二）进行采购分析

采购分析宜与合同策划一并进行。采购分析的目的是判断项目所需的材料设备哪些是自制，哪些是外购，外购中甲供、甲招乙供、甲管乙供、乙供的是哪些，甲供和甲招乙供的材料设备怎样分解为一个一个独立的合同包。划分甲供和甲招乙供的范围时，一定要考虑市场条件，并与甲方的管控能力相匹配，不宜贪大贪多。

（三）编制采购计划

1. 采购计划应包括下列内容

（1）采购工作范围、内容和管理要求。

（2）采购信息，包括产品的质量要求或验收依据、准则、标准，验收和交付要求（交付时间、地点和方式），价格、规格、数量以及服务要求。

（3）检验方式和标准（可含在采购信息内）。

（4）供应方资质要求。必要时应增加有关供方的过程和质量管理体系要求、有关供方的设备和人员的要求。

（5）采购控制目标和措施。

采购计划的内容概括起来就是解答是否采购，采购什么，何时采购，如何采购，采购多少，向谁采购，采购价格，这么几个问题。货物采购时间应满足项目施工的需求，并结合贷款成本、集中采购和分批采购的利弊分析综合考虑。货物采购数量，应通过对市场供应现状与供货商供货能力的分析来确定，并依此进行合理分标。采购计划发放前应经授权人批准。

2. 编制和生成项目采购作业计划

必要时，在项目采购计划的基础上，制订出项目采购工作具体的作业计划。

（四）进行市场调查，选择评价供方

项目采购应加强对合格供方的选择和管理，按照采购产品的要求，组织应实施对产品

供方的评价、选择和管理。对供方的调查应包括：营业执照、管理体系认证、产品认证、产品加工制造能力、检验能力、技术力量、财务状况、履约能力、售后服务、经营业绩、用户评价、社会信誉等。为满足采购工作的需要，对合格供方的评价和管理应作为企业一项基础管理工作，事先制定供方评价和再评价的准则以及相应的管理工作制度，规定评价的内容、准则、方法和记录（资料），并在对供方分类评价的基础上建立合格供方目录（库）。

（五）选择采购方式，确定供应或服务单位

1. 策划内容

（1）采购类型

1）工程采购：是指建设单位就拟建的工程发布公告，设定项目的招标条件，用法定方式吸引建筑项目的承包单位参加竞争，进而通过法定程序从中选择条件优越者来完成工程建筑任务的一种法律行为。

2）货物采购：是建设单位就拟采购的甲供设备材料发布采购公告，设定技术要求和采购条件，用法定方式吸引设备材料供应商参加竞争，进而通过法定程序从中选择条件优越者来供应设备材料任务的一种法律行为。

3）服务采购：是建设单位就拟采购的服务发布采购公告，设定服务要求和采购条件，用法定方式吸引服务单位参加竞争，进而通过法定程序从中选择条件优越者来完成服务的一种法律行为。

（2）采购方式

采购方式可以分为招标采购和非招标采购两大类，招标采购有公开招标和邀请招标两种方式；非招标采购有询价采购和直接采购两种方式。

1）公开招标

招标采购单位依法以招标公告的方式邀请不特定的投标单位参加投标。是招标活动在公共监督之下进行，通常应当在公共媒体上公开发布招标公告，这种公告表明招标具有广泛性和公开性。

优点：能够在最大限度内选择投标商，竞争性更强，择优率更高，同时也可以在较大程度上避免招标活动中的贿标行为，因此，国际上政府采购多采用这种方式。

缺点：一般耗时较长，需花费的成本也较大，对于采购标的较小的招标来说，不宜采用公开招标的方式；另外还有些专业性较强的项目，由于有资格承接的潜在投标人较少，或者需要在较短时间内完成采购任务等，最好不采用公开招标的方式。

2）邀请招标

由招标人或招标代理人依法向具有承担该项工程、货物和服务相应履约能力的 3 个以上供应商发出招标邀请书及招标文件，邀请其参加投标。邀请招标不发布采购信息，是一种不公开的招标方式。一是招标项目的技术新而且复杂或专业性很强，只能从有限范围的供应商或承包商中选择；二是招标项目本身的价值低，招标人只能通过限制投标人数量来达到节约和提高效率的目的。

优点：招标费用少、周期短、招标评标工作量小、增加了投标者的中标几率、满足采购人及时性等优点。因此，目前我国私人投资的项目或特定投标人较少的项目，多采用邀

请招标方式实施采购。

缺点：限制了供应商数量，价格的自由竞争不能得到充分体现，可能将一些条件优越的供应商排斥在外，也容易滋生暗箱操作、故意规避公开招标、围标串标等问题发生。

根据投标人的选择范围可分为国际招标和国内招标，国际招标的公告应通过国际公开途径刊登。

3）询价采购

采购方根据采购需求，从符合相应资格条件的供应商名单中确定不少于三家的供应商向其发出询价单让其报价，由供应商一次报出不得更改的报价，然后询价小组在报价的基础上进行比较，并确定最优供应商的一种采购方式。实行询价采购方式的，应为符合采购的货物规格、标准统一、现货货源充足且价格变化幅度小的采购项目。询价采购还可分为报价采购、议价采购和订购：

① 报价采购是指采购方向供应商发出询价或征购函，请其正式报价的一种采购方法。

② 议价采购是指与供应商进行个别谈判，商定价格的一种采购方法。

③ 订购是指利用订购单或订购函，列出采购所需物资及标准寄给供应商的一种采购方法。

优点：它是一种相对简单而又快速的采购方式。询价采购可以通过对几个供应商的报价进行比较，以确保价格具有竞争性，是一种简单而又快速的采购方法。

缺点：询价信息公开面较狭窄，局限在有限少数供应商，确定被询价的供应商主观性和随意性大。为代理机构和采购人实施“暗箱操作”提供了极大便利。询价过于倾向报价，忽视对供应商资格性审查和服务质量的考察。谁价格低谁“中标”，供应商在恶性的“价格战”中获利无几，忽视产品的质量和售后服务，合同条件等关键性的内容表述不全。指定品牌询价现象比较突出。

4）直接采购

直接采购就是指不通过竞争，直接签订采购合同（订单）的采购方式。直接采购的适用情况：

① 重复合同。需要增加购买、重复建设或反复提供类似的货物、工程或服务，并且原合同是通过竞争邀请程序授予且新合同授予同样的供应商、承包商或服务提供者。

② 公开招标失败。在采用公开和邀请程序情况下没有合适投标人，且原招标合同条款未作重大改变。招标失败的原因或是无人投标，或是串通投标，或是投标多为不符合参加条件的供应商。

③ 采购标的来源单一。基于技术、工艺或专利权保护的原因，产品、工程或服务只能由特定的供应商、承包商或服务商提供者提供，且不存在任何其他合理的选择或替代。

④ 紧急采购时效之需要。不可预见事件或不可抗力导致出现异常紧急情况，使公开和限制程序的时间难以得到满足。

⑤ 负责工艺设计的承包人要求从一特定供货商处购买关键部件，并以此作为其保证达到设计性能或质量的条件时的采购。

优点：简便快捷、节省时间、采购费用少。

缺点：由于单一来源采购只同唯一的供应商、承包商或服务提供者签订合同，所以就竞争态势而言，采购方处于不利的地位，有可能影响采购效果；并且在谈判过程中容易滋生索贿受贿现象。

(3) 采购程序

1) 公开招标程序

分为三个阶段，即招标前期策划、招标投标、招标定标阶段。如图 6-1 所示。

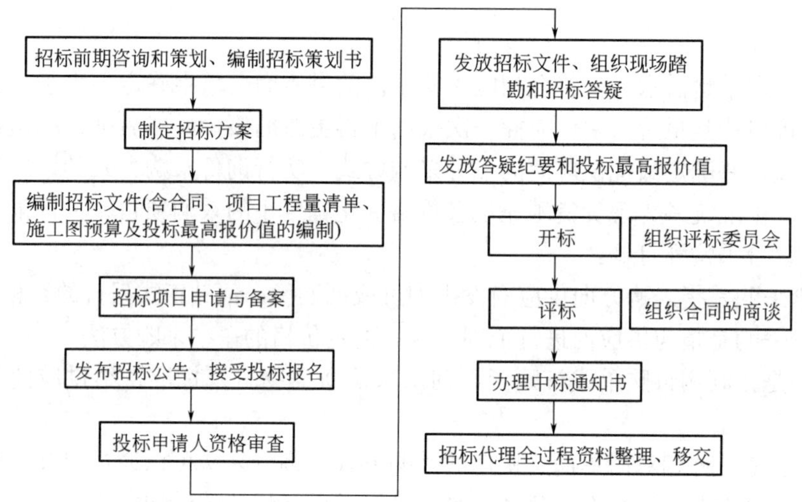

图 6-1　公开招标程序

2) 询价采购的程序

成立询价小组（由采购人的代表和有关专家共 3 人以上的单数组成，其中专家的人数不得少于成员总数的 2/3）→确定被询价的供应商名单（从符合相应资格条件的合格供应商名单中，选定 3 个以上的供应商）→询价（对所选定的供应商分别发出询价单，询价单的内容除了价格以外，还应包括商品品质、数量、规格、交货时间、交货方式、售后服务等内容，供应商应就询价单的内容如实填报。询价小组要求被询价的供应商一次报出不得更改的价格）→确定成交供应商（采购人根据符合采购需求、质量和服务相等且报价最低的原则确定成交供应商，并将结果通知所有被询价的未成交的供应商）。

2. 公开招标中的主要环节和控制点

(1) 主要环节

公开招标中的主要环节——招标准备、招标实施、评标定标三个环节。如图 6-2 所示。

(2) 主要控制点

1) 招标策划准备阶段

① 招标要求明确。

有具体的质量、进度和造价控制要求，以及业主认为必需的其他要求；招标范围明确。

② 市场调查充分、真实。

有关招标信息（法律法规及政府主管部门方面的信息、产品信息、供应商信息、市场供求信息、采购案例信息等）收集齐全。

③ 招标策划、计划科学、合理，审批手续完备。

招标人(建设单位)
招标前期咨询服务
对招标人招标决策、技术提供服务
招标代理公司
对外协调、招标申报手续(报交易中心)
政府各职能部门
编制招标计划安排
前期市场调查服务
招标资料编制(合理设置择优、评标标准)
工程量清单编制、确定最高报价值
中、后期招标服务
整体计划
公告计划
报批计划
备案计划
摸查市场行情
锁定考察目标
编制考察计划
组织实施考察
撰写考察报告
招标代理公司内部专家审核
招标人计财部、律师、咨询单位审核
招标人工程部审核含设计、监理单位
招标人内部监督部门审核
招标人领导审批
清单初稿
各方审核
确定限价
发售招标文件
答疑会议
开标、评标
中标候选人公示
报标办备案、办理中标通知书

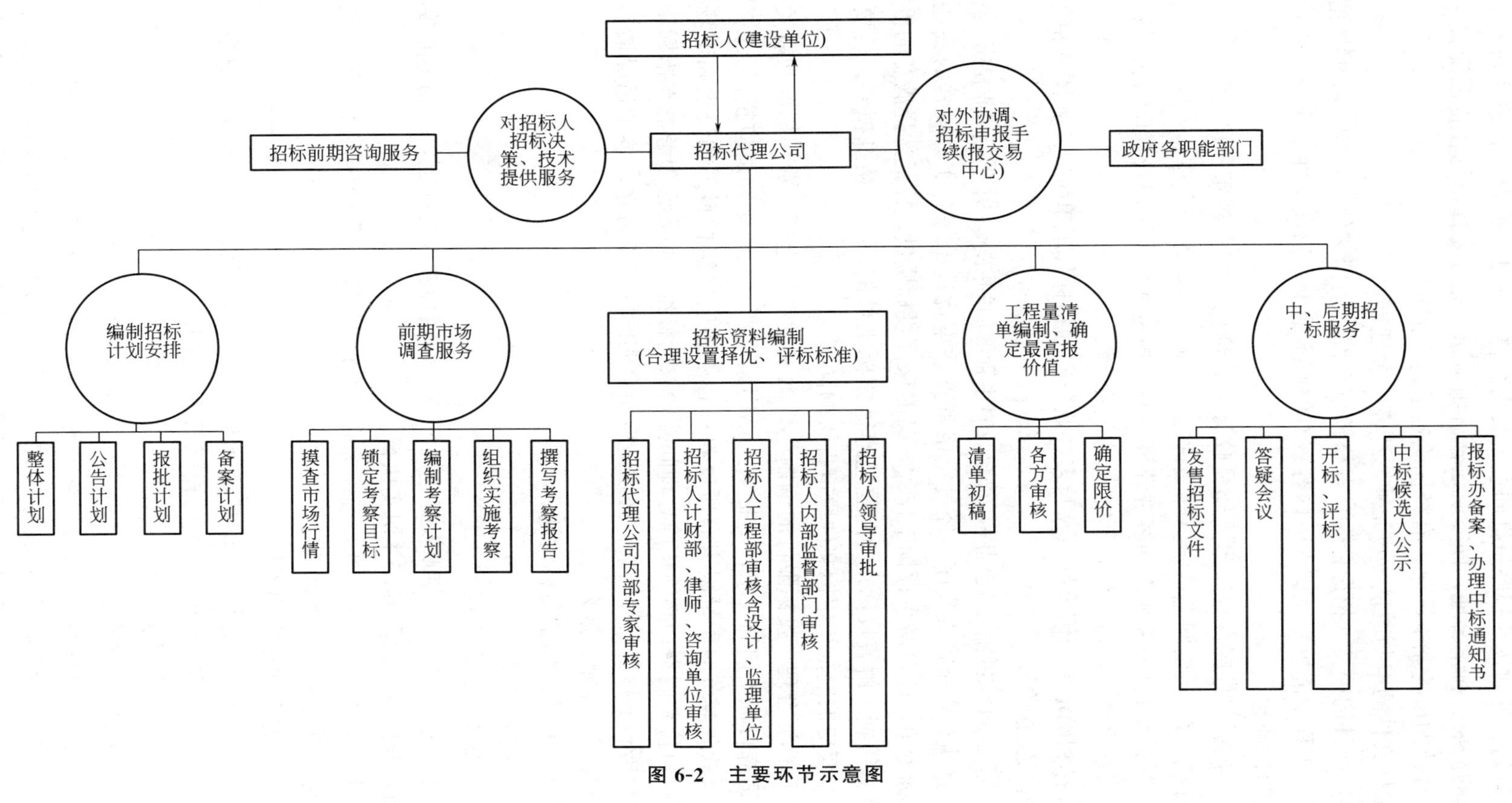

图 6-2　主要环节示意图

招标策划、计划按照程序呈批同意，其内容符合项目总策划、总控计划的要求，满足项目建设的需要、科学合理，同时应结合市场实际，充分发挥市场在资源配置中的决定作用，通过有效的市场竞争，业主有择优确定承包人的条件。

④ 招标文件的编制质量——完善、严谨、合理。

完善：文件的种类（招标公告、资格预审文件、招标文件、合同、技术规范、图纸和技术资料、工程量清单）及文件的内容该有的都不缺少；招标文件应充分反映项目建设意图和业主招标理念。

严谨：招标文件应符合法律法规及政府主管部门的相关规定；语句通顺，表达准确，没有错漏或前后矛盾的问题；各招标文件之间协调一致，衔接紧密。

合理：符合项目外部和内部客观环境、各项规定和要求，以及风险分配既科学又切合实际，兼顾各方利益，可操作，不能设置霸王条款。

⑤ 选择和确定一个信誉好、经验多、业务熟的招标代理单位。工作团队精干、专业。

2）招标实施阶段

① 招标工作必须遵循法定程序，符合政府主管部门的要求，并严守商业秘密，绝不泄露。

② 严格执行资格审查程序。经过资格审查评审优选出综合实力较强的一些申请投标人参加投标竞争，既可减少评标工作量，又能保证投标质量、择优选择满意的投标人。

③ 认真答疑。解答投标人的问题应遵循招标文件的原意，精炼扼要。若要对招标文件的内容作变更的应征得招标文件原审批人的同意。

④ 招标标底合理。投标限价的编制应以国家批准的定额、费用标准和有关规定为依据，必须适应目标工期的要求，对提前工期因素有所反映；必须适应招标方的质量要求，对高于国家验收规范的质量因素有所反映；必须适应建筑材料采购渠道和市场价格的变化，考虑材料价差因素；必须正确处理间接费取费标准；必须合理考虑本招标工程的自然地理条件和招标工程范围等因素；必须适应切合实际的施工方案。详细情况请参阅第七章《项目投资管理（控制）策划》。

⑤ 给予投标人充裕的备标时间。

3）招标定标阶段

① 接收符合规定的投标书。

投标书的包装、密封、签章及送达时间均符合招标文件的规定，否则不能接收。

② 明确开标时宣读内容，并切实执行。

开标时宣读内容至少应包括：宣读标底、投标人名称、投标价格和在投标致函中提出的附加条件、补充声明、优惠条件、替代方案等。

③ 初评应先剔除作废的投标书。

按招标文件中对作废投标书的判定条件，对没有响应或违犯招标文件中相关实质性规定的投标书定为作废投标书。作废的投标书不予接收。

④ 建立评标专家库或择优选择评标专家，确保评标质量。

⑤ 评标办法既体现公平、公正，更应该体现择优的原则。

“择优”才能体现招标的目的和竞争的本质。评标常采用“综合评分法”，其各种要素的权重系数应结合工程项目的特点、难点和重点合理确定，以保证对投标人的评价是科学的、正确的，有利于将最大限度地满足招标文件中规定的各项要求和评标办法中的综合评价标准的投标人的优先作出排序，择优选择中标人，为项目成功奠定良好的组织保障。

⑥ 为串标、围标设置防火墙。

(六) 签订采购合同

1. 货物采购合同文本的准备

货物采购合同文本应分为材料采购合同和设备采购合同。

(1) 材料采购合同主要包括以下内容：

1) 标的——产品名称、商标、型号、生产厂家、订购数量、合同金额、供货时间、每次供货数量、质量要求的技术标准、供货方对质量负责的条件和期限等。

2) 包装。包括包装标准、包装物的供应与回收。

3) 运输方式及到站（港）和费用的负担责任。

4) 合理损耗及计算方法。

5) 验收标准、方法及提出异议的期限。

6) 随机备品、配件、工具数量及供应办法。

7) 结算方式及期限。

8) 违约责任。

9) 特殊条款。

(2) 设备供应合同：

设备供应合同的主要内容大体和材料采购合同相似，但在设备供应合同中还应增加到货开箱检验和现场服务的内容。

2. 签订采购合同

应明确合同签订的流程，参与活动的部门（人员）的职责和注意事项（可参照合同签订）。采购合同应经授权人批准后才能生效。

(七) 运输、验证、移交采购产品或服务

采购的产品必须按采购合同、采购文件及有关标准规范进行验收、移交并办理完备的交验手续，严禁不合格产品使用到工程项目中。应根据采购合同检查交付的产品和质量证明资料，填写产品交验记录。

(八) 处置不合格产品或不符合要求的服务

应严格采购不合格品的控制工作。采购过程中经验收确认的不合格品必须严格按规定处理。当产品验收、施工、调试和保质期内发现产品不符合要求时，必须对不合格的产品进行记录和标识，并区别不同情况，按合同和相关技术标准采用返工、返修、让步接收、降级使用、拒收等方式进行处置，并将相关资料纳入合格供方再评价的依据之一。

(九) 采购资料归档

应加强项目采购管理资料和产品质量见证资料的管理。采购管理资料包括采购策划书

和采购计划、招标代理评价选择的文件和记录、招（投）标文件和甲乙方来往函件、评标报告、采购合同等记录和资料。产品质量见证资料包括装箱清单、说明书、合格证、质量检验证明、检验试验报告、调试记录等。产品质量见证资料必须真实、有效、完整，具有可追溯性。产品质量见证资料经验证合格后方可作为产品入库验收和使用的依据，并妥善登记保管。剩余的产品退库时应附有原产品的合格证或质检资料。完成采购过程，应分析、总结项目采购管理工作，编制项目采购报告，并将采购资料归档保存。

三、项目采购管理策划的主要控制措施

（一）组织措施

1. 落实责任

明确并落实业主各职能部门以及项目各参与方相应的项目采购管理责任；材料设备中发生的各类不合格不仅要按相关规定严肃处理，而且按合同规定予以处罚。

2. 建立采购管理控制的组织保障体系

业主/项目管理公司（代建单位）、工程监理、施工单位均应建立并实施一套完整的、可行的材料设备采购管理程序、制度、管理细则，以构建一个有效运行的采购工作体系。业主的责任一是做好甲供材料设备的采购，满足项目的要求；二是对乙供材料设备（含甲招乙供、甲管乙供）的采购产品、采购过程以及采购管理保障体系，实施有效监控。

业主/项目管理公司（代建单位）、工程监理、施工单位采购管理工作应实施专门化和专业化，应设立专门机构或人员负责采购管理工作，并根据采购任务配置适当的业务熟悉的专业人员。

（二）管理措施

（1）采购计划、采购合同应在采购前按规定程序办理审核审批手续，经授权人批准后才能生效。

（2）材料设备的供方均必须符合合格供方的标准。

采购人（业主、施工单位）应制定评价、选择、重新评价供方的准则，要确保在采购活动进行前实施对供方的评价、选择。所有采购必须在合格供方名录中选择供方，若超出名录采购时，应对新的供方进行评价，经评价符合合格供方的标准后，才能作为选择的对象。

（3）对特殊产品（特种设备、材料、制造周期长的大型设备、有毒有害或对质量功能有较大影响的产品）的供应单位除经合格供方评定外，还应进行实地考察，必要时在产品加工期内派人驻厂监控。

（4）安全资质。承压产品、有毒有害产品、重要机械设备等特殊产品的采购，应要求供应单位提供有效的安全资质、生产许可证及其他相关要求的资格证书。

（5）采购合同应对采购的材料设备实施检验或其他必要的活动（如看样定板等）作出明确规定，以确保采购的产品满足规定的采购要求。这些活动包括到供方现场的验证、进货时的验证、外观质量检查和按规定取样送检，以及供方提供合格文件等。

检验产品使用的计量器具、产品的取样、抽验应符合规范要求。

(6) 对于大型或超大型工程项目，由于机电设备品种规格多、技术复杂，机电项目的采购、安装、检测、调试、验交等管理工作艰巨，应引入专业的机电工程监理单位专门负责这方面的管理工作。

(7) 进口产品应按国家政策和相关法规办理报关和商检等手续。

(8) 采购产品在检验、运输、移交和保管等过程中，应按照职业健康安全和环境管理要求，避免对职业健康安全、环境造成影响。

(9) 采购安全和保密。采购过程中的“黄金规则”是要绝对保密，不让任何不应外传的信息从机构中泄密，不要和不应该知道此事的陌生人交谈，知道的人越少越不会有漏洞。妥善安置相关文件和计算机内的材料，及时销毁那些敏感的文件，以免泄密。

(三) 合同措施

承包合同应将上述采购管理职责和管理要求予以具体规定。

(四) 经济措施

业主应按规定及时支付工程进度款，并监控承包商工程款的使用情况，专款专用，确保乙供材料设备采购费用的拨付。

(五) 技术措施

(1) 设计图纸中的材料设备应根据满足功能要求、经济合理的原则对其规格、型号、技术参数进行把关，并考虑其应符合可施工性和易于采购的要求。

(2) 主要设计人员应参加材料看样定板的评审以及机电设备的开箱检验活动，把住材料设备的技术标准关。

第七章 项目投资管理（控制）策划

一、概述

（一）定义

1. 工程项目成本

工程项目成本是指承包商为承建工程的实施所发生的生产经营费用。它由工程项目的直接费（工、料、机）、措施费、规费、组织管理费四大类构成。

2. 工程项目投资

工程项目投资是指业主在工程建设阶段支付给承包商的工程款。

3. 建设项目总投资

建设项目总投资是指投资主体为获取预期收益，在选定的建设项目上所需投入的全部资金。

4. 建设项目总投资的内容

建设项目按用途可分为生产性建设项目和非生产性建设项目。生产性建设项目总投资包括固定资产投资和流动资产投资两部分。而非生产性建设项目总投资只有固定资产投资，不包括流动资产投资。

5. 固定资产投资

固定资产投资包括：建筑工程费、设备购置费、安装工程费、其他费用。其中其他费用：项目实施费用——可行性研究费用、其他有关费用。项目实施期间发生的费用——土地征用费、设计费、生产准备、职工培训；预备费：基本预备费、涨价预备费。

6. 流动资产投资

流动资产投资指项目投产前预先垫付，在投产后的经营过程中购买原材料、燃料动力、备品备件、支付工资和其他费用以及被在产品、半成品和其存货占用的周转资金。在生产经营活动中流动资产以现金、各种存款、存货、应收及预付款项等流动资产形态出现。

7. 项目投资管理

项目投资管理（控制）是在投资决策阶段、设计阶段、项目发包阶段和项目施工阶段，把工程建设项目投资的发生控制在批准的投资限额以内，所进行的预测、计划、控制、核算、分析、纠偏和考核等活动。

（二）项目投资管理概述

1. 项目投资管理的目的

保证工程建设项目投资管理目标的实现，并取得较好的经济效益和社会效益。

2. 投资控制原理

（1）投资控制的目标管理。

投资控制的总目标是项目实际投资不超过计划投资，即项目的工程决算不超过设计概算。为此，投资控制应采用目标控制与过程控制相结合的管理手段。投资控制不仅要有总目标，而且各个分阶段也应有投资控制分目标，各阶段目标相互制约相互补充。项目前期阶段的投资估算→（制约）初步设计阶段的设计概算→（制约）技术设计阶段的修正概算→（制约）施工图设计阶段的施工图预算→（制约）招标阶段的工程合同价（或投标控制价）→（制约）施工阶段的工程结算价→（制约）竣工阶段的工程决算价。

（2）应特别重视项目前期（设计开始前）和设计阶段的投资控制工作。

项目投资控制贯穿于项目全生命期，但是各个阶段对工程造价的影响程度不同。据统计资料显示，一般情况下，在项目的决策阶段对工程造价的影响程度为75%～95%，在项目的初步设计阶段对工程造价的影响程度为50%～75%，在项目施工图设计阶段为35%～50%，在项目的施工阶段对工程造价的影响程度为5%～35%；在项目的竣工阶段对工程造价的影响程度为0～5%。所以，必须以前期决策阶段和设计阶段为重点，并实施项目全过程的投资控制。

（3）以动态控制原理为指导，采用主动控制为重点，主动控制与被动控制相结合方式，进行投资计划值与实际值的比较。

1）主动控制。

即在事前确立项目的投资目标，在编制投资计划时，就应对工程建设中环境的不确定性、风险因素等有超前的考虑和预测，分析各种因素对项目投资的影响，预测项目实施过程中目标和计划偏离的可能性，采取相应的预控措施输入目标和计划系统，对项目实施主动控制。它可以解决传统控制过程中存在的“时滞影响”，将各类隐患消灭在萌芽状态，使控制效果更加有效。

2）被动控制。

在项目计划的实施过程中还应进行全过程、全方位的追踪监测，通过对项目实际输出工程信息的收集、加工、整理、分析，及时发现问题、找出偏差，采取相应的对策措施纠偏，再反馈给计划管理部门付诸实施，使工程中出现的问题及时得到处理，使目标和计划一旦出现偏离及时得到矫正。

3）主动与被动相结合的控制。

主动控制与被动控制均为实现项目投资目标所必须采用的控制方式，有效的控制是将其紧密结合起来，两者缺一不可。即对项目投资目标的控制既要以预防为主，加大主动控制的力度，又要同时对项目的实施过程进行定期、连续的跟踪检查，通过信息反馈实行被动控制，两者有机地融合在一起，形成一个贯穿建设全过程的动态控制系统，方能确保项目投资目标的顺利实施。

4）应采取组织、经济、技术、合同等综合措施。

5）非常有必要进行计算机辅助投资控制。

二、项目投资管理（控制）策划的主要内容

（一）项目前期阶段投资控制策划

1. 项目前期阶段投资控制的工作内容和侧重点

编制投资规划、确定投资目标：按项目的构思和要求编制投资规划，深化投资估算，进行投资目标的分析、论证和分解，以作为建设项目实施阶段投资控制的重要依据。

2. 认真计划和组织项目前期阶段的各项工作，确保项目可行性研究的质量

项目前期阶段是项目的决策阶段，也是设计的准备阶段，项目决策的正确性是工程造价合理性的前提，工程决策的内容是决定工程造价的基础，工程决策的深度影响投资估算的精确度也影响投资控制的效果。因此，必须对项目建议书、初步可行性研究、详细可行性研究进行统筹安排，精心组织，应安排充裕时间，委托资深咨询单位承担此项工作，确保项目可行性研究的系统性、准确性、符合性和适用性，并组织专家认真评审验收。

3. 对影响工程造价的主要因素予以有效控制

可行性研究应对影响工程造价的主要因素，如项目的建设规模、建设标准、建设地区及地点、设计方案（空间规划、功能规划、平面布置）、工艺评选和设备的选用等项目，在进行科学论证和多方案比选的基础上合理确定，既符合项目的构思和要求，符合时代的要求，又能节省投资，“少花钱、多办事”，造价合理；在满足功能需求的基础上，建设规模、建设标准既不过高（大、度），也不过低。

4. 确保投资估算的精度

（1）投资估算编制依据必须科学和可靠。估算方法应符合拟建项目的性质和实际情况，一些系数的确定有一定的科学依据。

（2）投资估算所采用的各种资料和数据应符合时效性、准确性和适用性的要求，应考虑拟建项目的建设时期，与工程内容、依据的设备和材料的价格、定额和指标的年代、各种费用项目与标准、费用项目的划分、其他费用包干的内容和规定等，应符合估算投资时的实际。

（3）投资估算的工程内容、工程规模以及自然条件、技术标准、环境要求等制约条件，均与可行性研究报告的规定和项目实际相吻合，没有差别。

（4）投资估算要合理地留有余地，既要防止漏项少算，又要防止高估冒算。要在优化建设方案的基础上，认真地、准确地根据有关规定合理确定经济指标，以保证投资估算的质量，使其真正起到决策和控制的作用。

（5）为了保证投资估算的准确性，使其发挥项目决策和投资控制的作用，要做好投资估算的审查工作。按规定，投资估算的审查工作必须委托有资格的工程咨询公司进行评审，并经法定的审批部门或投资人批准。

（二）项目设计阶段投资控制策划

1. 设计阶段投资控制的工作内容和侧重点

通过设计的深化与优化控制投资在投资目标范围内；充分考虑满足项目需求条件下挖掘节约投资的可能性。

2. 引入竞争机制，精心策划和组织设计招标和方案竞赛

大型、特大型建筑工程项目在方案（概念）设计和初步设计阶段，选择设计单位和确定设计方案的通常做法是组织设计方案竞赛。根据设计目标的不同要求，可组织不同设计深度的设计竞赛，或采取分单次、多次进行的方式。通过设计招标和方案竞赛择优选择设计单位和设计方案。

引入竞争机制，是符合市场经济运行规律的一种商业模式，适用于工程设计的各个阶段，不仅在概念设计、初步设计阶段要这么做，在技术设计和施工图设计阶段也应该如此。

3. 落实勘探设计单位的技术经济责任

设计合同中应明确规定勘探设计单位承担的任务、职责和义务以及未履约时应承担的责任，其中应包括项目投资控制方面的责任。通过经济合同促进设计单位和设计人员树立节省投资的观念，克服重技术、轻造价、设计保守浪费和脱离项目实际的倾向。

4. 严格执行设计标准和大力推行标准设计

严格执行设计标准规范，能够将大量成熟的行之有效的实践经验和科技成果在项目中推广使用，同时又是衡量工程质量的重要标志。尤其优秀设计标准规范的引用，有利于降低投资，缩短工期。

应大力推行标准设计（通用设计），有益于较大幅度降低工程造价：

（1）重复建造的建筑（构造）物，都应采用标准设计或通用设计。

（2）对不同用途和要求的建筑物，应按照统一的建筑模数、建筑标准、设计规范、技术规定等进行设计。

（3）当整个项目、房屋或构筑物不能定型化时，则把其中重复出现的部分，如工程主体或房屋的建筑单元、房间和主要结构节点构造，在构配件标准化的基础上定型化。

（4）建筑物和构筑物的构件参数、含筋量或柱网层高等尺寸的统一化。

（5）建筑物采用的构配件应力求统一，在基本满足使用要求和修建条件的情况下尽可能具有通用互换性。

5. 推行限额设计

（1）限额设计的目标设置

为了有效实施限额设计，业主要提高投资估算的准确性，合理确定设计限额，并将投资控制的目标值书面下达给设计单位。限额设计目标大多以可行性研究投资估算造价为最高限额，按直接工程费的80%～85%下达分解，以此作为初步设计投资控制的目标值；以批准的初步设计概算作为施工图设计投资控制的目标值。

（2）限额设计的控制

限额设计的全过程，就是建设项目投资目标管理的过程：即目标分解与计划、目标实施、目标实施检查、信息反馈与纠偏的控制循环过程。

1）纵向控制

项目设计的全过程，从初步设计到施工图设计，限额设计都必须贯穿到每一个阶段，必须贯穿于每一个专业的每一道工序，必须明确限额目标，实行工序管理。各个专业限额的实现，是实现项目投资总目标的保证。初步设计应该是多方案比较选择的结果，尤其是工程造价影响较大的关键设备、工艺流程、总图方案、主要建筑和各种费用指标等要进行多方案比选，要克服只管画图，不算经济账的倾向。施工图设计除对设计方案进一步优化，使设计方案更合理、更可操作、更经济之外，重点应放在工程量的控制上。

2）横向控制

一个大型的建设项目，一般由若干个单项工程组成，一个单项工程又由若干个单位工程组成，一个单位工程又由若干个分部（专业）工程组成。因此，投资控制的目标必须分解落实到单项工程、单位工程和分部工程上，各个分部工程的设计限额做到不突破，那么设计概算/施工图预算就不会超过计划值。设计单位内部应实施专业投资分配（限额）考核制，将投资限额分到各专业，并分段考核。下段指标不得突破上段指标。哪一专业突破控制造价指标时，应首先分析突破原因，用修改（优化）设计的方法解决。问题发生在哪一阶段，就消灭在哪一阶段。

6. 价值工程在优化设计中运用

控制在投资目标范围内的设计深化与优化，充分考虑满足项目需求条件下挖掘节约投资的可能性，是设计阶段投资控制的主要抓手。因此，必须运用价值工程进行设计方案的选择。

（1）运用价值工程既提高工程功能又降低项目投资。

（2）运用价值工程在保证工程功能不变情况下，降低项目投资。

（3）运用价值工程在项目投资不变的情况下提高工程功能，因而最终降低建设项目投资。

（4）运用价值工程在工程主要功能不变、次要功能略有下降的情况下，使项目投资大幅降低。

（5）运用价值工程在项目投资略有上升的情况下，使工程功能大幅度提高。

7. 组织对设计概算和施工图预算的审查

（1）审查内容

1）审查编制依据

① 审查编制依据的合法性：采用的各种编制依据必须经过国家或授权机关的批准，符合国家的编制规定，未经批准的不能采用。也不能擅自提高定额、指标或费用标准。

② 审查编制依据的时效性：各种依据，如定额、指标、价格、取费标准等，都应根据国家有关部门的现行规定执行，注意有无调整和新的规定，如有，应按新的调整办法和规定执行。

③ 审查编制依据的适用范围是否符合规定。

2）审查编制深度

① 审查编制说明：编制说明中有关编制依据、方法、深度的内容是否有差错。

② 审查编制深度：设计概算分为三级概算，即单位工程概算，单项工程综合概算，建设项目总概算。审查是否符合规定的“三级概算”，各级概算的编制、核对、审核是否按规定签署，有无随意简化。

③ 审查编制范围：审查编制范围及具体内容是否与批准的建设项目范围及具体工程内容相一致；审查分期建设项目的建筑范围及具体内容有无重复交叉，是否重复计算或漏算；审查其他费用时，其计取基础和费率是否符合当地有关部门的现行规定、静态投资、动态投资和经营性项目铺底流动资金是否分别列出等。

3）审查项目

① 审查编制是否符合国家和地方政府的相关规定以及工程所在地的自然条件。

② 审查建设规模（投资规模、生产能力、层数等）、建设标准（用地标准、建筑标准等）、配套工程、设计定员等是否符合原批准的可行性研究报告或立项批文标准。对概预算超过估算或设计限额值的，应查明原因，重新上报审批。

③ 审查编制方法、计价依据和程序是否符合现行规定，包括定额或指标的适用范围和调整方法是否正确。进行定额或指标的补充时，要求补充定额的项目划分、内容组成、编制原则等要与现行的定额精神相一致等。对换算的单价，首先要审查换算的分项工程是否是定额中允许换算的，其次审查换算是否正确。

④ 审查工程量是否正确。工程量的计算是否根据设计图纸、概预算定额、工程量计算规则和施工组织设计的要求进行，有无多算、重算和漏算，尤其对工程量大、造价高的项目要重点审查。

⑤ 审查材料用量和价格。审查主要材料（钢材、水泥、木材、砖）的用量数据是否准确，材料预算价格是否符合工程所在地的价格水平，材料价差调整是否符合现行规定及其计算是否正确。

⑥ 审查设备规格、数量和配置是否符合设计要求，是否与设备清单相一致，设备预算价格是否真实，设备原价和运杂费的计算是否正确，非标准设备原价的计算方法是否符合规定，进口设备各项费用的组成及其计算程序、方法是否符合国家主管部门的规定。

⑦ 审查建筑安装工程各项费用的计取是否符合国家和地方有关部门的现行规定，计算程序和取费标准是否正确。

⑧ 审查综合概算、总概算的编制内容、方法是否符合现行规定和设计文件的要求，有无漏项，有无设计外项目，有无将非生产性项目以生产性项目列入。

⑨ 审查总概算文件的组成内容，是否完整地包括了建设项目从筹建到竣工投产为止的全部费用组成。

⑩ 审查工程建设其他费用。这部分费用内容多、弹性大，占项目总概算25%以上，要按国家和地区规定逐项审查，不属于总概算范围的费用项目不能列入概算，具体费率或计取标准是否按国家行业有关部门规定计算，有无随意列项，有无多列、交叉计列和漏列等。

⑪审查技术经济指标。技术经济指标计算方法和程序是否正确，综合指标和单项指标与同类型工程指标相比，是偏高还是偏低，其原因是什么，并予纠正。

⑫审查投资经济效果，从投资效益和运营效益全面分析，是否达到了先进可靠、经济合理的要求。

（2）审查方法

常采用三种方法：一是对比审查法，二是逐项审查法，三是联合会审法。联合会审法是采用得比较多的方法，但是，在会审前应先由会审单位分头审查，然后再会审定案。分头审查时应采用逐项审查法，对各个分项工程中的工程细目从头到尾逐项详细审查，以确保审查质量。

业主应对概、预算的审查给予充分重视并投入充沛的力量，组织熟悉工程的业务人员，采用工程技术和造价专业相结合的方式，进行认真仔细的审查。审查中查出的问题应要求设计单位纠正。经济指标是衡量工程设计品质的重要参数，若达不到原定目标的，设计单位应分析原因并采取有效措施，使工程设计的各项经济指标符合目标要求。

（三）项目招标阶段投资控制策划

1. 招标阶段投资控制的工作内容和侧重点

根据投资切块计划，在投资分目标范围内把握住各分目标合同价。

2. 精心策划招标工作

标段的划分、招标文件和合同文本的制定、项目承发包模式、合同类型的选择、风险分配等科学合理，能够充分考虑项目的实际情况和自身的管理水平，这样才有利于标后的投资控制。

3. 合理编制和确定招标控制价

（1）招标控制价的编制原则

1）招标控制价由业主编制或由业主委托有编制招标控制价资格的单位编制。

2）编制招标控制价应遵照执行国家批准的现行定额、费用标准和有关规定。

3）招标控制价必须控制在批准的设计概算/施工图预算或投资包干的限额之内。

4）一个招标项目，只能编制一个招标控制价。

（2）招标控制价的编制依据

1）国家和地方政府主管部门颁发的计价办法、计价定额。

2）工程量清单计价规范。

3）招标文件。包括合同文本、设计文件与相关的技术标准、工程量清单及业主的补充通知、答疑纪要。

4）市场信息及工程造价管理机构发布的有关工程造价的信息。

5）工程项目的外部环境。

6）其他相关资料。

（3）招标控制价需要考虑的因素

1）必须适应目标工期的要求，对提前工期因素有所反映。国家和地方政府主管部门颁发的计价办法、计价定额，是以国家颁发的《全国统一建筑安装工程工期定额》（2016版）为准的，若项目工期比定额工期要提前，应增加赶工费和适当的奖励。

2）必须适应规定的质量要求，对高于国家验收规范的质量因素有所反映。应体现优质优价，若提出要达到高于国家验收规范的质量要求时应增加造价。据测算，建筑产品从合格到优良，会使成本增加3%～5%。

3）必须适应建筑材料采购渠道和市场价格的变化，考虑材料价差因素。

4）必须合理考虑不良自然和环境条件而导致施工不利因素的影响，计入招标控制价。

5）必须合理考虑由确定的项目承发包模式及合同类型而产生的风险费用。

（四）项目施工阶段投资控制策划

1. 施工阶段投资控制的工作内容和侧重点

在施工过程中提供合同价与实际支付款的比较信息，以控制各合同的结算价不超过计划的合同价。

2. 施工阶段投资控制目标的确定和分解

用合同价或投资包干限额作为施工阶段投资控制的目标。投资目标的分解采用三种方法，一是按投资构成分解。二是按项目结构（项目、单项工程、单位工程）分解，一般可划分到分部工程或比分部工程再细一些。三是按时间进度分解，把投资控制和进度控制结合起来，在建立网络图时，既确定完成某项工序的工时，也要确定所需的预算支出。

3. 编制资金使用计划

在完成工程项目投资目标分解之后，接下来就要具体地分配投资，编制资金使用计划。资金使用计划通常有两种编制方法，一种是按不同子项目编制资金使用计划，一种是按时间进度编制的资金使用计划。由于施工过程随机因素与风险因素的影响形成了实际投资与计划投资、实际工程进度与计划工程进度的差异，这些差异称为投资偏差与进度偏差，这些偏差是施工阶段工程造价计算与控制的对象。分析造成偏差的原因，通过采取组织、经济、技术、合同四个方面的措施实施纠偏。

4. 严格工程计量，合理确定工程结算价款，控制工程进度款的支付

施工单位进场之初，应在监理的组织下，按合同范围对施工图的工程量进行清算。清算工作采用先各自分算，再逐项核对的方法，经复核无误后，建立工程量清单和工程量台账，以此作为工程计价时工程量的限值，防止多计或重计。

5. 严格工程变更的审批程序和手续

制定和执行工程变更管理制度，建立和执行严格的项目变更审批程序和手续。项目变更呈批前应对项目变更的必要性、合理性进行论证，并对变更影响范围进行评价，确保项目变更符合项目范围定义。同时应对变更项目的工程量和价格严格把关。

此外，应该对项目范围可能发生的变更有预见性，以便早作安排，减少对项目实施的影响。尤其要防止因业主自身原因——策划不周、管理不善、工作失职、指挥不当等而造成的工程变更。

6. 健全和实施索赔管理机制

在现代工程中，由于项目内部和外部环境因素的影响，合同索赔是一种正常现象，是合同管理中一项十分重要的任务，一方面要端正对索赔的认识，树立索赔意识，关注合同实施中发生的索赔事件，及时发现、收集、记录和整理相关证据；另一方面要十分重视合同索赔工作，加强索赔管理。配备索赔经验丰富的专业人员负责索赔管理，健全和实施一整套防范索赔以及理赔和反索赔的制度、程序、流程与管理细则。详细内容请参阅第五章《项目合同管理策划》。

7. 组织审查施工组织设计、施工方案和施工进度计划

施工单位在正式开工前应按规定编制施工组织设计、施工方案和施工进度计划，这些文件必须经业主/监理审核同意后才能执行。这不仅是为了控制项目的安全、质量和进度，也是为了有效地控制项目投资。协助、督促施工单位科学地组织施工，正确处理项目进度、质量、投资三者的辩证统一关系，努力促使生产要素的优化组合，提高综合经济效益，有利于合同履约和防范索赔。

（五）项目竣工验收和保修阶段投资控制策划

1. 竣工验收和保修阶段投资控制的工作内容和侧重点

按国家和地方政府主管部门的有关规定编制、审核项目竣工结算和决算，严格核准各类工程变更价款（项、量、价三控制）；计算确定整个建设项目从筹建到全部建成竣工为止的实际总投资；即归纳计算实际发生的建设项目投资；对项目投资控制的效果进行评价。

该阶段是项目全生命周期中的最终阶段，项目投资控制目标应该在本阶段实现。一是确保各个合同的结算价不超过合同的计划价，二是确保项目从筹建开始到项目交付使用、投产的全部建设费用不超过项目概算。

2. 实施工程价款的动态结算

采用综合单价包干的合同，通常是每月支付一次进度款，待工程竣工验收后进行工程结算，最后一次性清算合同的工程价款。这样做往往造成许多施工期间发生的验工计价问题，一直拖到工程结算时才去解决。这种将验工计价与工程结算截然分开的方法，难以及时纠正工程款支付中存在的差错，或者会使工程款的支付滞后工程进度，也不利于投资目标的过程控制。为此，应该把日常的验工计价与工程结算结合起来，实施工程价款的动态结算。一方面工程价款支付坚持“月支季清”的原则，每季度应全面清算已计价的项目，实行“多扣少补”。另一方面实行阶段性结算，即施工中某一阶段结束后，就进行阶段性结算，或某一分部工程完工后，进行分部工程结算，并作为支付工程价款的依据。工程竣工验收后，再进行整个项目的工程结算。

3. 严格实行项、量、价三控制

必须有效实行项、量、价的三控制，做到与工程量清单、合同约定、设计图纸和工程实际相一致。除内业的资料齐全、计算无误之外，还必须到工程现场逐项核对，尤其是机电器材种类多，更应该按照清单和设计图纸到现场核查。

三、项目投资管理（控制）策划的主要控制措施

（1）科学确定目标，形成投资控制目标系统。投资估算应是工程项目建设方案选择、初步设计方案选择和初步设计的投资控制目标。一般取80%的投资估算值作为初步设计阶段限额设计目标值，即初步设计概算不大于0.8×投资估算；设计概算应作为技术设计和施工图设计的投资控制目标，即施工图预算不大于设计概算；以施工图预算或工程承包合同价格作为施工阶段投资控制目标。

（2）落实责任，建立投资控制的组织保障体系。明确并落实业主各职能部门以及项目各参与方相应的项目投资控制责任；根据完成投资控制目标的实际情况，与经济奖惩挂钩。应配备投资管理经验丰富的专业人员负责投资管理。

（3）项目决策阶段的控制措施。项目决策阶段应该做好建设方案的比选，这对于投资控制将起决定性的作用。合理选择建设地区和建设地点，科学确定建设标准水平，选择适当的工艺设备以及建设方案，这些对项目投资的影响起决定性作用，应对拟建项目的各建设方案从技术和经济两方面进行综合评价和比选，并对优选方案再作进一步的优化。

对投资估算的合法性、完整性、正确性进行评价，以确定一个高质量的投资估算。

（4）引入竞争机制，优选出最具竞争力的设计单位和设计方案；推行限额设计制度，将审定的投资额和工程量分解到各专业，再分解到各单位工程、分部工程上，坚决执行按限额设计，若因设计单位的原因而导致工程静态投资超支，需按国家规定扣减相应设计费；反之，设计单位通过努力节约了投资的，可以按适当的比例提成。

引进设计监理。通过设计监理有效开展设计管理，确保设计质量，落实限额设计措施，实现工程设计阶段投资控制的目标。

（5）严格执行“公平、公开、公正”的招标制度，科学合理地进行合同策划，择优选择资信好、履约能力强的施工单位和合格供应商。

工程承包价以及材料设备的价格通过市场竞争确定，既能体现市场竞争，又要合理、可行，且控制在批准的施工图预算或包干限额之内。

（6）核算工程造价。施工之前，应在核准合同价和精确测算设计工程量的基础上，确定工程项目的总造价以及各分项工程、分部工程的造价，以此作为计量支付和投资控制的依据与限额。

（7）精心策划、科学组织、正确指挥工程项目建设的各项工作，防止因业主自身原因——策划不周、管理不善、工作失职、指挥不当等违约而造成的工程项目变更。

（8）严格控制工程进度款的支付，杜绝多算、重算和错算现象的发生。并执行总算总扣和逐季清算的办法，及时纠正差错。执行施工中的跟踪审计措施，及时发现和纠正费用使用不当的问题。

（9）严格控制工程变更，防止不合理的工程变更的发生。对必要的工程变更，应进行技术经济比较，努力优化方案，使其对施工的影响最小。已发生的工程变更应按规定的程序和手续进行审核和确认，做到“量准价合理”。

（10）实行工程价款的动态结算，把好竣工结算关，防止高估冒算。竣工结算要把好“三关”——工程量、单价选用、计费标准正确。为确保竣工结算的正确可靠，除业主组织监理审查之外，还应委托第三方中介公司复查。

（11）加强索赔管理，一是加强理赔管理，二是开展反索赔。应认真并及时处理对方提出的索赔事件，首先要核实事件的真实性和证据，判定事件的合理性（符合合同规定），否定或部分否定对方的索赔要求；二是正确计算数量；三是确定索赔值。索赔管理重点在于防止对方提出索赔，通过有效的合同管理，使自己不违约，处于不会被索赔的地位。加强索赔管理的另一个重要任务是反索赔，对对方的违约行为提出索赔要求。

第八章　项目进度管理策划

一、概述

（一）定义

1. 进度

进度是指工作等进行的速度。从项目管理的角度，进度的含义包括活动顺序、活动之间的相互关系、活动持续时间和活动的总时间。

2. 计划

计划是指预先拟订的确定未来工作或行动的具体内容和步骤。

3. 项目进度管理

项目进度管理是指为实现预定的进度目标，对工程项目建设过程中各项工作的内容、工作顺序和工作时间进行策划、组织、协调、监督和纠偏的行为过程。

（二）项目进度管理概述

1. 业主方项目进度管理的主要任务

是指在项目的实施阶段对项目的进度目标进行控制，既对项目各阶段的进展程度，同时也对最终完成的期限进行的管理，其目的是保证项目能在满足时间约束条件的前提下实现其总体目标。

2. 业主方项目进度管理的范围

在项目的实施阶段，项目总进度不仅是施工进度，它包括：

（1）设计前准备阶段的工作进度。

（2）设计工作进度。

（3）招标工作进度。

（4）施工前准备工作进度。

（5）工程施工和设备安装工作进度。

（6）工程物资采购工作进度。

（7）项目使用前的准备工作进度等。

3. 项目进度管理的重要性

项目进度管理，其实质是对时间的管理。时间，不可以缺少、也不可以存储和倒流；时间，是做事成就事业的核心资源。如果时间管理得好，其他因素的管理就有了基础和条件，就可能变得简单一些，项目会更加有效率和有效果。缺乏进度管理将会导致项目的失败。进度管理贯穿于工程项目的全生命周期，是项目管理三大任务之一，是项目成功的关键因素。

二、项目进度管理规划的主要内容

(一) 进度目标的策划

1. 确定项目进度总目标

建设工程项目总进度目标指的是整个项目的进度目标，它是在项目决策阶段项目定义时确定的。

2. 将总目标分解

项目进度管理目标应将总目标按项目实施过程（建设项目、单项工程、单位工程、分部工程、分项工程）、专业（建筑、结构、机电、智能化、室外、园林绿化等）、阶段（项目建议书、可行性研究、设计、施工准备、工程招标、施工、竣工验收、交付使用）或实施周期（年、季、月、旬、日）进行分解。

3. 项目进度管理目标确定的原则

项目进度管理目标的确定应结合建设项目的实际和项目实施的基本条件，要依据项目前期策划或合同的要求，既科学又合理，既有一定的先进性，又要可行，且留有必要的余地。

4. 业主进度控制的主要任务

项目进度管理目标随组织的任务不同而相区别，业主主要确定工程项目的总目标（总工期）和控制性目标——重要节点的里程碑工期，编制总进度计划，以确保业主对建设项目进度的有效控制。

(二) 建立管理体系的策划

1. 组织结构的策划

建立以业主为主导的覆盖各相关方的项目进度管理体系（见组织架构图）。指定主管领导，配置专职机构和人员，明确各单位各层次的管理职责及分工，建立各种有关项目进度管理的制度和程序。项目进度管理组织架构如图 8-1 所示。

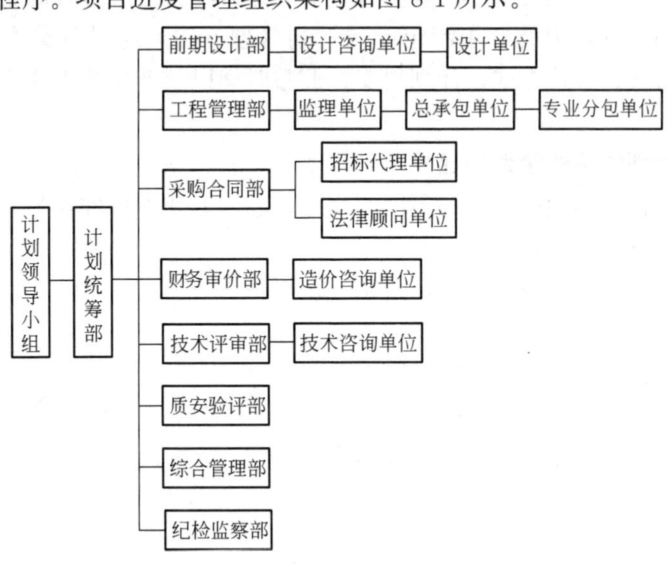

图 8-1　项目进度管理组织架构图

2. 管理模式的策划

项目进度管理实行目标一致、归口管理、分工负责、分级实施的管理体制，职能分工应明确。项目进度管理实行业主、监理（咨询）、承包商（设计、采购、施工）三大层次的层级管理，以及统一计划编制办法、统一计划实施要求、统一计划检查规定、统一计划变更（调整）准则的“四统一”管理模式。

（三）项目进度管理主要工作及程序

1. 项目进度管理是一个动态、循环（PDCA）、复杂的过程

概括地讲是“两大管理内容”和“四个管理环节”。“两大管理内容”是指项目进度计划的制定和项目进度计划的控制；“四个管理环节”，即项目进度计划的编制、实施、检查、调整四个环节的不断循环。为此，业主应制定《计划管理办法》，明确项目进度管理主要工作任务、内容、要求、程序和方法。

2. 业主应确定并颁布项目控制性进度计划

（1）控制性进度计划的种类：

1）整个项目的总进度计划。

2）阶段进度计划。

3）项目进度计划和单体进度计划。

4）年（季）计划。

（2）总进度计划主要内容包括：

1）项目实施的总体部署。

2）总进度规划。

3）各子系统进度规划。

4）确定里程碑事件的计划进度目标。

5）总进度目标实现的条件和应采取的措施等。

一体化的项目计划和调度是项目进度管理的关键。项目进度管理的主要途径是实行全方位的全面的计划管理，因此业主制定的《计划管理办法》应对各类项目计划编制的原则、内容、编写格式、表达方式、计划提交、调整时间以及计划管理使用的软件等，作出统一规定。

3. 项目进度计划体系的策划和建立

由于项目进度控制不同的需要和不同的用途，业主方和项目各参与方可以编制多个不同的建设工程项目进度计划系统。

（1）不同深度的计划构成的进度计划系统包括：

1）总进度规划（计划）。

2）项目子系统进度规划（计划）。

3）项目子系统中的单项工程进度计划等。

（2）由不同功能的计划构成的进度计划系统包括：

1）控制性进度规划（计划）。

2）指导性进度规划（计划）。

3）实施性（操作性）进度计划等。

（3）由不同项目参与方的计划构成的进度计划系统包括：

1）业主方编制的整个项目实施的进度计划。

2）招标进度计划。

3）设计进度计划。

4）施工和设备安装进度计划。

5）采购和供货进度计划。

6）项目动用前准备阶段的工作进度计划等。

（4）由不同周期的计划构成的进度计划系统包括：

1）项目全生命周期的总进度计划。

2）年度、季度、月度计划等。

（5）各子系统进度计划编制和调整时相互间的联系和协调，如：

1）总进度规划（计划）、项目子系统进度规划（计划）与项目子系统中的单项工程进度计划之间的联系和协调。

2）控制性进度规划（计划）、指导性进度规划（计划）与实施性（操作性）进度计划之间的联系和协调。

3）业主方编制的整个项目实施的进度计划、设计方编制的进度计划、施工和设备安装方编制的进度计划与采购和供货方编制的进度计划之间的联系和协调等。

4. 项目进度计划的编制

（1）编制依据

1）可行性研究报告、项目工期目标、项目总控制进度规划（计划）。

2）项目特点、项目目标范围、项目管理规划文件、合同文件、项目结构分解单元、项目对各项工作的时间估计。

3）自身和社会可利用的资源条件，项目的资源供应状况。

4）项目的内外部约束条件，如工程地质、水文条件，组织本身的工效等。

（2）编制步骤

1）确定进度计划的目标、性质和任务。

2）进行工作分解。

3）收集编制依据。

4）确定工作的起止时间及里程碑。

5）处理各工作间的逻辑关系。

6）编制进度图表。

7）编制进度说明书。

8）编制资源需求量及供应平衡表。

9）报批。

（3）编制要求

1）满足项目总控制进度计划和上一级计划的要求，目标明确、指标先进，且切实可行。

2）要与造价、质量、安全、环境等目标相协调，充分考虑客观条件和风险预计，确保项目目标的实现。

3）计划是对未来工作的安排，计划的编制者特别是工程项目负责人应全方位地了解和分析计划的环境条件，确保前提假设建立在对环境条件正确认识的基础上，是完整、合理、与事实相符的。

（4）编制方法

由项目负责人主持，管理人、执行人共同参与，上下结合的方法。

（5）编制工具

主要工具是网络计划图（最好是时间坐标网络计划图）和横道图，通过绘制网络计划图，确定关键路线和关键工作。根据进度计划，制定出项目资源计划、费用计划，从而成为项目实施过程的控制依据。

5. 项目进度计划的实施

（1）进度计划交底和落实责任

1）计划交底内容

计划交底内容是说明并解释计划、执行者的责任、计划的时间要求（进度指标）、执行者相互间配合要求、资源条件、环境条件、检查与考核要求等。计划交底的结果是执行者明确自己的责任、要求和条件。

2）计划交底的形式

书面或口头，或两种形式同时使用。

（2）制定计划实施方案

进度计划的分解和细化既是进度计划实施的原则，又是进度计划实施的主要方法。实施方案应将进度计划进一步的深化、细化、更具体、更可操作，使进度管理从项目最基本的环节、施工生产的基本单元管起，这样才能提高计划的执行力，确保计划的落实。

制定实施方案首先应分析和论证进度目标实现的可能性。应对进度目标实施条件和风险分析，对可能影响计划执行的各种因素进行预测，制定防范性对策，采取针对性管理措施，包括组织、技术、合同、经济措施，使计划的实施，一开始就处于受控状态。实施方案在施工阶段常表现为实施性的月、周、日计划或循环作业计划。

（3）按计划实施方案组织生产

1）建立和运行进度管理组织体系，职责明确，各负其责。对与生产有关的人、材、机、环（境）、法，以及资金、信息等要素按管理措施进行有效的预控制与控制；防止、减少或转移风险和防止不利因素发生干扰的预防措施应认真予以落实。

2）及时做好各项准备工作，严格控制生产过程中的接口和工序衔接，认真按实施方案组织与控制生产。施工阶段应该实行施工任务书和派工单制度，确保实现连续生产和均衡，是落实责任、落实计划的有效措施。

3）充分发挥生产调度的作用，及时协调和处理生产过程中的各种冲突和矛盾，平衡各方关系，维持生产的正常秩序和良性循环，真正做到和谐统一。

4）重视数据、信息的收集和分析。建立数据、信息的收集和分析系统，及时、连续、系统地采集内外因素的变化以及计划实施的具体情况，从而分析生产发展趋势，及时防止和处理各种干扰和障碍，及时掌握各种管理措施的落实情况与取得的效果，及早发现偏差或偏离，必要时采取纠正措施与预防措施。

6. 项目进度计划的检查

项目进度计划的检查由掌握现状、科学分析和纠正偏差三个子过程组成。

（1）严格检查、掌握现状

计划实施过程中，应以计划为依据，进行定期或不定期的严格检查，获取计划执行的各种信息。如已经完成的工作有哪些，这些工作完成计划的百分比是多少，正在进行的工作有哪些，正在进行的工作还需多少时间才能完成，还未开始的工作有哪些，还未开始的工作什么时候启动，各项工作的准备作业进展如何，能否满足计划要求，各种资源（人、机、料、检、信息、资金等）的提供是否满足计划要求，执行中发生的干扰、障碍、失误有哪些，已经解决了哪些，还没有解决的有哪些，将采取的措施是哪些，上次检查出的问题的整改情况，计划执行的发展趋势，以及规章制度的贯彻执行情况等。通过获取上述信息，做到充分了解计划执行的现状，心中有数。

（2）科学分析

在掌握现状的基础上，对照计划找出存在的偏差，认真分析这些偏差产生的原因，制定消除偏差和产生偏差的原因的针对性措施。查找偏差 →分析偏差产生的原因 →制定纠偏措施的过程，便是科学分析的过程。这一过程的工作优劣，直接关系到纠偏能否成功，影响计划控制的效果，而其中原因分析是“关键”。原因分析一定要全面、具体、准确、真实，既要分析客观原因，更要分析主观原因；既要分析进度管理体系是否有效运行，也要分析作业班组、执行人的执行力是否满足要求；既要分析浮在面上的原因，也要分析深层次的原因。总之，原因分析应真实、透彻。在实事求是分析偏差产生原因的基础上，抓住最关键、影响最大的一些原因，制定纠偏的针对性措施。

（3）纠正偏差

实施纠正偏差的措施，必须具有针对性和可行性，尤其是针对偏差产生的关键原因的措施，一定要能有效地消除偏差。这些措施的实施要落实责任人，规定实施的时限，并对纠正偏差的有效性进行跟踪验证，以证实达到预期的纠偏目的，把延误的工期赶回来，确保在新的（计划）节点上，使实际进度与计划要求相吻合，按计划的规定，“正点”到达。否则，必须重新分析后，采取新的纠偏措施，直到符合进度计划的要求为止。

（4）编制进度报告

进度计划检查后应按下列内容编制进度报告：

1）进度执行情况的综合描述。

2）实际进度与计划进度的对比资料。

3）进度计划的实施问题及原因分析。

4）进度执行情况对质量、安全和成本等的影响情况。

5）采取的措施和对未来计划进度的预测。

根据进度报告的用途和送达对象，可以分为项目概要级、项目管理级和业务管理级三个级别的进度报告。进度报告在分级的基础上，按目的、阶段、周期与用途，又可以分为四种类别。

7. 项目进度计划的调整与总结

（1）项目进度计划的调整

1）计划调整的原则

① 计划一经审批下达，原则上不允许调整，尤其是总工期和标志性的重大里程碑工期，应是关门工期不准延误。除非合同范围发生重大变更，或者发生了不可抗力、战争等无法履行合同的重大事件。

② 非关键线路上的节点工期，或一般里程碑工期的调整，必须按规定程序申报，由原计划审批人审批同意后执行，并将此调整可能影响到的相关方，也纳入考虑。

2）计划调整的内容

计划调整包括两方面内容：一是工期的调整；二是对原计划实施措施的调整。日常所指的计划调整，更多地是指第二方面的内容。对原计划实施措施的调整，是一种主动的、积极的调整，包括了对资源投入以及采用的技术、工艺、施工方案、施工组织的调整，以提高施工效率，加快生产进度，将拖延的时间追回来，使工程的实际进度在下一个计划节点能“正点”到达。

3）计划调整的范围

原进度计划中已经失去作用或难以实现的目标，可能是一项或数项。

4）计划调整的方法

① 单纯调整工期

即对后续关键工作的持续时间进行压缩。一是压缩资源有保证的工作；二是压缩对质量、安全和环境影响不大的工作；三是压缩追加费用少的工作。

② 资源有限、工期最短调整

即在延长工期最少的前提下，将资源最高强度地限制在规定的数额之内。使用的方法是在总时差的限度内移动非关键工作，使资源用量逐步下降至规定的数量之内。

③工期固定，资源均衡

即工期不变，通过调整使资源峰值下降。使用的方法是通过在总时差的范围内移动非关键工作削减资源高峰，直至非关键工作不能移动为止。

④ 工期—成本调整

即将工期压缩在某个时间之内，而使增加的费用最少。调整的方法是依次压缩有压缩潜力的、增加费用最少的关键工作。

（2）项目进度计划的总结

1）总结依据

① 进度计划。

② 进度计划执行的实际记录。

③ 进度计划检查结果。

④ 进度计划的调整资料。

2）总结的内容

① 合同时间目标及计划时间目标的完成情况。

② 资源利用情况。

③ 成本（造价）情况。

④ 进度管理经验。

⑤ 存在的问题及分析。

⑥ 科学的进度计划方法的应用情况。

⑦ 进度管理改进意见。

⑧ 其他。

3）注意事项

① 认真积累计划管理 PDCA 四个环节中的原始资料。

② 总结前进行实地调查，核实与补充原始资料。

③ 分析会集思广益，充分讨论，透彻分析。

④ 提倡采用定量的对比分析方法。

⑤ 采用信息化技术，计算机参与总结。

⑥ 总结资料分类归档。

为确保项目进度管理的科学、规范与有效，业主应制定《计划管理办法》，该办法应对 PDCA 四个环节中的主要活动作出相关的规定，对计划实施的主要方法以及如何进行要有具体要求。对计划实施的跟踪检查的三个环节——掌握现状、认真分析、纠正偏差应作出明确的规定，并提出在跟踪检查中使用的管理技术、管理工具，以及对检查结果——进度报告的编写内容提出要求。对纠偏措施的实施效果应跟踪验证，以防止实际进度不能满足计划要求，甚至脱离计划轨道的问题发生。应对计划的调整和更改的原则以及调整的内容、范围、方法作出强制性规定，以确保计划变更的合理和科学，确保项目进度目标的落实。

（四）设计进度控制的关键点

（1）初步设计技术设计文件的提交时间。

（2）关键设备和材料采购文件的提交时间。

（3）施工图设计文件的提交时间。

（4）专业设计的进度协调。

（5）设计进度与招标进度、施工进度的协调。

（6）设计过程中设计策划、输入、输出、评审或验证或确认活动完成的时间。

（7）设计总时间。

（五）风险管理

工程项目涉及的自然条件、社会条件、经济条件以及项目的各相关方，都具有多变和不确定性的特征，特别是大型、超大型或集群型工程建设项目，从工程的启动到工程的交付使用，由于时间跨度大，很可能一些原来是“确定的”，到后来却成了“不确定”的；或者原来是“可以预见的”，到后来却变成了“不可预见的”；或者原来是“小概率的”，到后来却变成为“大概率的”。为此，在项目计划编制之前有必要进行风险（不确定性）管理的策划，把项目的风险管理纳入计划管理内，与计划管理一起进行。计划管理正是化解不确定性的有效工具，而破解不确定性又是计划管理有效性的重要保障。风险管理的详细内容请参阅第十四章《项目风险管理规划》。

（六）健全项目进度管理的支持系统

1. 计算机网络建设

为提高工作效率、加强联系并及时互通信息，由业主出资在项目建设区域设计、监理、施工承包商和业主之间建立计算机局域网，这些基础建设能为进度计划编制和传递提供强有力的手段。

2. 工程进度日（月）报系统

要做好进度计划动态控制并及时调整计划部署，就必须建立传递进度计划执行信息的快速通道。为此，应利用 Notes 开发工程日报系统。该系统主要包括实物工程量日完成情况、工程形象进度、大型施工设备工作状况、工程施工质量及安全统计结果、物资（水泥、钢材等主材）仓储情况等。利用该系统，业主和监理等有关单位就可及时掌握和了解到工程进展状况。若再通过分析和加工处理，就可为下一步工作提供参考和决策依据。

3. 建立统计工作体系

项目各相关方均应建立统计工作体系，配置专职人员，建立和实施一套能真实、及时、全面反映工程建设活动的统计方法和制度。统计是计划的基础，没有统计，就不可能有正确的计划。为了使计划建立在科学可靠的基础之上，就需要由统计人员提供大量的准确的资料，作为制定计划的依据；在计划的执行过程中，还需要通过统计来检查计划的执行情况，说明计划的完成程度，分析计划完成或未完成的原因，总结先进经验，找出薄弱环节和工作中存在的问题，提出解决问题的办法和改进工作的意见。

三、项目进度管理规划的主要控制措施

（一）组织措施

（1）明确规定各相关方的第一负责人是项目进度管理的第一责任人。“一把手”应把进度管理作为自己的主要工作，亲自制定目标，关注计划编制、实施、控制、调整的全过程，过问重大事件的处理，并为完成计划配置资源。主管生产的领导是项目进度管理的直接责任人，负责组织好项目进度管理。

（2）建立进度管理的组织系统，配置专职机构和专业人员，明确各相关方、各层次（部门及人员）的职责与分工。

（3）将合适的人安排在合适的岗位上，尤其是与进度管理比较紧密的部门负责人，必须具备相应的任职资格。

（4）建立可行的进度控制工作体系，包括例会制度（技术会议、协调会议等）、进度计划审核及实施过程监理制度、各类文件审核程序及时间限制等。

（二）技术措施

（1）在设计工作的前期，特别是在设计方案评审和选用时，应对设计技术与工程进度的关系作分析比较，选择有利于加快工程进度的设计方案。在决策施工方案的选用时，不仅应分析技术的先进性和经济合理性，还应考虑其对进度的影响，选择有利于加快工程进度的施工方案，有利于实现项目进度目标的设计技术、施工技术应优先采用。

（2）采用横道图计划、网络计划技术编制项目进度计划；利用计算机和 P3、BIM 技术或 project 2013 等高级软件辅助进度管理（PDCA），包括进度数据的采集、整理、统计和分析。

(三) 合同措施

(1) 采用有利于进度目标实现的承包模式与合同类型

根据项目自身的具体情况和项目实施的环境条件，选择的承包模式可以为分阶段分专业工程平行承包，即将设计、设备供应、土建、机电安装、智能化、装饰、园林绿化等工程施工分别发包给不同的承包商，各承包商分别与业主签订合同，向业主负责，各承包商之间没有合同关系；也可以采用“设计—施工—供应”（EPC）总承包，即由一个承包商承包工程项目的全部工作，包括设计、供应、施工以及管理工作；也可以采用介于上述两者之间的中间形式，如设计总承包、施工总承包、供应总承包、设计—施工总承包、项目管理总承包；也可以采用上述几种模式组合形式，如工程设计与施工发包由业主管，在工程平行承包的同时，又指定总体设计单位为设计的总承包单位，土建工程的中标单位为施工总承包单位。

可以采用的合同类型有综合单价合同、总价合同、成本加酬金合同等。

总之，选择的承包模式与合同类型应有利于进度目标的实现。

(2) 合同条款的制定应有利于进度目标的实现

1) 明确合同双方在项目进度管理方面的权利、责任与义务。

2) 明确预付款、进度款的支付方式。

3) 明确承包商提前竣工的奖励以及拖延工期的违约金额。

4) 保证业主对项目进度的控制权力，并形成一个严密的体系，一个前后相继的过程，包括开工令，对承包商实施计划的审批（同意）权，工程中出现拖延时的指令加速的权力，以及对承包商在进度方面违约时的处置权力，如处罚违约金、停工整顿、中止部分或全部合同的权力等。

(四) 经济措施

(1) 业主应保障确保完成进度计划所需的资金，并按合同规定按时足额支付进度款。

(2) 及时对工程变更的处理和工程签证的确认。

(3) 对工期提前给予奖励，对工期延误给予惩罚。

(五) 管理措施

(1) 建立并运行业主项目进度管理体系，责任明确，严格执行项目进度管理的制度和程序，运用过程方法和 PDCA 循环原理，确保项目进度按计划规定的方向顺利推进。

(2) 实施目标管理。

总工期目标应层层分解，进度计划应成体系——控制性计划、实施性计划、操作性计划。将工期目标落实到人、工作包、工序上，以下保上，以日保周、以周保月、以月保季、以季保年、以年保总工期。

(3) 对影响项目进度的各种因素进行控制。

1) 对承包商保证进度的能力进行定期考核，评价其为完成合同而投入的资源（人员、资金、材料、设备、检测手段）、采用的方法和手段，以及管理水平能否满足合同要求，考核中发现的问题应及时纠正和解决。这在合同执行初期就要认真执行，发现承包人不具备履约能力的，应尽早、果断处理。

2）项目进度管理从业主和业主委托的项目管理公司做起，从工程监理做起，恪尽职守，努力提高计划、组织、指挥、控制和协调的水平和能力，确保计划管理的有效性。

3）实施有效的风险管理，制定针对性的风险管理计划，通过消除、减少或转移风险的方法，防止项目进度管理的失控，化解或减少风险对项目进度的影响，确保工期目标的实现。

4）项目进度管理应充分运用现代信息技术和计算机辅助计划管理工作等先进的管理手段和管理方法，以提高工作效率和项目进度管理的效果。

第九章　项目质量管理策划

一、概述

(一) 定义

1. 质量

是指一组固有特性满足要求的程度。

2. 管理体系

建立方针和目标并实现这些目标的体系。

3. 质量管理体系

在质量方面指挥和控制组织的管理体系。

4. 项目质量管理

是指为实现预定的质量目标、为确保工程项目的质量特性满足要求而开展的策划、组织、计划、实施、检查和监督、审核、改进等所有管理活动的总和。

5. 特殊过程

特殊过程是指建筑项目施工过程或工序施工质量不能通过其后的检验和试验而得到验证，或者其验证的成本不经济的过程。如防水、桩基处理、防腐工程、大体积混凝土浇筑、特殊合金钢材焊接、钢结构焊接中手工焊接特殊部位、预应力张拉等。

6. 关键过程

关键过程是指对施工质量影响较大，甚至起关键作用的施工过程。如吊装、钢筋连接、混凝土浇筑、模板安拆、砌筑、施工测量等。

(二) 项目质量管理概述

1. 项目质量管理的范围

项目质量管理包括建设工程产品实体和服务这两类特殊产品的质量。工程项目实体质量是指建设工程产品适合于某种规定的用途，满足人们要求所具有的质量特性的程度。建设工程项目具有“一品性”的特点，并且工期长、投资大、牵涉因素复杂，因此服务质量同样是工程项目质量中的主要因素。

2. 项目质量管理的内容

项目质量管理包括两个方面，项目过程方面和项目产品方面。不满足这两个方面中的任何一个都可能会对项目的产品、项目的顾客和其他相关方以及项目的组织产生重大影响。

3. 项目质量管理过程

项目质量管理包括的管理过程有：质量计划→质量保证→质量控制。

质量计划——识别与项目相关的质量标准，并确定如何满足这些标准。

质量保证——定期评估项目整体绩效，以确信项目可以满足相关的质量标准，是组织提供相关质量信任的一种活动。可以分为内部质量保证和外部质量保证。

质量控制——监控特定的项目结果，确定它们是否遵循相关质量标准，并找出消除不满意绩效的途径。

4. 项目质量管理的职责

实现项目质量目标是最高管理者的职责，同时要求参与项目组织的各级都对质量目标的实现作出承诺，每一级都应当对其各自的过程和产品负责。

5. 项目质量管理的主要方法

（1）项目实施中过程和产品质量的形成和保持要求采用系统的方法（管理的系统方法），总体思想就是强调质量管理要充分应用系统论的思想、观点、原则和方法。

1）相互关联和相互作用的一组要素，称为体系或系统。质量管理体系的要素就是过程。

2）系统具有整体性、层次性、相关性和统一性的特征。

系统的作用——部分之和大于总体。

系统的方法——系统分析、系统工程、系统管理。

系统的运用——将质量管理体系作为一个大系统。

① 任何管理都是对系统的管理，质量管理体系就是制定质量方针和质量目标，然后通过建立、实施和控制一个由诸多过程或过程网络构成的质量管理体系来实现质量方针和目标的体系。该方法旨在确保顾客明示的和隐含的需求得到理解和满足，其他相关方的需求得到理解和评价，启动组织（业主单位）的质量方针在项目管理中应得到考虑和实施。

② 管理的系统方法认为系统不是过程的简单总和，过程之间是相互关联、相互作用的。管理的系统方法强调的是要管理体系中的一组过程，尤其要注意过程之间的接口和联系。

（2）过程方法

过程是质量管理活动研究的基本单元，对质量管理体系的管理就是对每个过程的管理。该原则强调要识别并管理过程的输入、输出、所配备的资源、所进行的活动。通常讲的过程控制就是这个意思。

应用程序：识别过程→强调主要过程→简化过程→按优先次序排列过程→制定并执行过程的程序→严格职责→关注接口→进行控制→改进过程（领导要不断改进领导工作的过程）。

（3）基于事实的决策方法

管理学是一门系统理论学科，又是一门实践性很强的学科。它要求尊重客观事实，尽量用数据说话。

应用程序：不要迷信自己的感受、经验和能力→要有适当的信息和数据来源→对收集来的数据和信息应持正确全面的态度→对数据和信息进行分析→要有正确的决策方法→对决策进行评价并进行必要的修正。

（4）PDCA 循环

项目质量管理应坚持预防为主的原则，按照策划、执行、检查、处置的循环方式进行系统运作。PDCA 循环：

P（Plan）——策划、计划，是一种事先的规划和安排，在策划中应确定 5W1H（做什么，What；为什么做，Why；何时做，When；何地做，Where；谁做，Who；如何做，How）。

例如：

根据组织的实际情况，提出明确的质量（环境、健康安全）方针、目标。

确定组织范围内的质量因素（环境因素、风险控制）的目标及实现目标的方案。

配备必要的资源。

建立组织机构，规定相应职责、权限和相互关系，建立文件化程序并予以有效控制。

识别管理体系运行的相关活动或过程，并规定活动或过程的实施程序和作业方法等。

D（Do）——执行，按照计划所规定的程序加以实施（如组织机构的程序和作业方法，规范控制运行与活动，包括对那些潜在的紧急情况建立有效的响应计划等）。实施过程与计划的符合性及实施的结果决定了组织能否达到预期目标，保证所有活动在受控状态下进行是实施的关键。

C（Check）——检查，为了确保计划的有效实施，必须对计划实施效果进行检查衡量，并采取措施、修正、消除可能产生的行为偏差。

A（Action）——改进。通过总结经验和教训，并根据组织内外条件的变化对系统不断进行调整和完善，使系统保持充分性、有效性和适宜性。

PDCA 循环的核心是质量改进，其内容包括四个阶段、八个步骤。第一个阶段是计划，由分析现状、找出差距、分析主要原因、制定措施四个步骤组成；第二个阶段是实施，即按计划去落实；第三个阶段是检查，即将实施结果与目标（计划）值对比；第四个阶段是改进，由对实施结果总结分析与未决问题转入下一个循环两个步骤组成。肯定成功的经验，使之标准化、规范化，总结失败的教训，引以为鉴，改进提高。

通过一次一次的 PDCA 循环，将质量管理活动不断推向新的高度，使项目的质量得到改进和提高。

（5）六西格玛（6σ）方法

六西格玛是通过提高组织核心过程的运行质量，来提高产品品质。实现 6σ 的六步法：

第一步明确你提供的产品和服务是什么。

第二步明确你的顾客是谁，以及顾客的期望是什么。

第三步为了满足顾客的期望，你的需求是什么。

第四步制定你的工作流程。

第五步优化你的工作流程。

第六步通过测量、分析并控制已改进的流程，保证品质不断提高。

6. 项目质量管理原则

（1）坚持以用户为关注焦点

工程质量是建筑产品使用价值的集中体现，用户最关心的就是工程质量的优劣，或者说用户的最大利益在于工程质量。因此，从项目的启动开始，到项目的规划、执行、监控，再到收尾阶段的整个生命周期里，都必须以用户为关注的焦点，切实保证质量。

（2）坚持以人为控制核心

一方面质量控制应该“以人为本”，人是质量控制的主体和动力，要充分发挥人的积极性、创造性。另一方面，工程质量是工作质量的集中反映，工程质量依赖于上自单位最高管理者下至一般员工的共同努力。所以，质量控制必须坚持“以人为控制核心”，营造人人关心质量控制、人人做好质量控制工作的良好环境。

（3）坚持预防为主

预防为主的思想，是指事先分析影响产品质量的各种因素，找出主导因素，采取措施加以重点控制，使质量问题消灭在发生之前或萌芽状态，做到防患于未然。必须坚持提倡严格监控把关和积极预防相结合，并以预防为主的方针，确保工程质量在建设项目的全过程中，均处于良好的受控状态。

（4）坚持和提升质量标准

质量标准是评价工程质量的尺度，是评价工程质量是否满足规定要求的依据，是判定工程质量水准的主要标志，只有努力坚持和提升质量标准，才能保证甚至超越顾客的期望。

（5）坚持持续的过程控制

过程方法是质量管理大原则之一，过程控制是项目质量管理的基础。项目过程控制了、管好了，管好项目产品才有了基础。有好的过程，才会有好的结果。所以，项目质量管理必须坚持持续的过程控制。

7. 项目质量管理程序

（1）进行质量策划，确定质量目标。

（2）编制质量计划。

（3）实施质量计划。

（4）总结项目质量管理工作，提出持续改进的要求。

8. 项目质量管理的重要性

项目质量管理是项目管理的重要组成部分，是项目三大主要任务之一。“质量是工程项目的生命”，项目质量管理直接关系工程项目的成败。

二、项目质量管理规划的主要内容

（一）策划、建立、实施质量管理体系（QMS）

建立、实施、保持和改进质量管理体系可采用下列八个步骤：

①确定顾客和其他相关方的需求和期望→②建立组织的质量方针与质量目标→③确定实现质量目标必需的过程和职责→④确定和提供实现质量目标必需的资源→⑤规定测量每个过程的有效性和效率的方法→⑥应用这些测量方法确定每个过程的有效性和效率→⑦确定防止不合格并消除其产生原因的措施→⑧建立和应用持续改进质量管理体系的过程。

质量管理体系是由众多与质量有关的过程构成的，建立体系就是系统地确定这些过程（如项目决策过程、规划设计过程、招标过程、施工过程、收尾过程以及其他支持过程等），并对上述过程进行整合，确定这些过程顺序与相互作用，确保资源的获得，明确职责，实施并监视管理体系的活动，不断寻求体系改进的机会，并用文件的形式加以描述。

组织的产品质量特征存在于过程之中，并通过过程的实施加以控制，以实现预期的目标。同时应识别所有的外（分）包过程，对外（分）包过程的控制方法应作出规定，并实施有效的管理。

业主已建立并维持了质量管理体系的，可不执行这一条。

(二) 项目质量管理策划

项目质量策划是指在项目质量方面进行策划的活动。质量计划是质量策划的一种结果。质量计划主要是针对特定的项目所编制的规定程序和相关资源的文件。

1. 质量计划应确定的内容

（1）质量目标和要求。如项目技术特性，或规范、可靠性、综合指标等。

（2）质量管理组织和职责。在项目各个不同阶段，职责、权限和资源的具体分配。根据建设项目特殊需要和组织管理的特殊要求，需要建立相对独立的组织结构，规定部门、人员应承担的任务、责任、权限和完成工作任务的时间要求等。

（3）所需的过程——产品设计、采购、施工和服务提供，以及其他辅助过程、文件和资源（可以用流程图等形式展示过程的各项活动）。

（4）产品（或过程）所要求的评审、验证、确认、监视、检验和试验活动，接收准则以及各个过程实施中应采用的程序、方法和指导书。

（5）测量、分析和改进。

（6）记录的要求。

（7）所采取的其他措施。如更新检验测试设备，研究新的工艺方法和设备，需要补充制定的特定程序、方法、标准和其他文件等。

2. 质量计划的编制

（1）质量计划的编制形式

质量计划是针对具体项目的特殊要求，以及应重点控制的环节，所编制的对设计、采购、工程监理、施工安装、试运行等质量控制的方案。质量计划可以单独编制，可以是单独一个文件，或者是一系列文件所组成；质量计划也可以同项目其他文件合并编制，或者是其他文件（如项目实施计划、设计实施计划、监理规划大纲、施工组织设计）的组成部分。

（2）编制质量计划的注意事项

1）单位领导应当亲自及时组织和指导，项目负责人必须亲自主持和组织质量计划的编制。

2）宜建立质量计划编制小组。小组成员应熟悉项目管理，有丰富的实践经验，有较强的沟通能力和创新精神。

3）编制质量计划的指导思想是：始终以用户为关注焦点，建立完善的质量控制措施。

4）准确无误地找出关键质量问题。

5）逐步深化细化。开始编制时，可以从总体上考虑如何保证产品质量，因此是一个带有规划性的较粗的质量计划。随着设计、施工、安装的进展，再相应编制各阶段较详细的质量计划，如设计控制计划、施工控制计划、安装控制计划和检验计划等。质量计划应随设计、施工、安装的进度作必要的调整和完善。

反复征询对质量计划草案的意见。

质量计划编制后报单位管理层批准。质量计划实施中有重大修改时，应经原审批部门批准。

3. 实施设计质量计划的策划

质量计划一旦批准生效，必须严格按计划实施。在质量计划实施过程中进行监控，及时了解计划执行情况及偏离的程度，制定实施纠偏措施，以确保计划的有效性。

设计质量管理的基本思路：事前明确要求，事中实施过程控制，事后成果确认。

（1）事前明确要求

业主在设计开展前，应主持编制项目设计导则、技术要求、设计任务书等文件，明确项目的质量特征（适用性、可行性、安全性、经济性、先进性及美学功能），功能要求、主要技术参数以及各项经济技术指标确定原则或选用范围，明确项目设计的指导思想和实施的技术路线，项目总体以及各专业的设计原则和一般规定，项目建设的总体策划与关键节点的安排等，以指导设计单位开展设计工作，并在设计中贯彻执行。

（2）事中过程控制

1）审批设计单位呈报的项目设计策划书（项目设计计划）

项目设计开展之前，业主应首先限时要求设计单位上报内容齐全、可操作的项目设计策划书（计划）等文件，并提供其有关设计管理的书面文件（制度、流程、实施细则）备查。

业主应严格审查设计计划的内容是否齐全，是否可操作、可检查。进度安排（总进度及里程碑进度）是否满足工程项目总策划或设计合同的要求，策划的各项设计活动是否符合规定、其采取的完成设计计划的各项措施是否充分与可行，尤其是承担设计工作的组织架构和人员配置能否满足设计工作的需要等。若查出不符合上述要求时，设计计划应退回设计单位重新编制或修改完善，直到认可为止。

项目设计策划书应至少阐明以下内容：

① 项目设计团队的组织架构、人员配置（与承担的业务相匹配的资质和经验）及职责、权限的规定。

② 设计阶段划分、总进度安排及专业协作进度安排，各阶段具体要求。

③ 设计输入、输出要求，输入文件下达时间。

④ 设计评审时机和评审方式。

⑤ 设计工作所需的CAD装备及其他设施。CAD软、硬件的控制。

⑥ 适用的其他设计验证的方式和需求。

⑦ 组织技术接口的管理和控制。

⑧ 对设计计划执行情况的检查及调整的安排。

2）实施过程控制

业主按照经审批同意的设计策划书（设计计划）和设计管理文件，在设计过程中设置检查点或控制点，通过设计巡查、设计抽检、设计工作回访、审查审批设计文件或采用评审、验证、确认等手段，跟踪设计过程中的主要活动——设计计划、设计输入、设计输出、设计评审、设计验证、设计确认、设计更改等活动是否实时、正确与完整，掌握设计计划及管理制度的执行状况，寻找设计过程中出现的各类偏差和不符合项，并督促设计单位限时纠正。

检查点、控制点通常设在对设计进度、质量、投资控制影响较大的设计工作、计划节点或组织技术接口处。

3）设计的进度控制

设计进度控制的主要途径是实施科学与严格的设计工作计划管理，并将设计工作的计划管理纳入工程项目建设进度管理的轨道之内，充分发挥计划管理在设计进度控制中的作用。为此，必须严格开展设计计划管理活动，着力抓好计划的贯彻落实，尤其要加强对设计工作的人员投入和重要节点（关键点）的控制，确保关键点设计按计划进度完成，使整个设计工作处于受控的状态，以确保计划管理的有效性。

4）设计质量控制重点

① 设计方案竞赛与设计方案比选

设计方案竞赛，是工程项目建设中，尤其是大型建筑工程项目在方案（概念）设计和初步设计阶段，选择设计单位和确定设计方案的通常做法。设计方案竞赛针对设计目标的不同，可选用竞赛内容深度不同的原则性方案竞赛、概念性方案竞赛或实施性方案竞赛。具体实施时，既可以组织单轮设计方案竞赛，也可以组织多轮设计方案竞赛（针对多层次的设计目标）。根据工程设计的需要，同时兼顾组织竞赛活动的费用的控制，可以选择国际竞赛或国内竞赛的方式，参赛者一般宜为 3～5 家。

设计方案的评价原则：必须处理好经济合理性与技术先进性之间的关系；必须兼顾建设与使用，考虑项目全寿命费用；必须兼顾近期及远期的要求。考虑适用、经济、美观的原则以及技术先进、功能全面、结构合理、安全适用，满足建筑节能及环境等要求，综合评定设计方案的优劣，从中选择最优的设计方案，或将各方案的可取之处重新组合，形成最佳方案。

业主在设计方案竞赛前应先提出竞赛的具体要求和评选条件，提供方案设计所需的技术、经济资料；业主应聘请专家组成评审委员会，对参赛方案进行评审，并在此基础上作出评选决策。

推行设计方案比选，是确保设计质量和控制投资的有效措施。设计单位应建立设计方案比选的管理制度，并认真贯彻执行。未按规定进行方案比选的，不得进行下一阶段的设计工作。设计单位在各个设计阶段、各个系统、各个专业设计时，一定要做好设计方案的比较、论证和评审，凡是对设计文件质量特征有较大影响的设计工作，需进行多方案论证，例如总体或系统的设计（平立面布置）方案；各系统设计原则、系统功能、系统构成及主要技术参数；需要对原设计方案进行重大变更的；对设计接口、主要设备参数、系统功能进行重大调整的等设计工作，均应先行设计方案比选，设计单位应对此作出明确规定。应充分运用价值工程在设计方案优化中的作用。方案比较一般不少于三个，通过充分的技术经济比较，使设计成品更符合安全、经济、适用的要求。设计方案评审意见，应作为下一阶段设计工作的依据。

② 组织技术接口的监控

业主应十分重视监控设计单位的接口管理，因为设计质量问题的发生，多半在接口上。所以，业主应先检查设计单位是否建立了相关的管理制度，制度是否健全与可操作。同时，在设计的接口处设置检查验证点，严密跟踪设计单位接口管理制度是否执行落实，是否有效。尤其是要重点控制技术标准和技术接口处设计的把握，特别是接口设计输入的正确性审查是关键。同时，接口监控要关注细节，如对预留孔洞、预埋件图纸等的检查，往往能查出接口管理上的不足。应加强对综合管线图等综合性文件和设计范围分界处技术接口会签的审查，以保证接口监控的到位。此外，设计图纸的会签，除按常规进行外，还应增加系统审定和总体审定两项内容，以保证图纸发出之前，接口关系既是正确合理又是协调一致的。

③ 资料的监控

资料分为基础资料与过程资料两大部分。基础资料是设计的依据，如果基础资料不完整、不准确，或其前提条件不清晰，会直接影响设计文件的质量。设计单位首次接收到各类基础资料后，应组织专业人员完成对基础资料的全面清理与审核，主要核查基础资料的完整性、正确性与时效性。然后，向业主提出审核中发现的问题及对基础资料的进一步要求。业主的管理职责是控制基础资料的正确与完整性，控制设计单位对基础资料的正确使用，符合设计输入的规定。同时，跟踪验证设计单位对政府审批意见的贯彻落实。

设计中的过程资料动态地反映了设计工作的状况，它既是了解设计工作进展的窗口，又是实施过程控制的重要内容。业主应注重对过程资料的审核，力争在过程中发现和解决问题，这也是确保设计输出符合设计输入要求的有效措施之一。为此，业主应制定《设计文件（资料）审查管理办法》，对设计过程中形成的文件、图纸、资料按照层级管理的原则，分门别类地开展审查工作；制度应规定上报文件的名称、时间和流程，业主审批的程序和时限，以及设计单位对审批意见贯彻落实的反馈方式等。

（3）事后成果确认

成果确认是指业主对设计成果是否满足事前明确的工程项目特定的预期用途或应用要求，是否符合设计任务书和设计合同的各项规定的认定。设计确认是批准设计生效，进入施工的先决条件。

业主应预先进行设计成果确认的策划，事前编制设计成果确认策划书（计划），对确认的方式、条件、时机作出安排，并明确审查的项目和内容以及工作任务分配。审查的项目和内容应能全面反映工程项目特定的预期用途或应用要求，应能全面覆盖设计任务书和设计合同的相关规定，应能充分体现业主意图，不能把设计确认片面理解为结构安全和强制性标准、规范执行情况的独立审查。业主的设计成果确认与政府规定的施工图审查，两者有一定的关系，但存在较大的差异。设计确认要求审查的项目和内容更全面、更详细、更具体，从而审查更严格。设计确认审查的项目和内容宜设计为表格清单形式，使图纸审查工作实现表格化。

业主应按照计划的安排进行设计确认。设计确认活动通常包括建设工程的业主或政府主管部门、施工组织以及有关的第三方参加的外部评审来实现，通过审查会议或其他形式进行。确认可以是全部，也可以是局部，确认应在设计文件交付或实施之前完成。确认的方式应以项目的实际使用为主，也可以在工程项目的实际使用条件下进行模拟试验或产品鉴定。组织设计确认会审前，业主（业主委托的设计咨询单位）应先进行分专业、分系统、分单项的独立审核，并把审核意见归纳汇总报送业主，为会审做好充分准备。

确认结果及发现设计文件不能完全满足预期使用要求时，采取的措施及其跟踪应保持记录。

（4）业主设计管理的管理模式

业主的设计管理工作量大、专业性强。在“小业主、大社会”的项目管理模式下，业主也必然会依靠社会资源做好设计管理。对于大型或集群型建设项目，业主的设计管理模式通常采用三级管理：业主 →设计咨询（监理）→设计单位。设计咨询的职责不仅是审图和技术咨询，而主要是受业主的委托履行设计监理——对设计工作实施“三控两管一协调”的责任。

4. 实施采购质量计划的策划

采购质量控制包括对采购产品及其供货厂商及中间商的控制，主要对采购策划、采购文件的编制、询价厂商及中间商的选择、报价评审、采购合同的签订、催交、验证、包装、运输、现场验收和移交等过程进行质量控制。

业主应建立项目采购管理及采购质量控制文件，文件内容应包括以上采购过程中的全部活动，包括建立合格供方名录、采购活动策划、采购文件编制、询价厂商的选择、报价评审、采购合同签订、催交、验证和包装运输、现场验收与移交、不合格处置等。详细内容请参阅第六章《项目采购管理策划》

5. 实施施工质量计划的策划

施工是形成工程实体的阶段，也是形成最终产品质量的重要阶段，是项目质量管理的重要组成部分，如何从形成工程实物质量的各个环节入手，对影响施工质量的全部因素予以有效的控制，防止质量缺陷的产生，是施工阶段质量管理任务的中心。

（1）施工阶段质量管理的特征

1）预防为主

预防为主既是质量管理的哲学思想，也是质量管理的重要方法。预防的对象是“质量缺陷”与“质量不合格”。要做到预防为主，应先编制切合项目实际的质量计划，二是应建立并实施文件化的质量管理体系。

2）系统控制

特大型工程项目或集群型多项目，是一个庞大、复杂的系统，它由若干个子项目组成，一个子项目又可能由若干个单体或单位工程组成。工程实体质量的最终形成，要经过一个由许许多多环节组成的比较长的过程，而且影响工程施工质量的因素涉及诸多方面，因此施工质量的控制具有系统的特征。

3）全过程控制

全过程控制有两层含义，一是就单一过程而言，从过程的输入，到过程中的活动和资源，再到过程的输出，质量控制贯穿于过程的始终；二是指形成工程施工质量的所有过程，包含它的子过程，均应进行全面控制。

4）全要素控制

影响工程施工质量的因素有人、机、料、法、环（4M1E）等五个方面，这五大要素均应全面控制，而人是控制的重点。

5）全员参与

产品质量是组织各个环节、各个部门全部工作的综合反映。任何一个环节、任何一个人的工作质量都会不同程度地、直接或间接地影响产品质量。因此，应把所有人员的积极性和创造性都充分地调动起来，不断提高人的素质，人人关心产品质量，人人做好本职工作，全体参与质量管理。经过全体人员的共同努力，才能生产出顾客满意的产品。

6）工序控制是核心

工程项目的施工过程是由一系列相互关联、相互制约的工序组成的，工序质量是工程施工质量的基础，直接决定了工程实体的整体质量。因此，施工质量控制的核心，是工序质量的控制，尤其是关键工序、特殊工序的质量控制，应摆在十分重要的优先地位。

（2）施工阶段质量控制的系统过程

1）施工全过程的质量控制

如图 9-1 所示。

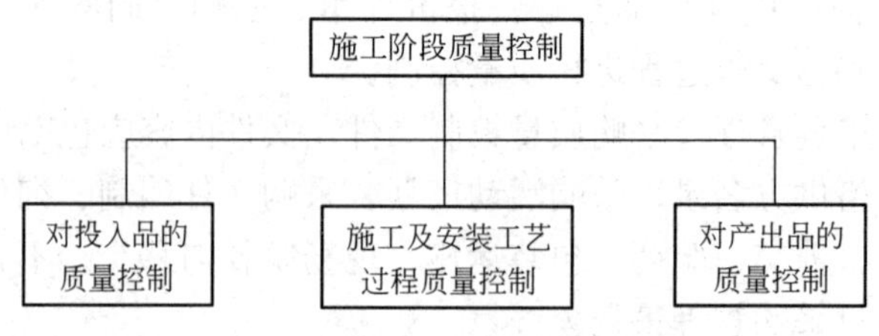

图 9-1 施工全过程的质量控制

2）质量因素的全面控制

如图 9-2 所示。

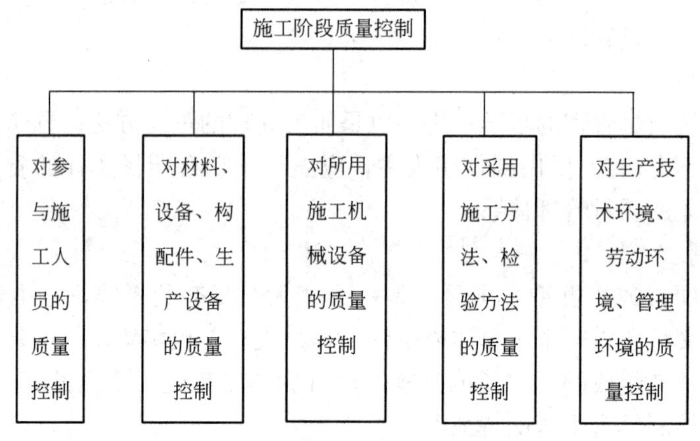

图 9-2 质量因素的全面控制

3）施工质量事前、事中、事后控制的系统过程

如图 9-3 所示。

（3）施工阶段质量控制的要求

1）坚持以预防为主，重点进行事前控制，防患于未然，把质量问题消除于萌芽状态。

2）既应坚持质量标准，严格检查，又应热情帮促。工程是承包人施工的，热情帮促承包人完善质量保证体系、健全制度、改进工作，这本身就是做好事前控制的重要措施。对于技术难度大、质量要求高的工程或部位，应积极出主意，指导承包人制定能有效保证施工质量的好方案。还可以介绍和推荐防治质量通病的经验和措施，组织和指导承包人有效实行“样板引路”制度等。

3）施工阶段质量控制的工作范围、深度、管理方式，应根据实际需要，结合工程特

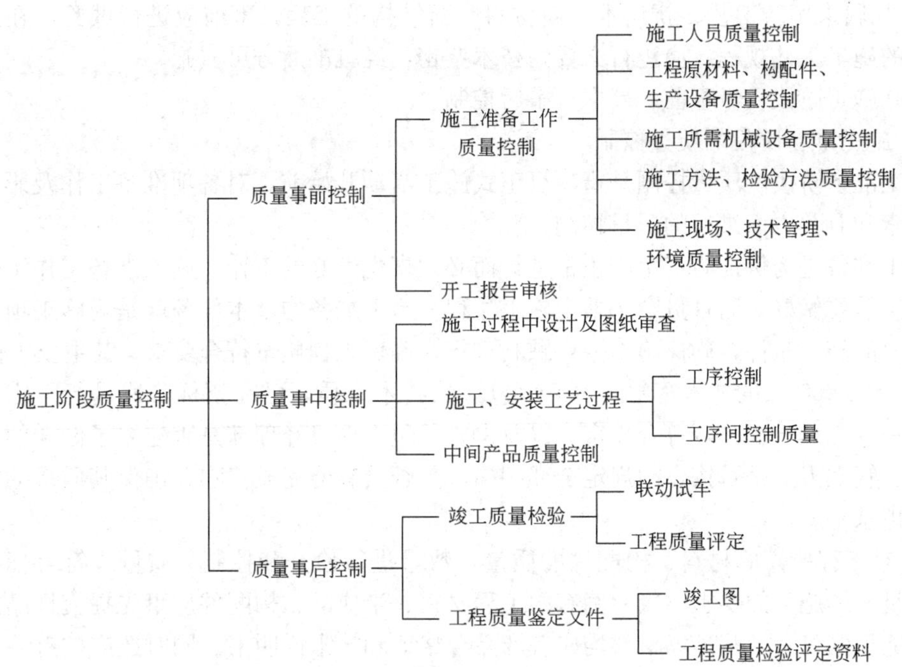

图 9-3　施工质量事前、事中、事后控制的系统过程

点、承包人的技术能力和管理水平等因素，事前进行周密策划，制定质量计划，并作为合同条件的组成内容，充分发挥经济合同的约束和协调作用。

4）处理质量问题既要做到不讲情面、不手软，严格执行规定；又应该尊重事实、尊重科学、立场公正，加强沟通、以理服人。

（4）施工阶段质量控制的依据

1）控制原材料、半成品、构配件质量的依据

① 有关产品技术标准。如水泥、水泥制品、木材及木材制品、钢材、砖瓦、砌块、石材、石灰、砂、玻璃纤维、陶瓷。涂料及胶粘剂、保温材料、吸声材料、防水材料、塑料制品、建筑五金、其他材料等的产品标准。

② 有关试验、取样方法的技术标准。如《普通混凝土力学性能试验方法标准》GB/T 50081—2002、《钢及钢产品　力学性能试验取样位置及试样制备》GB/T 2975—1998、《土工试验方法标准》GB/T 50123—1999 等。

③ 有关材料验收、包装、标志的技术标准。如《型钢验收、包装、标志及质量证明书的一般规定》GB/T 2101—2017、《钢管的验收、包装、标志和质量证明书》GB/T 2102—2006、《钢铁产品牌号表示方法》GB/T 221—2008 等。

④ 凡涉及新材料时，应有权威的技术检验部门关于其技术性能的鉴定书。

2）控制工序质量的依据

① 有关建筑安装作业的操作规程。如混凝土施工操作规程、砌砖操作规程等。

② 有关施工工艺规程及验收规范。如《建筑地基工程施工质量验收标准》GB 50202—2018、《混凝土结构工程施工质量验收规范》GB 50204—2015、《土方与爆破工程施工及验收规范》GB 50201—2012 等。

③ 凡属采用新工艺、新技术、新材料、新结构的工程，事前应进行试验，在此基础上制定的施工工艺规程，应进行必要的技术鉴定，经批准后方可实施。

(5) 施工阶段质量事前、事中、事后控制

1) 施工准备阶段的质量控制

施工准备阶段的质量控制是指项目正式施工活动开始前，对各项准备工作及影响质量的各因素和有关方面进行的质量控制。

施工准备是为保证施工生产正常进行而必须事先做好的工作。施工准备工作不仅是在工程开工前要做好，而且贯穿于整个施工过程。施工准备的基本任务就是为施工项目建立一切必要的施工条件，确保施工生产顺利进行，确保工程质量符合要求。其主要工作有：

① 审查承包人的技术资质。对于承包人的技术资质，已在招标阶段进行了审查。这里重点审查工程分包是否符合规定，以及审查承包人项目经理部是否建立了健全的质量保证体系、管理人员是否按合同规定全部到岗、是否具有能完成工程并确保其质量的技术能力和管理水平。

② 对工程所需原材料、构配件的质量、数量进行检查和控制。质量应符合标准，数量能满足连续施工的要求。应明确有的工程材料、半成品、构配件应事先提交样品，经认可后才能采购订货。凡进场材料均应有产品合格证和技术说明书。同时还应按有关规定进行抽检。没有产品合格证和凡未经检验或已经验证为不合格的材料，不得在工程中使用。

③ 对永久性生产设备和装置，应按审批同意的设计图纸和采购计划组织采购。这些设备到场后，均应进行检查和验收；主要设备还应开箱查验，并按所附技术说明书进行验收。对于从国外引进的机械设备，应在交货合同规定的期限内开箱逐一查验。

④ 审查施工单位提交的施工方案和施工组织设计，保证工程质量具有可靠的措施。

⑤ 对工程中采用的新工艺、新技术、新材料、新结构，均应审核其技术鉴定书。凡未经试验或无技术鉴定书的新工艺、新技术、新材料、新结构，不得在工程中应用。

⑥ 检查施工现场的测量标桩、建筑物的定位放线以及高程水准点，对重要的测量基准网线和标桩，应进行复测。复测无误后，才准使用。

⑦ 对工程质量有重大影响的施工机械设备，应审核承包人提供的技术性能报告，凡不符合质量要求的不能使用。

⑧ 审查施工现场的准备工作是否完备。施工用水、电、气、运输道路、临时建筑物和构筑物、场地布置等是否符合规定，是否具备保证施工质量的必要条件。

⑨ 组织设计交底和图纸会审。设计图纸是进行质量控制的重要依据。为使承包人熟悉设计图纸，充分了解拟建项目的特点、设计意图和工艺与质量要求，减少图纸的差错，消灭图纸中的质量隐患，应做好设计交底和图纸审核工作。图纸审查重点是图纸中的错、漏、碰、撞和可施工性。图纸审核包括自审和会审，施工、监理、业主都要参加。

⑩ 检查和指导承包人健全质量保证体系，包括完善计量及质量检测技术和手段；协助承包人完善现场质量管理制度，包括现场会议制度、现场质量检验制度、质量统计报表制度和质量事故报告及处理制度。

⑪ 业主自身的组织、技术、管理等相应的准备工作必须就绪。

2) 施工阶段的质量控制

① 监督承包人有效执行分层级的技术交底制度。

交底内容：包括图纸、施工组织设计、分项工程技术和安全交底等。

交底目的：通过交底理解和熟悉设计意图（明确对轴线、尺寸、标高、预留孔洞、预埋件、材料规格及配合比等的规定和要求）；理解和熟悉施工组织与施工方案（明确工序搭接、工种配合、施工方法、施工流向、进度等施工安排）；理解和熟悉所采取的措施（明确质量、安全、环境措施）。

交底的形式：除书面、口头外，必要时可采用样板、示范操作等。

② 测量控制。

工程测量，包括控制测量和施工测量，是工程施工中必不可少的重要环节。通过测量控制，保证各项测量成果的精度和可靠性，确保建筑物的位置以及结构尺寸、标高等符合设计和规范的要求，避免因此而造成的质量事故和经济损失。

A. 测量控制的原则。

必须实施测量复核制和测量分工（业主、监理、承包商）负责制。

B. 严格执行测量复核制。

a. 测量工作必须执行复核制，坚持自查和互查（业主、监理，承包商互查）制度。测量资料（含测量原始资料）和测量成果未经复核或复核后的误差超过规范规定的允许值的，一律不准使用。

b. 严格执行有关的测量技术规范，按照规范的技术要求进行测量策划、作业和检测，保证各项测量成果的精度和可靠性。

c. 测量桩点的交接，必须双方会同现场，持交桩表逐桩（点）核对、交接确认。遗失的必须补桩，无名桩视为废桩，资料与现场不符的应按正确的更正。

d. 用于测量的图纸、资料，应认真研究核对，有的应做现场核对，确认无误无疑后，方可使用。抄录数据资料，必须核对，重要的需经第二人核对。

e. 各项测量的原始记录，必须在现场同步做出，严禁事后补记补绘。原始资料不允许涂改，只可以用杠改法或叉改法，不符合要求时，应当补测或重测。

f. 控制测量的外业工作，必须有多余观测，并形成闭合检核条件。内业工作，应坚持两组独立平行计算和相互校核。

g. 重要的定位和放样，必须坚持用不同的方法或仪器进行复核测量，或换人检测后才能施工。

h. 利用已知点（包括控制点、方向点、高程点）进行引测、加点和工程放样前，必须坚持先复检后利用的原则。即已知点检测无误或合格时，才能利用。一般情况下，已知点的精度高于加点和工程放样的精度。

C. 认真实行测量分工负责制。

业主、监理、承包商应设有专门负责测量的专业队伍（责任人），并配备精度符合规范要求的测量仪器。应明确三方的分工范围及各自的职责。一般讲，业主测量队负责工程项目的一级控制测量，以及对承包商的测量工作进行抽检复查（如建筑工程项目中的建筑定位测量、基础施工测量、楼层轴线、皮数杆、楼层间高程传递等的抽检复查）；同时负责工程项目所在地的原始资料和竣工验收的测量复核工作。承包商的测量队负责工程项目的二级控制测量、施工测量以及对施工放样的抽查。监理受业主的委托，承担业主的全部或部分工作。

③ 对承包人项目经理部成员的控制。承包人直接参与工程施工的指挥者、管理者、操作者是控制的对象，项目经理、技术负责人是控制重点，同时管理层和作业层中的骨干（如部门经理、工长、班组长）也应有效控制。控制内容主要是其素质和能力是否符合岗位要求和施工合同的规定，是否具备相应的教育、培训、技能和经验方面的任职条件。

④ 材料构配件的质量控制

A. 材料质量监控要点。

a. 主要装修和机电材料及建筑配件订货前，应执行看样定板制度。承包人应提出样品（或看样）和有关订货厂家及样品的技术和单价等资料，经业主同意后方可订货。以后进场的材料必须与样板一致。

看样定板可实施分级审批制度，对于质量影响较大、价格较高、数量较大或具有特殊要求的材料，交由高一级机构审定；其他一般的看样定板的材料，则由审批小组审定。

样品由监理工程师保管，并作为检验进场材料的依据，严格防止“货不对板”的事情发生。

b. 对用于工程的主要材料，进场时必须具备正式的出厂合格证和材质化验单。如不具备或对检验证明有疑问时，应要求承包人补作检验。所有材料检验合格证均需经业主或监理验证，否则一律不准用于工程上。

承包人应在使用材料前按业主规定的期限内向监理报送材料试验报告及有关质量证明、出厂合格证书等资料，上述资料必须符合国家、地方政府主管部门和业主的要求，否则，承包人应立即进行处理。

c. 工程中所有各种构件必须具有厂家批号和出厂合格证。钢筋混凝土和预应力钢筋混凝土构件，均应按相关技术标准进行抽样检验。由于运输安装等原因出现的构件质量问题，应进行分析研究，采取措施处理后并经业主查验同意方能使用。

d. 凡标志不清或怀疑质量有问题的材料，对质量保证资料有怀疑或与合同规定不符的一般材料，受工程重要性程度决定应进行一定比例试验的材料，需要进行追踪检验以控制和保证其质量可靠性的材料，均应进行抽检。对于进口的材料设备和重要工程或关键施工部位所用的材料，则应进行全部检验。

e. 材料质量抽样和检验的方法，应符合建筑材料质量标准与管理规范和现行的有关试验、取样、方法的技术标准，要能反映该批材料的质量性能。对于重要的构件和非匀质材料，还应酌情增加采样的数量。凡未经检验和已经验证为不合格的材料不能投入使用。

f. 一般不准在现场配制材料。因特殊原因，必须经业主同意后才准在现场配制材料，如混凝土、砂浆、防水材料、保温材料、防腐蚀材料等，现场配制材料应先提出试配要求，经试验合格后才能使用。业主应派人参与试配和试验，并对现场配制的材料质量确认后，方可投入使用。

g. 进入施工现场的原材料、半成品、构配件要按型号、品种，分区堆放，予以标识。对有防湿、防潮要求的材料，要有防雨防潮措施。对容易损坏的材料、设备，要做好防护。对有保质期要求的材料，要定期检查，以防过期。标识应具有可追溯性，即应标明其名称、生产商、产地、规格、批号、数量、进场日期、使用部位等。

B. 材料质量控制的内容。

a. 材料的质量标准。

材料质量标准是用以衡量材料质量的准绳。不同的材料有不同的质量标准，必须正确使用标准，要采用现行的有效版本。对材料的控制，就是要检验材料是否符合质量标准。

b. 材料质量的检验。

根据建筑材料质量标准与管理规范和现行的有关试验、取样、方法的技术标准，通过一系列的检验手段，如书面检验、外观检验、理化检验、无损检验等手段，从而取得材料质量特性的各种数据。将这些质量数据与材料质量标准相对照，以判断材料质量是否合格与可靠、能否使用于工程中。

c. 材料的选择和使用要求。

材料的选择和使用不当，均会严重影响工程质量或造成质量事故。为此，必须针对工程特点，根据材料的性能、质量标准、适用范围和对施工的要求等方面进行综合考虑，慎重地选择和使用材料。业主应对材料的性能、质量标准、适用范围和对施工要求必须充分了解，慎重选择和使用材料。如红色大理石或带色纹（红、暗红、金黄色纹）的大理石易风化剥落，不宜用作外装饰，外加剂木钙粉不宜用蒸汽养护，早强剂三乙醇胺不能用作抗冻剂，碎石和卵石中含有不稳定的二氧化硅时，将会使混凝土产生碱-骨料反应等，均会使质量受到影响。

⑤ 施工机械设备的控制

A. 施工机械设备选配的控制。

承包人施工机械设备的选配，其机械的选型、主要性能参数的确定，应与承担的施工任务相结合，使其具有工程的适用性，具有保证施工质量的可靠性，具有使用操作的方便性和安全性。总之，应能满足施工需要和保证施工质量的要求。其次应注意机械配套。机械配套一是一个工种的全部过程和环节配套；二是主导机械与辅助机械在规格、数量和生产能力上配套，以充分发挥机械的效能，获得较好的经济效益，又能保证施工质量。承包人的机械设备配置计划，应事前呈报业主审核，承包人应按经业主审批同意的机械设备配置计划（表）组织机械设备进场。该计划也是业主对施工机械设备控制的依据和对象。

B. 施工机械设备用、养、修的控制。

机械设备的合理使用和正确操作，以及严格执行机械设备保养和维修制度，是确保机械设备的良好技术状态，保证项目施工质量的重要环节。要检查承包人是否建立并运行机械管理制度，没有制度的，要承包人建立制度，不健全的要完善。同时要跟踪制度的执行状况，对查出的问题，要限时承包人采取措施整改。

⑥ 生产机械设备的控制

生产机械设备的控制，主要是设备的检查验收、设备的安装质量和设备的试车运转。

A. 生产设备的检查验收。

a. 设备进场时，要按设备的名称、型号、规格、数量的清单逐一检查验收。

b. 对整机装运的新购机械设备，应进行运输质量及供货情况的检查。对有包装的设备，应检查包装是否受损；对无包装的设备，则可直接进行外观检查及附件备品的清点。对进口设备，则要组织专人进行开箱全面检查。若发现设备有较大损伤，应做好详细记录和照相，并尽快与运输部门和供货厂家交涉处理。

c. 对解体装运的自组装设备，在对总成、部件及随机附件、备品进行外观检查后，应尽快组织工地组装，并进行必要的检测试验。

d. 工地交货的机械设备，一般都由制造厂在工地进行组装、调试和生产性试验，自检合格后才提请订货单位复验，待试验合格后，才能签署验收。

e. 调拨的旧设备的测试验收，应基本达到“完好机械”的标准。全部验收工作，应在调出单位所在地进行，若测试不合格，就不装车发运。

f. 对于永久性或长期性的设备改造工程项目，应按原批准方案的性能要求，经一定的生产实践考验，并经鉴定合格后才予验收。

g. 生产设备的检查验收，应由业主、监理、设计、施工四方派人参加，组成成员应具有较高的专业技术知识和较丰富的工程实践经验。一切随机的原始资料、自制设备的设计计算资料、图纸、测试记录、验收鉴定结论等，应全部清点、整理归档。

B. 设备安装与试车运转。

设备安装应符合设计要求和相关的技术标准。设备在安装过程中，监理工程师应对每一个分项、分部、单位工程按规范规定进行检查验收，并进行质量评定。对出现的不合格，应严格按不合格程序予以处理。

安装完成后，监理要组织并参与单机及系统无负荷和有负荷的试车运转。在试车运转中，应按规定对设备进行检验。对试车中发生的问题，组织承包商分析原因，采取针对性措施，确保试车运转正常，满足设计要求，能够配套投产。

对于配置了许多大型的、系统的、技术先进的生产机械设备，甚至还有从国外引进的机械设备的大型工程项目，为弥补业主技术和管理力量的不足，通常招聘一家实力雄厚的机电设备工程监理，受业主的委托，全面负责整个项目生产机械设备的管理和控制。

⑦ 施工方案的控制

施工方案是工程项目施工技术、组织手段和相应资源的有机结合，一般由四部分内容构成：施工方法确定、施工机械选择、施工顺序安排、施工作业方式。施工方案的编制，应满足质量和工期要求，确保安全施工不污染环境，且结合工程实际，切实可行。施工方案正确与否，直接影响项目三大目标（质量、工期、投资）的实现，应严加控制。施工方案实施前，应按规定呈报业主，经业主审批同意后，方可实施。重要施工方案应进行多方案论证，在技术、组织、管理、经济等方面作分析比较的基础上，选择最适合的方案。

⑧ 环境因素的控制

影响工程施工质量的环境因素较多，大体上可分为工程技术环境，如工程地质、水文、气象等；工程管理环境，如质量保证体系、质量管理制度等；劳动环境，如劳动组合、劳动工具、工作面作业条件等。环境因素对工程施工质量的影响，具有复杂多变的特点，往往前一工序就是后一工序的环境，前一分项、分部工程也就是后一分项、分部工程的环境。环境因素的控制又与施工方案和技术措施紧密相关。所以，承包商在拟订控制方案时，必须根据工程特点和具体条件，结合采用的施工方案，作全面分析和综合考虑。业主的责任就是检查承包商采取的方案和措施是否科学合理、是否具有针对性，并跟踪其执行的有效性。详细内容请参阅第十一章《项目环境管理策划》。

⑨ 工序控制

工序是产品制造过程的基本环节，也是组织施工过程的基本单位。工序质量是工程项目实体质量形成的基础，施工质量的优劣完全取决于工序质量。工程项目实体质量系统，如图 9-4 所示。

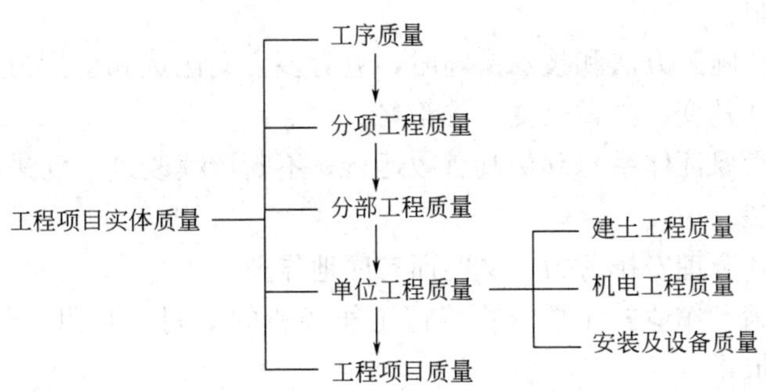

图 9-4　工程项目实体质量系统

A. 工序控制的内容。

工序质量控制是使工序质量的波动处于允许的范围之内，一旦超出允许范围，立即对影响工序质量波动的因素进行分析，针对问题，采取必要的组织、技术等措施，对工序进行有效的控制，使之保证在允许范围内。工序质量控制的实质是对工序因素的控制，特别是对主导因素的控制。所以，工序质量控制的核心是管理因素，而不是管理结果。

a. 对操作者的控制。

对操作者的控制包括了对操作者技术水平、生理缺陷、心理行为、错误行为四个方面的控制，通过控制，确保操作者的技术水平、生理和心理状况均与其承担的工序要求相适应。同时，承包人应采取有效措施，尽量防止操作者误判断或误动作等错误行为的发生。总之，工作分配要做到“将合适的人安排在合适的岗位上”。

b. 对材料的控制。

工程原材料、半成品、构配件是工程施工的物质条件，材料质量是工序质量的基础。材料质量不合格，工序质量不可能符合标准。所以，加强材料的质量控制，是提高工序质量的保障。材料控制内容详见前文。

c. 对施工机械设备的控制。

施工机械设备是实现施工机械化的重要物质基础，对工程项目的进度、质量、投资均有直接影响，是工序质量的保障，应从施工机械设备的选型配置、使用操作和保养维修三方面予以控制。详细内容见前文。

d. 对作业方法的控制。

工序作业方法是工序质量保证的关键，作业方法不当常常是造成工序质量不合格的主要原因之一。承包人为确保工序质量，应在经业主审批同意的施工方案的框架下，制定作业指导书、操作规程和相关规范等文件，具体、仔细地说明工序如何实施（顺序说明各相关活动如何操作，必要的控制和验证如何实施）、对作业人员的要求、作业依据或遵循的要求、作业的时机和地点、作业的物质条件、质量保证体系、需作什么记录等。

监理工程师应在工序作业开工前，对作业指导书进行审查，审核要点：工序中的关键操作方法是否正确，工序中的操作顺序是否合理，工序中的技术间歇是否符合规定，工序的各项技术参数是否满足要求，采取的技术措施是否针对了质量通病的防治，文件内容是否齐全、是否切合实际，是否进行了技术交底、操作人员是否掌握了上述内容。作业指导书需经审查同意后，方可施工。

e. 对环境的控制。

策划施工方案、施工方法和技术措施时，应有多方案比选和备用方案，估计工程技术环境的变化，实施“其变、方案也变”的策略。

建立和维持质量保证体系，确保其有效运行，不断持续改进，促进质量保证体系向更高一级业绩水平发展。

精心组织施工，合理安排劳力，文明而有序地作业。

控制作业环境满足作业技术要求；确保工作场所的空间、照明、通风、温度、湿度、粉尘等符合规定要求。

B. 工序活动成果的控制。

工序活动成果的控制，应包括工序活动过程的控制和工序施工完成的工程产品是否达到有关质量标准两项任务。

a. 确定工序质量控制流程。

明确在工序开始前、工序实施中、工序完成后质量控制的方法、活动、职责和应有的质量记录。对于批量生产的工序，在第一次作业时，监理工程师应旁站，检查承包商执行作业指导书的情况，了解操作人员的技术业务能力以及产品的质量。必要时可实施样板工程（工序）制度，样板工程（工序）经验收合格后，才允许大面积施工。

b. 及时检查工序质量。

应及时按规定的质量评定标准和办法，对完成的检验批及分项、分部、单位工程进行检查验收和质量评定。检查工序质量并对所得数据（工序质量特性）进行分析，判断工序处于何种状态，若分析认为处于异常状态，就必须命令停止进行。现场进行质量检查的方法有目测法、实测法和试验法三种。

（a）目测法。

目测法可归纳为看、摸、敲、照四个字。

“看”，就是根据质量标准进行外观目测。检查表面有无斑痕、空鼓、气泡、折皱等问题，表面（地面、墙面）是否光洁平整，颜色、花纹是否一致，接缝是否顺直、均匀，对缝处图案、花纹是否完整，是否被污染等。

“摸”，就是手感检查。主要适用于装饰工程的某些检查项目。如水刷石、干粘石粘结牢固程度，油漆的光滑度，浆活是否掉粉，地面有无起砂等，均可通过手摸加以鉴别。

“敲”，是运用工具进行声感检查。对地面工程、装饰工程中的水刷石、面砖、锦砖和水磨石、大理石的镶贴等，均应进行敲击检查，通过声音的虚实确定有无空鼓，还可以根据声音的清脆和沉闷，判定属于面层空鼓或底层空鼓。此外，用手敲玻璃，如出现颤动声响，一般是底灰不满或压条不实。

“照”，对于难以看到或光线较暗的部位，则可采用镜子反射或灯光照射的方法进行检查。

（b）实测法。

实测检查法就是通过实测数据与施工规范及质量标准所规定的允许偏差对照，来判别质量是否合格。实测法也可归纳为靠、吊、量、套四个字。

“靠”，是用直尺、塞尺检查地面、墙面、屋面的平整度。

“吊”，是用托线板以线坠吊线检查垂直度。

“量”，是用测量工具和计量器具等检测断面尺寸、轴线位置、建筑物标高、钢筋间距、湿度、温度等的偏差。

“套”，是以方尺套方，辅以塞尺检查。如对阴阳角的方正、踢脚线的垂直度、预制构件的方正等项目的检查，以及对门窗口及构配件对角线的检查等。

（c）试验法。

指必须通过试验手段，才能对质量进行判断的方法。如对桩和地基的静载试验，确定其承载力；对钢结构进行稳定性试验，确定是否产生失稳现象；对钢筋接头进行拉力试验，检验焊接质量；管道安装完成后进行的压水试验，以检查管道的安装质量等。

c. 严格质量检查制度。

确保工序质量，必须坚决执行各项质量检查制度。质量检查制度包括三检制（自检、互检和专检）、工序交接检查、质量巡视检查、旁站监理、成品保护质量检查和隐蔽验收检查。认真落实各项质量检查制，是防止和处置质量不合格和缺陷的重要措施。业主应督促监理制定相关的管理规定，并跟踪执行情况。

推行作业标准化和防治质量通病。作业标准化是企业三大标准化中技术标准化的重要内容之一。推行作业标准化，体现了质量管理从形成质量的基本单元抓起的理念，能起到规范操作者行为并转化为自觉行动的作用，是确保工序质量的有效措施。承包人应系统地建立作业标准与工艺规程，将此作为上岗培训的教材，技能考核的依据，并在施工中严格执行。

实施样板引路，是推行作业标准化的一种好形式。样板能起到示范和引路的作用，“学有榜样、赶有目标”，能给操作者以实际的教育。

推行作业标准化应与质量通病防治活动结合起来，从正反两方面着手对工序质量予以控制，能保证控制的效率与效果。一是作业标准应有针对防治质量通病的要求和措施；二是将质量通病是否得到了有效的防治，作为推行作业标准化的目标。

业主应事前对推行作业标准化和防治质量通病进行策划，制定相应的管理办法和计划安排，对活动的组织形式、要求、内容、职责、考评、总结、持续改进和主要措施作出明确的规定，并督促监理组织实施。

⑩ 特殊过程和关键过程的控制

A. 特殊过程的控制。

a. 项目施工中需经确认的过程，应在质量计划中予以识别。它们约有三种类型：

施工中难以或无法验证，只能通过工艺参数的控制来间接实现对质量特性的控制，例如预应力张拉、特殊合金钢材焊接等。

上述过程形成的缺陷，可能在工程使用后才会暴露出来，例如平屋顶防水工程、管道防腐工程等。

项目特有的、不宜用后续监视加以验证的过程，例如过程检验代价过高或具有破坏性的过程。如大体积混凝土浇筑、桩基处理等。

b. 制定管理文件。

承包人应根据过程特点和工程项目的实际情况，明确规定过程确定的内容和方法，适用时包括：

确定评审和批准过程的准则，如确定适宜的工艺参数，过程特殊性的认定，过程能力合格水平的评价要求。

过程设备认可方法及过程人员资格水平的考核。

确认时应采用的方法和程序步骤。

必要的确认记录。

是否需要再次确认（定期进行的需要或施工条件改变后的需要）。

c. 制定和执行作业指导书。

针对某一特定的特殊过程制定作业指导书，根据该过程的特殊性，明确过程确认的具体内容和方法，如有的过程主要受工艺方法影响，有的过程除了工艺方法，还与材料特性、操作技能、设备性能或其他因素有关，必须针对具体过程加以确定，不要求一律实施相同的确认活动。

过程确认后往往需要实施连续监视和测量，作业指导书应对过程参数（或部分可检验质量）作出规定，且明确实施连续监视和测量的时机和方法，以及记录的要求。

d. 作业指导书应经监理审批同意。过程确认由承包商项目经理部组织，监理工程师全程跟踪，必要时邀请相关人员参加。

B. 关键过程的控制。

关键过程控制的主要措施是设置工序质量控制点，通过对控制点的质量管理，来达到质量控制的目的。

a. 工序质量控制点定义。

控制点是指为了保证工序质量，而需要进行控制的重点和关键部位或薄弱环节，它们对工程项目的质量特性有直接影响。

b. 质量控制点设置原则。

根据工序质量形成的各个环节和影响工序质量的各项因素对质量特性影响的大小及危害程度而定，影响和危害大的优先设置。

c. 质量控制点类型：

工序活动条件类，即 4M1E（人、料、机、法、环）。

工序活动成果类，如关键的操作、工序参数、施工顺序、施工方法、技术问题、常见的质量通病、质量不稳定、不合格率较高的工序。

采用四新技术的工序或技术难度大、要求特殊的工序。

d. 质量控制点管理。

在质量计划中对所设置的控制点，应根据其工程特点和质量标准的要求，以及以往的施工经验，分析可能造成的质量隐患及其原因，针对隐患原因，找出对策，加以预控。为便于实施，承包人应在质量计划的框架下编制关键过程控制的作业指导书，并报监理审批同意后，方可使用。

操作人员上岗前应对其技术交底，明确工艺、质量和操作要求，以及质量隐患的防范措施。工序实施时要严格执行“三检制”、“工序交接检查”和“质量巡检”制度，如果质量控制点有异常情况，应立即停止施工，召开分析会，找出产生异常的主要原因，并实施纠正措施或预防措施，经监理工程师跟踪确认整改有效后，再继续进行施工。同时，增加检查频次。按规定对质量特性进行测量分析，对处于异常状态的工序予以处理。

⑪ 成品保护质量控制

如果对已完成的成品，不采取妥善的措施加以保护，就会造成损伤，影响质量。有些难以恢复的损伤，则成为永久的缺陷。监理工程师应要求承包人事前制定成品保护的管理办法，针对具体情况对成品采取“护、包、盖、封”的保护措施。监理工程师应对成品保护质量经常进行巡视检查，对发现的不符合规定的问题，应限时整改，并跟踪整改的有效性。

“护”，就是提前保护。例如清水楼梯踏步，采用护楞固定等。

“包”，就是包裹，以防损伤或污染。例如大理石或高级水磨石块柱子贴好后，应用木板包裹捆扎；铝合金门窗用塑料布包扎；室内灯具设备也应包裹，防止污染等。

“盖”，就是表面覆盖，防止堵塞、损伤。例如地漏、落水口排水管安好后加以覆盖；预制水磨石或大理石楼梯用木板等覆盖；地面用锯木、苫布覆盖等。

“封”，就是局部封闭（隔离）。例如预制楼梯板安装装修时，应将楼梯路口局部封闭；水泥地面或地面砖做完后，就将该房间局部封闭；屋面防水做完后，应封闭楼梯门或出入口；室内墙纸、彩色地面完成后均应锁门等。

为了做好成品保护，监理应监督承包商合理安排施工顺序，防止后道工序损坏或污染前道工序。

3）项目收尾和质保期阶段的质量控制

① 施工竣工验收阶段的质量控制

A. 工程竣工验收的基本要求。

a. 施工质量应符合相关技术标准、施工验收规范以及施工合同的规定。

b. 工程施工应符合工程勘察、设计文件的要求。

c. 参加验收的各方人员应具备规定的资格。

d. 施工质量验收均应在施工单位自行检查评定的基础上进行。

e. 所有隐蔽工程在隐蔽前均已按验收规范的规定进行了验收，并形成了验收文件。

f. 涉及结构安全的试块、试件以及有关材料，应按规定进行见证取样检测。

g. 检验批的质量应按验收规范的规定，分主控项目、一般项目验收。

h. 对涉及结构安全和使用功能的重要分部工程，应进行抽样检验。

i. 承担见证取样检测及有关结构检测的单位应具有相应资质。

j. 工程的感观质量应由验收人员通过现场检查，并应共同确认。

B. 工程实体验收的基本要求。

a. 构成单位工程的各分项、分部工程应该合格。

b. 检验批、分项分部以及隐蔽工程的质量评定和验收资料应完整。

c. 涉及安全和使用功能的分部工程的检验资料，包括该分部工程验收时补充进行的见证抽样检验报告要进行复查，不得有漏检缺项。

d. 对主要使用功能还需进行抽查。抽查项目是在检查资料文件的基础上，由参加验收的各方人员商定，并用计量、计数的抽样方法确定检查部位，检查要求按验收规范的规定执行。

e. 参加验收的各方人员共同进行观感质量检查，通过讨论，综合给出质量评价。

C. 施工技术资料的验收。

a. 工程竣工技术资料的主要内容：

建筑工程法定建设程序必备文件。

综合管理资料。

工程质量控制资料：包括验收资料、施工技术管理资料、项目开工竣工报告、图纸会审和设计交底记录、产品质量证明文件、检验报告、施工记录等。

工程安全和功能检验资料及主要功能抽查记录。

检验批质量验收记录。

竣工验收文件。

施工日志。

有关声像图片等电子档案。

设计文件、资料、设计变更通知单；竣工图。

工程质量事故调查与处置资料。

b. 工程竣工技术资料的质量要求：

工程竣工技术资料必须完整、真实、准确，做到资料、工程实体、设计文件三吻合。

资料采用的格式、内容及其深度和组卷原则应符合国家和省、市地方政府有关竣工资料编制和档案管理的规定，满足建设单位的要求。

总包施工单位为工程竣工技术资料管理的归口单位，对参与施工各单位的竣工文件编制进行统一管理，做到工程项目名称、编制内容、编制方法、编制深度、编制格式“五统一”，以确保竣工文件编制符合规定要求，能够系统地反映施工项目全过程的技术质量状况。

c. 工程竣工技术资料的控制：

施工单位根据国家和省、市的有关规定以及建设单位的要求，认真进行自查，并对自查中发现的问题进行整改、完善，经施工单位技术负责人审核签字确认后报监理工程师审查。监理工程师审查合格后，再呈报建设单位审查。由于竣工文件资料繁多，为确保资料审查的质量，宜分专业、分单项（单位）分组进行，把需检查的项目和内容事先制成检查表，审查时按检查表逐项对照检查。

应要求施工单位将工程竣工技术资料的编制随施工同步进行，业主/监理应对编制过程加强监督和指导，不仅明确工程竣工技术资料编制的质量和进度要求，而且指派专人随时检查编制的情况，及时纠正编制过程中出现的各类问题，确保资料的质量。竣工验收时，业主再对资料组织集中审查和验收。

现场核实。竣工图的全部内容和重要部位的检测、试验资料，应实施现场核对，以检查竣工图、工程实体、设计图纸是否吻合。

工程竣工验收的组织管理详见第十六章《项目收尾管理策划》。

② 项目试运行及质保期的质量控制

A. 建设项目试运行质量控制。

a. 试运行管理的主要工作：

试运行管理的主要工作一般包括试运行准备、试运行计划、人员培训、试运行过程指导和服务等。

b. 试运行质量控制：

业主应建立项目试运行控制程序及管理制度。

进行项目试运行策划，制定项目试运行管理计划。试运行管理计划的主要内容应包括试运行总说明、组织及人员、试运行进度计划、培训计划、试运行方案、试运行费用计划、业主及相关方责任分工等。

编制项目试运行文件，主要有试运行方案操作手册，分析手册，安全、质量、环境手册以及试运行工作规定等。

组建项目试运行组织机构，实施试运行管理计划，开展必要的监视与测量，及时采用纠偏措施，确保管理计划的贯彻落实。

B. 建设项目质保期的质量控制。

a. 承包商应落实专门负责工程维护工作的组织机构和人员，为他们提供必要的资金、备品备件及一些适用的设备。除项目经理为工程维护工作的负责人外，承包商还应指定公司施工生产部门的经理为责任人。

b. 承包商应建立并执行工程回访和工程维修保护的管理制度，主动征求和收集工程使用中发生的工程质量问题，且及时、有效予以处理。采用的维修方案，应尽量不影响业主或用户的正常使用，少干扰他们的工作和生活。

c. 承包商应针对业主/用户使用中存在的使用不当问题，主动提供咨询服务，必要时举办培训。

d. 业主应对质保期工程维护工作制定管理办法，明确规定工程维护的要求以及应采取的组织、技术、管理、经济措施。由于本阶段管理的特殊性，除加强督促检查外，还应充分发挥合同管理的作用，在承包合同中应明文规定，必要时业主有权另行指派第三方去完成工程维护工作，其所有费用由承包人承担。

三、项目质量管理策划的主要控制措施

（一）组织措施

1. 建立和健全业主自身的组织保证体系

业主自身的组织结构、职责分配是管理体系有效运行的重要保障。业主应在质量方针的指引下，以实现项目质量目标为宗旨，建立起职责分明、各负其责、又通力合作的组织保证体系。

2. 建立健全的整个建设工程项目的质量管理体系

业主在健全内部控制的基础上，应充分利用第三方检测、监控、行政执法监控、社会监控、建立起以上级建设行政主管部门、建设单位、监理单位、承包商和质量技术监督部门多层面多渠道参与的，责任明确，既互相配合又独立运作的质量管理体系，实现了对整个建设过程和工程质量的有效控制。同时，关注承包商质量保证体系的保持与改进。

3. 建立和健全一套行之有效的质量管理制度、程序、流程和细则

将所有质量管理活动纳入管理标准化的轨道内，规范管理行为，把员工的行动和业主整个组织的运作统一起来，确保管理的有效性。

4. “以人为本”

始终把培育员工树立正确的质量观念，帮助他们努力提高职业素养和管理水平放在质

量管理的首位。

（二）管理措施

1. 实施的控制

（1）控制的对象：质量计划中所有过程及其过程的输入、活动、输出和过程所需的资源。

（2）过程输入的控制：过程的输入是指过程操作的依据和要求，包括目标指标和过程控制提供的相关依据（设计标准、技术规程、采购文件、工艺文件、设备操作规程、施工组织设计、管理方案等）；过程的输入应符合质量计划的要求或国家、地方政府主管部门和业主的相关规定。

（3）过程活动的控制：活动是指实施过程需开展的活动，如设计活动、采购活动、施工活动、服务活动等是否符合质量计划、设计计划、采购计划、施工组织设计或上述文件指定的设计细则、作业指导书等的要求进行操作；是否实现了规定的指标。

（4）过程输出的控制：过程的输出是活动的成果（产品）。产品控制应包括有形产品，也包括无形产品。既包括最终产品，也包括中间产品。过程输出应符合输入的要求。

（5）过程资源的控制：过程所需要的资源（人、财、物、信息）是确保过程活动有效开展的必要条件，资源配置应充分（质量与数量）和及时。

（6）控制应以产品实现过程为主，同时也应对其他管理过程实施控制，如方针目标、资源配置、检测设备、测量分析改进等。

（7）控制应注意过程之间的顺序和过程之间的相互作用，特别要重视控制过程之间的界面（接口），如设计与招标、设计与施工、招标与施工、施工与交验保修之间的界面以及设计、招标、施工自身内部的界面等。

2. 实施的检查

（1）检查的对象

质量计划中的所有过程。

（2）检查的目的

评定项目质量的总体状况和水准以及相关过程的有效性和效率。应依据收集到的相关数据和信息，通过分析和汇总，发现项目质量总体上和各过程运作中的规律和趋势，为改进提供充分依据。

（3）接收准则

过程控制和过程业绩的监视和测量准则是否正确，是否符合质量计划和相关规定。这些准则包括产品接收准则、设计任务书、供方评价准则、顾客要求、质量等级等，依据准则对过程的有效性和效率及项目质量的总体水准进行评价。

（4）检查方法

依据项目的实际需要针对不同过程作出具体安排。如对设计过程可采用评审、验证、确认、校审的方法；对施工质量的符合性采用测量、监视、检验、试验的方法；对过程能力采用监督检查等方式。

（5）检查记录

检查的结果应做好记录，作为纠偏和改进的依据。

3. 实施的纠偏

（1）依据检查所获得的数据和信息，与规定的过程要求进行比较，确定过程运作的有效性和效率；与项目质量目标进行比较，作出项目质量的总体评价。利用汇总和统计技术的应用，找出过程运作的规律和发展趋势，为改进提供依据。

（2）针对发现的影响过程运作有效性和效率的项目或存在的不符合等问题，采取纠正和预防措施。

4. 项目质量管理总结与持续改进

（1）在项目实施过程中的每一个阶段（设计、采购、施工）结束后，以及整个项目完工之后都应进行项目质量管理总结。此外，根据项目质量管理的需要，在每一个阶段进行之中，在每一个阶段某重大活动结束后，也可对某一专业工程，或分部、单位、单项工程进行项目质量管理总结。

（2）项目质量管理总结的范围应该包括产品、过程、管理体系三个方面。总结内容应该包括产品质量、过程能力、管理体系的有效性，日常工作以及项目质量目标完成情况的评价。评价的依据是日常检查、专项检查、考核评价、内部审核、政府主管部门等外部检查所收集的数据和信息，通过收集汇总和统计分析作出总结。通过总结，发现改进的机会。

（3）按持续改进的理念，不断寻找进一步改进的机会，并采取适当的改进方式，逐步提高质量管理的有效性和实现项目质量目标的能力。不仅不合格项必须纠正、改进，目前合格但不符合合同项目质量目标的要求、不符合项目建设要求或不符合卓越标准的也要不断改进。通过实施纠正措施和预防措施及其他适用的措施实现改进。

5. 对分包过程的管理

（1）检查承包商的质量目标是否符合要求，是否分解并明确责任（部门和人）。

（2）检查承包人的管理体系能否有效运行。承包人的组织架构、人员是否满足质量计划的要求、是否满足项目质量管理的需要，职责分工是否明确、合适。检查承包人投入的材料设备和检测设备是否符合要求。

（3）检查承包人质量计划 PDCA 四个环节的策划和运行是否符合上述要求。检查承包人对产品、过程、体系的控制是否有效。检查承包人对生产要素的控制是否到位。

（4）在产品实现过程中设置管理点，监督检查是否符合规定要求，实施严格的过程控制。

（5）工程分包是否合法，控制是否有效。

（三）合同措施

承包合同条款的制定应有利于质量目标的实现。

（1）明确合同双方在项目质量管理方面的权利、责任与义务。

（2）确定质量目标。明确承包商实现质量目标的奖励以及不能实现质量目标的违约金额。

（3）保证业主对项目质量的控制权力，并形成一个严密的体系，一个前后相继的过程，包括对承包商质量计划、设计（施工）方案的审批（同意）和计划、方案执行中的监督权，对产品质量予以验收和接收的权力，工程中出现质量问题时指令整改的权力，以及对承包商在质量方面违约时的处置权力，如处罚违约金、停工整顿、中止部分或全部合同的权力等。

［例 9-1］

×××工程质量目标管理规定（试行）

一、总则

（一）质量管理是整个工程建设过程中最为重要的管理工作之一，工程质量管理是为使工程质量达到好、快、省的目标所进行的对本办建设职能和活动的管理，既管项目的工程质量，也管部门的工作质量。工程质量的含义，就是从满足投资效益的要求出发，对质量、安全、投资、工期四者进行综合的评价，而不是单纯地追求工程实体高质量。由于基本建设工程是通过规划、设计、施工、竣工移交等不同环节，由各单位分工协作完成的产品，因而它的质量管理工作牵涉到参与协作的各个部门、各个单位乃至于住房城乡建设行政主管部门。

（二）为加强×××建设工程质量管理，倡导优质工程、铸造精品工程，保证工程质量目标的顺利实现，根据《建筑法》《建设工程质量管理条例》《质量管理体系基础和术语》GB/T 19000、《建设工程项目管理规范》GB/T 50326、《建设工程监理规范》GB 50319、《建筑工程施工质量验收统一标准》GB 50300、《建筑工程施工质量评价标准》GB/T 50375 以及建设工程施工质量验收规范及国家、省市有关质量法规，并结合重点办建设工程实际情况制定本管理规定。

（三）本管理规定适用×××的建设项目。

（四）×××建设项目的各参建单位必须是获得 ISO 9001 质量管理体系认证，必须建立健全并持续改进质量管理体系，精心进行质量目标管理策划，编制质量计划，编制工程创优细则。采用科学的管理方法严格控制影响工程质量的“人、材料、机械、方法和环境”等因素，积极推广应用提高工程质量水平的新技术，对建设活动全过程实施严格的质量控制，确保工程质量目标的实现。

（五）×××建设项目各参建单位的项目负责人是工程质量的第一责任人，负责建立健全质量保证体系，完善质量管理的规章制度，明确岗位质量责任，确保质量管理的资源投入，自觉接受×××、政府监督部门等相关部门的质量监督。

（六）进驻施工现场的监理部、施工单位的项目经理部必须配置工程质量管理与验收所需的控制器具。健全质量管理组织机构，配备足够的质量管理人员。

（七）×××建设项目的各参建单位必须严格执行国家、省、市住房城乡建设行政主管部门颁布的现行有效的法律、法规、标准、规范和行业标准，同时遵守本规定。

二、工程项目质量管理目标的确定

（一）工程质量方针

×××管理的工程质量方针是“规范管理、优质高效、质量求精、安全无咎”，也就是既好又快且省和安全地完成承建的建筑工程项目。这就要求科学地组织管理，合理地利用人力、物力和财力，围绕提高工程质量、确保施工安全、缩短工期、控制投资，努力增加投资效果。因此，要针对每个工程项目的条件、特点及使用业主的要求来确定具体的质量管理目标，考虑高而可攀的目标，按一定比例确定省、市优良样板工程目标，研究有实效的对策，落实目标责任部门和关联单位，明确可以计量检查的考核办法。

（二）质量管理目标的策划

×××工程的质量管理目标可分为：

1.一般工程质量目标

每个工程必须达到的最低工程质量目标，称为“一般工程质量目标”。

分部工程验收合格率100%，项目所涉及的政府专项验收全部通过，单位工程一次竣工验收合格。

工程质量在按《建筑工程施工质量验收统一标准》及其配套的各专业工程质量验收规范验收合格的基础上，按《建筑工程施工质量评价标准》对工程结构、单位工程两阶段施工质量评价均应不低于85分优良等级。

工程竣工文件资料齐全，交付合格率100%，顾客满意率不低于90%，社会投诉为0。

鼓励施工单位申报各级优良工程奖项，奖项包括（但不限于）：

（1）广州市级奖项（4项）：

① 广州市建设项目结构优良工程（质监站内部记录备案）。

② 广州市建设项目结构优良样板工程。

③ 广州市优良样板工程。

④ 广州市建设工程质量“五羊杯”奖工程。

以上奖项由广州市建筑业联合会组织评选。

（2）广东省级奖项（3项）：

① 广东省优良样板工程。

② 广东省市政优良样板工程。

③ 广东省金匠奖。

以上奖项由广州市建筑业联合会向广东省建筑业协会或广东省市政行业协会推荐参评项目和加具推荐参评意见，并协助两个协会具体组织评选。

（3）国家级奖项（4项）：

① 鲁班奖（由广东省建筑业协会推荐参评项目，中国建筑业协会具体组织评选，广东省建筑业协会和广州市建筑业联合会协助）。

② 国家优质工程金银奖（由广州市建筑业联合会推荐参评项目，中国施工企业管理协会具体组织评选，广州市建筑业联合会协助）。

③ 市政金杯奖（由广东省市政行业协会推荐参评项目，中国市政工程协会具体组织评选）。

④ 中国土木工程詹天佑奖（由广东省土木工程学会推荐参评项目，中国土木工程学会和詹天佑土木工程科技发展基金会颁发）。

以上国家级奖项分别在广州市建筑业联合会、广东省建筑业协会、广东省市政行业协会、广东省土木工程学会组织评选的基础上，根据中国建筑业协会、中国施工企业管理协会、中国市政工程协会、中国土木工程学会和詹天佑土木工程科技发展基金会的年度评选要求和名额分配，组织推荐广州地区建筑施工企业上报进行评选。

2.市级奖工程质量目标

一般工程质量目标+广州市优良样板工程或广州市建设工程质量“五羊杯”奖工程。

即在达到一般工程质量目标的基础上还要获得广州市优良样板工程或广州市建设工程质量“五羊杯”奖工程。

3. 省级奖工程质量目标

一般工程质量目标+广东省优良样板工程或广东省市政优良样板工程或者广东省金匠奖。

即在达到一般工程质量目标的基础上还要获得广东省优良样板工程或广东省市政优良样板工程或者广东省金匠奖。

4. 国家级奖B质量目标

一般工程质量目标+詹天佑奖或国家优质工程银奖。

即在达到一般工程质量目标的基础上还要获得詹天佑奖或国家优质工程银奖。

5. 国家级奖A质量目标

一般工程质量目标+鲁班奖或国家优质工程金奖或者国家市政金杯奖。

即在达到一般工程质量目标的基础上还要获得鲁班奖或国家优质工程金奖或者国家市政金杯奖。

6. 工程质量目标的设定条件

见表9-1所列。

工程质量目标的设定条件 **表9-1**

工程质量目标	设定条件
一般工程质量目标	所有工程必须达到的最低工程质量目标
市级奖工程质量目标：一般工程质量目标+广州市优良样板工程或广州市建设工程质量“五羊杯”奖工程	1. 公共建筑工程和工业建筑工程 (1)建筑面积在 $5000m^2$ 以上的综合楼、办公楼、图书馆等各种工程(“五羊杯”奖工程必须在 $8000m^2$ 以上)。 (2)建筑面积在 $5000m^2$ 以上的工业厂房、车间、仓库等工程(“五羊杯”奖工程在 $8000m^2$ 以上)。 (3)建筑面积在 $1000m^2$ 以上的古建筑重建工程
	2. 住宅和住宅小区工程 (1)建筑面积在 $5000m^2$ 以上的单体住宅工程(“五羊杯”奖工程必须在 $8000m^2$ 以上)。 (2)总建筑面积在 $30000m^2$ 以上，配套设施齐全有效的住宅小区或群体工程。 (3)通过综合验收及竣工验收备案的别墅类工程，可按10栋以上的规模组团申报而不受面积限制
	3. 二次装修工程工作量必须在3000万元以上
	4. 市政工程及园林工程 (1)投资在1000万元以上的道路、桥梁、隧道、排水(包括泵站、管线)、给水管线；投资在5000万元以上并形成综合生产能力的市政、环保、工业等项目(“五羊杯”奖项目在5000万元以上)。 (2)投资在500万元以上的园林绿化、环卫等工程。 (3)投资规模小于以上要求，但具有显著经济效益和社会效益，工程质量特别优良，或具有代表性、标志性、特别纪念意义的工程，经领导小组批准，可以申报评选

续表

<table>
<tr><th>工程质量目标</th><th>设定条件</th></tr>
<tr><td rowspan="6">省级奖工程质量目标：一般工程质量目标＋广东省优良样板工程或广东省市政优良样板工程或者广东省金匠奖</td><td>1. 民用建筑工程
(1)有 150 间以上的客房的旅业工程，3000 座位以上的体育馆，20000 座位以上的体育场，1000 座位以上的影剧院或礼堂，建筑面积在 6000m^2 以上的商住工程，以及 5000m^2 以上其他用途的民用建筑。
(2)总建筑面积在 40000m^2 以上(含 40000m^2)，配套设施齐全并能投入正常使用的整体民用建筑群。
(3)建筑面积在 1500m^2 以上的古建筑重建或修建工程。
(4)别墅类工程，可按 20 栋以上(含 20 栋)，累计建筑面积不少于 10000m^2 的规模组团申报。
(5)以上工程初装修面积不得超过 25%，初装修部分必须满足使用功能</td></tr>
<tr><td>2. 工业建筑及设备安装工程
(1)辅助配套功能齐全单体建筑面积在 10000m^2 以上的生产厂房、仓库。
(2)辅助配套功能齐全建筑面积在 20000m^2 以上的整体工业建筑群。
(3)投资在 1000 万元以上相对独立的工业设备安装工程或一条完整生产线</td></tr>
<tr><td>3. 市政工程
省内城市规划区投资在 5000 万元以上的城市道路、桥梁、隧道、地铁、污水处理厂、水厂、给水系统、排水系统，投资在 2000 万元以上的防洪、垃圾处理厂(场)等市政基础设施工程</td></tr>
<tr><td>4. 交通工程
(1)新建、改建的标准达到二级以上，全长在 20km 以上的公路工程。
(2)新建、改建的全长 400m 或单跨 90m 以上的独立大桥。
(3)长 60m、500t 级以上内河港口码头工程；长 80m、1000t 级以上的沿海码头工程。
(4)通航能力在 100t 以上的船闸</td></tr>
<tr><td>5. 水利工程
工程规模为总库容量在 2500 万 m^3 及以上水库的主体工程或造价在 3000 万元以上的水利工程</td></tr>
<tr><td>6. 其他工程
(1)采用新结构、新技术、新材料、新工艺，对发展国民经济有重大意义的工程。
(2)具有显著经济效益和社会效益，工程质量优良，具有代表性、标志性、特别纪念意义的工程</td></tr>
<tr><td rowspan="8">国家级奖 B 质量目标：一般工程质量目标＋詹天佑奖或国家优质工程银奖</td><td>1. 5 万座以上的体育场</td></tr>
<tr><td>2. 5000 座以上的体育馆</td></tr>
<tr><td>3. 3000 座以上的游泳馆</td></tr>
<tr><td>4. 2000 座以上(或多功能)的影剧院</td></tr>
<tr><td>5. 400 间以上客房的饭店、宾馆</td></tr>
<tr><td>6. 建筑面积 4 万 m^2 以上的办公楼、教学楼、科研楼等公共建筑工程</td></tr>
<tr><td>7. 建筑面积 3000m^2 以上的古建筑修缮、历史遗迹重建工程</td></tr>
<tr><td>8. 住宅工程
工程规模在 15 万 m^2 以上的住宅小区，且小区内公建、道路、生活设施配套齐全、合理，庭院绿化符合要求并已完成绿化</td></tr>
</table>

续表

工程质量目标	设定条件
国家级奖B质量目标：一般工程质量目标＋詹天佑奖或国家优质工程银奖	9.其他工程 (1)采用新结构、新技术、新材料、新工艺，对发展国民经济有重大意义的工程。 (2)具有显著经济效益和社会效益，工程质量优良，具有代表性、标志性、特别纪念意义的工程
国家级奖A质量目标：一般工程质量目标＋鲁班奖或国家优质工程金奖或者国家市政金杯奖	1.5万座以上的体育场
	2.5000座以上的体育馆
	3.3000座以上的游泳馆
	4.2000座以上(或多功能)的影剧院
	5.500间以上客房的饭店、宾馆
	6.建筑面积5万 m^2 以上的办公楼、教学楼、科研楼等公共建筑工程
	7.建筑面积 $8000m^2$ 以上的古建筑修缮、历史遗迹重建工程
	8.住宅工程 工程规模在30万 m^2 以上的住宅小区，且小区内公建、道路、生活设施配套齐全、合理，庭院绿化符合要求并已完成绿化
	9.其他工程 (1)采用新结构、新技术、新材料、新工艺，对发展国民经济有重大意义的工程。 (2)具有显著经济效益和社会效益，工程质量优良，具有代表性、标志性、特别纪念意义的工程

7. 工程质量目标的确定

(1) 针对每个工程项目的条件和特点来确定具体的质量管理目标。原则上，①达到《广州市优良样板工程和“五羊杯”奖工程评选办法（试行）》（穗建筑〔2010〕29号）相应评选条件的项目均确定为市级奖工程质量目标：一般工程质量目标＋广州市优良样板工程或广州市建设工程质量“五羊杯”奖工程。②达到省级奖工程质量目标设定条件的项目，质量目标为确保市级奖工程质量目标，争创广东省优良样板工程或广东省市政优良样板工程或者广东省金匠奖。③达到国家级奖B质量目标设定条件的项目，质量目标为确保市级奖工程质量目标，争创詹天佑奖或国家优质工程银奖。④达到国家级奖A质量目标设定条件的项目，质量目标为确保市级奖工程质量目标，争创鲁班奖或国家优质工程金奖或者国家市政金杯奖。

(2) 具体项目的质量目标在工程项目立项后由计划统筹部提供项目概况与有关资料，质安验评部根据《广州市优良样板工程和“五羊杯”奖工程评选办法（试行）》（穗建筑〔2010〕29号）、《广州市建设工程结构质量评优办法（暂行）》（穗建筑〔2002〕5号）、《广东省优良样板工程评选办法》（修订）（粤建协字〔2008〕20号）、《广东省市政基础设施优良样板工程评选规定》（2007版）、《中国建设工程鲁班奖（国家优质工程）评选办法》（建协〔2008〕17号）、《国家优质工程审定与管理办法》《全国市政金杯示范工程评选办法2010版》《中国土木工程詹天佑奖评选条例》的具体要求，依据工程质量目标的设定条件，按照规模、标志性建筑和工程的重要性以及使用业主的要求，综合考虑提出确定工程质量目标的建议，报前期技术例会会议讨论后审定。并在招标文件和合同文件中予以约定和明确。达不到质量目标的按合同约定扣除工程费用。

(3) 工程完工后，×××工程质量管理小组对工程质量进行评估，确定工程质量是否达到申报市、省、国家级奖项的要求，再决定该工程项目是否申报市、省、国家级的奖项。

三、工程优质费使用管理

(一) 工程优质费

工程优质费是指承包人按照发包人的要求创建优质工程，加大质量投入与管理发生的费用。

(二) 依据

(1)《广东省建设工程计价通则》(2010)；

(2)《广东省建筑与装饰工程综合定额》(2010)；

(3)《广东省安装工程综合定额》(2010)；

(4)《广东省市政工程综合定额》(2010)。

(三) 适用范围

重点办所发包的工程质量目标明确要求需创建“国家、省级工程质量奖”或詹天佑奖的房屋建筑工程、市政工程。

(四) 取费标准及费用确定

重点办所发包的工程其质量目标明确要求创建“国家、省级工程质量奖”或詹天佑奖的项目，工程优质费取费标准及费用确定如下：

(1) 工程优质费的计算，原则上以招标文件工程量清单中确定的分部分项工程费为计算基础，费率标准采用浮动费率。

1) 房屋建筑及市政工程总承包单位工程优质费参考费率标准见表 9-2 所列。

×××工程优质费参考费率标准 **表 9-2**

序号	工程质量等级		计算基础	费率标准(%)
1	国家级质量奖	鲁班奖；国家优质工程金奖；市政金杯奖	招标时工程量清单确定的分部分项工程费	2.0～3.0
		詹天佑奖；国家优质工程银奖		1.5～2.0
2	省级质量奖	广东省优良样板工程； 广东省市政优良样板工程		1.0～1.5

说明：

1.本费率标准为参考费率标准；适用于房屋建筑工程及市政工程总承包单位，另各专业承包单位工程优质费费率可在上述基础上按一定比例下浮。

2.本费率标准为“广州市优良样板工程”基础上的创优费率。

3.本表使用过程中可根据工程项目的具体特点、质量目标、投资额度、难易程度等内容分别确定具体项目的工程创优费率。

2) 专业承包单位工程优质费费率可在总承包单位工程优质费费率标准上适当下浮。

(2) ×××相关职能部门根据创优工程项目具体特点、质量目标、投资额度、难易程度等确定每个创优项目的工程优质费费率，通过计算初步确定工程优质费额度后上报重点办招标领导小组，重点办招标领导小组研究审定创优工程工程优质费的最终费用额度。

(3) 经确定的工程优质费实行总价包干，具体数额及支付方式等在招标文件及合同文件中予以约定和明确。

(五) 支付

(1) 自工程竣工验收合格之日起三年内经住房城乡建设行政主管部门（或行业协会）鉴定或评定达到合同约定的工程质量标准、获得了合同约定需创建的工程质量奖项的，在施工单位提交相关证明文件（以正式颁发的文件或证书为准）并提出支付申请后应予以支付工程优质费。

1) 在工程竣工结算前获得合同约定需创建工程质量奖项的工程优质费列入竣工结算文件中，与竣工结算款一并支付。

2) 在工程竣工结算后获得合同约定需创建的工程质量奖项的项目，施工单位提供相应的证明文件后，发包人应在获得奖项后的28日内支付。

(2) 自建设工程竣工验收合格之日起三年内未取得合同约定需创建的工程质量奖项的项目，一律视为未取得合同约定的需创建的工程质量奖项，不予计取工程优质费。

(3) 建设工程同时获得国家、省、市级等多个工程质量奖项时，工程优质费只按与施工单位签订合同时约定的需创建的最高工程质量奖项的额度计取，不重复计算。

四、工程质量管理措施

质量管理应坚持预防为主的原则，按照策划、实施、检查、处置的循环方式进行系统运作。建立并实施以“目标管理、质量策划、过程监控、阶段考核、持续改进”为过程的全面质量管理机制，形成“观念创新、机制创新、管理创新、技术创新”的全方位质量管理活动。

(一) 目标管理

目标管理是整个质量管理工作的开始，根据与使用业主签订的管理协议和工程的具体情况以及特点，来确定工程的总体质量目标和各阶段目标，并围绕目标配备相应的资源。目标一旦确定，就要强调严肃性，招标时确立的质量目标，就是对业主的承诺，要不折不扣地兑现并与质量方针保持一致。

(二) 质量策划

目标确立后如何实现是质量策划阶段所要解决的问题。为保证质量目标的实现，首先根据工程的特点，将质量目标层层分解，划分为各阶段目标，再根据各阶段目标进行资源配置和责任落实，包括项目现场组、工程部门和各部门的责任落实。

在工程中标后，分阶段编制质量计划是本办项目质量管理的特色。若在工程前期许多图纸还未到位，将根据工程的具体情况将质量计划分为结构施工阶段、装饰施工阶段来分步制定和实施。

(三) 组织保证

1. 成立质量管理领导小组

质量管理领导小组具体工作由质安验评部总策划，组长由分管办领导担任，副组长由质安验评部部长、工程管理部部长、前期设计部部长、技术评审部部长担任，质安验评部全体员工为组员，领导小组负责工程质量工作的整体部署及监督、协调工作。工程部应成立相应的各项目质量工作组，项目负责人担任组长，主要成员由现场责任工程师组成，并有明确的职责和工作内容划分。其中，工作组长负责组织工程质量策划，指导质量工作的实施，对工程质量工作进行管理、总结。前期设计部要针对质量目标对工程施工图的质量进行对应管理，对申报参评国家优质工程和鲁班奖的工程项目，必须督促设计单位申报并获得国家级或省、部级的优秀设计奖。重点办技术评审部在质量管理上，组织对工程建设项目使用功能、安全性功能及重大技术方案和新技术、新材料及新工艺的推广应用论证。

2.建立健全工程质量目标管理体系

(1) ×××、设计单位、监理单位、施工单位应遵照《建设工程质量管理条例》和《质量管理体系》GB/T 19000族标准的要求，建立持续改进的质量管理体系，制定质量目标，编制质量计划，设立质量管理部门和专职质量管理人员。

(2) 重点办、设计单位、监理单位、施工单位的质量管理应坚持预防为主的原则，按照策划、实施、检查、处置的循环方式进行系统运作。满足重点办及其他相关方的质量要求，满足建设工程技术标准和产品的质量要求。重点办、监理单位属于质量控制的监控主体，施工单位（包括总承包、专业承包施工单位）属于工程质量控制的直接主体，设计单位是设计质量控制的直接主体，对申报参评国家优质工程和鲁班奖的工程项目，设计单位必须申报并获得国家级或省、部级的优秀设计奖。

(3) 建立健全质量目标管理机构。

1) 重点办要求设计（咨询）、监理、施工、材料、设备供应商等单位成立工程质量目标管理领导机构、质量目标管理部门，配备质量目标管理人员，明确各单位、各部门、各人员职责和岗位责任。

2) 市、省、国家级奖项的申报主体：

① 优秀设计奖的申报主体是设计单位。

② 市、省、国家级各级工程质量奖以及詹天佑奖的申报主体是工程项目的总承包施工单位，专业承包单位必须全面配合。

(4) 构建工程质量目标监控体系。重点办质量领导小组，建立健全重点办质量管理体系，依据工程建设特点，充分调动资源（政府资源、社会资源），动员各方力量，组织协调政府、社会、质监站、技监局、检测单位、督导单位、设计、施工监理、施工单位、材料设备监理、材料设备供应商等单位，构建全方位、全过程、全覆盖、多道设防、多层次把关、多方互动联动的质量监控体系，明确各方各层监控的职责。

3.各部门职责

(1) 前期设计部。质量目标管理的设计管理工作。工作职责是：

1) 负责工程项目勘察、设计的组织管理工作，使设计能满足质量目标的顺利实施。

2) 负责项目设计咨询、施工图审查的组织管理工作，保证设计施工图的质量。

3) 负责项目实施过程中的技术交底、设计配合、驻场设计服务、设计巡查管理工作。

4) 技术档案及相关信息的管理工作。

5) 负责设计评优工作，负责督促设计单位及时提交设计创优总结。

6) 督促勘察、设计单位必须建立健全质量管理体系，制定设计质量计划，从设计策划、设计输入、设计活动、设计输出、设计评审、设计验证、设计确认、设计变更控制等过程严格控制设计质量。

(2) 采购合同部。

1) 负责组织招投标工作，并在招标文件中标明质量目标以满足质量目标管理的实施。

2）合同制定、签署时标明质量目标，以及申报奖项的工程创优经费，对达不到既定质量目标的工程项目按工程创优经费的50%违约处罚。并进行合同跟踪管理。

3）负责项目的勘察、设计、监理、施工、咨询服务、资源供应等采购供应的组织管理，确保采购的质量。做好合同有关质量条款的订立、实施、控制和综合评价等工作。

4）对于要求获得国家优质工程和鲁班奖的工程项目，必须要求设计单位申报并获得国家级或省、部级的优秀设计奖。

（3）财务审价部。

1）负责编报基本建设年度预算和资金计划，做好有关质量管理所需的资源投入计划、质量成本计划。

2）负责资金的筹措、核付与核算。

（4）质安验评部。质量目标管理的督促检查部门。工作职责是：

1）依据工程质量目标的设定条件，按照规模、标志性建筑和工程的重要性以及使用业主的要求，综合考虑提出确定工程质量目标的建议，报前期技术例会审定。

2）负责工程质量目标管理的指导、检查、监督、协调工作。

3）督促检查各参建单位上报的质量计划和创优计划，办理相关创优申报手续及与省、市建筑业协会直至住房城乡建设部的沟通联系。

4）审阅施工、监理单位报送的《创优工程方案》及查看监督单位的《计划、交底书》是否有相关的保证措施。

5）督促检查方案的落实及工程的实物质量情况，并及时提出整改意见。

6）定期或不定期检查施工单位、监理单位与之相应的工作、行为的兑现程度。

7）及时向领导汇报情况。在工作例会、简报上反映情况，使之达到通过“检查促进”最终实现目标的目的。

8）在按《建筑工程施工质量验收统一标准》及其配套的各专业工程质量验收规范验收合格的基础上，按《建筑工程施工质量评价标准》GB/T 50375 对工程结构、单位工程两阶段施工进行质量评价。

（5）工程管理部。质量目标管理的实施部门。工作职责是：

1）负责工程质量管理。进行工程质量策划、质量目标的现场管理，编制质量计划，运用动态控制原理进行工程质量控制，对项目质量状况进行检查、分析并制定和实施质量改进措施。

2）组织设备、材料看样定板工作，对材料进行过程控制，落实工程质量目标。

3）督促各参建单位必须建立和完善质量管理体系，精心进行质量管理策划，编制质量计划，编制工程创优细则。各参建单位的项目负责人是工程质量的第一责任人，要健全质量保证体系，明确岗位质量责任，确保质量管理的资源投入，自觉接受建设单位、政府监督部门等相关部门的质量监督。各参建单位应遵照《建设工程质量管理条例》和《质量管理体系　要求》GB/T 19001 的要求，建立持续改进的质量管理体系，制定质量目标，编制质量计划，设立质量管理部门和专职质量管理人员。质量管理应坚持预防为主的原则，按照策划、实施、检查、处置的循环方式进行系统运作。通过对人、机、物、料、法、环等要素的过程管理，实现过程、产品和服务的质量目标。

4）督促监理单位必须建立健全质量管理体系，监理规划应明确项目监理机构的工作目标，确定具体的监理工作制度、程序、方法和措施。根据监理规划与专业工程相关的标准和设计文件、技术资料、施工组织设计，编制详细可行的监理实施细则。

5）督促施工单位必须建立健全质量管理体系，制定质量目标，编制质量计划。质量计划应确定下列内容：

① 质量目标和要求。

② 质量管理组织和职责。

③ 所需的过程、文件和资源。

④ 为确保工程质量所要求的评审、验证、确认、监视、检验、试验和验收活动。

⑤ 施工记录的要求。

⑥ 所采用的措施。

（6）技术评审部在质量管理上，负责贯彻执行国家有关技术政策、规章、规范、标准和行业标准；组织对工程建设项目使用功能、安全性功能及重大技术方案和新技术、新材料及新工艺的推广应用论证。

4.制定质量创优计划

（1）为使创优工作更为扎实，创优的主体——施工单位及监理单位要围绕工程的创优目标，及时制定出切实可行的创优计划。

（2）施工单位应编制《×××工程创×级优良样板工程方案》（包含结构工程创优）。方案的主要内容：

1）创优目标。

2）创优项目责任人。

3）创优相关人员责任分解。

4）质量保证体系。

5）工程质量控制办法。

6）工序质量检验与交接制度。

7）对责任人、责任部门的奖惩办法。

8）不达标即违诺时的罚款处理。

（3）监理单位要编制《×××工程创×级优良样板工程监理方案》。方案的内容包括：

1）目标。

2）责任人及相关的责任人员。

3）该项目旁站监理细则（含特别监理、加强监理的做法）。

4）自定的内部奖惩办法。

5）不达标即违诺的罚款处理。

（四）过程监控

通过“过程监控”来保证工程质量目标在实施过程中不发生偏差，或在发生局部偏差时能得以有效地纠正。过程考核形式主要有随机抽查、结构验收、工程预验收等。

以随机抽查过程质量控制考核为例，成立过程质量控制考核小组，由质安验评部负责，考核内容包括土建、装饰和安装各阶段实体质量情况，质量体系运行情况，工程资料情况等。过程质量考核每季度进行一次，考核成绩现场打分，由工程部现场组组长、项目总监和项目经理签字认可，并做简短讲评下发整改通知。

工程质量管理实施办法：

1.工程质量一票否决

(1) 为保证工程项目质量，贯彻《建设工程质量管理条例》《工程建设标准强制性条文》《建筑工程施工质量验收统一标准》等法规、标准、规范，对工程质量的管理实行定期和不定期的检查与监督巡检相结合，对不合格的工程质量实行质量一票否决权。对存在较大质量隐患、质量问题、质量不合格项目不予计量支付。

(2) 未经检验和已经检验为不合格的材料、半成品、构配件和工程设备等用于工程的，工程质量为不合格，用于工程的材料所在的子分部工程不予计量支付。

(3) 违反《工程建设标准强制性条文》的工程，工程质量为不合格。

(4) 单位（子单位）工程所含分部（子分部）、分项、检验批的质量不合格的，工程质量为不合格。

(5) 单位（子单位）工程所含分部（子分部）、分项、检验批有关安全和功能的检测资料不完整的，工程质量为不合格。

(6) 地基与基础、主体结构和设备安装等分部工程有关安全及功能的检验和抽样检测结果不符合相关专业质量验收规范规定的，工程质量为不合格。

(7) 工程观感质量经现场检查评定为差的，工程质量不合格。

(8) 通过返修或加固处理仍不能满足安全使用要求的分部工程、单位（子单位）工程，严禁验收，工程质量不合格。

(9) 工程质量不合格所涉及的分部（子分部）、分项、检验批项目不予计量计价，不能参报工程评优。

2.工程质量督查

(1) 建立健全多道设防、多层次把关、多方互动联动的质量监控体系。

(2) 坚持定期或不定期的质量检查。

(3) 为加强工程项目质量安全的监控工作，质安验评部组建工程质量安全督查组，主要负责对建设工程的质量、职业健康安全、环境管理进行督查。

3.工程材料检验、检测

(1) 为保证建设工程所使用产品的质量，对建设项目建筑材料、机电设备、电气产品、建筑装饰材料、综合布线用料、计量器具等产品严格实行检验、检测制度。质安验评部对施工过程中建筑材料、设备的质量进行监督检查，确保杜绝不合格产品、假冒伪劣产品及以次充好的产品用于工程建设。

(2) 材料进场时，供货单位必须提供产品合格证、性能检验报告，其质量必须符合现行国家标准。对不符合设计要求及规范、标准有关规定的，严禁使用。产品合格证内容必须填写清楚，不得漏写和随意涂改。产品合格证的规格、级别及出厂日期应与检验报告内填写内容相符。

(3) 进场的主要原材料、成品、半成品、构配件、设备等质量必须合格，进场时应做好检查验收工作。施工单位应根据产品的不同规格、批量按规定比例进行检验，认真做好记录。监理单位应按规定做好见证取样、开箱检验等现场验收、确认。

(4) 新技术、新材料、新工艺等应有产品质量标准、使用说明书和工艺要求，使用前应按其质量标准进行检验。新材料质量标准必须由厂家提供，使用单位使用前要及时索要，并依据提供的新材料标准对其进行外观检查和抽样测试。

(5) 未经检验和已经检验为不合格的材料、半成品、构配件和工程设备等不得用于工程。

(6) 作为工程质量的责任主体，施工单位必须对乙供材料的质量负责，由于乙供材料质量问题引起的退货、返工所造成的任何损失和后果由施工单位自负。

4.隐蔽工程验收

(1) 隐蔽工程是指在施工过程中，上一工序的工作结果将被下一工序所掩盖，是否符合质量要求，无法再次进行检查的工程部位。隐蔽工程多为结构工程。隐蔽工程质量直接影响建筑物的安全性、功能性。隐蔽工程验收记录同时又是工程竣工验收和竣工结算的重要依据。为有效控制隐蔽工程的施工质量，防止隐蔽工程质量隐患的存在，从而保证整体工程质量，应加强隐蔽工程验收管理工作。

(2) 隐蔽工程验收范围：基础土质、桩基测试、基础工程及钢筋、预埋件工程验收、预应力工程、结构吊装、焊接工程、结构中间检查验收等凡工程竣工后不能再进行质量检查评定的分部分项工程均属隐蔽工程，均应进行隐蔽工程验收。

(3) 施工单位和监理单位必须建立隐蔽工程验收制度，特别是隐蔽工程质量责任制应落实到各责任人（施工单位质检工程师、项目总工，监理单位旁站监理工程师）。

(4) 隐蔽工程施工全过程，监理单位必须进行巡视或全过程的旁站，并作出现场记录。同时要求用网络视频全过程监控。

(5) 在施工组织设计中，对隐蔽验收的主要部位及项目列出计划，制定隐蔽工程质量保证措施。

(6) 监理单位要制定隐蔽工程监理细则。

(7) 隐蔽工程验收未经各方验收签证，不能进入下道工序施工。隐蔽工程验收提出整改意见并未当场办理签字手续时，应在整改后及时申请复验并办理签字认可手续。

5.工程样板引路

(1) 建设工程项目均应以主要施工工序为对象，建立工序质量样板、分部质量样板、样板间、样板层、样板栋号（样板单位），以样板引路示范。

(2) 各单位工程应根据建设工程施工合同确定的优良样板等级确定工程质量样板标准。

(3) 样板标准应以国家和省市现行的施工规范和施工质量验收规范、标准、设计图纸、质量内控标准为依据，并结合建设工程创优的实际情况，坚持严格、规范、科学、真实的原则确定。

(4) 样板引路管理程序：

1) 工序质量样板实行分级管理。市优、省优工程由驻地监理组织施工单位及相关专业人员检查评定，确定工序质量样板。鲁班奖工程由质安验评部、工程管理部、监理单位驻场代表对质量样板最后检查评定、验收确认。

2) 工程各工序（检验批或分项工程）施工之前，先由施工单位根据现行施工质量验收规范、标准、设计图纸、质量内控标准编制作业指导书（或企业标准、工法等）用以指导建造样板单元，包括样板分项、样板间、样板段等。作业指导书应经施工单位技术负责人及驻地监理总监审批。

3）在单位工程全面铺开施工之前，先由施工单位技术负责人及驻地监理负责人确定样板部位，然后安排施工单位施工班组严格按照作业指导书施工。

4）施工单位质检员对施工过程进行全过程监控，包括目测观测与实体检测，核定其不存在质量通病并达到质量验收标准后，填写《样板验收表》呈送施工单位技术负责人。施工单位技术负责人组织初验评定，并在完成初验评定后报驻地监理，由驻地监理总监（或总监代表）根据样板标准组织相关专业人员检查评定、确认工程样板。经验收评定合格，满足要求后进行技术交流方可展开施工。

5）对于鲁班奖工程和严重影响质量波动的关键分项工程，在驻地监理确定样板后，还应报质安验评部、工程管理部，由质安验评部、工程管理部组织相关人员最后验收确认。

6）样板确定后，在单位工程全面铺开施工之前，施工管理负责人及质检员应组织每一个参与作业的班组人员观看样板，根据作业指导书作技术交底，确保工程每道工序质量（检验批）符合样板标准。

（5）施工单位在施工前不编制作业指导书、不按照设计图纸和审批的作业指导书建造样板单元（间）或不按照确认验收的样板施工的，责令限期改正，并按合同一般违约处罚；造成工程质量不符合规定的质量验收标准的，负责返工、整改，并赔偿因此造成的损失；情节严重的，责令停工整顿，直至解除合同。

（6）驻地监理单位不严格按照国家有关工程质量验收规范、标准及本规定，监理或与施工单位串通弄虚作假，降低验收标准的，责令改正，并按合同一般违约处罚；因过错造成质量损失的，承担连带赔偿责任。

6.工程质量通病防治

（1）建筑工程质量通病是指建筑工程中经常发生的、普遍存在的一些工程质量问题，由于量大面广，因此对建筑工程质量危害很大，是进一步提高工程质量的主要障碍。

（2）为加大防治工程质量通病的工作力度，从而保证整体工程质量，质安验评部将质量通病防治列入日常监督检查重点，并将质量通病防治技术措施列入工程检查和验收内容，工程竣工验收报告将说明质量通病防治技术措施实施情况。

（3）质量通病防治依据我国《建设工程质量管理条例》《建筑工程施工质量验收统一标准》GB/T 50300、《建筑工程施工质量评价标准》GB/T 50375、《广东省住宅工程质量通病防治技术措施二十条》（以下简称《二十条》，其中土建工程11条，建筑设备安装工程9条）和我国现行国家、省、市有关工程质量的法律、法规、管理标准和有关技术标准。

（4）勘察设计单位在设计中应将质量通病防治技术措施有关设计的内容在施工图设计文件中体现，并向施工等相关单位进行设计交底。

（5）施工图审查机构应将质量通病防治措施列入重点审查内容，审查报告应说明质量通病防治技术措施。

（6）施工单位应编写《质量通病防治方案和施工措施》，经监理单位审查后实施，并严格落实质量通病防治技术措施；在工程竣工报告中应重点说明质量通病防治技术措施落实情况。

（7）监理单位应审查施工单位提交的《质量通病防治方案和施工措施》，提出具体要求和监控措施，并列入《监理细则》作为重点监理内容；在分项和分部工程验收时应重点对质量通病防治措施进行核查，评估报告应对质量通病防治措施落实情况进行评估。

(8) 未做好质量通病防治工作，违反强制性条文标准的工程，按工程承包合同（监理合同）对施工（监理）单位追究违约责任。

（五）阶段考核

阶段考核分为基础工程阶段、地上结构工程阶段、机电安装阶段和竣工阶段的考核。主要考核各阶段目标的完成情况。考核主要依据项目质量目标，项目质量计划，质量责任制的落实情况等。

阶段考核主要目的是为了推动项目整体管理水平的提高，也为了更大限度地激发项目全体管理人员的工作责任心与积极性，要对工程项目管理责任目标考核与奖惩作具体的规定。

（六）质量目标分解

质量目标分解，见表 9-3 所列。

质量目标分解 **表 9-3**

分部工程	质量目标	分部分项工程	主控项目质量目标	一般目标	允许偏差项目质量目标
基础工程	合格	防水工程	符合 GB/T 50375	合格	85%实测值在允许偏差范围内
	合格	桩基工程	符合 GB/T 50375	合格	同上
	合格	混凝土工程	符合 GB/T 50375	合格	同上
结构工程	合格	砌体工程	符合 GB/T 50375	合格	同上
	合格	主体模板工程	符合 GB/T 50375	合格	同上
	合格	主体钢筋工程	符合 GB/T 50375	合格	同上
	合格	混凝土工程	符合 GB/T 50375	合格	同上
屋面工程	合格	隔热工程	符合 GB/T 50375	合格	同上
	合格	找平层	符合 GB/T 50375	合格	同上
	合格	防水层工程	符合 GB/T 50375	合格	同上
装饰装修工程	合格	吊顶工程	符合 GB/T 50375	合格	同上
	合格	幕墙工程	符合 GB/T 50375	合格	同上
	合格	抹灰工程	符合 GB/T 50375	合格	同上
	合格	饰面板(砖)工程	符合 GB/T 50375	合格	同上
	合格	涂饰工程	符合 GB/T 50375	合格	同上
	合格	裱糊与软包工程	符合 GB/T 50375	合格	同上
	合格	细部工程	符合 GB/T 50375	合格	同上
安装工程	合格	建筑给水排水及采暖工程	符合 GB/T 50375	合格	同上
	合格	建筑电气安装工程	符合 GB/T 50375	合格	同上
	合格	通风与空调工程	符合 GB/T 50375	合格	同上
	合格	电梯安装工程	符合 GB/T 50375	合格	同上
	合格	智能化建筑工程	符合 GB/T 50375	合格	同上

续表

分部工程	质量目标	分部分项工程	主控项目质量目标	一般目标	允许偏差项目质量目标
室外工程	合格	室外建筑环境	相关规范	合格	
工程资料	合格	工程前期程序文件	符合 GB/T 50375		
	合格	工程竣工资料	符合 GB/T 50375		

五、其他

（一）本规定自发布之日起实施。

（二）本规定由×××负责解释。

［例 9-2］

质量监督工作策划

质量监督工作，必须紧紧围绕省、市两级党委和政府今年开展的“打击欺行霸市、打击制假售假、打击商业贿赂，建设社会信用体系、建设市场监管体系”即“三打两建”的中心任务来开展，以落实办领导的各项决策部署，保证质量监督工作“程序合法、安全无咎”，保证“工程安全，队伍安全”为目标。坚持以巡检小组的工作方式，精细化、科学化、高效化、规范化开展质量监督工作，综合运用各种监督和检测手段，在加强对参建单位各方质量行为监督的同时，切实加大对工程实体质量和工程使用的原材料质量的监督力度。坚持“科学监督、严格监督、公正监督、合理监督”，坚持“一手抓监督、一手抓服务”，加强质量培训，提高监督队伍和参建单位的质量意识，进而提高我办质量管理水平。科学统筹安排各项监督工作任务，全力以赴完成今年的质量监督工作目标。

一、强化对工程实体的质量监控，防止假冒伪劣工程材料流入我办在建工程，努力实现科学监督

（一）加强对工程材料质量的监督管理，防止假冒伪劣工程材料流入我办在建工程。监督监理单位和施工单位严格按照《广州市建设工程材料进场检验管理规定》（穗建质〔2010〕1084 号）的要求，履行工程材料进场检验职责。凡工地进场并在工程上使用了未取得进场检验合格报告的工程材料，一律按合同规定予以处罚，并按“三打两建”的工作要求进行处理。

（二）强化工程实体质量监督，提升实体工程质量水平。监督施工单位严格按照市住房城乡建设委有关规定进行材料送检，凡未取得实体质量检测报告的工程（分项、分部和单位工程），不得通过工程验收或进入下一道工序施工，监理工程师不得签字认可。

（三）加强对工程质量验收环节的监督管理，把质量问题消灭在萌芽状态。监督施工单位、监理单位以及工程管理部门严格按照市住房城乡建设委《关于加强房屋建筑重要分部（子分部）工程质量验收工作的通知》（穗建质〔2010〕1063 号）的有关规定，组织重要分部（子分部）工程质量验收，凡分部（子分部）工程质量验收在组织、程序、执行工程建设强制性标准等方面有违反建设工程质量管理规定行为，存在不满足使用功能、影响安全使用或其他重大质量问题的，及时发出整改通知书，直至问题得到解决方可通过工程

验收。另外，还要严把工程竣工质量验收关，最大限度地杜绝不合格工程交付使用。

二、综合运用各种监督管理手段，强化工程施工现场的质量监督检查

以企业工程质量管理检查为抓手，督促各工程的参建单位落实其质量管理主体责任。检查结果将通报质监站，建议纳入评价体系，重点检查下列安全行为：

（一）项目经理、技术负责人、总监理工程师到达现场履责情况。

（二）施工、监理单位及其项目负责人对工地重大质量问题落实整改责任的情况。

（三）施工、监理单位及其项目负责人对影响结构质量安全的重大专项方案履行审批和验收责任的情况。

（四）施工单位及其管理人员对工程材料和实体施工质量履行质量自检、质量报验等质量责任情况。

（五）监理单位及其驻场人员对工程材料和实体施工质量履行旁站、见证、检验、检查验收等质量责任情况。

（六）改进工程质量管理督办工作，确保督办工作客观公正。首先，督办工作由巡检小组组织实施，保证不少于两人进行检查。其次，检查工作要结合施工期间平时企业的质量管理行为来综合评定。

（七）对实体施工质量进行监督检查，特别是涉及影响较大的分部分项工程实体施工质量。

三、加强质量监督工作信息管理，提高质量监督决策科学水平和质量监督效能

（一）监督各项目监理单位，依照监理法规和规范要求，按时提交监理月报。监理月报除常规内容外，还应包括施工现场发现假冒伪劣工程材料线索、工程材料进场监理见证检验情况（品种、规格、数量、检验项目、检验结果以及不合格材料处理措施等）、监理平行检验制度落实情况（材料及工程实体检验项目、数量、结果和不合格材料处理措施等）、工程实体质量监督第三方检测制度落实情况（检测单位、项目、数量、结果和不合格材料处理措施等）。

（二）建立工程质量监督管理工作台账，提高质量监督科学水平和监督效能。为及时准确掌握在建项目工程的实际质量状况，进一步提升质量监督工作效率，建立并实时更新下列质量监督管理台账：

（1）工程材料、构配件进场监督见证检验台账。

（2）工程材料、构配件施工过程监督抽检台账。

（3）工程实体质量监督抽测台账。

（4）工程实体质量检测台账。

（5）工程质量不合格管理台账。

（6）工程质量不良行为和行政处罚管理台账。

四、严格执行各项工作制度，落实各项廉政措施，使质量监督工作客观公正科学，确保工程质量安全和队伍安全

（一）认真做好质量监督交底工作

质安验评部负责人带领相关人员进行质量监督交底。交底前必须书面通知工程部门驻场代表、项目总监、项目经理及技术负责人、专职安全员参加；交底时需宣布安全监督服务承诺，查验与会人员的身份、资格、任命文件并留置签名标识，填写监督交底记录。对

交底时发现假冒应到会人员、无故缺席者，按合同相关规定处理。

（二）认真做好工程开工安全生产前提条件检查

工程开工前对质量管理架构、人员到位、管理制度的制定情况，专项施工方案的编制审批情况，工地现场施工条件等的要求进行检查。该工作与质量监督交底工作同步进行。

（三）日常监督检查，日常巡检检查

以巡检小组（不少于2名）的形式进行，按照年度工作计划和工程进展情况进行检查，检查工程建设存在的主要问题，对违反建设工程质量管理法规和强制性标准的责任单位和责任人员，依据施工合同、监理合同有关规定进行处罚。

（四）质安验评部抽查

由质安验评部负责人带队对在建项目组织抽查，原则上每月一次。抽查内容主要包括：

(1) 各责任主体是否存在不履行法定职责和法定程序的行为或违反强制性质量标准的行为。

(2) 责任单位和责任人是否存在不落实巡检小组提出各项整改措施的行为。

(3) 巡检小组是否存在不执行各项质量监督工作制度的行为。

对抽查发现各责任主体存在不履行法定职责和法定程序的行为，违反强制性质量标准的行为或拒不执行巡检小组提出的处理措施、或者工程出现实体监督检测结果不合格时，应当场发出责令整改通知书，责令限期整改。

当发现巡检小组人员不按质量监督工作制度规定履行监督职责时，要立即责令改正，并根据相关制度对当事人进行处理。

（五）办督查

办督查原则上每季度进行一次，由办分管领导带队，质安验评部、工程一二部相关人员参加。督查项目：危险性较大、建设规模大、技术复杂、质量问题较多的项目。督查主要工作如下：

(1) 督查各责任主体或责任人是否按质安验评部发出的责令整改通知单的要求落实各项整改措施；对拒不落实整改的项目，应责令局部停工整改，对相关单位和个人，按合同相关规定从严处罚。

(2) 抽查施工现场是否存在违反建设工程质量管理法规和强制性标准的行为；当施工现场存在违反建设工程质量管理法规和强制性标准的行为时，应当场发出责令整改通知书，要求责任单位限期改正，情况严重的还应责令局部停工整改。

(3) 督查监督质安验评部及监督人员履行工作职责和执行质量监督工作制度的情况；对不作为或乱作为的按相关管理制度进行处理。

（六）专项检查

根据上级部署，由办统一安排专项质量监督检查。

五、综合利用各种技术手段，提高质量监督的科学性

（一）按照市住房城乡建设委统一部署，充分利用现有的“混凝土质量追踪动态监管系统”和“预拌混凝土投料监控系统”逐步推广应用混凝土试块植入“芯片”技术，提高混凝土试块的真实性。

（二）组织质量标准学习。组织质安验评部全体和相关单位学习最新颁布实施的法规、

标准规范。《房屋建筑和市政基础设施工程质量检测技术管理规范》GB 50618—2011、《混凝土质量控制标准》GB 50164—2011、《地下防水工程质量验收规范》GB 50208—2011、《砌体结构工程施工质量验收规范》GB 50203—2011、《混凝土结构工程施工规范》GB 50666—2011、《钢结构焊接规范》GB 50661—2011、《回弹法检测混凝土抗压强度技术规程》JGJ/T 23—2011。

（三）组织专题现场会。根据工程的专业技术特点，选择工艺或技术先进的施工现场，组织相关单位进行现场观摩交流学习。推广先进，鞭策落后，共同提高。对一些管理较好的项目，组织相关单位进行参观学习，推广先进的管理经验；对一些管理较差的项目，也适当组织相关单位进行现场观摩，让责任单位吸取教训。

（四）继续加强对工程质量通病的防治工作，提高工程施工质量，实现精品工程。

第十章　项目职业健康安全管理策划

一、概述

（一）定义

1. 事故

造成死亡、疾病、伤害、损坏或其他损失的意外情况。

2. 事件

导致或可能导致事故的情况。

3. 危险源

可能导致伤害或疾病、财产损失、工作环境破坏或这些情况组合的根源或状态。

4. 风险

某一特定危险情况发生的可能性和后果的组合。

5. 职业健康安全

影响工作场所内员工、临时人员、合同人员、访问者和其他人员健康和安全的条件和因素。

6. 职业健康安全管理体系

组织总的管理体系的一个部分，便于组织对与其业务相关的职业健康安全风险的管理。它包括为制定、实施、实现、评审和保持职业健康安全方针所需的组织结构、策划活动、职责、惯例、程序、过程和资源。

7. 项目职业健康安全管理

是指为使项目实施人员和相关人员规避伤害或影响健康的风险而进行的计划、组织、指挥、协调和控制等活动。项目职业健康安全管理是指为实现预定的职业健康安全目标而开展的策划、实施和运行、检查和纠正以及管理评审等所有管理活动的总和。

8. 三个同步

是指安全生产与经济建设、单位内部深化改革、技术革新同步策划、同步发展、同步实施。

9. 四不放过

是指对于安全事故的处理必须坚持事故原因分析不清不放过，员工和事故责任者受不到教育不放过，事故隐患不整改不放过，事故责任人不处理不放过。

（二）项目职业健康安全管理概述

1. 项目职业健康安全管理的目的

通过职业健康安全管理活动，对影响生产的具体因素进行状态控制，使生产因素中的不安全行为和状态减少或消除，不引发事故，以保证生产活动中人员的健康和安全。

2. 项目职业健康安全管理的指导思想

项目职业健康安全管理以系统安全思想为指导，从组织的整体出发，坚持安全第一、预防为主和防治结合的方针，把管理放在事故预防上，实行全员、全过程、全方位的管理。

3. 项目职业健康安全管理的重要性

职业健康安全管理是贯彻以人为本思想的需要，是社会主义社会的性质所决定的，是国家的重要政策，也是社会进步、生产发展和项目成功的需要。

二、项目职业健康安全管理策划的主要内容

（一）建立职业健康安全管理体系

项目的启动组织应建立职业健康安全管理体系，要在《职业健康安全管理体系要求》GB/T 28001—2011 标准的框架下，建立符合 28001 标准 5 个过程、17 个要素要求的、文件化的、规范化的管理体系，并按标准化运行达到国际社会的认可。职业健康安全管理体系应包括为制定实施、实现和保持职业健康安全方针所需的组织结构、策划活动、职责、惯例、程序、过程和资源。

已建立了职业健康安全管理体系并正常运行的组织，则应提高或评价管理体系的充分性、有效性和适宜性，即评审管理体系是否有效运行，能否适应内外部环境变化。

（二）确定职业健康安全方针

方针是安全管理的总方向和宗旨，应清楚阐明职业健康安全总目标。方针应符合以下要求：

（1）适合单位的职业健康安全风险的性质和规模。

（2）包括消除降低风险和持续改进的承诺。

（3）包括遵守法律法规和单位接受的其他要求的承诺。

（4）方针应由最高管理者批准，形成文件，实施并保持。

（5）传达到全体员工使其认识各自应承担的职业健康安全的义务。

（6）可为相关方所获取。

（7）定期评审，以确保其适应组织内外条件的变化。

（三）危险源辨识、风险评价、风险控制的策划

危险源辨识、风险评价、风险控制的策划是职业健康安全管理体系的核心内容，是主动进行职业健康安全管理的基础，是建立职业健康安全管理体系的开端。职业健康安全管理工作的程序是：危险源辨识、风险评价→制定重大风险控制计划（建立《危险源台账》《重大风险及控制计划清单》和《管理方案》）→计划的实施和控制→绩效测量与监测、持续改进。

1. 危险源辨识

危险源辨识就是识别危险源并确定其特性的过程。应对项目全生命过程的各阶段存在

或可能存在的所有危险源和风险进行辨识和评价，首先应确定危险源辨识从何着手和采用的方法。

（1）危险源辨识的目的

要控制安全风险，首先要辨识危险源，危险源辨识的目的，就是通过对系统的分析与判断，界定出系统中哪些部分、区域是危险源，其危险的性质、危害程度、存在状况、危险源的能量与物质转化为事故的转化过程规律、转化的条件、触发因素等，以便有效地控制能量和物质的转化，使危险源不致转化为事故。

（2）危险源辨识的方法

可优先采用询问法、现场观察法，也可采用安全检查表分析法（SCL）、事件树分析法（ETA）、工作危害分析（JHA）、作业条件危险性分析（LEC）等方法，也可采用经验法，即从发生安全事故的案例中查找能量源、物质载体并分析其影响和控制因素的方法，也可以是上述方法的组合。总之，危险源的辨识应结合项目的特点、业主自身的能力和现场实际运行控制经验选择有效、可行的方法。

（3）危险源辨识的程序和内容

危险源辨识的程序：分析系统的确定→危险源的调查→危险区域的界定→存在条件的分析→触发因素的分析→潜在危险性分析→危险源级别划分。

危险源辨识工作比较繁重，人工判断可变动性比较大。随着信息化技术的发展，使用软件作为危险源辨识与评价的工作模式越来越普及。为确保危险源辨识工作的质量与效率，可选用系统可靠、功能齐全、性能稳定的软件承担此项任务。

1）分析系统的确定

在进行危险源调查之前，首先确定要分析的系统。分析的系统包括三个方面：常规活动（如正常的施工生产活动）和非常规活动（如检修、维护、抢险救灾等）；所有进入工作场所的人员（员工、参观访问者、合同方人员等）；工作场所的所有设施（包括自有和外界提供的）。

为便于调查与分析，可将系统按行政区域、项目（施工）阶段、设备、设施或作业单元划分为子系统。

2）危险源调查

①（施工）生产设备情况：设备名称、设备性能、设备安全化水平、设备固有缺陷、设备维修保养状况等。

② 作业环境情况：温度、湿度、照明、通风、有害气体及粉尘含量、作业空间、作业地点或区域、设备及材料的堆放布置等。

③ 操作情况：作业中存在的风险以及接触危险的频度。

④ 事故情况：过去曾发生过的事故及危害程度，事故处理方法，故障处理措施。

⑤ 安全防护：安全防护设施、标志及措施等。

3）危险区域界定

① 以危险源点为中心加上防护范围即为危险区域。

② 危险源可以分为固定源和移动源（如运输）。

③ 危险源也可以分为点源和线源。

④ 按危险作业场所来划分危险区域，如可能发生爆炸、火灾、触电、碰撞、高空坠

落等伤害的场所。

4）存在条件分析

① 储存条件：堆放方式和场所、其他物品情况、温度、湿度、通风等。

② 物理状态参数：如温度、压力、粉尘浓度等。

③ 设备状况：如设备完好程度、设备缺陷、维修保养状况等。

④ 防护条件：如安全标志、防护设施、防护措施、事故处理措施等。

⑤ 操作条件：如操作技术水平、操作失误率等。

⑥ 管理条件：如不正常的干预、违章指挥、官僚独断、制度健全或粗放随意等。

5）触发因素分析

① 人为因素：如操作失误、不正确操作、职业操守不正、心理素质不足等。

② 管理因素：如不科学管理、培训缺乏针对性、瞎指挥、判断决策失误、设计差错、推诿拖沓、职责不清等。

③ 自然因素：如气候条件（气温、气压、湿度、大气风速）的变化、雷电、雨雪、振动、地震等。

6）潜在危险性分析

危险源转化为事故，其表现是能量或危险物质的释放，因此，危险源潜在危险性分析可用能量的强度和危险物质的量来衡量。能量包括电能、机械能、化学能和核能等，危险源的能量强度越大，表明其潜在危险性越大。危险物质主要包括燃烧爆炸危险物质和有毒有害危险物质两大类，前者泛指能够引起火灾和爆炸的危险物质，如可燃气体、可燃液体、易燃固体、可燃粉尘、易爆化合物、自燃性物质、混合危险性物质等。后者系直接加害于人体，造成人员中毒、致病、致畸、致癌等的化学物质，可根据使用的危险物质量来描述危险源危险物质的危害性。《危险化学品重大危险源辨识》GB 18218—2009 对物质的危险性和临界量作出了明确的规定。

7）危险源级别划分

详见本章二、（三）2. 风险评价。

8）危险源辨识的对象和范围

① 危险源辨识应全面考虑三种时态。

——过去：即指以往产生并遗留下来的，对目前的活动和过程仍存在影响的风险。

——现在：即指目前正发生或存在并对活动和过程持续产生影响的风险。

——将来：即指计划中的活动在将来可能产生影响的风险。

② 危险源辨识应全面考虑三种状态。

——正常状态：指连续、稳定、例行和已作出计划安排的活动状态。

——异常状态：非例行的、不经常发生的活动状态。

——紧急状态：指可能突发的导致发生安全事故或职业病的危险源。

③ 危险源辨识应全面考虑六种类型。

——物理性风险因素：如设备设施缺陷、防护缺陷、电危害等。

——化学性风险因素：如易燃易爆物质、有毒物质等。

——生物性风险因素：如致病微生物、传染病媒介等。

——生理及心理性风险因素：如健康状况异常、从事禁忌活动等。

——行为性风险因素：接线员指挥失误、操作失误等。

——其他风险因素：如管理缺陷、制度不健全等。

④ 结合上述要求，危险源辨识的对象和范围可以归纳如下：

A. 规划、设计和施工、投产、运行等阶段。

B. 常规和异常活动。

C. 事故及潜在的紧急情况。

D. 所有进入作业场所的人员的活动。

E. 原材料、产品的运输和使用过程。

F. 作业场所的设施、设备、车辆、安全防护用品。

G. 人为因素，包括违反操作规程和安全生产规章制度。

H. 丢弃、废弃、拆除与处置。

I. 气候、地震及其他自然灾害。

2. 风险评价

风险评价在危险源辨识的基础上按定性评价与定量评价相结合的方式进行。一般情况下，可优先采用定性评价，有必要时再采用定量评价。定性评价采用直接判断法，定量评价采用作业条件风险性评价法。

（1）直接判断法

直接判断法的依据主要包括：法律法规的符合性、相关方的合理要求、类似事故的经验教训、直接察觉到的风险等。

凡符合以下条件之一的危险源均应判定为主要风险：

1）不符合法律、法规和其他要求的。

2）相关方有合理抱怨和要求的。

3）曾经发生过事故，且未采取有效控制措施的。

4）直接观察到可能导致危险且无适当控制措施的。

5）通过作业条件风险性评价法，评价总分不少于160分的。

（2）作业条件风险性评价法

作业条件风险性评价法主要是以与系统风险性有关的三种因素指标值的乘积来评价系统人员的伤亡风险性的大小，其表达式为：$D=L\times E\times C$

L——发生事故的可能性大小；

E——人体暴露于危险环境中的频繁程度；

C——发生事故可能造成的后果；

D——风险性分值。

L 值：将 L 值最小定为0.1，最大定为10，在0.1～10之间有若干个中间值，具体见表10-1所列。

L 值表 **表10-1**

L 值	事故发生的可能性
10	完全可以预料
6	相当可能

续表

L 值	事故发生的可能性
3	可能，但不经常
1	可能性小，完全意外
0.5	很不可能，完全意外
0.1	极不可能

E 值：将 E 值最小定为 0.5，最大定为 10，在 0.5～10 之间有若干个中间值，具体见表 10-2 所列。

E 值表　　表 10-2

E 值	人体暴露于危险环境中的频繁程度
10	连续暴露
6	每天工作时暴露
3	每周暴露一次
2	每月暴露一次
1	每年暴露一次
0.5	非常罕见的暴露

C 值：将需要救护的轻微伤害的 C 值规定为 1，把造成多人死亡的 C 值规定为 100，其他情况在 1～100 之间有若干个中间值，具体见表 10-3 所列。

C 值表　　表 10-3

C 值	发生事故产生的后果
100	大灾难，许多人死亡
40	灾难，数人死亡
15	非常严重，1 人死亡
7	严重，重伤
3	重大，致残
1	引人注目，需要救护

D 值：根据经验，把风险性分值划分为 5 个等级（风险性等级的划分凭经验判断，难免带有局限性，应用时需要根据实际情况予以修正），具体情况见表 10-4 所列。

D 值表　　表 10-4

D 值	发生事故产生的后果
320 以上	极其危险，不可能继续作业
160～320	高度危险，需立即整改
70～160	显著危险，需要整改
20～70	一般危险，需要注意
20 以下	稍有危险，可以接受

（3）评价人员要求

应成立由项目经理或其指定的管理人牵头的风险评价小组，组织实施风险评价工作。风险评价小组成员应熟悉工作过程中的危险源及其控制措施，熟悉职业健康安全管理体系的相关要求。

（4）评价准则

企业应依据以下内容制定风险评价准则：

1）有关安全生产法律、法规。

2）设计规范、技术标准。

3）企业的安全管理标准、技术标准。

4）企业的安全生产方针和目标等。

（5）评价结果

根据风险评价结果应建立《危险源台账》和《危险源辨识与风险评价一览表（清单）》。

（6）危险源与风险因素的更新

1）企业应适时组织风险评价工作，识别与生产经营活动有关的危险、有害因素和隐患。

2）企业应定期评审或检查风险评价结果和风险控制效果。

3）企业应在下列情形发生时及时进行风险信息更新：

① 新的或变更的法律法规或其他要求。

② 公司的职业健康安全方针和职业健康安全目标发生重大变化。

③ 公司的产品、活动和服务发生较大变化或操作条件变化或工艺改变。

④ 技术改造项目。

⑤ 有对事件、事故或其他信息的新认识。

⑥ 组织机构发生大的调整。

⑦ 相关方有合理抱怨和要求。

3. 风险控制

（1）通过危险源辨识与风险评价确定危险源（风险）分级，并制定相应的措施来消除和控制风险，以确保采用的控制措施与风险级别、运行经验和控制能力相适应，将风险尤其是重大风险控制在可以接受的程度。为此，企业应制定《目标、指标、管理方案一览表》和《主要风险及其控制计划》，并按计划进行控制，选择风险控制措施的要求。

1）控制目标策划原则：

① 首先是消除危险源。

② 其次是降低风险级次。

③ 最后采取个体防护措施。

④ 也可上述三种方式联合使用。

2）应考虑：可行性、安全性、可靠性。

3）应包括：工程技术措施、管理措施、培训教育措施、个体防护措施。

（2）企业应将风险评价的结果及所采取的控制措施对从业人员进行宣传、培训，使其熟悉工作岗位和作业环境中存在的危险、有害因素，掌握、落实应采取的控制措施。

（四）项目职业健康安全技术措施计划的策划

职业健康安全技术措施计划是职业安全健康管理制度的一个重要组成部分，是企业有计划地改善劳动条件和安全卫生设施，防止工伤事故和职业病的重要措施之一。这种制度对企业加强劳动保护，改善劳动条件，保障职工的安全和健康，促进企业生产经营的发展都起着积极作用。

1. 项目职业健康安全技术措施计划的编制

（1）编制步骤

1）工作分类。

2）识别危险源。

3）确定风险。

4）评价风险。

5）制定风险对策。

6）评审风险对策的充分性。

（2）编制内容

1）工程概况。

2）控制目标、控制程序。

3）组织结构、职责权限。

4）管理制度。

5）资源配置。

6）安全技术措施。

7）检查评价和奖惩办法。

8）对分包的安全管理。

（3）编制范围

计划的范围应包括：改善劳动条件、防止伤亡事故、预防职业病和职业中毒等内容。具体有以下几种：

1）安全技术措施，即预防劳动者在劳动过程中发生工伤事故的各项措施，包括防护装置、保险装置、信号装置、防爆炸设施等措施。

2）职业健康（工业卫生）措施，即预防职业病和改善职业健康环境的必要措施，包括防尘、防毒、防噪声、通风、照明、取暖、降温、防射线以及防物理因素危害等措施。

3）辅助用室及设施，即为保证生产过程安全卫生所必需的房屋及一切措施，包括为职工设置的淋浴、盥洗设施、消毒设备、更衣室、休息室、取暖室、妇女卫生室、厕所等。

4）职业健康安全宣传教育措施，即为宣传普及职业健康安全法律、法规、基本知识所需要的措施，其主要内容包括：安全宣传教育所需的设施、教材、图书、资料、仪器，以及举办安全技术培训班、展览会等。

（4）编制要求

1）项目职业健康安全技术措施计划应在项目管理实施规划中编制，但应在《大纲》中作出规划。

2）项目职业健康安全技术措施计划应由项目经理主持编制，经按规定程序申报并批准后，由专职安全管理人员进行现场监督实施。

3）应编制《单项职业健康安全技术措施和预防措施》与《专项施工方案》的清单。

① 对结构复杂、实施难度大、专业性强的项目，应制定项目总体、单位工程或分部、分项工程的安全措施。

② 对高空作业等非常规性的作业，应制定单项职业健康安全技术措施和预防措施，并对管理人员、操作人员的安全作业资格和身体状况进行合格审查。对危险性较大的工程作业，应编制专项施工方案，并进行安全验证。

③ 临街脚手架、邻近高压电缆以及起重机臂杆的回转半径达到项目现场范围以外的，均应按要求设置安全隔离设施。

2. 项目职业健康安全技术措施计划的实施

(1) 承包商应建立分级职业健康安全生产教育制度，实施公司、项目经理部、作业班组三级教育，未经教育的人员不得上岗。

(2) 承包商项目经理部应建立职业健康安全生产责任制并把责任目标分解落实到人。

(3) 承包商项目经理部应执行安全技术分级交底制度：

1) 工程开工前，结构复杂的分部、分项工程实施前，项目技术负责人应向工长、工程技术管理人员进行安全技术交底。

2) 每项工序开工前，工长向班组长和操作人员进行安全技术交底。

3) 每天开工前，班组长对操作人员进行安全讲话。

4) 项目经理部应保存安全技术交底记录。

(4) 业主/监理应及时识别和评价承包商的危险源，与其进行交流和协商，督促和指导制定或完善控制措施，以降低甚至排除相关的风险。

(五) 法规和其他要求

(1) 应建立并保持识别、获取、更新适用于组织的法律、法规和其他职业健康安全要求的程序。

(2) 应编制合适的法律、法规和其他要求的清单。

(3) 建立获取法律、法规和其他要求的渠道，并确保获取渠道可以满足对法律、法规和其他要求的需求而实施的措施是有效的。

(4) 应建立并实施将法律、法规和其他要求传达到员工及相关方，以及使相关人员及时获得新的法律、法规和其他要求的制度和措施。

(5) 应建立并实施对法律、法规和其他要求进行跟踪并实施动态管理的制度和措施。

(六) 项目职业健康安全隐患和事故处理

1. 建立并实施职业健康安全隐患排查和整改制度/程序

(1) 明确组织机构、职责与分工。

(2) 排查与报告。

采用自查和检查相结合的形式，(承包商) 自查天天进行，检查每周不少于一次。职业健康安全检查应该做到全面、详尽、不留死角。排 (检) 查使用《安全检查表》，检查表的主要内容包括：检查项目、检查内容、检查方法、检查结果 (有无隐患)。

报告一般采用书面形式，特殊情况可采用口头报告。报告内容包括：隐患地点、事故隐患内容、隐患类别、拟采取措施建议、报告人姓名、报告接收人姓名、报告时间等。

（3）核实与处理。

接到事故隐患报告后，应立即按照职责分工，组织本单位专业人员对隐患进行核实，并在规定时间内作出书面整改意见。

（4）整改与验证。

按整改意见进行整改，并派专业技术人员对整改的有效性进行验证，确认安全隐患已得到妥善处理。

2. 建立并实施职业健康安全事故处理程序（制度）

（1）该程序的范围应包括事故、不符合、纠正和预防措施。

（2）确定有关的职责和权限，包括参与纠正和预防措施的实施、报告、调查、跟踪和监测的人员。

（3）适用对象——适用于所有人员，包括工作场所内的员工、临时人员、合同方人员、访问者和其他人员。

（4）处理对象——对所有的不符合、事件、危险源、环境影响都应报告。

（5）需考虑在识别不符合后，明确阐明所采取的措施，确保将立即采取的措施通知所有的相关方。

（6）程序需包含纠正措施程序和预防措施程序，除此还需包含跟踪程序，以确保纠正和预防措施的有效；对于所有拟订的纠正和预防措施，在其实施前应先通过风险评价过程进行评审，应使之与职业健康安全风险或环境影响相适应，并识别是否会产生新的风险或新的环境影响。采取纠正和预防措施后引起的文件修改，应予以记录。

（7）记录——需规定不符合、事件、危险源、环境影响详细的记录、记录保存的位置和职责，所采取的纠正和预防措施需向管理者代表、员工和职业健康安全或环境代表递交报告和建议，便于分析归档。组织还需保存不符合、事件、危险源、环境影响登记簿和台账，将事故后果的潜在事件也要记录在登记簿中。

（8）事故处理程序与管理评审

1）事故处理程序：报告安全事故→事故处理→事故调查→处理事故责任者→提交调查报告。

2）事故处理必须坚持“四不放过”原则。

事故处理程序中需确定如何实施调查和分析过程，组织应作出有效的结论，并采取纠正措施，每年将调查、分析情况报告最高管理者，纳入管理评审。

（七）项目的消防保安

（1）项目应建立消防保安管理体系，制定消防保安管理制度。

（2）项目现场的消防保安设施应保持完好的备用状态。储存、使用易燃易爆和保安器材时，应采取特殊的消防保安措施。

（3）项目现场的通道、消防出入口、紧急疏散通道等应符合消防要求，设置明显标志。有通行高度限制的地点应设限高标志。

（4）项目现场应有用火管理制度，使用明火时应配备监管人员和相应的安全设施，并制定安全防火措施。

（5）需要进行爆破作业的，应向所在地有关部门办理批准手续，由具备爆破资质的专业机构实施。

（6）项目现场四周应按规定进行围蔽，并设立门卫，根据需要设立警卫，负责项目现场安全保卫工作。主要管理人员应在施工现场佩戴证明其身份的标识。严格现场人员的进出管理。项目现场应根据需要配置摄像、监视器、对讲机等设备。

（7）项目现场的照明系统应满足施工生产和安全保卫的需要，出入大门处、通行道路旁、仓库、洞口、楼梯口等重要部位应有必要的照明。

三、项目职业健康安全管理规划的主要控制措施

（一）组织措施

（1）组织结构和职责是确保管理体系成功实施和有效运行的重要组织保障。项目的母体公司、项目部各职能部门以及承包商均应明确规定项目职业健康安全管理的作用、职责、权限，并按规定检查和验证其主要人员（主管部门经理、技术负责人、安全主任、安全员等）职责的落实情况。

（2）检查承包商投入的资源（人力资源和专项技能、基础设施、培训以及技术和财力资源）配置是否充足、能否满足管理体系运行的需求；安全文明施工措施费是否按计划足额投入。

（3）任职资格与培训。承包商对岗位人员意识、能力是否规定了要求、考核标准和考核办法，并予以实施；可能产生重大影响的岗位或人员是否受到相应培训。

（二）管理措施

（1）文件控制。职业健康安全管理体系的文件结构应覆盖全部要素，应能反映核心要素及其相互作用和查询文件的途径。如果由于缺乏文件的指导，可能导致运行偏离方针、目标时，应为这些运行和活动建立并保持程序或规则。

（2）运行控制的重点。重大风险的运行和活动是运行控制的重点，应规定相应的运行规则和标准。为此，应检查是否对关键的运行和活动制定了控制程序，运行程序的内容是否充分，运行是否有效。

（3）应急准备和响应。对可能产生的事故和紧急情况，应建立和保持应急准备和响应的程序和计划。应检查上述程序和计划是否符合规定要求，是否定期进行演练。

（4）检查与监督。业主应有计划、有组织地对项目进行定期或不定期的职业健康安全检查。安全检查应包括安全生产责任制、安全组织机构、安全保证措施、安全隐患的防治、安全技术交底、安全教育、持证上岗、安全设施、安全标识、操作行为、应急准备和响应、违章管理和安全记录等内容。

安全检查应采取随机抽样、现场观察、实地检测、查阅记录相结合的方法。每次检查均应形成检查记录。此外，成立专职的工地巡检组，只要有人施工，就要进行不间断的巡查，发现存在安全事故隐患和违章作业的，立即要求施工单位整改；情况严重的，应当要求施工单位暂时停止施工。施工单位拒不整改或者不停止施工的，应当及时向有关主管部门报告。

（5）建设单位不得对勘察、设计、施工、工程监理等单位提出不符合职业健康安全法律、法规和强制性标准规定的要求，不得违章指挥，不得压缩合同约定的工期。

（6）持续改进相关措施和绩效。施工过程中每一个阶段完成或整个工程完工后，或者在某重大危险源管理方案实施完毕或重大事故发生后，对项目职业健康安全管理的状况进行认真的分析评价和总结，结合通过对项目职业健康安全技术措施计划实施效果的验证，寻找持续改进的机会，制定持续改进的措施，不断提高安全绩效。

（三）技术措施

（1）设计单位应当按照法律、法规和工程建设强制性标准进行设计，防止因设计不合理导致生产安全事故的发生。

设计单位应当考虑施工安全操作和防护的需要，对涉及施工安全的重点部位和环节在设计文件中注明，并对防范生产安全事故提出指导意见。

采用新结构、新材料、新工艺的建设工程和特殊结构的建设工程，设计单位应当在设计中提出保障施工作业人员安全和预防生产安全事故的措施建议。业主在设计成果确认时，应对上述要求逐一核查无误。

（2）对施工单位相关技术文件的要求。

施工单位应当在施工组织设计中编制安全技术措施和施工现场临时用电方案，对下列达到一定规模的危险性较大的分部分项工程（地下工程、基坑支护与降水工程、土方开挖工程、模板工程、起重吊装工程、脚手架工程、拆除爆破工程、国务院住房城乡建设行政主管部门或者其他有关部门规定的其他危险性较大的工程）应编制专项施工方案，并附具安全验算结果，经按规定程序申报批准后实施，由专职安全生产管理人员进行现场监督。

（3）技术文件的审核审批。

业主/监理应严格审查施工组织设计中的安全技术措施或者专项施工方案是否符合工程建设强制性标准，审核批准后才准许实施。

（四）合同措施

（1）采用有利于安全目标实现的承包模式与合同类型。

（2）合同条款的制定应有利于安全目标的实现。

1）应规定承包人具有相应的资质；应规定项目经理、技术负责人、安全主管的任职资格。

2）保证业主对项目职业健康安全管理的控制权力，并形成一个严密的体系，一个前后相继的过程，包括职业健康安全管理的策划、实施和运行、检查与纠正、管理评审整个过程的控制，业主拥有对施工单位职业健康安全管理重要文件的审批权力，有责令承包商对不符合、事故、事件、危险源、环境影响等予以处理的权力，以及对承包商在安全方面违约时的处置权力，如处罚违约金、停工整顿、中止部分或全部合同的权力等。

3）规定安全目标。承包商项目职业健康安全管理的绩效作为标后管理的重要内容，是考评的主要依据之一。查出的所有不符合项和事故均应作为不良记录登记在案，并按合同规定进行处理。

（五）经济措施

(1) 业主应保障确保完成进度计划所需的资金，并按合同规定按时足额支付进度款和安全生产技术措施费。业主应对承包商的工程款使用是否合理进行监控，确保项目职业健康安全管理有足够的资金投入。

(2) 承包商项目职业健康安全管理的好坏与经济奖罚相挂钩，视问题的性质和严重程度按合同规定予以处罚。

［例 10-1］

安全监督工作策划

安全监督工作必须按照办领导的决策部署，围绕坚持“程序合法、安全无咎”，保证“工程安全、队伍安全”为目标开展，即坚持以巡检小组的工作方式，精细化、科学化、高效化、规范化开展监督工作，坚持“科学监督、严格监督、公正监督、合理监督”，坚持“一手抓监督、一手抓服务”，加强安全培训，提高监督队伍和参建单位的安全意识，进而提高安全管理水平。科学统筹安排各项监督工作任务，全力以赴完成今年的安全监督工作目标。

一、工程安全监督重点

（一）强化对危险性较大的分部分项工程的监督

严格监控危险性较大的分部分项工程，严控一般安全事故的发生，杜绝发生较大以上安全事故。一要加强高大模板方案的编制、审批和验收环节的管理，强化专家对高大模板的指导和技术支持。高大模板混凝土浇筑前，监理单位必须对高大模板的验收情况向质安验评部项目管理人员和安监站监督员报告，严厉处罚对高大模板管理不到位的施工和监理单位。二要加强建筑起重设备的管理，严格审查设备技术资料与实物是否相符，严格检查维修保养工作是否落到实处、特种作业人员是否持证上岗。三要加强深基坑施工的安全监督，严格检查基坑支护和开挖是否按方案施工，基坑第三方监测是否落实到位。四要加强对地下暗挖等密闭有限空间施工审批手续和各项安全措施的监督。五要加强对特种作业人员的管理，严查持证上岗情况。

（二）强化安全生产督察督办机制

对存在重大安全隐患或安全生产管理不力的工地，以巡检小组、质安验评部、办领导三个层次进行跟踪督办。巡检小组对存在重大安全隐患或安全生产管理不力的工地进行重点检查，并向质安验评部汇报，部门进行抽查，办领导进行督查，群策群力，彻底落实整改。

（三）加强工地文明施工管理，提高精细化管理水平

根据新实施的《广州市建设工程文明施工管理规定》《广州市重点公共建设项目管理办公室工程质量安全督察实施细则》（修订）（穗重建办字〔2012〕76 号）严格落实管理责任，控制施工噪声和施工扬尘，控制夜间作业时间，加强施工围蔽的检查。

二、综合运用各种监督管理手段，强化工程施工现场的监督检查

（一）以企业工程安全管理检查为抓手，督促各工程的参建单位落实其安全主体责任。检查结果将通报安监站，建议纳入评价体系，重点检查下列安全行为：

(1) 项目经理、技术负责人、专职安全员、总监理工程师到达现场履责情况。

(2) 施工、监理单位及其项目负责人对工地重大安全隐患落实整改责任的情况。

(3) 施工、监理单位及其项目负责人对影响结构安全的重大专项方案履行审批和验收责任的情况。

(4) 施工单位及其管理人员对工程材料和安全实体履行其安全自检、安全报验等安全责任情况。

(5) 监理单位及其驻场人员对工程材料和安全实体履行其检查验收、审批、签认等安全责任情况。

(二) 改进工程安全文明管理督办工作，确保督办工作客观公正。首先，督办工作由巡检小组组织实施，保证不少于2人进行检查。其次，检查工作要结合施工期间平时企业的安全行为来综合评定。

(三) 对安全实体进行监督检查，特别是涉及危险性较大的分部分项工程的安全实体，重点是：起重设备、高大模板和用电设施。凡经安监站实体检测不合格的机具或构件，一律责令停止使用，并清退出场。

(四) 加强对安全网、安全帽等安全防护设施和施工用电的电缆、漏电开关、插座等产品安全性能的监督检查，如发现不合格的或假冒伪劣产品，一律限令更换，并按“三打两建”工作要求，及时报告市住房城乡建设委“三打两建”办公室，以便联合工商、质监部门从源头上制止假冒伪劣安全产品。

三、做好日常监督检查工作，加大现场巡检力度

(一) 日常巡检检查

以巡检小组（不少于2名）的形式进行，按照年度工作计划和工程进展情况进行检查，检查工程建设存在的主要问题，对违反建设工程安全生产法规和强制性标准的责任单位和责任人员，依据施工合同、监理合同有关规定进行处罚。

(二) 质安验评部抽查

由质安验评部负责人带队对在建项目组织抽查，原则上每月一次。抽查内容主要包括：

(1) 各责任主体是否存在不履行法定职责和法定程序的行为或违反强制性安全技术标准的行为。

(2) 责任单位和责任人是否存在不落实巡检小组提出各项整改措施的行为。

(3) 巡检小组是否存在不执行各项安全监督工作制度的行为。

对抽查发现各责任主体存在不履行法定职责和法定程序的行为，违反强制性安全技术标准的行为或拒不执行巡检小组提出的处理措施、或者工程出现实体监督检测结果不合格时，应当场发出责令整改通知书，责令限期整改。

当发现巡检小组人员不按安全监督工作制度规定履行监督职责时，要立即责令改正，并根据相关制度对当事人进行处理。

(三) 办督查

办督查原则上每季度进行一次，由办分管领导带队，质安验评部、工程一二部相关人员参加。督查项目：危险性较大、建设规模大、技术复杂、安全隐患较多的项目。督查主要工作如下：

(1) 督查各责任主体或责任人是否按质安验评部发出的责令整改通知单的要求落实各项整改措施；对拒不落实整改的项目，应责令局部停工整改，对相关单位和个人，按合同相关规定从严处罚。

(2) 抽查施工现场是否存在违反建设工程安全管理法规和强制性标准的行为；当施工现场存在违反建设工程安全管理法规和强制性标准的行为时，应当场发出责令整改通知书，要求责任单位限期改正，情况严重的还应责令局部停工整改。

(3) 督查监督质安验评部及监督人员履行工作职责和执行安全监督工作制度的情况；对不作为或乱作为的按相关管理制度进行处理。

(四) 定期、专项检查

由统一安排，原则上于五一、国庆、春节等重大节日前组织节前专项安全检查；雨季、台风来临前组织专项安全检查。每次检查结果将向参建单位通报。

四、进一步规范监督行为，保证工程施工安全和监督队伍安全

(一) 认真做好安全监督交底工作

质安验评部负责人带领相关人员进行安全技术监督交底。交底前必须书面通知工程部门驻场代表、项目总监、项目经理及技术负责人、专职安全员参加；交底时需宣布安全监督服务承诺，查验与会人员的身份、资格、任命文件并留置签名标识，填写监督交底记录。对交底时发现假冒应到会人员、无故缺席者，按合同相关规定处理。

(二) 认真做好工程开工安全生产前提条件检查

工程开工前对安全生产管理架构、人员到位、管理制度的制定情况，安全专项方案的编制审批情况，工地现场安全生产条件等的要求进行检查。该工作与安全监督交底工作同步进行。

五、安全监督技术

提升安全监督的技术含量，提高安全工作管理水平。要针对深基坑、高大模板、起重设备和临时用电等重大安全隐患，采用安全监督检测等技术管理手段，使安全监督工作从经验管理，上升到技术管理，最后达到科学管理。

加强监理周报、月报、各项安全报告的管理和统计分析，要通过监理周报、月报及时掌握施工现场的情况。要求安全监督人员及时取得安全监理报告，加强对第三方检测报告的管理，以把握工程实时安全状况，能够通过检测报告发现工程安全隐患，并及时提出处理意见。

六、其他安全监督工作

(一) 定期召开安全监督工作会议

每半年组织各参建单位的安全负责人召开安全监督工作会议，通报各项目安全情况，交流安全管理工作经验，提出安全监督管理工作要求。

(二) 组织安全法规标准学习

组织质安验评部全体和相关单位学习最新颁布实施的法规、标准规范。《建筑施工安全检查标准》JGJ 59—2011、《建筑施工起重吊装工程安全技术规范》GB 50715—2011、《复合土钉墙基坑支护技术规范》GB 50739—2011、《施工企业安全生产管理规范》GB 50656—2011、《混凝土结构工程施工规范》GB 50666—2011、《建设工程施工现场消防安全技术规范》GB 50720—2011、《建筑施工扣件式钢管脚手架安全技术规范》JGJ 130—

2011、《广州市建设工程文明施工管理规定》（穗府令62号）。

（三）组织专题现场会

根据工程的专业技术特点，选择工艺或技术先进的施工现场，组织相关单位进行现场观摩交流学习。推广先进，鞭策落后，共同提高。对一些管理较好的项目，组织相关单位进行参观学习，推广先进的管理经验；对一些管理较差的项目，也适当组织相关单位进行现场观摩，让责任单位吸取教训。

第十一章　项目环境管理策划

一、概述

(一) 定义

1. 环境

组织运行活动的外部存在，包括空气、水、土地、自然资源、植物、动物、人，以及它们之间的相互关系。

环境不仅指空气、水、土壤、自然资源、植物、动物和人类、气候、自然景观等一切客观存在，还包括这些物质之间的相互作用、相互依存和相互转换。

2. 环境因素

一个组织的活动、产品或服务中能与环境发生相互作用的要素。

重要环境因素是指具有或可能具有重大环境影响的环境因素。

3. 环境影响

全部或部分地由组织的环境因素给环境造成的任何有害或有益的变化。

4. 环境管理体系

组织总的管理体系的一个部分，便于组织对环境因素的管理。它包括为制定、实施、实现、评审和保持环境方针所需的组织结构、策划活动、职责、惯例、程序、过程和资源。

5. 项目环境管理

项目环境管理就是用现代管理的科学知识，通过努力改进劳动和工作环境，有效地规范生产活动，进行全过程的环境控制，使劳动生产在减少或避免对环境造成不利影响的前提下顺利进行而采取的一系列管理活动。它包括经营管理者对项目环境管理体系进行的策划、组织、指挥、协调、控制和改进等工作，目的是使项目的实施能满足环境保护的需要，促进项目顺利发展，实现项目环境目标。简言之，项目环境管理就是运用计划、组织、协调、控制、监督等手段，为达到预期环境目标而进行的一项综合性活动。

(二) 建设项目五个主要阶段的环境管理及程序

1. 项目建议书阶段或预可行性研究阶段的环境管理

（1）建设单位结合选址，对建设项目建成投产后可能造成的环境影响，进行简要说明(或环境影响初步分析)。

（2）环保部门参加选址现场踏勘。

（3）省级环境保护部门签署意见，纳入项目建议书作为立项依据。

2. 可行性研究设计任务书阶段的环境管理

(1) 国家环保部、省（市）环保局及行业主管部门根据国家（省、市）发改委及有关部门立项批复，督促建设单位执行环境影响报告书（表）审查制度。

(2) 建设单位征求国家环保部及省、市环保局意见，确定作报告书或报告表。委托持甲级评价证书的单位，编制环境影响报告表或评价大纲（环评实施方案）。

(3) 建设单位向国家环保部及省、市环保局申报环境影响评价大纲（环评实施方案），抄送行业主管部门，同时附立项文件环评经费概算，国家环保部及省、市环保局根据情况确定审查方式（组织专家评审会，专家现场考察及征求有关部门意见），提出审查意见。

(4) 根据国家环保部及省、市环保局对“大纲”审查的意见和要求（主要包括评价范围，选用的标准，确定的保护目标，环境要素的取舍和评价经费等）及确定的大纲内容，评价单位与建设单位签订合同，开展评价工作，编制环境影响报告书。

(5) 建设项目如有重大变动，建设单位及评价单位应及时向环保部门报告。

(6) 建设单位将编制完成的“报告书（表）”，按审批权限上报主管部门的环保机构，抄报国家环保部和项目所在地省、市环保部门。

(7) 主管部门组织报告书（表）预审，将预审意见和修改确定的两套环评报告书报国家环保部审批。省级环保部门应同时向国家环保部报送审查意见。国家环保部在接到预审意见之日起，2 个月内批复或签署意见，逾期不批复或未签署意见，可视其上报方案已被确认。

(8) 国家环保部可委托省级环保部门审查“大纲”或审批“报告书”。

(9) 国家环保部参加对环境有重大影响的项目可行性研究报告评估。

3. 设计阶段的环境管理

一般建设项目按两个阶段进行设计，即初步设计和施工图设计。对于技术上复杂而又缺乏设计经验的项目，经行业主管部门确定，可能增加技术设计阶段；为解决总体开发方案和建设部署等重大问题，有些行业，可包括总体规划设计或总体设计。

(1) 初步设计阶段的环境管理

1) 建设项目初步设计必须按照（87）国环字第 002 号文《建设项目环境保护设计规定》编制环境保护篇章，具体落实环境影响报告书（表）及其审批意见所确定的各项环境保护措施和投资概算。

2) 建设单位在设计会审前向政府环保部门报送设计文件。

3) 特大型（重点）建设项目按审查权限由国家环保部或国家环保部委托省级政府环保部门参加设计审查，一般建设项目由省级政府环保部门参加设计审查。必要时环保部门可单独审查环保篇章。

(2) 施工图设计阶段的环境管理

1) 根据初步设计审查的审批意见，建设单位会同设计单位，在施工图中落实有关环保工程的设计及其环保投资。

2) 环保部门组织监督检查。

3) 建设单位报批开工报告。批准后，建设项目列入年度计划，其中应包括相应环保投资。

4. 施工阶段的环境管理

（1）建设单位会同施工单位做好环保工程设施的施工建设、资金使用情况等资料、文件的整理建档工作备查。以季报的形式将环保工程进度情况上报政府环保部门。

（2）环保部门检查环保报批手续是否完备，环保工程是否纳入施工计划及建设进度和资金落实情况，提出意见。

（3）建设单位与施工单位负责落实环保部门对施工阶段的环保要求以及施工过程中的环保措施：主要是保护施工现场周围的环境，防止对自然环境造成不应有的破坏；防止和减轻粉尘、噪声、振动等对周围生活居住区的污染和危害，建设项目竣工后，施工单位应当修整和恢复在建设过程中受到破坏的环境。

5. 试生产和竣工验收阶段的环境管理

（1）建设单位向主管部门和政府环保部门提交试运转申请报告。

（2）经批准后，环保工程与主体工程同时投入试运行。做好试运转记录，并应由当地环保监测机构进行监测。

（3）建设单位向行业主管部门和政府环保部门提交环保工程预验收申请备案，附试运转监测报告。

（4）建设单位根据环保部门在预验收中提出的要求，认真组织实施，预验收合格后，方可进行正式竣工验收。

（5）特大型（重点）建设项目，国家环保部参加或委托省级政府环保部门参加正式竣工验收并办理建设项目环保工程验收合格证。

建设项目五个主要阶段中的后两个阶段，即施工阶段以及试生产和竣工验收阶段的环境管理作为本项目环境管理规划的对象。

二、项目环境管理策划的主要内容

（一）项目的环境管理应遵循下列程序

（1）确定项目环境管理目标。

（2）进行项目环境管理策划。

（3）实施项目环境管理策划。

（4）验证并持续改进。

（二）建立和健全环境管理体系

环境管理体系，是一项内部管理工具，旨在帮助组织实现自身设定的环境表现水平，并不断地改进环境行为，不断达到更新更佳的高度。环境管理体系是一个组织内全面管理体系的组成部分，它应在《环境管理体系　要求及使用指南》GB/T 24001—2016 标准的框架下，经过组织决策和准备→初始环境评审→体系策划与设计→体系文件编写→体系试运行→体系运行控制→内部审核与管理评审→体系的持续改进等步骤建立。为确保体系符合要求，宜经有资格的机构认证。

已建立了环境管理体系并正在运行的组织，则应提高或评价管理体系的充分性、有效性和适宜性，即评审管理体系是否有效运行、能否适应内外部环境变化，从而根据评审采取针对性的措施，不断地持续改进，健全和维持环境管理体系。

(三) 确定环境方针

方针体现了一个组织在环境保护方面的总方向和基本承诺，是开展环境管理工作的指导思想和行为准则，应由最高管理者批准。方针必须符合以下要求：

(1) 适合于组织的活动、产品或服务的性质、规模及环境影响。

(2) 应承诺做到持续改善、污染预防、符合环保法规及其他要求事项。

(3) 能提供设定与审查环境目标与指标的架构。

(4) 方针应形成文件，传达至所有人员。

(5) 可向社会大众公开。

(6) 环境方针是组织描述其对于环境保护、污染预防的支持及持续改进的决心，需考虑组织的使命、远景、核心价值和信念及与利害相关者间的要求事项与沟通，并与组织中其他方针配合（例如质量方针、职业安全卫生等）。

(7) 环境方针因其是组织公开的环境宣示，其内容应该符合环境管理标准的要求，实在、简洁、清楚易懂，以便使内部全体员工与外部所有利害相关者都能了解。

(8) 环境方针必须定期地加以审查与修正，以适应重大环境因素、环境目标与指标等的改变。

(四) 项目环境管理目标、指标

1. 目标制定原则

(1) 目标制定必须落实组织的环境方针，并与组织的各项对环境的承诺相呼应，这些目标也可说是环境方针中经鉴别后的环境绩效的整体目的。

组织在制定环境目标时可包括对下列各项承诺：

——减少废弃物与减少资源耗损。

——降低或消除污染物的排放。

——改进产品设计，以使其在生产、使用与处置等过程中所造成的环境影响减至最低。

——控制原料获取阶段的环境影响。

——将新开发方案的任何重大不利的冲击减至最低。

——提升员工与社区大众的环境意识等。

(2) 环境目标必须符合SMART原则——目标必须是具体的、可以衡量的、可以达到的、和其他目标具有相关性、具有明确的截止期限。

2. 指标制定的要求

(1) 环境指标必须是具体量化的，对应于一个环境目标可以有一个或多个指标来达成。简言之，指标是一个具体的数字，可作为组织在执行环境改善时绩效评估的依据。

(2) 通常在制定各项指标时，组织必须有足够的基础资料，了解每一个改善事项的现况，如此才能够定出适当的指标，以作为未来改善后绩效指标的对照。

(3) 如果某项指标实在难以用具体数字来表现，或只是一个管理动作，可以用完成日期来表现。

（4）指标的制定可以考虑下列几个方向：

——每单位产品所耗用的原料或能源。

——每单位产品的污染物，如废水、废气或固体废弃物的产生量或排放量。

——物料与能源的使用效率。

——废水、废弃物回收的百分比。

——废水的污染浓度。

——包装材料回收的百分比。

——特定污染物的数量等。

（5）组织在制定环境指标时，还必须同时定出每一个指标必须达成的期限。

3. 项目环境管理目标、指标示例

（1）实现科学文明的绿色环保施工。

（2）现场扬尘浓度不超过 0.35mg/m^3，施工现场目测无扬尘。

（3）污水排放 pH 为 6～9，COD 低于 150mg/L。施工污水沉淀后排放率达 100%。

（4）废弃物处置实现施工垃圾、生活垃圾、危险废物分类管理，进行无害化处理达 100%。施工弃土（运输无洒漏）控制率达 100%。

（5）昼间土方施工噪声污染不超过 75dB，夜间土方施工不超过 55dB。

（6）使用环保材料，避免使用会产生有毒、有害气体的建筑材料，大气污染控制率达 90%。

（7）室内空气质量达标率达 85%（甲醛不大于 0.08mg/m^3，氨不大于 0.2mg/m^3，苯不大于 0.09mg/m^3）。

（8）光污染控制率达 100%。

（9）严格执行相关法律法规，不发生重大环境污染事件及严重扰民事件。

（10）持续不断地进行节能降耗工作。

（11）获市/省文明施工优良样板工地称号。

（五）项目经理的职责

项目经理负责现场环境管理工作的总体策划和部署，建立现场环境管理组织机构，制定相应制度和措施，组织培训，使各级人员明确环境保护的意义和责任。

（六）识别和评价环境因素

对环境因素的识别和评价，是环境管理体系的核心内容，是建立和保持环境管理体系的基础，是组织建立环境管理体系的开端，因此组织应建立并保持环境因素的识别和评价程序。对环境因素进行全面的识别和评价后，应建立环境因素和重大环境因素清单/识别评价表，并制定管理方案。

1. 识别和评价环境因素的原则

（1）识别全面

即应对三种状态、三种时态、七种类型的环境因素进行识别。

三种状态：

正常（如生产连续运行）；

异常（如生产的开车、停机、检修等）；

紧急（如潜在火灾、事故排放、意外泄漏、洪水、地震等）。

三种时态：

过去（如以往遗留的环境问题；泄漏事件造成的土地污染）。

现在（如现场活动、产品和服务的环境问题）。

将来（如产品出厂后可能带来的环境问题，将来潜在法律法规变化的要求，计划中的活动可能带来的环境问题）。

七种类型：

对大气的污染、对水的污染、对土壤的污染、废弃物、噪声、资源和能源的浪费、物理属性（如大小、形状、颜色、外观）等七种类型的环境问题。

（2）识别具体

环境因素识别的目的是提供环境管理体系控制的明确对象，为此识别应与随后控制和管理的需要相一致。识别的具体程度应细化至可以对其进行检查验证和追溯，但也不必过分细化（如把试验室使用 pH 试纸废弃也作为一项环境因素）。

（3）明确环境影响

识别时应明确其环境影响，包括有利的和不利的环境影响。

（4）描述正确

环境因素通常可以描述为“环境因素（物质）或污染物的名称与某一行动或动作的组合”。

2. 环境因素识别方法

（1）现场观察法。

（2）过程分析法。

（3）工艺流程物料衡算法。

（4）问卷调查法。

（5）产品生命周期分析（LCA）法。

（6）资料评审法。

（7）专家评议法。

（1）、（2）方法使用普遍，但（3）很重要。

3. 环境因素的汇总、分类和登录

经过环境因素识别，应将初步确定的环境因素进行适当的整理、分类、汇总和记录，形成表格。这些表格应根据组织的环境因素复杂程度来编制，如按部门编制调查、识别的汇总表等。为了便于环境因素评价和对环境因素的应用，主要应形成以下工作表格。

（1）部门环境因素识别表：按部门环境因素发生地点、类型填写的环境因素识别表。

部门环境因素调查表：包括废水、废气、噪声、固废、资源能源消耗、化学品使用、相关方、产品等环境因素，按部门编制调查表便于以后对环境因素的更新。

（2）环境因素汇总登记表：可按部门顺序汇总，这有利于部门对环境因素的掌握，也便于环境管理体系管理职能部门的全面管理。

（3）环境因素评价登记表：适用于环境因素评价过程记录。

4. 环境因素的评价

（1）评价

环境因素的评价是采用某一规定的程序方法和评价准则对全部环境因素进行评价，最终确定重要环境因素的过程。

（2）方法

1）是非判断法。

2）专家评议法。

3）多因子评分法。

4）排放量/频率对比法。

5）等标污染负荷法。

6）权重法等。

这些方法中，前三种属于定性或半定量方法，评价过程并不要求取得每一项环境因素的定量数据；后三种则需要定量的污染物参数，如果没有环境因素的定量数据则评价难以进行，方法的应用将受到一定的限制。因此，评价前，必须根据评价方法的应用条件、适用对象进行选择，或根据不同的环境因素类型采用不同的方法进行组合应用，才能得到满意的评价结果。

（3）结果

环境因素评价后，分为一般环境因素、重大环境因素两种。

（七）对环境因素的控制

1. 环境因素控制原则

对一般环境因素采取针对性的措施予以控制便可，对重大环境因素应制定和执行管理方案，对突发性的环境因素则应制定和执行应急预案。

2. 环境管理方案编制要求

（1）编制范围

环境因素管理方案既是实现环境目标与指标的依据与方法，又是控制重大环境因素的有效措施。环境因素管理方案是针对每一设定的指标与完成期限所对应的实际做法，是控制某一重大环境因素更切实、更具体的行动指导。

（2）方案内容

应包括方案的名称、主导单位（部门）、方案内容、必要时的相关作业管制标准、所需经费人力等资源、可预期的环境绩效及经济效益、方案执行的时限、执行单位（部门）及分工、成效追踪等。

（3）制定程序

组织应制定环境因素管理方案的编制、执行、监督、评审与改进的程序。通常，一个指标视其性质及完成的难易程度，有时也许需要多于一个的方案来共同配合。

3. 环境管理方案实施

项目部应按照分区划块原则，搞好项目的环境管理，进行定期检查，加强协调，及时解决发现的问题，实施纠正和预防措施，保持现场良好的作业环境、卫生条件和工作秩序，做到污染预防。

（八）应急准备和响应措施

在环境因素识别与评价以及对自身应急能力评估的基础上，针对可能发生的环境事件的类型和影响范围，编制应急预案。对应急机构职责、人员、技术、装备、设施（备）、物资、救援行动及其指挥与协调方面预先作出具体安排。应急预案应充分利用社会应急资源，与地方政府预案、上级主管单位以及相关部门的预案相衔接。

应急预案应包括现场每项设施和场所可能发生的事故情况，以突发事故应急响应全过程为主线，详细描述事故前、事故过程中和事故后何人做何事、什么时候做、如何做，明确制定每一项职责的具体实施程序。应急预案包括事故应急的4个逻辑步骤：预防、预备、响应、恢复（含善后处置）。

1. 应急准备的主要任务

（1）应急预案的编制、评审、发布、更新、培训与演练。

（2）组织准备——建立应急救援队伍，包括指挥机构、通信联络队、抢险抢修队、医疗救护队、应急消防队、治安队、物资供应队和环境应急监测队等专业救援队伍。

（3）应急救援设施（备）的配置。应急救援设施（备）包括医疗救护仪器、药品、个人防护装备器材、消防设施、堵漏器材、储罐围堰、环境应急池、应急监测仪器设备和应急交通工具等。

（4）污染源自动监控系统和预警系统、应急通信系统、电源、照明等的配置。

（5）用于应急救援物资的储备。特别是处理泄漏物、消解和吸收污染物的化学品物资，如活性炭、木屑和石灰等，有条件的应备足、备齐，定置明确，保证现场应急处置人员在第一时间内启用；物资储备能力不足的企业要明确调用单位的联系方式，且调用方便、迅速。

（6）建立并执行各种保障制度（污染治理设施运行管理制度、日常环境监测制度、设备仪器检查与日常维护制度、培训制度、演练制度等）。

（7）外部资源的利用。包括：地方政府预案对企业（或事业）单位环境应急预案的要求等；该地区环境应急指挥系统的状况；环境应急监测仪器及能力；专家咨询系统；周边企业（或事业）单位互助的方式；请求政府协调应急救援力量及设备（清单）；应急救援信息咨询等。

2. 应急响应的主要措施

（1）明确减少与消除污染物的技术方案；明确切断污染源的基本方案；应急过程中采用的工程技术说明。

（2）明确防止污染物向外部扩散的设施、措施及启动程序；特别是为防止消防废水和事件废水进入外环境而设立的环境应急池的启用程序，包括污水排放口和雨（清）水排放口的应急阀门开合和事件应急排污泵启动的相应程序。

（3）明确事件处理过程中产生的次生衍生污染（如消防水、事故废水、固态液态废物等，尤其是危险废物）的消除措施。

（4）应急过程中使用的药剂及工具（可获得性说明）。

（5）应急过程中，在生产环节所采用的应急方案及操作程序；工艺流程中可能出现问题的解决方案；事件发生时紧急停车停产的基本程序；控险、排险、堵漏、运输的基本方法。

（6）污染治理设施的应急措施。

（7）危险区的隔离：危险区、安全区的设定；事件现场隔离区的划定方式；事件现场隔离方法。

（8）明确事件现场人员清点、撤离的方式及安置地点；明确应急人员进入、撤离事件现场的条件、方法；明确人员的救援方式及安全保护措施；明确应急救援队伍的调度及物资保障供应程序。

（9）明确应急终止的条件和程序。

（10）明确应急终止后的行动——上报与善后处置。

项目部应对环境因素进行控制，制定应急准备和响应措施，并建立和保持畅通的沟通渠道，确保内、外部的有效交流。预防可能出现的非预期损害。在出现环境事故时，应消除污染，并应制定相应措施，防止环境二次污染。

（九）现场管理与文明施工

1. 概念

（1）指导思想

现场管理与文明施工的理念应体现“清洁生产、绿色施工”的思想。

（2）要求与目的

文明施工的基本要求是科学地组织施工生产，标准化、规范化地管理现场，创造安全舒适、清洁整齐的施工环境；组织并维持良好的施工秩序，做到工序衔接交叉合理，以达到保证施工的顺利进行和防止环境污染以及事故发生的目的。

（3）任务

实现文明施工，不仅要着重做好现场的场容管理工作，还要相应做好施工秩序的管理和作业/环境条件的管理工作，包括做好现场材料、机具、安全、技术、保卫、消防和生活卫生等方面的工作。

2. 现场管理与文明施工策划

（1）场容管理

1）施工平面图的动态管理

① 施工平面图的作用和调整

施工平面图是现场管理、实现文明施工的依据。项目部应在进场前规划、设计施工平面图，并在工程开工后根据场容管理的需要，编制不同施工阶段的施工平面图。施工平面图根据项目的规模分为施工总平面图和单位工程施工平面图。

② 施工平面图的内容

应包括：施工机械设备设置，材料、构配件、半成品和成品的堆场，现场加工场地，现场临时运输道路，临时供水供电线路，现场排水沟渠和沉淀池，其他生产和生活用的临时设施（变压器、水泵、仓库、临时房屋、洗车槽等），以及计划保留的已建建（构）筑物。

③ 施工平面图的设计原则

施工平面图的设计应科学合理，符合定置管理的原则，能减少寻找物品的时间，减少取放和操作的时间，从而提高效率、节省成本。物品放置遵循的主要原则是：

A. 就近原则。布置紧凑、靠近使用点、减少二次搬运。

B. 人机工程学。安全、舒适。

C. 目视化。一目了然、清洁整齐。

2）定置管理

项目部应建立、实施和保持定置管理程序/制度。定置管理的基本方法是：

① 三定原则。定名、定点、定量。

② 三要素。（放置的）场所、方法、标识。定置管理的对象不仅仅限于“物品”的定置，还应包括人、机、料、法、环各个方面。如操作员的衣着、厂牌，清洁工具的定置等。

3）5S 管理

项目部现场应督促建立、实施和保持 5S 管理程序/制度，开展以整理、整顿、清扫、清洁和素养为内容的管理，称为“5S”活动。

整理：将工作场所任何东西区分为有必要的与不必要的，把必要的东西与不必要的东西明确地、严格地区分开来；不必要的东西要尽快处理掉。

整顿：对整理之后留在现场的必要的物品分门别类放置，排列整齐，明确数量，并进行有效的标识。整顿的" 三定" 原则：定点、定容、定量。

清扫：将工作场所清扫干净。保持工作场所干净、亮丽的环境。

清洁：将上面的 3S 的实施做法制度化、规范化，并贯彻执行和维持效果。

素养：通过上述实践和教育训练，培养每位成员养成良好的习惯，并遵守规则做事。

（2）施工秩序的管理

1）编制和落实施工组织设计

施工组织设计是对施工活动实行科学管理的重要手段，它具有战略部署和战术安排的双重作用。施工组织设计是用来指导施工项目全过程各项活动的技术、经济、组织和管理的综合性文件，是施工技术与施工项目管理有机结合的产物，它是工程开工后施工活动能有序、高效、科学合理地进行的保证。建设工程施工必须按照批准的施工组织设计进行。施工单位应该在项目开工前按规定要求提交实施性施工组织设计，经监理/业主审批同意后在施工过程中贯彻执行，确需对施工组织设计进行重大修改的，必须报经监理/业主批准同意。

2）编制和执行专项施工方案

对工程质量、施工安全、环境保护有较大影响的项目，或技术复杂，采用“四新技术”的项目，在施工前应编制专项施工方案，报经监理/业主批准同意后实施。必要时需报政府主管部门组织专家评审认可。

3）实施全面计划管理

将影响施工生产的全部要素及所有工作都纳入计划管理的范围之内，确保各项施工活动按预定的时间要求、技术标准顺利推进。实施严格的计划管理既是维持良好施工秩序的基础，也是建立良好施工秩序的前提条件。

（3）作业/环境条件的管理

施工单位应按照有关规定，采取相应措施保障施工现场作业环境、市容环境卫生和施工人员身体健康，并有效减少对周边环境不利影响的施工活动。业主/监理应监督施工单位管理的有效性和工作到位情况。

1）创造有序生产的条件

① 施工现场四周应当按规定设置连续、封闭的围挡，实施封闭管理。

② 施工现场应当按规定拥有现场防火、治安综合治理、施工标牌——“五牌一图”（工程概况牌、消防保卫牌、安全生产牌、文明施工牌、环境保护牌和施工总平面图）、危险部位的安全标牌、工地导向牌等铭牌，生活以及保健急救等设施和相应的管理制度。施工现场的作业区和办公、生活区要明显划分。

2）创造良好的作业条件

作业条件应符合劳动卫生的相关规定，施工单位应识别、评价和控制不良劳动条件，保护和促进劳动者的身心健康。应有效控制生产过程、生产环境和劳动过程三个方面中的有害（环境）因素：

① 有毒物质（如铅、汞、苯、氯气、一氧化碳等）、生产性粉尘（如石英尘、石棉尘、石尘、煤尘、皮毛尘等）、异常小气候（如过高过低的温度、过高过低的气压）、噪声、振动、微波、激光、α粒子、γ射线、静电等物理因素，以及细菌、霉菌、病毒等生物性因素等。

② 不利的自然环境因素（高温地区夏季或高寒地区冬季露天作业时的酷热或严寒等）。

③ 不合理的劳动组织及作业轮班制度，超重体力劳动，操作过度紧张，个别器官系统如视力过度紧张以及作业空间狭小或照明不足、通风不良等。

对上述三类问题，应采取有效的防护措施，创造良好的作业环境。总之，应该创造一个不影响产品特性的工作环境、设备正常使用和检测设备所需环境、提高生产效率降低劳动强度和提高员工满意程度的环境以及法规要求的环境。

3）努力降低扰民影响

① 施工前应对地下建（构）筑物及地下管线进行妥善处理

应督促施工单位在施工前了解经过施工现场的地下管线，标出位置，加以保护。施工单位进行地下工程或者基础工程施工时，发现文物、古化石、爆炸物、电缆等应当暂停施工，保护好现场，并及时向有关部门报告，在按照有关规定处理后，方可继续施工。

② 扰民的施工方案应按规定呈批同意后实施并事先告示

施工中需要停水、停电、封路而影响到施工现场周围地区的单位和居民时，必须经有关主管部门批准，并事先通告受影响的单位和居民。占道施工时，应先实施经地方政府主管部门审查同意的交通疏解方案，并按规定设置围栏和标志。

③ 竣工后清场

建设工程竣工后，督促施工单位应当在建设单位组织竣工验收前拆除工地围挡、安全防护设施和其他临时设施，并清运废弃物。

占用、挖掘城市道路施工工程竣工后，督促施工单位应当清除道路上的障碍物，消除安全隐患，并在批准施工期限届满前清理场地。

④ 实施回访制度

施工过程中，建设单位应督促施工单位做好对周边单位、社区有关施工影响的随访、复访工作，根据反馈意见改进文明施工工作。

三、项目环境管理规划的主要控制措施

（一）组织措施

1. 组织架构的配置符合规定

组织本身的组织结构及组织内的成员都是管理体系的重要因素，直接影响管理体系有效实施和运行。应检查（业主自身的以及承包人的）项目部的组织结构及人员配置，尤其是项目部领导班子和主要职能部门负责人的配置是否符合规定/合同要求，项目部应建立项目环境管理责任制，并组织实施。

2. 资源投入满足需要

检查投入的资源（人力资源和专项技能、基础设施、培训以及技术和财力资源）配置是否充足、能否满足管理体系运行的需求；安全文明施工措施费是否按计划足额投入。

3. 各级岗位人员的任职条件符合要求

对各级岗位人员意识、能力是否规定了要求、考核标准和考核办法，并予以实施，可能产生重大影响的岗位或人员是否受到相应培训。应实时验证主要人员（项目经理、技术负责人、环境主任等）职责的落实情况。对意识、能力达不到规定要求的人员，应采取必要的处理措施，直至更换合适的人员。

（二）管理措施

1. 科学策划

应指定专职部门/人员检查策划中的相关程序/制度是否符合规定要求，若该建立的程序/制度没有建立的，应要求补齐和完善。此外，应该验证这些程序/制度实施的有效性，对检查中发现的运行不符合，需限时纠正。

2. 管理方案编制和执行的控制

运行控制的重点是重大环境因素有关的运行和活动，应检查是否对所有重大环境因素制定了管理方案，管理方案的内容是否充分，运行效果是否有效。应评价施工单位对环境因素的识别是否充分，否则应补充识别。

3. 应急准备和响应的控制

对可能产生的事故和紧急情况，应建立和保持应急准备和响应的程序和计划。应检查上述程序和计划是否符合规定要求，是否定期进行演练，有无必要更新。

4. 严格监督

成立工地巡检组，只要有人施工，就要进行不间断的巡查，发现存在环境事故隐患和违章作业的，立即要求施工单位整改；情况严重的，应当要求施工单位暂时停止施工。施工单位拒不整改或者不停止施工的，应当及时向有关主管部门报告。

5. 业主的责任

业主不得对勘察、设计、施工、工程监理等单位提出不符合环境法律、法规和强制性标准规定的要求。业主应检查、督促、协助施工单位实施文明施工，不得要求施工单位降

低文明施工标准。

(三) 技术措施

1. 设计阶段采取的技术措施

(1) 在建设工程设计文件确定前，建设单位应要求设计单位对工程周围建筑物、构筑物和各类管线、设施进行现场勘察、摸查，提出文明施工的具体技术措施和要求，并将工程所涉及建筑物、构筑物和管线、设施管理单位的书面意见以及环保行政部门提出的设计要求，提交给设计单位、施工单位和道路管养单位。

(2) 设计单位应当按照环境法律、法规和工程建设强制性标准进行设计，防止因设计不合理导致环境事故的发生。

设计单位在编制设计文件时，应当根据建设工程勘察文件和建设单位提供的文明施工书面意见，对建设工程周边建筑物、构筑物和各类管线、设施提出保护要求，并优先选用有利于文明施工的施工技术、工艺和建筑材料。

2. 施工阶段采取的技术措施

(1) 严格审查施工组织设计或者专项施工方案中的环境保护、文明施工技术措施是否符合环境法律、法规的规定和合同的要求；必要时应进行方案比选，应优先采用能防止或减少环境影响的工法或工艺。重大环境因素的管理方案、应急预案等必须经审核批准后才准许实施。

(2) 施工单位应当落实各项环境保护和文明施工管理措施，落实环境管理、文明施工责任人，建立文明施工检查制度。编制切实可行的控制环境因素的技术措施，并认真付之实施。

(四) 合同措施

1. 承包模式与合同类型的选择

根据业主自身能力和市场资源的实际情况，采用有利于环境目标实现的承包模式与合同类型。

2. 合同条款的制定应有利于环境目标的实现

(1) 工程招标或者直接发包时，应明确环境管理的要求和措施。

(2) 规定承包人应具有相应的资质；并规定项目经理、技术负责人、环境主管的任职资格。

(3) 赋予权力。承包合同应保证业主对项目环境管理的控制权力，并形成一个严密的体系，一个前后相继的过程，包括对承包人环境管理的策划、实施和运行、检查与纠正、管理评审等整个过程的控制；业主拥有对施工单位环境管理重要文件的审批权力，有责令承包商对不符合、事故、事件、危险源、环境影响等予以处理的权力，以及对承包商在环境和文明施工方面违约时的处置权力，如处罚违约金、停工整顿、中止部分或全部合同的权力等。

(4) 规定环境目标。承包商项目环境管理的绩效，应在合同中予以明确规定，作为标后管理的重要内容，是考评的主要依据之一。查出的所有不符合项和事故均应作为不良记录登记在案，并按合同规定进行处理。

(五) 经济措施

1. 业主资金到位

业主应保障确保完成环境管理所需的资金，并按合同规定按时支付进度款和安全文明施工技术措施费。业主应对承包商的工程款使用是否合理进行监控，确保项目环境管理有足够的资金投入。

2. 经济奖罚

承包商项目环境管理的绩效与经济奖罚相挂钩，根据问题的性质和严重程度按合同规定予以处罚。实现了文明施工目标后予以奖励，完不成环境目标时则给予经济处罚。

第十二章　项目资源管理策划

一、概述

(一) 定义

1. 项目资源

项目资源是对项目中使用的人力资源、材料、机械设备、技术、资金和基础设施等的总称。

2. 项目资源管理

为了确保在项目目标实现的基础上努力降低项目成本，对项目所需的人力、材料、机械设备、技术、资金、信息和基础设施所进行的计划、组织、指挥、协调和控制等活动。

(二) 项目资源管理概述

1. 项目资源管理的内容

包括人力资源管理、材料管理、机械设备管理、技术管理、资金管理、信息管理（另章论述）、基础设施管理和工作环境管理等方面。

2. 项目资源管理的程序与全过程

项目资源管理应遵循下列程序：

（1）编制资源配置计划，确定投入资源的数量、质量和时间。

（2）根据资源配置计划，做好各种资源的供应工作。

（3）根据各种资源的特性，采取科学的措施，进行有效组合，合理投入，动态调控。

（4）对资源投入和使用情况定期分析，找出问题，总结经验并持续改进。

项目资源管理策划就是对项目资源管理的全过程——项目资源的计划、配置、控制和处置四个环节的策划。

3. 项目资源管理的基本工作

（1）编制项目资源管理计划

为满足项目顺利实施的需要，应编制项目资源计划，对应该获得哪些资源、获得多少、从哪里获得、何时获得、如何使用和控制等方面进行统筹安排。

（2）保证资源的供应

在项目实施过程中，为保证资源的供应，应当按照编制的各种资源计划，派专业部门人员负责组织资源的供应，进行优化选择，并把它投入到项目管理中，使计划得以实施、项目的需要得以保证。

（3）节约使用资源

在项目实施过程中，资源管理最根本的意义就在于节约活劳动及物化劳动，因此，节约使用资源应该是资源管理诸环节中最为重要的一环。要节约使用资源，就要根据每种资源的特性，策划出科学的措施，进行动态配置和组合，协调投入，合理使用，不断地纠正偏差，以尽可能少的资源，满足项目的使用要求，达到节约的目的。

（4）对资源使用情况进行核算

资源管理的另一个重要环节，就是对项目投入资源的使用和产出情况进行核算。只有完成了这个程序，资源管理者才能做到心中有数，才知道哪些资源的投入、使用是恰当的，哪些资源还需要进行重新调整。

（5）对资源使用效果进行分析

对资源使用效果进行分析，一方面是对管理效果的总结，找出经验问题，评价管理活动；另一方面又为管理者提供储备与反馈信息，以指导以后的管理工作。

4. 项目资源管理的目的

一是满足项目使用的需求，二是在于节约活劳动和物化劳动，具体地可以从以下几个方面来表达。

（1）优化配置资源

对项目投入的资源进行优化配置，即适时、适量、按比例配置资源并投入到项目实施中以满足需要。

（2）资源的优化组合

进行资源的优化组合，即投入项目的各种资源在项目中搭配适当、协调，能够充分发挥作用，更有效地形成生产力。

（3）动态管理

因为项目的实施过程是一个不断变化的过程，对资源的需求也会不断发生变化。因此，资源的配置与组合也需要不断地调整去适应工程的需要，这就是一种动态的管理。在整个项目运行过程中，对资源进行动态管理，是优化组合与配置的手段与保证。它的基本内容应该是按照项目的内在规律，有效地计划、组织、协调、控制各种生产资源，使它能合理地流动，在动态中求得平衡。

资源不但指业主自有的，也包括外来（租赁或承包商）的，只要对项目管理活动产生影响的都应进行有效控制。

（4）节约

在项目全生命周期中，合理地、节约地使用资源。

5. 项目资源管理的复杂性

（1）种类多，供应量大

项目所需要的资源，例如材料的品种、机械设备的种类极多，劳动力涉及各个工种、各种级别。通常一个建设工程建筑材料的种类多达几千种、总质量多达几万吨。

（2）不均衡

由于工程项目实施过程的不均衡性，使得资源的需求和供应不均衡，资源的品种和使用量在实施过程中大幅度地起伏。这大大难于一般工业生产过程的资源管理。

（3）复杂

资源供应过程的复杂性。按照工程量和工期计划确定的仅是资源的使用计划，而资源的供应是一个非常复杂的过程。例如，要保证劳动力使用，则必须安排招聘、培训、调遣以及相应的现场生活的设施；要保证材料的使用，必须安排好材料的采购、运输、储存等。在上述每个环节上都不能出现问题，这样才能保证工程的顺利实施。由于资源供应过程的复杂性，所以要有合理的供应方案、采购方案和运输方案，并对全过程进行监督和控制。

（4）交互作用

项目策划和计划与资源之间存在交互作用。资源计划是项目总策划（计划）的一部分，它受整个项目策划和实施方案的影响很大。

1）在做项目策划和计划时，必须依据外部环境以及市场所能提供的各种资源的供应条件、供应能力，否则项目策划和计划会不切实际，难于落实，必须变更。

2）项目策划和计划的任何偏差、错误、变更都可能导致材料积压、无效采购、多进、早进、错进、缺乏等问题的发生，都会影响工期、质量和工程经济效益，可能会产生争执（索赔）。例如，在实施过程中增加工程范围、修改设计、停工、加速施工等都可能导致资源计划的修改，资源供应和运输方式的变化，资源使用的浪费。所以，资源计划不是被动地受制于项目策划和计划（实施方案和工期），而是应积极地对它们进行制约，作为它们的前提条件。

（5）成本控制责任重大

由于资源对成本的影响很大，要求在资源供应和使用中加强成本控制，进行资源优化。例如，选择使用资源少的实施方案；均衡地使用资源；优化资源供应渠道，以降低采购费用；充分利用现有的企业资源，现有的人力、物力、设备；充分利用现场可用的资源、建筑材料、已有建筑，以及已建好但未交付的永久性工程等。

（6）风险大

环境对资源的供应具有很大的制约作用，而外部环境又是不断变化和不确定的，所以，资源供应风险性强。例如，供应商不能及时地交货；在项目实施过程中市场价格、供应条件变化大；运输途中由于政治、自然、社会的原因造成拖延；冬季和雨季对供应的影响；用电高峰期造成施工现场停电等。这些是资源供应的外部风险。

（7）协调平衡

对于集群型项目，资源经常不是一个项目的问题，而必须在多项目中协调平衡。例如，企业一定的劳动力数量、一定的设备数量和资金必须在同时实施的几个项目中均衡使用。因此，对有限的资源寻找一个可能的、可行的，同时又能产生最佳整体效益的安排方案具有重大意义。有时由于资源的限定使得一些能够同时实施的项目必须错开安排，甚至不得不采取放弃或暂缓启动项目的措施。

（8）资源的限制

有时资源的限制，不仅存在上限定义，而且可能存在下限定义，或要求充分利用现有定量资源。例如，在国际工程中派出 100 人，由于没有其他工程相调配，这 100 人必须在一个工程中安排，不能增加，也不能减少，在固定约束条件下，使工程尽早结束。这时必须将一些活动分开，或某些活动提前（修改逻辑关系），或压缩工期增加资源投入以利用剩余的资源。这给项目的实施方案和工期计划安排带来极大的困难。在有的情况下，资源的限制不是固定的，而是不断变化的，如不同时期，市场劳动力富余程度不一样，到农忙季节或春节，农民工就会显得十分紧缺。

二、项目资源管理规划的主要内容

（一）项目资源管理体系的策划

应建立并持续改进项目资源管理体系，确定组织架构，完善管理制度，明确管理责任，规范管理程序。其中包括：人力资源管理制度、材料管理制度、机械管理制度、技术管理制度、资金管理制度、基础设施管理制度。

（二）制定项目资源管理计划

1. 项目资源计划的编制内容

对应该获得哪些资源、获得多少、从哪里获得、何时获得、如何使用和控制等方面进行策划并统筹安排。计划制定前，应先对获取资源的渠道进行决策。通常，资源可以从组织内部和外部两个方面获得，若从组织外部获得，则有外购、外包或外租三种方式。

2. 项目资源计划的编制依据

（1）项目目标分解

对项目目标进行分解，把项目的总体目标分解为各个具体的子目标，通过对实现这些子目标所必须配备的资源进行逐个分析，以便清楚地了解项目所需资源的总体情况。

（2）工作分解结构

工作分解结构定义了项目的全部工作范围，确定了完成项目目标所必须进行的各项具体活动，根据工作分解结构的结果，可以估算出完成各项目单元所需的资源的数量、质量和具体要求等信息。利用工作分解结构进行项目资源计划时，工作划分得越细、越具体，所需资源的种类和数量越容易估计，而且越精准。

（3）项目进度计划

通过项目进度计划，可以清楚地知道各项活动何时使用何种资源以及占用这些资源的时间，为合理地配置项目所需资源打下基础。

（4）项目实施过程中的制约因素

由于项目涉及的主体多、协调量大，且存在复杂的不确定性，在进行资源计划时，应充分考虑各类因素的制约，如项目管理模式、合同类型、资源供应条件等。

（5）类似成功项目的历史资料

大量的类似成功项目的历史资料和经验数据具有较强的参考作用，有利于克服计划的盲目性，且在节约时间和费用的同时也降低了风险。

（三）项目资源配置

1. 项目资源配置的目标和原则

项目资源配置是指按编制的计划，从资源的供应到投入到项目实施，做好各种资源的供应工作，其目标是及时、经济、稳定地保障项目的资源供应。配置要遵循资源配置自身经济规律和价值规律，更好地发挥资源的效能，降低成本。

2. 制定并执行资源配置（供应）作业计划

将资源配置计划分解细化成可操作的实施性的安排，明确资源配置过程中需要开展的活动（工作）内容、作业流程、日程安排、人员职责、跟踪验证措施等，使资源配置计划得以实施。

（四）项目资源控制

1. 全过程控制

应对项目资源管理过程实施全过程的控制，应包括按资源管理计划进行资源的选择、资源的组织和进场后的管理等内容。

2. 有针对性地动态管理

项目资源控制应指根据每种资源的特性，采取合理的措施进行动态配置和组合，协调投入，合理使用，不断纠正偏差。动态控制包括对资源利用率和使用率的监督、闲置资源的清退、资源随项目实施状况及时调度，以尽可能少的资源，满足项目的使用要求，达到节约的目的。

（1）人力资源管理控制应包括人力资源的选择、订立劳务分包合同、教育培训和考核等。

（2）材料管理控制应包括材料供应单位的选择、订立采购供应合同、出厂或进场验收、储存管理、使用管理及不合格品处置等。

（3）机械设备管理控制应包括机械设备购置和租赁管理、使用维护管理、操作人员管理、报废和出场管理等。

（4）技术管理控制应包括技术开发管理，新产品、新材料、新工艺的应用管理，项目管理实施规划/技术文件和技术方案管理，技术档案管理，测试仪器管理等。

（5）资金管理控制应包括资金收入与支出管理、资金使用成本管理、资金风险管理等。

（6）基础设施管理控制应包括基础设施配备和维护标准，以及相应资源提供和保障的制定与实施。

（五）项目资源处置

1. 核算与分析

项目资源处置是在各种资源的投入、使用与产出核算的基础上，进行使用效果分析，一方面对管理进行总结，找出经验和问题，评价管理活动。另一方面又为管理提供储备和反馈信息，以指导下一阶段的管理工作，并持续改进。

2. 项目资源管理考核

组织应对项目资源管理考核的实施予以策划，制定项目资源管理考核办法和实施细则。项目资源管理考核内容如下：

（1）人力资源管理考核

1）是否有“岗位任职条件”以确定各岗位人员必须具备的能力——教育、培训、技能、经验。查员工花名册，抽查在岗人员尤其是骨干人员是否符合“任职条件”。

2）查对岗位人员的能力是否进行考核评价——相应业绩以及为证明人员胜任情况提

供的相关证据。

3）是否按需求编制了培训计划，培训计划是否实施，其有效性是否得到评价。

4）员工的意识如何。

5）查验提供的人力资源管理工作的证据：人力资源管理规划、实施计划及证据、人力资源管理台账、有关人员资格证明、人员胜任情况的评价、年度培训计划、培训实施评价记录等。

（2）材料管理考核

材料管理考核应坚持“计划管理、跟踪检查、总量控制、节奖超罚”的原则。材料管理考核常用的考核指标有：进货品种齐备率、年度材料周转次数、库存材料资金占用率、材料成本节约或超支额、材料不合格品率。

（3）机械设备管理考核

机械设备管理考核的重点是机械设备的配置率、完好率和利用率。

（4）技术管理考核

技术管理考核应包括技术管理工作计划的执行、技术方案的实施、技术管理制度和技术措施的实施、技术问题的处置、技术资料收集整理和归档以及技术开发、新技术和新工艺应用等方面。

（5）资金管理考核

资金管理考核应围绕资金收支计划进行。通过计划收支和实际收支对比，找出差异和存在问题。

三、项目资源管理规划的主要控制措施

（1）建立和健全项目资源管理体系，实施持续改进，落实以人力资源管理部门为主责、各职能部门分工负责的责任制。按规定检查管理体系运行的记录及相关文件，验证管理体系的符合性、充分性和有效性。

（2）制度、程序和管理细则。按项目资源管理的过程和程序，建立和实施一整套有关项目资源的计划、配置、控制和处置的制度、程序和管理细则。查验该有的制度是否齐全，制度是否执行到位。

（3）进行绩效考核。根据需要定期或不定期地对项目资源管理绩效进行考核评价，通过对资源投入、使用、调整以及计划与实际的对比分析，找出项目资源管理中存在的偏差和问题，及时采取措施整改。

（4）监督检查。对项目资源管理的过程实施严格的监督检查，监督检查运用过程方法，对人力资源管理、材料管理、机械设备管理、技术管理、资金管理、基础设施管理的管理前策划、管理中活动和应投入的资源、管理后结果三个阶段，分别设立检查点，检查其是否符合规定要求，针对不符合项采取纠正措施或预防措施，确保项目资源管理的有效，满足项目要求。

（5）对承包商资源管理的控制。

1）在承包合同中必须具体明确承包商对项目资源的识别、估算、分配、使用进度、资源管理等各方面的要求，以及违反规定应承担的责任。

2）承包商项目资源投入的策划，应经业主/监理审批同意后执行。承包商投入项目的资源，必须经过业主/监理的验收，验收合格后，才准使用在工程上。

3）承包商材料设备进入施工现场便视为业主的财产，若要撤离现场应得到业主的同意。

4）工程款必须专款专用，所有的工程款均列入监控账户，在业主的监督下按规定使用。

5）业主拥有对承包商投入的项目资源中不符合规定要求部分的处置权，有要求承包商增大资源投入以及更换资源和调度资源的权力。

第十三章　项目信息管理策划

一、概述

(一) 定义

1. 信息

信息是具有意义的数据。其含义之一是所有的信息都是数据，数据只有经过提炼、抽象等加工处理之后，具有使用价值时才能成为信息。其含义之二是信息是按照用户的需要、经过加工处理的，对客观世界产生影响的数据。

2. 项目信息管理

项目信息管理是指对项目信息的收集、加工、传输、储存、检索、输出与反馈等一系列工作的总称；也就是把项目信息作为管理对象进行管理。信息是各项管理工作的基础和依据，没有及时、准确和满足需要的信息，管理工作就不可能有效。它已成为现代工程项目管理中不可缺少的重要组成部分。

(二) 项目信息管理概述

1. 项目信息管理的目的

根据项目信息的特点，通过动态、及时的信息处理和有计划地组织信息流通，实现项目管理信息化，使项目的相关人员能全面、及时、准确地获得所需的信息，为预测未来、作出最优决策和取得良好实施效果提供科学依据。

2. 项目信息管理工作的程序

确定项目信息管理目标→进行项目信息管理策划→项目信息收集→项目信息处理→项目信息运用→项目信息管理评价。

3. 项目信息管理的意义

美国《经济学人》杂志 2000 年刊登的有关资料表明："一个典型的 1 亿美元的建设项目在实施过程中会产生 15 万份左右独立的文档或资料。"工程项目实施过程中产生海量的信息是项目管理的基础和前提，如果仍沿用传统方法，使用纸质作为信息的载体和手工的方式进行管理，则势必效率低下，无法满足项目管理的需要。据国际有关文献资料介绍，由于项目信息管理不善所造成的不良后果，有以下几种情况：

（1）建设工程项目实施过程中存在的诸多问题，其中三分之二与信息交流（信息沟通）的问题有关。

（2）建设工程项目 10％～33％的费用增加与信息交流存在的问题有关；在大型建设工程项目中，信息交流的问题导致工程变更和工程实施的错误约占工程总成本的 3％～5％。

因此，项目信息管理十分重要。充分地利用计算机技术、网络技术、数据库等在内的现代信息技术，实现高效的信息交流与共享管理，既能减轻项目参与人日常管理工作的负担，又能够避免上述情况的发生。所以，加速信息化管理已成为实现项目管理现代化的当务之急和解决管理有效的重中之重，已成为优质完成现代化建筑工程的关键之一。项目信息管理的水平，也成为衡量项目管理成熟度的一个主要标志。

二、项目信息管理规划的主要内容

（一）确定项目信息管理目标

项目信息管理目标的确定，应结合项目的实际、项目总目标以及企业的战略方针和信息化状况进行综合考虑。项目信息管理目标可以是：

（1）一般可以确定为项目业务工作局部的常规信息化。

（2）或者项目业务工作局部的高度信息化。

（3）或者项目管理工作整体的常规信息化。

（4）或者项目管理工作整体的高度信息化四种目标。

（5）或者是它们的结合。

（6）或者是在“五控（安全、质量、工期、投资、环境）四管（合同、信息、现场、生产要素）一协调”各个领域建立管理平台。以进度控制、费用控制、质量控制、安全控制、环境控制为核心，以计划为龙头，统筹协调各项业务的开展，保证业务数据在各个系统中的相互流通和信息共享。

（二）建立并保持项目信息管理体系

以现有的组织架构为基础，明确信息管理的任务分工和管理职能分配、所需人员和资源的配置及信息处理平台的建立和维护，以及信息管理制度和信息管理工作流程的建立和运行，形成具有为各项管理工作提供信息支持和保证能力的工作系统。

（三）进行项目信息管理策划

1. 项目信息管理策划的主要内容

一般包括需求分析、信息的分类和编码、信息管理任务分工和职能分工、信息管理工作流程、信息处理要求及方式、各种报表和报告的内容和格式、各项信息管理制度等。

2. 信息需求分析

信息需求分析是要识别组织内外部、即组织内各层次以及组织外项目干系人的信息需求，例如确定谁需要什么信息、何时需要及如何提供信息等。信息需求分析的内容应包括信息的类型、格式、内容、详细程度、传递要求等。

（1）组织内部信息需求分析

组织内部信息需求分析宜按照项目组织架构图逐级、分阶段（项目启动、设计、招标、施工、竣工验收与试运行阶段），根据项目组织分工及人员职责和报告关系，并结合项目各职能管理开展管理活动、业务工作（程序和制度、项目管理实施规划）以及合同和计划的要求进行。

（2）组织外部信息需求分析

信息需求分析应考虑组织外部（各项目干系人，包括政府、媒体、社会）对信息的要求。外部信息需求分析宜依据他们对项目的要求与期望以及国家相关法律法规、合同、协议的要求进行。

信息需求分析可采用表格式。

3. 信息的分类和编码

（1）信息分类

1）信息分类的要求

① 信息的分类（策划）应有助于根据工程项目管理工作的不同要求，提供适当的信息，从而保障工程项目管理工作的顺利进行。

② 不管信息怎么分类，但必须采用统一的项目信息分类体系。否则，在组织和界面之间会产生障碍，造成信息传递不畅，进而影响项目目标实现。

2）信息分类的方法

一般情况下，第一步按照信息的来源划分，第二步将工程项目的内部信息按项目的构成划分，第三步再按照工程项目管理工作的任务划分。

3）信息的分类

① 按照工程项目管理工作的任务划分：

可分为进度、质量、投资、安全、环境、合同控制信息等。

② 按照工程项目管理的工作流程划分：

可分为计划、执行、检查、处置信息。

③ 按照信息的来源划分：

可分为工程项目的内部信息和外部信息。

④ 按照信息的稳定程度划分：

可分为固定信息和动态信息。

⑤ 按照其他标准划分：

A. 按项目的构成划分，可分为××单项工程、××单位工程信息等。

B. 按项目实施的工作过程划分，可分为项目前期、设计、招投标、施工、使用前准备阶段的信息。

C. 按信息的内容属性划分，可分为组织类、管理类、经济类、技术类、法规类信息等。

D. 按信息服务的单位分：业主、监理、设计、施工、咨询、上级、接受单位、媒体类信息等。

（2）信息的编码设计

1）信息编码意义

在工程项目管理中，随时都可能产生大量信息，必须赋予信息一组能反映其主要特征的代码，用以表征信息的实体和属性，以便利用计算机进行管理。

2）项目信息编码的原则

① 代码应符合唯一化、规范化、系统化、标准化的要求，以便利用计算机进行管理。

② 代码体系应科学合理、结构清晰、层次分明，具有足够的容量、弹性和可兼容性，

能满足施工项目管理需要。代码一般有顺序码、数字码、字符码和混合码等。

③ 项目信息代码系统宜作为企业信息代码系统的子系统，从而保证企业管理层和项目管理层之间充分的信息共享。

3）信息的编码方法

通常采用十进制编码法，即先把对象分成十大类，编以第一个号 0～9，再在每大类中分十小类，编以第二个号 0～9，依此编下去。如图 13-1 所示。

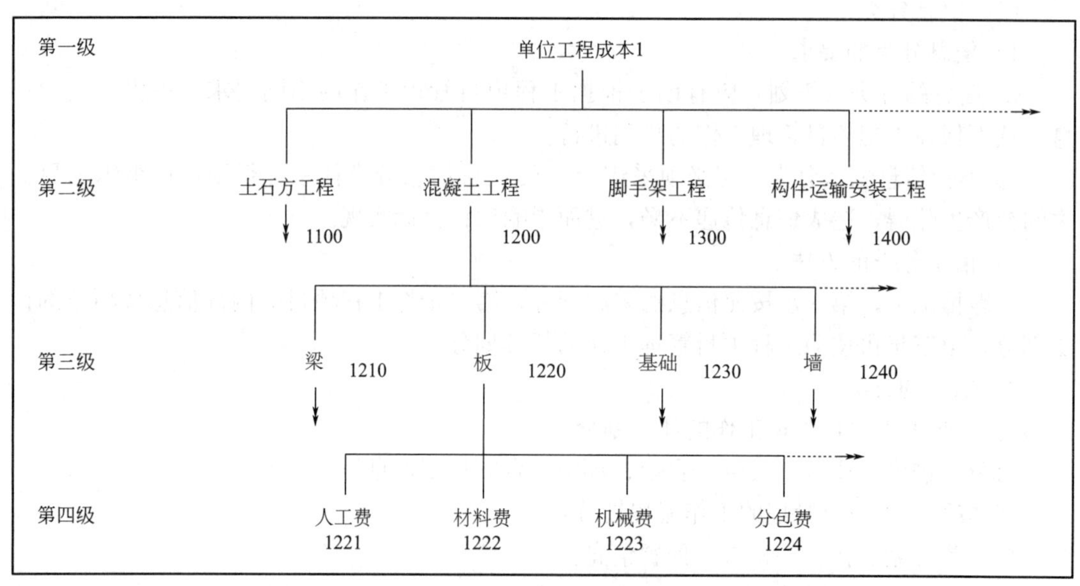

图 13-1　单位工程成本信息编码示意图

4. 信息管理任务分工和职能分工

（1）信息管理工作体系的策划

对于周期短、规模小的项目，项目信息管理没有必要在项目运作的业务流程中单独构成一个独立的管理环节。但是对于周期较长、规模较大的项目，信息管理对于项目的成功将起到重要的作用，有必要建立信息管理工作体系。项目信息管理组织机构的策划如下：

1）大型建设项目，在项目的组织和资源规划中必须设立专门的信息管理机构，部门名称可以叫项目信息中心或项目信息办公室。

2）成立以项目总经理为核心的项目信息管理系统建设领导小组，统一规划部署项目信息化工作。

3）在项目的计划、技术、财务、合同、物资、档案、质量、办公室等职能部门设立部门级项目信息员。

4）目前，大型建设项目信息管理系统的建设费用在每个行业的项目划分和投资估算中没有专门列编，许多建设单位从总预备费或办公管理费用中列支计算机网络、数据库、项目管理软件等的采购费用。

（2）信息管理任务分工和职能分工

应明确规定各项目干系人（投资人、咨询、设计、监理、施工、供应、政府主管部门等）的信息管理任务以及业主各职能部门、管理层的职责。

5. 信息管理工作流程

项目信息的流动形式见表 13-1 所列。

项目信息流动形式　　**表 13-1**

流动形式	内　容
自上而下流动/纵向流动	• 信息源在上，接收信息者为其直接下属 • 信息流一般为逐级向下，即 决策层→管理层→作业层 业主项目经理部→项目各管理部门（人员）→咨询、承包单位 • 信息内容：主要是项目的控制目标、指令、工作条例、办法、规章制度、业务指导意见、通知、奖励和处罚
自下而上流动/纵向流动	• 信息源在下，接收信息者在其上一层次 • 信息流一般为逐级向上，即： 作业层→管理层→决策层 咨询、承包单位→业主项目各管理部门（人员）→业主项目经理部 • 信息内容：主要是项目实施过程中，完成的工程量、进度、质量、成本、环保、安全、现场、效率等原始数据或报表，生产要素（人、材、机、技术、资金）的状况，管理人员工作情况，下级为上级需要提供的资料、情报以及提出的合理化建议等
横向流动	• 信息源与接收信息者在同一层次。在项目管理过程中，业主各管理部门因分工不同形成了各专业信息源，同时彼此之间还根据需要相互接收信息 • 信息流在同一层次横向流动，沟通信息，互相补充 • 信息内容根据需要互通有无，如工程管理部门需要其他部门提供：项目征地拆迁进度、项目设计、招标等信息
内外交流	• 信息源：业主项目经理部与项目外部单位互为信息源和接收信息者，主要的外部单位有：上级公司领导与有关职能部门，以及银行、保险公司、质量监督部门、有关国家管理部门、业务部门、城市规划部门、城市交通消防环保部门、供水供电通信部门、公安部门、工地所在街道居民委员会、新闻单位 • 信息流：业主项目经理部与外部部门之间进行内外交流 • 信息内容：满足本项目管理需要的信息 满足与项目外部单位协作要求的信息 按国家规定的要求相互提供的信息 业主项目经理部为宣传自己，提高信誉、竞争力，向外界主动发布的信息
信息中心辐射流动	• 大型或集群型项目专业信息多，信息流动路线交错复杂、通过环节多，在业主项目经理部应设立项目信息管理中心 • 信息中心行使收集、汇总信息，加工、分析信息，提供分发信息的集散中心职能及管理信息职能 • 信息中心既是项目内部、外部所有信息源发出信息的接收者，同时又是负责向各信息需求者提供信息的信息源 • 信息中心以辐射状流动路线集散信息、沟通信息 • 信息中心可将一种信息向多位需求者提供，使其起多种作用，还可为一项决策提供多渠道来源的各种信息，减少信息传递障碍，提高信息流速，实现信息共享、综合运用

上述信息流都应该有明晰的流线，并都要保持畅通。否则，工程项目管理人员将无法得到必要的信息，就会失去控制的基础、决策的依据和协调的媒介，项目管理工作必将一事无成。各类信息流的流线应在项目管理实施规划、项目管理的程序文件、业务工作的规章制度、管理办法以及流程图中作出具体的规定。

6. 信息处理的要求及方式

（1）信息处理的要求

信息处理必须做到“快捷、准确、适用、经济”。

快捷：处理速度快，要能够及时处理完对工程项目进行动态管理所需要的大量信息。

准确：信息处理必须做到去伪存真，使经处理后的信息能客观、如实地反映实际情况。

适用：信息处理必须做到能满足项目管理工作的实际需要，各层人员都可以得心应手地随时使用。

经济：信息处理必须注意经济效果。

（2）信息处理的方式

信息处理的方式一般有三种，即手工处理方式、机械处理方式和计算机处理方式。手工处理方式是一种最为简单和最原始的信息处理方式，手工处理方式对于一般工程量不大、工程项目管理内容比较单一、信息量较少、固定信息较多的项目，是可以适用的。机械处理方式同手工处理方式相比，并没有本质的差别，只是因为使用了机械，提高了信息处理的速度和效率。计算机处理方式与上述两种方式相比，有本质的区别。一是计算机可以接收、存储大量的信息资料。二是可以按照软件程序自动、快速地对信息进行深度处理和综合加工，以满足不同管理层次的信息需求，同时还可以对信息进行快速检索和传输。

大中型工程项目信息处理的方式应充分利用计算机这一现代化工具，并辅以手工处理方式或机械处理方式。

7. 各种报表和报告的设计

各种管理活动和业务工作的报告、报表、表单是表达数据资料的一种重要方式，是项目管理的工具之一，是各个环节互相通报的媒介，是各部门上下级沟通反馈的重要手段。项目部的各类报告、报表、表单的格式、内容、数据结构、统计分析图表应作出统一规定，做到标准化。

通常，应直接引用规范、标准、政府主管部门颁发的规章制度等文件或通用（选用）管理软件中现成的以及采用类似成功项目和组织适用的报告、报表、表单，不足的部分自己设计。设计的报表应注意：

（1）要符合一定的格式要求。

（2）要与项目的其他表格协调一致。

（3）设计要科学，内容要完整。

（4）要简明扼要，用词概括、明了。

（5）要便于数据和信息的传输和共享。

8. 信息管理制度策划

以上信息管理过程的各项活动，都必须在项目信息管理实施规划、信息管理制度中分别作出详细的规定和要求，都有具体的责任者和规定的程序，通过建立规章制度使信息流程规范化，并借助各种图表使其形象化，以便于各级管理人员理解、掌握和遵照执行。同时，应对信息过程的各项活动提出相应的控制措施，确保各项活动能顺利而有效地进行。

信息管理制度主要包括：信息管理责任制，信息的收集、加工、传输、存储、检索、输出和反馈的管理制度；应用计算机进行信息管理的实施条例，工程资料文档管理，信息安全管理，信息管理评价等。

在项目管理实施策划中，项目信息管理策划的成果是《项目信息管理计划》。

（四）信息过程管理

1. 信息收集

项目信息收集是项目信息管理各环节中关键的第一步，是后续各环节得以开展的基础。全面、及时、准确地识别、筛选、收集有意义的原始数据是确保信息正确性与有效性的前提。

信息收集的方法多种多样，概括起来主要有网上调查法、出版资料查询法、内部资料收集法、口头询问法或书面询问法、传媒收听法、专家咨询法、现场观察法、试验法、有偿购买法、信息员采集法等。

项目信息可以数据、表格、文字、图纸、音像、电子文件等载体方式表示，保证项目信息能及时地收集、整理、共享，并具有可追溯性。

建立项目信息收集制度，对项目的各种原始信息来源、要收集的信息内容、标准、时间要求、传递途径、反馈的范围、责任人员的工作职责、工作程序等有关问题作出具体规定，形成制度或纳入各职能管理制度内，认真执行，以保证原始资料的全面性、及时性、准确性和可靠性。信息收集应随项目的进展，分阶段有计划地进行。项目信息收集的一个有效途径是健全和保持项目的统计系统，可以从统计口收集大量信息。

2. 信息加工

根据不同管理层次对信息的不同需求，信息的加工从浅到深一般分为三个层次：初级——对所收集的信息进行筛选、校核、分组、排序、汇总、计算平均数等整理工作，建立索引或目录文件；中级——将基础数据综合成决策信息，供有关管理人员决策使用；高级——运用网络计划技术模型、线性规划模型、存储模型等数学模型，对数据进行统计分析和预测，为项目管理工作提供辅助决策。

3. 信息传输

根据信息需求的紧迫性、技术的可获得性以及信息关系人的经验与能力，可采用包括例会、在线交流、E-mail、备忘录、会议纪要、正式报告、统计报表等形式，借助纸张、图片、胶片、磁带、软盘、光盘、计算机网络等载体传递信息。

4. 信息存储

将各类加工处理后的信息存储（纸质或电子）、建立档案，妥善保管，以备随时查询使用。

5. 信息检索

建立一套科学、迅速的检索方法，便于各层次管理人员全面、及时、准确地获得所需要的信息。

6. 信息输出

将处理好的信息按各管理层次的不同要求编制打印成各种报表和文件，或以电子邮件、web 网页、QQ、微信等形式发布，不断地将建设项目信息输送到项目建设各方手中，成为他们工作的依据。

项目信息过程管理中，应加大计算机应用的比重，有条件的项目，应实现信息过程管理电子化、软件化、自动化。

（五）项目信息运用

（1）为领导决策服务，即信息自下而上的传递，提供决策依据、素材。

（2）为上级各部门日常经营管理事务服务，即信息自下而上的传递。

（3）为业主项目部各职能部门日常经营管理事务服务，由各个信息系统自行使用信息或上下传递。

（4）为项目内外协调工作服务，即信息平行的传递。

（5）为特定的咨询问题服务。

（6）为适应上级领导部门和有关部门需要服务。

（7）为公共关系目的服务。

（六）工程资料和文档管理

在工程项目上，许多信息是以资料文档为载体，进行收集、加工、传输、储存、检索、输出与反馈的。因此，工程资料文档管理，是项目信息管理的重要组成部分。工程资料应随工程进度及时收集、整理，并按专业归类，其管理必须符合国家标准、规范和相关文件的规定，满足可追溯的要求，宜选用合适的计算机工程资料管理系统。在采用计算机辅助信息管理时，应采用资料数据打印输出加手写签名和全部数据采用计算机数据库管理并行的方式。详细内容请参阅第十六章《项目收尾管理策划》。

（七）项目信息管理评价

建立信息反馈机制，反馈信息使用者的意见和建议，对信息管理进行考核，评估信息管理策划（计划）的落实情况、实施效果及信息的有效性、效率、成本，从而改进信息管理工作，不断提高信息管理工作水平。必要时，可请咨询单位作第三方评价。

（八）计算机在项目信息管理中的应用

随着项目的进展，其相关的信息量也将极速地增加，一直到项目结束，作为信息载体的资料也会繁似大海，难以计数，在项目信息管理中计算机网络技术的应用成为项目管理现代化的特征之一，也帮助解决了许多纷繁复杂的项目信息管理工作。

为满足项目信息管理的需要，项目应配备足够的、性能满足要求的计算机，并在计算机上安装信息管理需要的相关软件。项目内计算机互联并与单位的计算机、国际互联网相连。项目网站应是企业计算机网络系统的一个子系统。

项目网站（项目信息管理系统）建设项目按时序划分，一般经过可行性研究、系统分析、系统设计、开发和测试、安装调试、运行维护 6 个阶段。

1. 可行性研究阶段

可行性研究阶段的主要任务是：识别需求，对项目产品进行描述，确定分阶段实施的进度，从业务、技术、经济效益等方面进行可行性研究，形成可行性报告。

2. 系统分析阶段

系统分析阶段的任务是：对现行系统进行详细调查，分析业务流程，分析数据与数据流程，分析功能与数据之间的关系。指出现行系统存在的问题和不足之处，确立新系统的基本目标和逻辑功能要求，最后提出分析处理方式和新系统的逻辑模型。这个阶段也称为逻辑设计阶段。逻辑设计解决系统“做什么”的问题。因此，这个阶段是整个系统建设的关键阶段。

系统分析阶段的工作成果为“系统说明书”，根据系统说明书可以了解未来系统的功能，判断是不是项目所要求的系统。

“系统说明书”一经通过，就是系统设计的依据，也是将来评价和验收系统的依据。

3. 系统设计阶段

系统分析阶段的任务概括地讲，已解决了系统“做什么”的问题，系统设计阶段要回答的问题则是系统“怎么做”。也就是说，根据系统说明书所规定的功能要求，考虑实际情况，具体设计实现逻辑模型的技术方案，即新系统的物理模型。这个阶段也称为物理设计阶段。这个阶段又可分成总体设计和详细设计两个阶段。

这个阶段的技术文档为“系统设计说明书”。

4. 开发和测试阶段

开发和测试阶段是按物理设计方案付诸系统实现的具体工作，包括开发与调试程序，采购硬件。

这个阶段的工作量很大。在这个阶段，开发工作要重视文档的建设，测试工作需要写出测试分析报告，包括“功能测试分析报告”和“系统测试分析报告”。

5. 安装调试阶段

本阶段的工作包括：硬件设备与软件平台的安装调试，用户培训，数据文件转换，系统调试与转换等。

安装调试阶段实现现有系统被新系统所替换，需要用户许多部门的参与或配合。为了使系统顺利转换，必须精心安排，合理组织，统筹调度和协调。

6. 运行维护阶段

系统投入运行后，需要进行经常性维护和评价，记录系统运行的情况，根据一定的程序对系统进行必要的修改，评价系统的工作质量和经济效益。

（九）项目信息安全

信息安全是指对信息的保密性、完整性和可用性的保持。项目应建立系统完善的信息安全管理制度和信息保密制度，严格信息管理程序。

信息可以分类、分级进行管理。保密要求高的信息应按高级别保密要求进行防泄密管理。一般性信息可以采用相应的适宜方式进行管理。在实际工程中，项目信息安全控制可根据项目具体情况采取下列措施中的一种或多种：

（1）明确信息安全目标，并定期对其进行评审与评价，根据结果保持原目标或进行调整。

（2）建立信息安全组织机构和内部协调机制，明确规定有关部门、人员的职责，建立信息处理设施使用授权程序，对第三者访问及信息处理外包进行有效控制。

（3）根据信息的价值大小落实保管责任和措施，并根据信息敏感性和重要程度将信息分为不同的保护等级，确定信息标注和管理程序，明确保护要求和措施，确保信息安全。

（4）实行信息传递的分级管理制度，重要信息按最高等级进行传递管理，一般信息按常规方式进行传递管理。

（5）对员工进行考察、培训，明确其安全角色和职责，与之签订保密协议，并对出现的信息安全事故、故障进行正确处理。

（6）保障实物与环境安全，包括安全区域控制（或物理访问控制）、设备安全控制及媒介安全控制，保护信息系统基础设施、设备、媒介免受非法的物理访问、自然灾害和环境危害。

（7）控制恶意软件，对网络进行安全控制，对各种信息媒介进行安全处置，保证信息交换安全，避免泄密。

（8）对信息资源的访问进行有效控制，拒绝非授权访问，并对授权访问进行登记。

（9）定期对重要的数据与软件进行备份以及系统保护，对故障进行记录并纠正，减少信息故障、灾难等关键业务过程的影响。

三、项目信息管理策划的主要控制措施

1. 管理体系

大型建设项目的业主应建立健全项目信息管理体系，它是组织综合管理体系的重要组成部分。组织架构中应设有专门的信息管理机构，各职能部门设立部门级项目信息员，专职项目信息管理工作，同时明确组织内各层级管理人员项目信息管理的职责和任务。

2. 目标分解

项目信息管理目标应层层分解，落实到部门、落实到岗位。组织应定期检查管理目标的贯彻落实情况，分析现状、查找偏差，并针对偏差产生的主要原因，采取纠偏措施，及时纠正偏差，确保管理目标的实现。

3. 信息系统

建立功能强大的计算机信息网络系统，以及选择为组织信息化所需、能满足项目信息管理要求的软件系统，为项目信息管理奠定物质基础。重视对信息系统的管理和维护，确保信息系统的正常运行和提供服务支持，随着项目信息管理的发展和变化，不断地充实、健全、更新信息系统。

4. 教育与培训

通过教育与培训使项目成员不断提高项目信息管理的业务素质和管理能力，或者掌握应用现代信息系统的必要知识和技能，充分发挥信息系统在项目信息管理中的作用。

5. 明确项目干系人的责任

项目干系人在项目信息管理中的责任、义务和权利，应在承包合同中予以明确，并作为承包人履约的重要任务之一。项目实施中，业主/监理应监督承包人的执行情况，当发

现与规定不符合时，应限时整改，并验证整改效果、记录备案。

6. 绩效考核和履约考评

项目信息管理策划（计划）的执行效果、信息过程管理的有效性、项目信息管理制度落实到位的情况等，应作为绩效考核和履约考评的重要内容之一，通过绩效管理和合同管理的手段，实现项目信息管理控制的有效性。

7. 持续改进

主管领导亲自抓项目信息管理评价制度的贯彻执行，建立持续改进的机制，从而改进信息管理工作，不断提高信息管理工作水平。

第十四章　项目风险管理策划

一、概述

（一）定义

1. 风险

所有类型和规模的组织都面临内部和外部的、使组织不能确定是否及何时实现其目标的因素和影响，这种不确定性所具有的对组织目标的影响就是“风险”。简而言之，风险是某一事故或紧急情况发生的可能性与后果的组合。

2. 风险因素

是指能够引起或增加风险事件发生的机会或影响损失的严重程度的因素，是造成损失的内在或间接原因。

3. 项目风险管理

工程项目风险管理是指对项目的风险所进行的识别、评估、响应和控制等活动。项目风险管理是指通过风险识别、风险分析和风险评定去认识工程项目的风险，并以此为基础合理地使用各种风险应对措施、管理方法、技术和手段对项目的风险实行有效控制，妥善处理风险事件造成的不利后果，以最少的成本保证项目总体目标实现的管理工作。

（二）项目风险管理概述

1. 风险的特征

（1）风险由事故或紧急情况发生的可能性和造成的损失两个要素构成。

（2）风险在一定条件下、一定时间内，某一事故或紧急情况的预期结果与实际结果会存在变动，这种变动程度越大，风险越大，反之越小。

（3）风险在任何项目中都存在。任何类型和规模的组织都面临风险，组织的所有活动也都涉及风险。风险在任何项目中都存在，那些事先不能确定的内部和外部的干扰因素，就是风险。风险会影响项目目标的实现，这些目标可能关系到从战略决策到运营的各种活动，包括各个过程和具体项目，表现在领导、战略、经营、财务、环境、社会、声誉等各个方面。

2. 项目风险管理的范围

风险管理适用于组织和项目的全生命周期和各个阶段，其适用范围包括组织和项目的所有领域和层次，也包括各职能部门及其活动。项目风险管理贯穿项目的全生命周期，并且随着项目的推进，风险的识别、分析和评定工作将会不断地细化和深入，风险处理的各种措施则更具有针对性和可操作性。

3. 项目风险管理的指导思想

有效的风险管理应当融合到整个组织和项目的理念、治理、管理、程序、方针策略以及文化等各个方面。风险管理意识应当是企业文化的一部分。当前，风险管理正在从传统的“单一的”、“点对点”式的管理转向全面的、一体化的管理。

4. 项目风险管理的目的

通过具有前瞻性的、充分考虑各类风险的不确定性及其对项目目标的影响，制定行之有效的应对措施，为项目在运行和决策中有效应对各类突发事件和风险提供支持和保障，以使组织能有效地配置资源、优化过程，及时、恰当、有效地应对风险，提高风险应对的效果和效率，更好地实现项目的目标。

5. 项目风险管理的原则

（1）控制损失，创造价值

以控制损失、创造价值为目标的风险管理，有助于组织实现目标，取得具体可见的成绩和改善各方面的业绩，包括人员健康和安全、合规经营、信用程度、社会认可、环境保护、财务绩效、产品质量、运营效率和公司治理等方面。

（2）融入组织管理过程

风险管理不是独立于组织主要活动和各项管理过程的单独活动，而是组织管理活动不可缺少的重要组成部分。

（3）支持决策

组织的所有决策都应考虑风险和风险管理。风险管理旨在将风险控制在组织可接受的范围内，有助于判断风险应对是否充分、有效，有助于决定行动优先顺序并选择可行的行动方案，从而帮助决策者作出合理的决策。

（4）应用系统的、结构化的方法

应用系统的、结构化的方法有助于风险管理效率的提升，并产生一致、可比、可靠的结果。

（5）以信息为基础

风险管理过程要以有效的信息为基础。这些信息可以通过经验、反馈、观察、预测和专家判断等多种渠道获取，但使用时要考虑数据、模型和专家意见的局限性。

（6）环境依赖

风险管理取决于组织和项目所处的内部和外部环境以及组织承诺所承担的风险。需要特别指出的是，风险管理受人文因素的影响。

（7）广泛参与，充分沟通

利益相关者之间的沟通，尤其是决策者在风险管理中适当和及时的参与，有助于保证风险管理的针对性和有效性。

利益相关者的广泛参与有助于其观点在风险管理过程中得到体现，其利益诉求在决定组织风险偏好时得到充分考虑。利益相关者的广泛参与要建立在对其权利、责任明确认可的基础之上。

利益相关者之间需要进行持续、双向和及时的沟通，尤其是在重大风险事件和风险管理有效性等方面需要及时沟通。

（8）持续改进

风险管理是适应环境变化的动态过程，其各步骤之间形成一个信息反馈的闭环，随着内部和外部事件的发生、组织环境和知识的改变以及监督和检查的执行，有些风险可能会发生变化，一些新的风险可能会出现，另一些风险则可能会消失。因此，组织应持续不断地对各种变化保持敏感并作出恰当反应。组织应通过绩效测量、检查和调整等手段，使风险管理得到持续改进。

6. 项目风险管理过程

明确现状→风险评价/评估（风险识别、风险分析、风险评定）→风险处理（应对）三个阶段。组织宜在风险管理过程所有阶段进行与内、外部利益相关方的沟通和协商。同时，安排对风险管理过程的各个方面进行定期或不定期的监测和评审，包含常规检查或监督。

风险管理过程如图 14-1 所示。

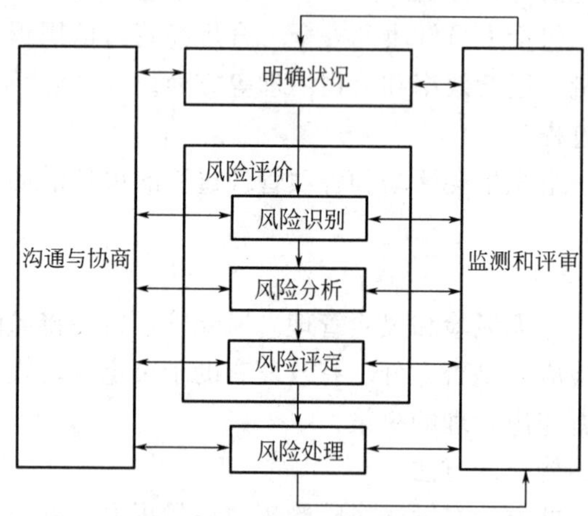

图 14-1　风险管理过程图

二、项目风险管理策划的主要内容

（一）风险管理过程的策划

风险管理过程：明确现状→风险评价（风险识别、风险分析、风险评定）→风险处理。项目实施的上述风险管理过程，既是风险管理的内容，也是风险管理的程序和主要环节。

1. 明确现状（环境）的策划

（1）总则

明确现状就是明确（收集）环境信息，通过明确环境信息，组织明确其风险管理的目标，界定管理风险要考虑的外部和内部参数，确定风险管理过程的范围和风险准则。

（2）明确外部环境信息

1）外部环境是指组织在实现目标过程中所面临的外界环境的历史、现在和未来的相关信息。

2）为保证在制定风险准则时能充分考虑外部利益相关者的目标和关注点，组织需要了解外部环境。外部环境以组织所处的整体环境为基础，包括法律和监管的要求、利益相关者的诉求和与具体风险管理过程相关的其他方面的信息。

3）外部环境信息可以包括，但不局限于：

——国际、国内、地区及当地的社会、文化、政治、法律法规、金融、技术、经济、自然和竞争环境。

——影响组织目标实现的外部关键因素及其历史和变化趋势。

——外部利益相关者的诉求、价值观、风险承受度。

——外部利益相关者与组织的关系。

（3）明确内部环境信息

1）内部环境是指组织在实现目标过程中所面临的内在环境的历史、现在和未来的相关信息。内部状况是指组织内能够影响管理风险方法的方面。

2）风险管理过程宜与组织的文化、过程、结构和战略相一致。

3）组织需要明确内部环境信息，这是因为：

——风险可能会影响组织战略、日常经营或项目运行等各个方面，从而会进一步影响组织的价值、信用和承诺等。

——风险管理在组织的特定目标和管理条件下进行。

——具体活动的目标和有关准则应放到组织整体目标的环境中考虑。

4）内部环境信息可以包括，但不局限于：

——方针、目标，为实现方针和目标制定的战略。

——资源和知识方面的能力（如：资金、时间、人员、过程、系统和技术）。

——信息系统、信息流和决策过程（正式与非正式）。

——内部利益相关方及其诉求、价值观和风险承受度。

——所采用的标准、指南和模式。

——组织和项目的结构（包括治理结构任务和责任等）、管理过程和措施。

——与风险管理实施过程有关的环境信息。

——合同关系的形式与范围等。

（4）明确风险管理过程环境信息

1）确立组织活动的目标、策略、范围和参数，或风险管理过程应用到的组织的那些部分。风险管理宜充分考虑满足开展风险管理的资源需求。

2）所需的资源、职责、权限和要保存的记录也宜予以规定。

3）风险管理过程的环境信息根据组织需求而变化。它可以包括，但不仅限于：

——所开展风险管理工作的范围和目标，以及所需要的资源。

——风险管理过程的职责。

——应执行的风险管理活动的深度和广度。

——风险管理活动与组织其他活动之间的关系。

——风险评价的方法和使用的数据。

——风险管理绩效的评价方法。

——需要作出的决策。

——风险准则等。

对这些和其他相关因素的关注，有助于确保所采用的风险管理方法适合于环境、组织以及影响目标实现的风险。

（5）确定风险准则

1）风险准则的确定原则

① 风险准则是用于评定风险重要性的准则。该准则宜反映组织的承受度、价值观、目标和资源。一些准则可以服从或引用法律法规要求或组织签署的（合同、协议等）其他要求。

② 风险准则宜与组织风险管理方针一致，在风险管理过程开始时予以确定，并予以持续评审（检查和完善）。

2）当确定风险准则时，要考虑的因素宜包括如下：

——可能发生后果的性质和类别，以及如何予以测量。

——可能性如何确定。

——可能性和（或）后果的时限。

——风险的度量方法与等级如何确定。

——利益相关方可接受的风险或可容许的风险等级。

——多种风险的组合是否予以考虑，如果是，如何考虑及哪种风险组合宜予以考虑。

2. 风险识别的策划

（1）总则

1）风险识别的工作内容与要求

风险识别是指发现、认识、描述风险的过程。风险识别包括风险源、事件、它们的起因及潜在后果的确定。

项目风险识别是指项目承担单位在收集资料和调查研究的基础上，运用各种方法对尚未发生的潜在风险以及客观存在的各种风险进行全面识别和系统归类。

2）风险识别的重要性与特点

风险识别是风险管理的基础和依据，充分的和全面的风险识别是风险管理有效性的前提。

项目风险识别是一项贯穿于项目实施全过程的项目风险管理工作。它不是一次性行为，它应该在整个项目运作过程中定期而有计划地进行。

3）风险识别依赖的信息

进行风险识别时要掌握相关的和最新的信息，必要时，需包括适用的背景信息和历史数据。除了识别可能发生的风险事件外，还要识别其致因和可能造成的后果，包括所有的重要原因和后果。

4）风险识别的范围

不论风险事件的风险源是否在组织的控制之下，或其致因是否已知，都应对其进行识别。此外，应关注已经发生的风险事件，特别是最近发生的风险事件。

5）风险识别的参与人员、识别工具和技术的要求

识别风险需要所有相关人员的参与。组织所采用的风险识别工具和技术应当适合于其目标、能力及其所处的环境。

（2）风险识别的过程

风险识别的过程：收集数据或信息→确定风险因素一览表→列出正式风险清单→编制项目风险识别报告。

1）收集数据或信息

收集与项目风险有关的信息是指调查、收集与各类风险有关的信息，包括项目环境、项目系统结构、项目技术系统、项目的行为主体、项目管理过程等。

2）确定风险因素一览表——项目的风险结构体系

通常，确定风险因素可以从项目风险初始信息着手，进行风险因素识别后，便可确定风险因素一览表。

项目风险初始信息包括以下内容：

① 项目环境风险

A. 政治风险。例如，政局的不稳定，战争状态，动乱、政变的可能性，国家的对外关系，政府信用和政府廉洁程度，政策及政策稳定性，经济的开放程度或排外性，国有化的可能性，国内的民族矛盾，保护主义倾向等。

B. 法律风险。如法律不健全，有法不依、执法不严，相关法律内容的变化，法律对项目的干预；可能对相关法律不能全面、正确理解，工程实施中可能有触犯法律的行为等。

C. 经济风险。例如，国家经济政策的变化，产业结构的调整，银根紧缩，项目产品的市场变化：工程承包市场、材料供应市场、施工设备租赁市场、劳动力市场的变动，工资的提高，物价上涨，通货膨胀速度加快，原材料和重要设备进口风险，金融风险，外汇汇率的变化等。

D. 自然灾害和意外事故风险。如地震、风暴，特殊的未预测到的不良地质条件如突水（泥、石）、溶（土）洞、断层、流砂、软弱地层、大孔隙土层、冻土层、地层断裂带、有害气体、岩爆、河塘、垃圾场、泉眼、文物、不明地下管线等障碍物等，反常的恶劣的雨、雪天气，冰冻天气，恶劣的现场条件，周边存在对项目的干扰源，工程项目建设可能造成对自然环境的破坏，不良的运输条件可能造成供应的中断等。

E. 社会风险。包括宗教信仰的影响和冲击，社会治安的稳定性，社会的禁忌，社会风气，劳动者的文化素养以及区域卫生条件——地方病、流行病等。

F. 战争风险。由于突然发生的战争可能会导致工程项目相关关联因素的巨大变化，因此将对工程项目产生致命的影响。

② 项目系统结构风险

以项目分解结构图表上各个层次的项目单元、任务、活动、工作包为对象，分析其生产要素（人、料、机、费用、技术）在项目实施以及运行过程中可能遇到的各种障碍和异常情况。如技术问题，人工、材料、机械、费用消耗的增加。

③ 项目技术系统的风险

项目的生产工艺、流程可能存在问题，新技术的不稳定对将来生产和运营产生影响。规划方案、设计方案、施工方案、检测方案、施工工艺可能出现的问题。

④ 项目的行为主体产生的风险

A. 业主和投资者。例如，业主的资金不足，支付能力差，组织的经营状况恶化，资信不好，企业倒闭，撤走资金或改变投资方向，改变项目目标；业主的违约、苛求、刁难，随便改变主意但又不签证（赔偿），错误的行为和指令，非程序地干预承包商或工程；

业主不能履行合同责任，如甲供料不及时，不按合同规定交付场地、交付设计图纸、支付工程款以及各种批件的回复滞缓；业主的组织架构、管理团队不符合项目管理的要求，素质低能力差等。

B. 承包商。例如，没有适合的项目经理，技术专家、管理人员配置不足，项目部技术能力和管理能力差，不能积极地履行合同；由于管理和技术方面的失误，造成工程的延误甚至中断；没有得力的措施来保证进度、质量、安全、环保；财务状况恶化，无力采购和支付工资；承包商的工作人员消极怠工，承包商错误理解业主意图和招标（合同）文件，实施方案失误、报价失误、计划失误；承包商私自转包，“挂牌”经营等。

C. 项目管理者/监理工程师。例如，项目管理者/监理工程师的管理能力、组织能力、工作热情和积极性、职业道德、专业水平、公正性等方面可能存在的欠缺；他的管理理念、文化素养方面的偏差，可能会导致他不正确地执行合同，在工程中提出不恰当甚至苛刻的要求，或者起草错误的文件（招标文件、合同条件、管理制度），下达错误的指令等。

D. 其他方面。例如，中介人的资信、可靠性差；政府机关工作人员、城市公共供应部门（如水、电等部门）的干预、苛求和个人需求；项目周边或涉及的居民或单位的干预、抗议或苛刻的要求等。

⑤ 管理过程风险

管理过程风险包括极其复杂的内容，通常可以归纳为以下几个方面：

A. 高层战略风险。如指导方针战略思想可能有错误而造成项目目标设计错误。

B. 环境调查和预测风险。如环境调查可能存在不实、不周、不详的问题而造成预测的不准确。

C. 决策风险。如错误的选择，错误的招投标策略、定报价策略等。

D. 项目策划风险。策划的原则、程序、方法可能有错误而造成执行的偏差甚至失败。例如，可行性研究不实、不周全、存在错误；规划方案、设计原则、技术路线存在重大偏差；招标策划、合同策划不切合实际、限标价错误、项目工期脱离实际等。

E. 技术设计风险。如设计周期太短、设计中存在错误、工程技术系统之间不协调、设计文件不完备、可操作性差、不能按时交付等。

F. 计划风险。如对目标（任务书、招标文件、合同条件）的策划或理解错误；合同条款不严密、错误、二义性、过于苛刻的单方面约束性的不完备条款；方案错误、项目管理规划错误、施工组织设计错误；执行不力、不到位等。

G. 项目实施风险。是指与合同相关的，或由合同引起的不确定性。它包括：一部分是通过合同定义和分配，将上述列举的风险规定风险承担者，则成为该方的合同风险。这一部分风险又分为两方面，一是所签订的合同的类型，二是合同条款明确规定的应由一方承担的风险。另一部分是由合同缺陷导致的风险。如条文不全面、不完整所引起的；合同表达不清晰、不细致、不严密、有错误、矛盾、二义性所导致的；合同签订、合同实施控制中的问题，对合同内容理解错误，不完善的沟通和不适宜的合同管理等所造成的不确定性。如合同未履行、合同伙伴争执、责任不明、产生索赔要求；供应商不履行合同未按规定供应、或运输中的损坏及在工地上的损失、被盗；由于新技术新工艺本身的不确定性或是施工者、使用者的经验不足可能导致的问题；由于合同关系复杂、分包层次太多，造成计划执行和调整实施控制的困难；由于管理工作不到位或失误而导致的问题等。

H. 运营管理风险。如准备不足，投入不够，无法正常运营。

⑥ 类似工程的档案，曾经发生的风险事件及其案例等

项目风险初始信息为可能出现风险事件的风险源提供了一份明细表，对此表逐项辨识，便可梳理出可能存在的风险。对于中小型工程项目，推荐一份相对简单的项目风险初始信息表进行风险识别，该信息表内容如下：

A. 技术风险

a. 设计

典型风险事件——工程勘探资料不实、不周全，设计内容不完整、设计缺陷、设计错误、应用规范不当、地质条件考虑不周、未考虑施工可行性。

b. 施工

典型风险事件——施工工艺落后、施工方案不合理、施工安全措施不当、应用新技术失败、现场条件考虑不周、技术措施不合理。

c. 其他

典型风险事件——工艺流程不合理、工艺设计未达到要求等；业主更改项目的功能要求；发生重大设计变更。

B. 非技术风险

a. 自然

典型风险事件——洪水、地震等自然灾害，不明地质、水文、气象条件，复杂的地质条件，恶劣气候。

b. 法律

典型风险事件——法律法规的变化。

c. 经济

典型风险事件——通货膨胀或紧缩，汇率变动，市场动荡等。

d. 合同

典型风险事件——合同条款表述错误（不全面、不完整、有缺陷、有漏洞），合同文字不严谨导致合同难以履行或引起争议，合同类型选择不当，合同纠纷处理不利，违反法律法规签订无效合同。

e. 人员

典型风险事件——人员（包括甲乙双方）素质差，发生了违约或耽误工作的行为。

f. 材料设备

典型风险事件——材料和设备供货不及时、质量差，设备选型不当，设备不配套，安装失误。

g. 组织协调

典型风险事件——组织架构存在结构性问题，缺乏组织协调管理能力，缺乏有效的沟通，业主与设计、监理、施工方协调不充分、不及时，业主与政府主管部门未协调好。

3）列出正式风险清单

通过对以上几个方面综合而系统的风险因素识别后，就可以编制风险因素一览表（风险编号、风险名称、风险类别、发生概率、可能导致的后果、风险等级），随后，又在风险因素一览表的基础上，通过甄别、选择、确认，把需要控制的风险因素筛选出来加以确

认，列出正式风险清单（风险编号、风险名称、危险因素、风险现状、成因分析、管控措施）。

4）编制项目风险识别报告

编制项目风险识别报告是在风险清单的基础上，补充文字说明，作为风险管理的基础。项目风险识别报告的内容主要包括项目风险事件、风险分类、风险源、发生条件（征兆）、预计发生时间、发生地点、发生概率、涉及面和可能造成的影响等。

（3）常用的风险识别方法或工具

1）核查表法——基于证据的方法

核查表一般根据项目环境、产品或技术资料、团队成员的技能或缺陷等风险要素，把经历过的风险事件及来源列成一张核对表。核查表的内容可包括：以前项目成功或失败的原因；项目范围、成本、质量、进度、采购与合同、人力资源与沟通等情况；项目产品或服务说明书；项目管理成员技能；项目可用资源等。实际操作时，可以将前面的项目风险初始信息作为核查表的内容，项目风险识别人员对照核查表，通过对历史数据的审查，对本项目的潜在风险进行联想相对来说简单易行。这种方法也许揭示风险的绝对量要比别的方法少一些，但是这种方法可以识别其他方法不能发现的某些风险。

2）流程图法

流程图方法首先要建立一个工程项目的总流程图与各分流程图，它们要展示项目实施的全部活动。流程图可用网络图来表示，也可利用 WBS 来表示。它能统一描述项目工作步骤；显示出项目的重点环节；能将实际的流程与想象中的状况进行比较；便于检查工作进展情况。这是一种非常有用的结构化方法，它可以帮助分析和了解项目风险所处的具体环节及各环节之间存在的风险。运用这种方法完成的项目风险识别结果，可以为项目实施中的风险控制提供依据。

3）财务报表法

通过分析资产负债表、营业报表以及财务记录，项目风险经理就能识别本企业或项目当前的所有财产、责任和人身损失风险。将这些报表和财务预测、经费预算联系起来，风险经理就能发现未来的风险。这是因为，项目或企业的经营活动或者涉及货币，或者涉及项目本身，这些都是风险管理最主要的考虑对象。

4）头脑风暴法

也称集体思考法。头脑风暴法是以专家的创造性思维来索取未来信息的一种直观预测和识别方法。这就要求主持专家会议的人在会议开始时的发言中能激起专家们的思维“灵感”，促使专家们感到急需回答会议提出的问题，通过专家之间的信息交流和相互启发，从而诱发专家们产生“思维共振”，以达到互相补充并产生“组合效应”，获取更多的未来信息，使预测和识别的结果更准确。

5）德尔菲法

又称专家调查法。用德尔菲方法进行项目风险识别的过程是由项目风险小组选定项目相关领域的专家，并与这些适当数量的专家建立直接的函询联系，通过函询收集专家意见，然后加以综合整理，再匿名反馈给各位专家，再次征询意见。这样反复经过四至五轮，逐步使专家的意见趋向一致，作为最后识别的根据。

6）情景分析法

情景分析法是一种适用于对可变因素较多的项目进行风险预测和识别的系统技术，是指通过分析未来可能发生的各种情景，以及各种情景可能产生的影响来分析风险的一类方法。换句话说，情景分析是类似“如果—怎样”的分析方法。未来总是不确定的，而情景分析使我们能够“预见”将来，对未来的不确定性有一个直观的认识。

7）系统性的团队方法

可以组织一些资深人员通过一套结构化的提示或问题来系统地识别风险。

8）其他

常用的风险识别方法或工具还有：列举法、项目结构分解识别法与风险因素识别法、因果分析图法、问卷调查法、决策树法等。项目结构分解识别法是将项目工作分解结构（WBS）作为风险辨识的框架，从最上层一直到最底层的每一分解均做详细分析，以确定发生问题的可能性以及由其发生而产生的结果。项目结构分解识别法也是常用的方法之一。

3. 风险分析的策划

（1）风险分析的含义

风险分析为风险评定和确定风险是否需要处理以及最适合的风险处理策略和方法，提供了输入。

风险分析包括考虑风险的致因和来源，以及所带来的正面和负面的后果及这些后果发生的可能性、影响后果和可能性的因素、不同风险及其风险源的相互关系以及风险的其他特性，还要考虑现有的控制措施及其效果和效率。一个事件可以有多种结果并可以影响多重目标。

（2）风险分析的考虑要素

在风险分析中，应考虑组织对风险的承受度及其对风险分析前提和假设的敏感性，并适时与决策者和其他利益相关者有效地沟通。另外，还要考虑可能存在的专家观点的分歧及数据和模型的局限性。

（3）风险分析的方法

根据风险分析的目的、获得的信息数据和资源，风险分析可以是定性的、半定量的、定量的或以上方法的组合。一般情况下，首先采用定性分析，初步了解风险等级和揭示主要风险。适当时，进行更具体和定量的风险分析。

（4）风险分析的结果

后果和可能性可以通过专家意见确定，或通过对事件和事件组合的建模确定，也可以通过对试验研究和可获得的信息数据的推导确定。

对后果的描述可表达为有形或无形的影响。在有些情况下，可能需要多个指标来确切描述不同时间、地点、类别或情形的后果。

风险分析的结果可能是定性评估，或是半定量分析，或是定量分析。

（5）风险分析的程序

风险分析与评定的程序是：风险概率分析→风险损失量分析。

1）风险概率分析

风险概率分析应利用已有数据资料和相关专业方法进行估计。已有数据资料是指历史资料和类似工程资料，相关专业方法主要指概率论方法和数理统计方法。

历史资料法：一般来说，项目的历史资料来源于历史项目的各种原始记录、公用数据库、项目承担单位成员的经验等。在项目情况基本相同的条件下，通过观察各个潜在的风险在长时期内已经发生的次数，就能估计每一可能事件发生的概率，这种估计是基于每一事件过去已经发生的频率。

客观概率估计：是指应用客观概率对项目风险进行的估计，它利用同一事件，或是类似事件的数据资料，计算出客观概率。客观概率估计法最大的缺点是需要足够的信息，但通常是不可得的。客观概率只能用于完全可重复事件，因而并不适用于大部分现实事件。

主观概率估计：基于经验、知识或类似事件比较的专家推断概率。当有效统计数据不足或是不可能进行试验时，主观概率是唯一选择。

按照风险因素发生的可能性，可以将风险概率划分为五个档次，见表 14-1 所列。

风险的概率档次表 **表 14-1**

概率等级	发生的可能性	表示
很高	81%～100%，很有可能发生	S
较高	61%～80%，可能性较大	H
中等	41%～60%，在项目中预期发生	M
较低	21%～40%，不可能发生	L
很低	0～20%，非常不可能发生	N

也可以将风险概率划分为三个档次：极小、中等、很大。

2）风险损失量分析

风险损失主要包括工期损失，费用损失以及对工程的质量、功能、使用效果等方面的影响三个部分。风险事故造成的损失大小要从风险损失的性质、风险损失范围的大小和风险损失的时间分布综合衡量。定量风险评估包括专家预测法、盈亏平衡分析、敏感性分析、决策树分析和非肯定型决策分析。由于风险仅是一种可能，通常不必十分精确地进行估价。所以，专家预测法是常用的一种方法。

按照风险发生后风险损失量大小，可以划分为五个影响等级，见表 14-2 所列。

风险的损失（影响）档次表 **表 14-2**

影响等级	对项目目标影响程度	表示
严重影响	整个项目的目标失败	S
较大影响	整个项目的目标值严重下降	H
中等影响	目标造成中度影响，部分达到	M
较小影响	对应部分的目标受到影响，不影响整体目标	L
可忽略影响	对应部分的目标影响可忽略，不影响整体目标	N

也可以将风险影响划分为三个档次：轻度、中度、重大损失。

4. 风险评定的策划

（1）风险评定的含义

将风险分析的结果与风险准则进行比较，来决定风险严重程度的过程，以确定风险和其量是否可接受或可容许。风险评定的目的是，基于风险分析的结果，帮助作出有关风险需要处理和处理实施优先的决策。

（2）风险评定的决策

决策除考虑风险分析过程中对风险的认识外，还应将道德、法律、资金、组织对风险的承受度以及其他利益相关者对风险的容忍性等因素考虑在内。

决策包括：

1）某个风险是否需要应对。

2）风险应对的优先次序。

3）是否应开展某项应对活动。

4）应该采取哪种途径。

（3）风险评定的结果

1）风险评定的结果应满足风险处理的需要，否则，应作进一步分析。

2）有时，根据已经确定的风险准则，风险评定使组织作出维持现有的风险应对措施，不采取其他新的措施的决定。

3）基于“最低合理可行原则（ALARP）”，可将风险分为上中下三个等级段。

① 上段是指无论活动能带来什么利益，风险等级都是无法容忍的，必须不惜代价进行风险处理。

② 中段是指要考虑实施风险应对的成本和收益，并权衡机遇与潜在的效果。

③ 下段是指风险等级微不足道，或者风险很小，不需要采取风险处理措施。

（4）风险评定的程序

1）风险分级

应根据风险因素发生的概率和损失量，确定风险量，并进行分级。风险量的大小可以用风险评价矩阵，也称概率-影响矩阵来表示。它以风险因素发生的概率为横坐标，以风险因素发生后对项目的影响大小为纵坐标，如图 14-2 所示。

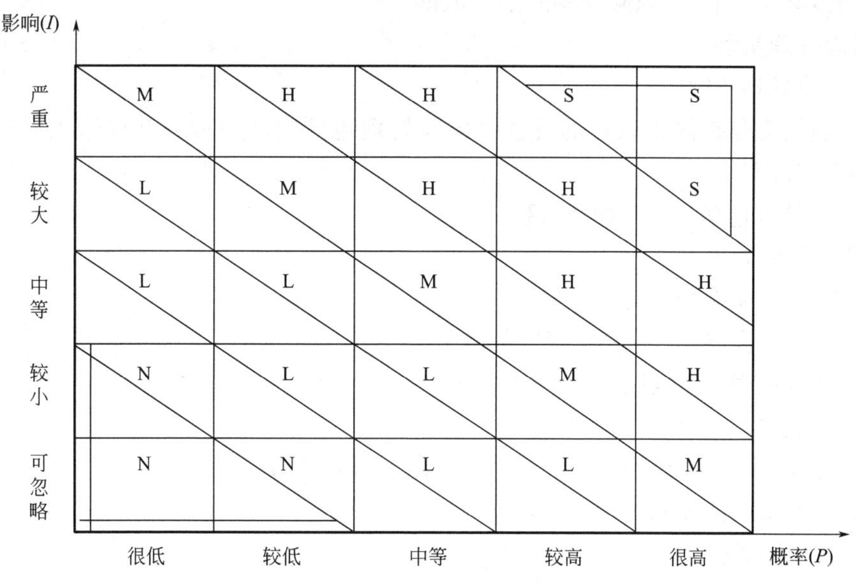

图 14-2 风险概率-影响矩阵

按风险量的大小，可以划分为五个风险等级，见表 14-3 所列。风险等级评定，见表 14-4 所列。

风险等级表　　表 14-3

风险等级	发生的可能性和后果	表示
重大风险	可能性大、损失大，项目可行转变为不可行，需要采取积极有效的防范措施	S
较大风险	可能性较大，或者损失较大，损失是项目可以承受的，必须采取一定的防范措施	H
一般风险	可能性不大，或者损失不大，一般不影响项目的可行性，应采取一定的防范措施	M
较小风险	可能性较小，或者损失较小，不影响项目的可行性	L
微小风险	可能性很小，且损失较小，对项目的影响很小	N

风险等级评定表　　表 14-4

风险等级 后果 可能性	轻度损失	中度损失	重大损失
很大	Ⅲ	Ⅳ	Ⅴ
中等	Ⅱ	Ⅲ	Ⅳ
极小	Ⅰ	Ⅱ	Ⅲ

注：Ⅰ—可忽略风险；Ⅱ—可容许风险；Ⅲ—中度风险；Ⅳ—重大风险；Ⅴ—不容许风险。

在风险分级的基础上，自大到小排队形成风险评价一览表。

2）风险评价报告

对大型项目以及对项目有重大影响的风险应提出风险评估报告。风险评估报告是在风险识别报告、风险概率分析、风险损失量分析和风险分级基础上，加以系统整理和综合说明而形成的。风险评估报告是对风险识别和评估的结果，用文字、图表进行表达说明，以作为风险管理的文档，是风险控制的基本依据。

5. 风险处理策划

（1）风险处理总则

1）风险处理是指修正风险的过程。风险处理包括选择一种或几种修正风险的方案，以及实施那些方案。

2）风险处理包括了一个循环过程：

① 评价风险处理。

② 确定残留风险程度是否可容许。

③ 如果不可容许，产生新的风险处理。

④ 评价该处理的有效性。

3）风险处理可包括：

① 通过决定不启动或停止产生风险的活动而避免风险。

② 为了追求机会采取或增加风险。

③ 消除风险源。

④ 改变可能性。

⑤ 改变后果。

⑥ 与其他方面共同分担风险（包括合同、风险融资）。

⑦ 通过有事实依据的决策保留风险。

（2）选择风险处理方案的考虑要素

1）法律、法规、社会责任和环境保护等方面的要求。

2）风险处理措施实施的成本与收益（有些风险需要组织考虑采用经济上看起来不合理的风险处理决策，例如可能带来严重负面后果但发生可能性低的风险事件）。

3）选择几种风险应对措施，将其单独或组合使用。

4）利益相关者的诉求和价值观、对风险的认知和承受度以及对某一些风险处理措施的偏好。

5）风险处理方案在实施过程中可能会失灵或无效。因此，要把监督作为风险处理方案实施计划的有机组成部分，以保证应对措施持续有效。

6）风险处理方案的实施可能引起次生风险，对次生风险也需要进行评价、处理、监督和检查。在原有的风险处理计划中要加入这些次生风险的内容，而不应将其作为新风险而独立对待。为此，需要识别和检查原有风险与次生风险之间的关系。当影响到组织内其他领域的风险或影响到其他利益相关者时，要评价这些影响，并与有关利益相关者沟通，必要时调整。

7）决策者和利益相关者应当清楚在采取风险处理方案后残留风险的性质和程度。

（3）准备和实施风险处理计划

1）风险处理计划的含义

项目风险评价的结果应形成以项目风险处理计划为代表的书面文件。项目部应根据需要策划和编制相应的风险处理计划。项目风险处理计划为项目的风险处理提供完整的行动纲领，它的编制应该确保在相关的运行活动开展以前实施，并且与各种项目策划工作同步进行。

2）风险处理计划的主要内容

风险处理计划的目的是将如何实施已选择的处理措施、将要实施的风险处理方案形成文件。处理计划中提供的信息宜包括：

① 选择风险处理措施的原因，包括所期待获得的效益。

② 负责改进和实施计划的人员，明确对于何种风险将由谁以何种方式采取何种应对行动。确定风险管理活动中每一类别行动的具体领导者、支持者及行动小组成员，明确各自的岗位职责。

③ 建议的措施。

④ 资源需求，包括紧急情况时。

⑤ 绩效测量和控制。

⑥ 汇报及监测要求。

⑦ 时间和日程安排。明确在整个项目的生命周期中实施风险管理的周期或频率，包括对于风险管理过程各个运行阶段、过程进行评价、控制和修正活动的具体安排以及时间点或周期。

风险处理计划可分为专项计划、综合计划和专项措施等。专项计划是指专门针对某一项风险（如安全、环保、资金或成本制定）的风险处理计划；综合计划是指项目中所有不可接受风险的整体管理计划。风险管理范围应包含项目的全过程，尤其应充分覆盖主要风险。专项措施是指将某种风险管理措施纳入其他项目管理文件中，如新技术应用风险管理措施可纳入设计或施工技术管理文件中，与设计管理或施工管理融为一体。一般来讲，风险发生的可能性很大、同时一旦发生损失也很大的这类风险，是风险管理的重点，应单独编制风险处理计划；对于发生的可能性较小、但发生损失很大的风险，或者对于发生的可能性较大、但发生损失很小的风险，可以在有关项目管理文件中明确风险响应对策；对于发生的可能性和损失都很小的风险，则是可以接受的风险，不必编制风险处理计划。

3）风险处理的主要对策

组织应确定针对风险的对策进行风险响应。工程项目常用的风险对策应包括风险规避、减轻、自留、转移、共担及其组合策略。

① 风险规避

回避风险大的项目，选择风险小或适中的项目。在项目决策时应注意，放弃明显亏损的项目。对于风险超过自己的承受能力，成功把握不大的项目，不参与投资，不参与投标。甚至有时在工程进行到一半时，预测到后期风险很大，必然有更大的亏损，而不得不采取中断项目或中断合同的措施。

采用替代战略，风险事件常常可以通过及时改变计划来制止或避免。比如，一个备用的工作方案可以减少在安装期和建设阶段中产生的变故。对地形和地质水文情况进行详细勘察和鉴定，预先进行技术试验、模拟研究，准备多套备选方案。项目选址（线），尽量避开地质灾害地段。

选择有弹性的抗风险能力强的技术方案，采用成熟的设计（施工）方案、技术、工艺、设备，一般不采用新的未经过工程实践检验的不成熟的技术方案等。

② 风险减轻

风险减轻有两方面的含义，一是降低风险发生的概率；二是一旦风险事件发生，尽量降低其损失。如采购，即从本项目组织外采购产品和服务，常常是针对某些种类风险的有效对策。比如，与使用特殊科技相关的风险，就可以通过与有此种技术经验的组织签订合同减缓风险。又如项目管理者在进行项目采购时可预留部分项目保证金，如果材料出问题则可用此部分资金支付，这样就降低了自己所承担的风险。又如执行预防性计划制度，预防性计划包括对一个确认的风险事件如果发生如何制定行动步骤，以达到损失预防和损失抑制的目的。总之，通过技术、管理、组织、经济手段，减轻风险的可能影响，例如采用多领域多地域多项目的投资以分散风险。

③ 风险自留

即准备自己承担风险产生的损失。通常这类风险影响属于可接受和财力可承担得起的范围之内。而且这类风险自己最有经验最有把握应对，或许是属于自己职责应该承担的。

④ 风险转移

风险转移是为了避免承担风险损失，有意识地将损失转嫁给另外的单位或个人承担。通常有控制型非保险转移、财务型非保险转移和保险转移三种形式。控制型非保险转移，转移的是损失的法律责任，它通过合同或协议消除或减少转让人对受让人的损失责任和对第三者的损失责任。财务型非保险转移，是转让人通过合同或协议寻求外来资金补偿其损失。加入保险是通过专门机构（保险公司、担保公司），根据有关法律，签订保险合同，当风险发生时就可以获得保险公司补偿。

⑤ 风险共担

由合同双方共同承担风险。如材料涨价的风险，在合同中对料差调整的通常做法是，材料涨价在一定的幅度内由承包商承担，超过规定的幅度，则进行料差的调整。

通过参股、合资、合作等方式，能够与许多组织共同承担风险。

以上所述的针对风险的响应对策，项目管理者可以联合使用，也可以单独使用。对于一些大型的工程项目，往往是多种风险响应对策并用，单独使用一种响应对策反而会加大项目风险；相反，对于小型工程有时用一种响应对策即可。所以，风险管理者要对具体问题具体分析，不可盲目使用。

确定针对项目风险的对策可利用表 14-5 的提示设计。

风险控制对策表 **表 14-5**

风险等级	控制对策
Ⅰ可忽略的	不采取控制措施且不必保留文件记录
Ⅱ可容许的	不需要另外的控制措施，但应考虑效果更佳的方案或不增加额外成本的改进措施，并监视该控制措施的落实
Ⅲ中度的	应努力降低风险，仔细测定并限定预防成本，在规定期限内实施降低风险的措施
Ⅳ重大的	直至风险降低后才能开始工作。为降低风险，有时配置大量的资源。如果风险涉及正在进行的工作时，应采取应急措施
Ⅴ不容许的	只有当风险已经降低时，才能开始或继续工作。如果无限的投入也不能降低风险，就必须禁止工作

4）实施风险处理计划

风险处理计划应与项目其他管理过程整合并与适当的利益相关方讨论。

决策者和利益相关者应当清楚在采取风险处理方案后的残留风险的性质和程度。残留风险宜形成文件并进行监测、评审，适当时，进一步处理。

6. 监测和评审的策划

（1）监测和评审的目的

监测和评审的目的是用以确认：

1）有关风险的假定仍然有效。

2）风险评价所依据的假定，包括内外部环境，仍然有效，风险评价的结果符合实际经验。

3）正在实现预期结果。

4）识别出现的风险。

5）风险评价技术被正确使用并获得进一步改进风险评价的信息。

确保控制措施在设计和运行上有效和有效率、风险处理有效。

（2）监测和评审的主要内容

1）监测事件，分析变化及其趋势，并从成功和失败中分析和汲取教训。

2）发现内部和外部环境信息的变化，包括风险本身的变化、可能导致的风险处理措施及其实施优先次序的改变。

3）监测并记录风险处理方案实施后的残留风险，以便在适当时作进一步处理。

4）适用时对照风险处理计划，检查工作的进度和存在的计划偏差，保证风险处理计划的设计和实施是有效的。

5）报告关于风险、风险处理计划的进度以及风险管理方针的遵循情况。

6）实施风险管理的绩效评估。

（3）监测和评审的考虑要素

1）风险管理的绩效评估应被纳入到组织的整个绩效管理以及对内对外的报告体系中。

2）监测和评审活动包括常规检查、监控已知的风险、定期或不定期的检查。定期或不定期的检查都应被纳入风险处理计划内。

3）适当时，监测和评审的结果应当有记录并对内或对外报告。也可用作风险管理框架评审的输入。

4）监测和评审的职责宜明确界定。

7. 记录（风险管理过程）的策划

（1）记录的含义

记录能够使得风险管理活动可追溯。在风险管理过程及整体过程中，记录提供了方法和工具改进的基础。

（2）记录的建立要求

1）组织持续学习的需求。

2）出于管理意图，重新使用信息益处。

3）涉及建立和保持记录的成本和工作量。

4）对记录的法律法规和运行需求。

5）获取的方法、检索的难易和储存媒介。

6）保存期限。

7）信息的敏感性。

（二）实施风险管理的策划

1. 总则

实施风险管理过程需要一个风险管理体系，它的要素主要包括风险管理方针、工作程序、组织结构、资源配置、信息沟通机制以及相关的技术手段等基础设施，以便将风险管理嵌入到组织的各个层次和活动之中，确保风险管理的有效性。

组织要在检查的基础上，作出如何改进风险管理体系、方针和风险处理（应对）计划的决策，从而引导风险管理和风险管理文化的改进。

2. 风险管理方针

风险管理方针是组织对风险管理意图和方向的陈述，风险管理方针应清楚表述的内容是：

（1）组织风险管理理念。

（2）组织最高管理者对风险管理的承诺。

（3）组织和项目风险管理的目标。

（4）组织的风险偏好。

（5）风险管理方针应与项目的目标相一致、与上级公司的风险管理方针相协调。

（6）持续改进的承诺。

风险管理方针应由项目经理签署并呈报上级公司审批同意后执行。风险管理方针应得到适宜的沟通。

3. 风险管理工作程序

（1）基本要求

以紧密相关的、有效的、有效率的方式将风险管理嵌入至组织的所有实践和过程，尤其是组织的整体治理、战略和规划、运营过程、变革管理之中，使风险管理与项目其他管理有机地结合在一起。

（2）建立工作程序

应当设计适当的制度和行为规范，建立风险管理工作程序。至少应包括：

1）风险管理的职责分配。

2）风险管理和管理风险的程序和方法，包括风险管理（处理）计划编制规定。

3）风险管理的资源配置。

4）测量和报告风险管理绩效的方式，相应的合适的奖励与惩罚制度。

5）建立、保持和持续改进风险管理体系的计划。

6）沟通和报告的制度。

4. 风险管理相关组织结构

（1）管理职责

项目负责人或其委托人负有设计、实施、监测、评审和持续改进风险管理和管理风险的责任。项目风险管理以工程技术部门为主管部门，以安全、环保、合同、资金管理部门为强相关部门，其他部门均为相关部门，通过编制项目风险管理计划规定用于风险管理的方法、程序、惯例、职责分配、活动顺序、时间安排和资源的方案。

（2）建立风险预警机制

建立风险预警的组织架构和职责分工，并制定一套对风险辨识、评估、跟踪与预警的制度、方法、流程。通过有效的信息收集、反馈、传递、分析处理的渠道，在风险的孕育期——在对各种不利信息以及对风险的一些征兆、苗头的监测基础上，争取做到在风险发生之前或形成之初，就能感知可能发生的风险的特征、范围和影响程度，以便及早采取有效的防范措施。

（3）建立风险应对体系

建立应对风险的组织架构和职责分工，并制定一套风险应对的制度、流程、策略、计划和预案，一旦风险发生时，能采取有效措施保证项目的生产、工作和管理秩序，尽快地恢复正常状态，减少损失。

5. 风险管理资源配置

组织（项目）应为风险管理配置适宜的资源。应考虑如下方面的内容：

（1）人员、技能、经验和能力。

（2）对于风险管理过程的每步骤所需的资源。

（3）用于管理风险的组织的过程、方法和工具。

（4）形成文件的过程和程序。

（5）管理体系的信息和知识。

（6）培训方案。

6. 建立沟通和报告机制

（1）建立内部沟通和报告机制

1）目的

支持和促进风险的职责和责任归属。

2）机制的载体——沟通计划

沟通计划的内容应包括：

① 确保风险管理的方针、目标、指令和承诺以及风险管理的计划、关系、责任、资源、过程和活动以及任何后续的更改被适当地沟通。

② 确保风险管理的有效性及结果在内部充分地予以报告。

③ 确保来自于风险管理应用的相关信息在适当的层次和时间予以获得。

④ 确保与内部利益相关方（组织的决策者，负责制定风险管理政策的人，实施风险管理的人，对风险管理实践进行评估的人，风险管理标准、指南、程序、操作细则的开发人以及普通员工）的协商过程被予以提供。

（2）建立外部沟通和报告机制

1）沟通与报告的对象

外部利益相关方——上级主管领导和主管部门、债权人、顾客、供应商、合作伙伴、政府监管机构、银行、媒体等。

2）机制的载体——沟通计划

沟通计划的内容应包括：

① 吸引适当的外部利益相关方的关注和确保有效的信息交流。

② 对外报告法律法规和管理要求的遵守情况。

③ 对沟通和协商进行报告和反馈。

④ 运用沟通来建立组织的信心。

⑤ 向利益相关方沟通紧急或突发事件。

三、项目风险管理策划的主要控制措施

（一）组织措施

（1）对风险很大的项目选派得力的技术和管理人员，特别是项目负责人，同时加强计划管理。

（2）对已被确认的有重要影响的风险应指定有经验的专人负责风险管理，并赋予相应的职责、权限和资源。将风险责任落实到各个组织单元，使大家有风险意识；在资金、材料、设备、人力上，对风险大的项目（工作）予以优先保证，在实施过程中严密地控制。

（3）通过项目任务书、责任书、合同等文件分配风险。风险分配应从工程整体利益的角度出发，最大限度地发挥各方的积极性，有利于对风险的处理；业主应树立合作双赢的

观念，风险分配应体现公平合理，责权利平衡；应符合建设项目的惯例，符合通常的处理方法。

（4）教育与培训。有计划、有目的地开展全员培训，通过不同类型、不同形式的教育与培训，使员工树立强烈的风险意识，熟悉和掌握其工作岗位所需要的有关风险管理的知识、方法、技术、手段与工具。

（二）技术措施

（1）推广使用风险管理信息系统等现代管理手段和方法，充分发挥计算机在项目风险管理中的作用。充分发挥信息系统的优势，在整个工程项目进程中，不断地收集和分析各种与项目、项目环境有关的信息，捕捉风险征兆，预测、确定未来的风险并提出预先警告。收集和分析的信息包括：天气预报、股市信息、市场行情、价格动态、政治形势和外交动态、法律法规的变化、项目相关者的状况以及项目实施过程中“四控、四管、一协调”等方面的信息和数据等。

（2）选择有弹性的抗风险能力强的技术方案，一般不采用新的未经过工程检验的不成熟技术与工艺。

（3）对工程水文地质进行详细勘察或鉴定，尤其是不良地质区域，应综合使用多种勘探手段，采用地质超前预报措施，把地质条件搞清楚。

（4）预先进行技术试验、模拟，为采用新技术积累经验。

（5）准备多套备选方案，采用各种保护措施、安全和环境保障措施。

（三）经济措施

（1）合同方案设计——风险分配方案、合同结构设计、合同条款设计等有利于对风险的防范和控制。

（2）保险方案设计——引入保险机制。

（3）管理成本核算。

（4）适当留置风险准备金。

（四）管理措施

（1）管理体系、管理流程设计、组织结构策划、管理制度和标准制定、人员选配、岗位职责分工、落实风险管理的责任等，应符合项目风险管理规划的要求，规章制度不健全的，必须按项目风险管理规划的要求补充完善。

（2）建立并实施严格的项目风险管理监测和评审制度。

1）应及时纠正风险管理过程中的偏差与缺位，确保项目风险管理的适宜性、充分性和有效性。项目风险管理是一个动态反复、适时修正的过程，因此当风险伴随着项目的推进而出现时，通过监测和评审，确保项目风险管理能够不断跟踪风险影响项目运行的轨迹，确定风险管理框架、风险管理过程、风险或控制措施状态，以识别所要求或期待的绩效水平的变化，并通过有效的程序或手段进行纠偏。

2）风险对策实施控制应实行动态管理，包括实施风险处理计划，以便在项目过程中对风险事件作出回应。

当变故发生时，需要重复进行风险识别、风险量化以及风险对策研究等一整套基本措施。有些已识别了的风险事件会发生，有些则不会。项目管理人员应总结已发生的风险事件以便进行进一步的对策研究。如果风险事件未被预料到，或后果远大于预料，那么计划的风险策略将会不充分，这时就有必要再次重复进行风险对策研究甚至风险管理程序。

3）认真实施项目风险管理绩效管理制度，督促各项制度、岗位职责的贯彻落实。

4）应重视对风险管理的总结，建立并逐步充实风险管理知识库。项目组织应十分重视项目的知识管理和项目不确定性管理总结，建立项目风险管理知识库，用心收集各种不确定性管理的案例，对已经发生过的事件、事故（危机）进行追根溯源的分析，找出危机产生的原因和条件，并进一步寻找应对危机的有效措施，不断地积累风险识别、风险分析、风险评定、风险预警和风险处置的经验与能力，从而掌握不确定性规律。

（五）合同措施

（1）科学、合理地分配风险，采取合作方式共同承担风险。在招标文件和相应的承包合同中，明确规定承包商和业主各自应承担的风险。

（2）要求承包商提供担保。如投标保函、预付款保函、履约保函等。

第十五章　项目沟通管理策划

一、概述

(一) 定义

1. 沟通

沟通是用任何方法，彼此交换信息，也可以说是两个或两个以上的人或实体之间的信息交流。这种信息的交流，既可以是通过通信工具进行交流，如电话、电报、传真、收音机、电视、网络等，也可以是人与人之间的直接对话。沟通也是人与人之间、人与群体之间思想与感情的传递和反馈的过程，以求思想达成一致和感情的通畅。

2. 项目沟通管理

项目沟通管理，就是为了确保项目信息合理收集和传输以及最终处理所需实施的策划、组织和控制等一系列的管理活动。项目沟通管理，就是为了确保项目信息及时、准确、有效地交流——信息提取、收集、分发、存储、处理而采取的一系列管理过程，其中包括对沟通原则、内容、对象、方式、途径、手段、目的等的策划与实施的综合管理。

(二) 项目沟通管理概述

1. 沟通的对象

与项目有关的内部、外部的相关组织和个人。

2. 沟通的要素

沟通有三个基本要素——沟通者、内容、接收者。

沟通者是信息的发出者，他的可信赖性、意图和属性是沟通效果的关键因素。在一般情况下，若信息来源于一个有名望、有影响的组织（人），就足以使之为人们所接受。

影响沟通效果的另一个重要因素就是信息内容。沟通的信息内容是不是接收者所关注的。

沟通中的第三个重要因素就是接收者。沟通效果不仅取决于接收者的个性，还取决于接收者对某个群体的归附程度和这个群体确定的一些原则。

3. 沟通的重要性和作用

(1) 沟通是现代管理的核心与实质

没有沟通，就没有管理。管理的过程，也就是沟通的过程。所有的项目管理只有通过沟通才能实现；沟通效果好，则管理就成功。反之，沟通不力，则管理就差。

组织是个有生命的有机体，而沟通则是机体内的血管，通过血液的流动来给组织系统提供养分，实现机体的良性循环。所以，沟通管理是现代管理的核心内容和实质。

美国普林斯顿大学曾对 10000 份人事档案进行分析，结果发现，“智慧”“专业技术”和“经验”只占成功因素的 25％，其余 75％取决于良好的人际沟通。

哈佛大学就业指导小组 1995 年调查结果显示，在 500 名被解雇的人员中，因人际沟通不良而导致工作不称职者占 82％。

（2）有效的沟通是良好决策的必要前提

准确、完整、及时的大量信息是决策的依据。项目内外环境之间的有效沟通为各个部门和人员进行决策提供了信息，增强了判断能力。

（3）有效的沟通是思想统一、目标明确、行动一致的重要保障

沟通管理能起到增进理解、端正认识与“活血化瘀”的作用。思想统一、目标明确、行动一致的良好状况，只有通过有效沟通才能实现。

使“工程第一”的理念成为各项目参与方共同信奉的价值观念，让项目的目标明确并成为各项目参与方的共识，可以减少干扰和对立的产生，及时化解矛盾，从而使得各方行动一致有了强大的思想基础。

（4）有效的沟通是项目管理活动顺利实施的重要保证

项目的日常管理工作从策划开始到执行落实，再到收尾总结，管理者均需通过收集、加工、引导信息流以确定适宜的活动，在管理的全过程中沟通贯穿始终，管理活动的顺利实施离不开有效的沟通。

（5）有效的沟通能够维护组织良好的社会责任形象

推行内外的沟通和交流可以使社会的不同层次都能理解和认同组织履行社会责任的业绩，树立组织在社会责任方面良好的市场形象，更好地改善项目的各种管理业绩，不断提高项目管理的成熟度。

4. 沟通的两个关键原则

原则之一，尽早沟通。

尽早沟通要求要有前瞻性，定期与项目内外部建立沟通，不仅容易发现当前存在的问题，很多潜在问题也能暴露出来。在项目中出现问题并不可怕，可怕的是问题没被发现。沟通的越晚，暴露的越迟，带来的损失越大。

原则之二，主动沟通。

主动沟通说到底是对沟通的一种态度。在项目中，我们极力提倡主动沟通，尤其是当已经明确了必须去沟通的时候。主动沟通不仅能建立紧密的联系，更能表明对项目的重视和参与，更能表明对对方的尊重，会使沟通的另一方满意度大大提高，对整个项目非常有利。

5. 沟通基本流程

沟通基本流程如图 15-1 所示。

6. 项目沟通管理的工作内容

项目沟通管理由沟通管理计划编制、信息发布与沟通管理计划的实施、检查评价与调整、沟通管理计划结果四部分组成。简要地讲，项目沟通管理应包括沟通与协调两大任务。

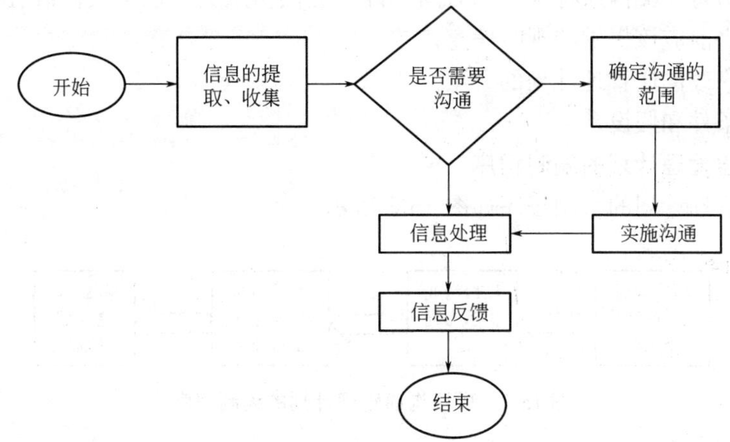

图 15-1　沟通基本流程

二、项目沟通管理策划的主要内容

(一) 编制沟通管理计划

项目沟通管理计划是对于项目全过程的沟通工作、沟通方法、沟通渠道等各个方面的计划与安排。

就大多数项目而言，沟通管理计划的内容是项目初期阶段工作的一个部分。同时，项目沟通管理计划还需要根据计划实施的结果进行定期检查，必要时还需要加以修订。所以，项目沟通管理计划的管理工作是贯穿于项目全过程的一项工作，项目沟通管理计划是和项目组织计划紧密联系在一起、与项目的各项管理活动融合在一起的，因为项目的沟通直接受项目组织结构的影响，在各种管理活动中发挥作用。

1. 项目沟通管理计划的内容

(1) 信息沟通的方式。

主要说明在项目的不同实施阶段，针对不同的项目干系人及不同的沟通要求，拟采用的信息沟通方式和沟通渠道。即说明信息（包括状态报告、数据、进度计划、技术文件等）流向何人、将采用什么方法（包括口头、书面报告、会议、传真等）分发不同类别的信息。注意文字语言传递信息，有声语言传递感觉，肢体语言传递态度；同时注意沟通要控制三个要素：第一个场景，第二个气氛，第三个情绪。

(2) 信息收集归档格式。

用于详细说明收集和储存不同类别信息的方法，应包括对先前收集和分发的材料信息的更新和纠正。应明确信息的收集和归档格式要求。

(3) 信息的发布和使用权限。

(4) 发布信息说明。

包括格式、内容、详细程度以及应采用的准则和定义。

(5) 信息发布时间。

即用于说明每一类沟通将发生的时间，确定提供信息更新依据或修改程序，以及确定在每一类沟通之前应该提供的现时信息。

（6）更新修改沟通管理计划的方法。

（7）约束条件和假设。

2. 项目沟通管理计划的编制程序

项目沟通管理计划的编制程序如图 15-2 所示。

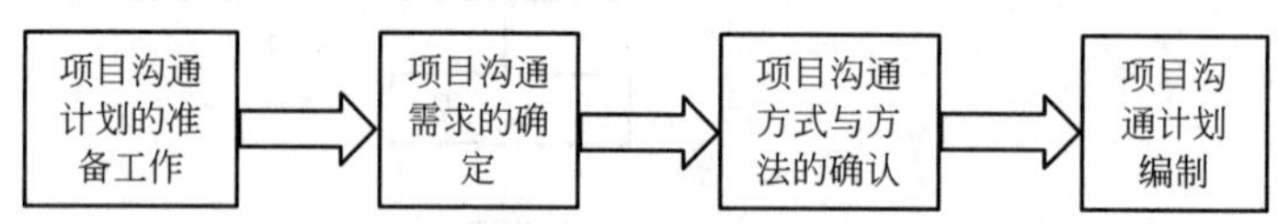

图 15-2　项目沟通管理计划的编制程序

（1）编制项目沟通计划前的准备工作

1）收集信息

① 项目沟通内容方面的信息（项目内部沟通和项目与外部的沟通）。

② 项目沟通所需沟通手段的信息。

③ 项目沟通的时间和频率方面的信息（信息发布的时间点和周期）。

④ 项目信息来源与最终用户方面的信息。

2）所获信息的加工处理

对收集到的沟通管理计划方面的信息进行加工和处理也是编制项目沟通管理计划的重要一环，而且只有经加工处理过的信息，才能作为编制项目沟通管理计划的有效信息使用。

（2）项目沟通需求的确定

项目沟通需求的确定是在信息收集的基础上，对项目组织的信息需求作出的全面决策，其内容包括：

1）项目组织管理方面的信息需求。

2）项目内部管理方面的信息需求。

3）项目技术方面的信息需求。

4）项目实施方面的信息需求。

5）项目与公众关系的信息需求。

（3）沟通方式与方法的确定

在项目沟通中，不同信息的沟通需要采取不同的沟通方式和方法，因此在编制项目沟通计划过程中还必须明确各种信息需求的沟通方式和方法——口头、书面或音频、视频、通信沟通；正式沟通与非正式沟通；上行沟通、下行沟通与平行沟通；单向沟通与双向沟通；书面沟通与口头沟通；语言沟通与非语言沟通以及沟通渠道的选择等。影响项目选择沟通方式方法的因素主要有以下几个方面：

1）沟通需求的紧迫程度。

2）沟通方式方法的有效性。

3）项目相关人员的能力和习惯。

4）项目本身的规模。

上述信息收集、沟通需求以及沟通方式与方法的确定可参阅项目信息管理规划的相关内容。

（4）项目沟通管理计划的编制

项目沟通管理计划的编制是要根据收集的信息，先确定出项目沟通要实现的目标，然后根据项目沟通目标和项目沟通需求去分解得到项目沟通的任务，进一步根据项目沟通的时间要求去安排这些项目沟通任务，并确定出保障项目沟通管理计划实施的资源和预算。

（二）信息发布与沟通管理计划的实施

1. 信息发布

信息发布就是指在合适的时间，通过合适的方式将合适的信息提供给合适的人。可以说，及时有效地将信息发送给所需要的人是项目沟通成功的关键。沟通技巧、信息分发系统、信息检索系统和项目记录是信息分发过程中常用的四种工具和方法。在信息分发之前，还要确定信息分发（沟通）的责任人、时间、方式方法、渠道、使用权限、技术手段和反馈的方法等。

2. 沟通管理计划的实施

为确保沟通管理计划的有效实施，应先明确各层次相关人员相应的管理职责，二是将沟通管理计划进一步细化为可操作的实施性的安排，三是跟踪检查沟通管理计划执行的情况，实时纠偏，甚至采取必要的计划变更。

（三）检查评价与调整

检查评价的活动就是提出计划执行情况报告——绩效报告。绩效报告是在项目整个实施过程中，按照一定的报告期给出有关项目各方面工作进展情况和结果的汇总报告。报告内容主要有以下几点：

（1）自上次报告以来的绩效成果。

（2）项目实施计划的完成情况。

（3）前期问题解决的情况。

（4）本期发生的问题。

（5）计划采取的改进措施。

（6）下一报告期要达到的目标。

绩效报告的输出主要包括状态报告、进度报告、项目预测和变更请求。

状态报告是用量化的数据，从范围、时间和成本三个方面来说明项目所处的状态；进度报告是某一特定时间段工作完成情况的报告；项目预测是指根据项目当前的情况和掌握的历史资料、数据，对项目将来状况进行的估计；变更请求是对需要或变化的情况作出的一种反应。

（四）沟通管理计划结果

项目或项目阶段在达到目标或因故终止后，沟通管理计划的执行便完成，需要进行收尾。管理收尾包含项目结果文档的形成，包括项目记录收集、对符合最终规范的保证、对项目的效果（成功或教训）进行的分析以及这些信息的存档（以备将来利用）。应运用各种手段，特别是计算机、互联网平台等信息技术，对项目全过程所产生的各种项目信息进行收集、汇总、处理、传输和应用，进行沟通与协调并形成完整的档案资料。

（五）项目沟通障碍与冲突管理

1. 应采取一切可能的方法消除沟通障碍

在项目实施过程中，由于存在沟通障碍的缘故，往往造成沟通不力或者沟通工作做得不到位，致使项目管理混乱，影响项目实施效果。项目沟通障碍主要表现是存在价值观的差异、语义理解、知识经验水平的限制、心理素质的影响、伦理道德的影响、组织结构的影响、沟通渠道的选择、信息量过大等的障碍，应采取一切可能的方法消除沟通障碍。

（1）科学合理地编制项目沟通管理计划，并认真实施。根据计划实施的结果进行定期检查，必要时还需要加以修订。

（2）根据不同的沟通对象选用适宜的沟通方式和方法。应重视双向沟通与协调方法，尽量保持多种沟通渠道的利用，正确运用文字语言，信息收集和发布采用日常管理文件（例如合同、报告、报表、调查表格等）使用的固定格式。

（3）信息沟通后必须同时设法取得反馈，弄清沟通双方是否已经了解、是否愿意遵循并采取相应的行动。任何沟通都要保证到位，没有偏差。应建立沟通反馈机制，定期检查项目沟通情况，不断加以调整。

（4）重视营造良好的沟通氛围和安排合理的沟通顺序。

（5）通过培训，培养项目部成员树立正确的沟通观念，不断提高伦理道德素养以及沟通能力，熟悉各种沟通方式的特点，以便在进行沟通时能够采用恰当的方式进行交流。

2. 预测和解决冲突

冲突，是一种正常的现象，应该持有正常的心态和正确的观念看待冲突。发生冲突，并不可怕，若能够及时和有效地解决冲突，反而有利于关系的平衡与和谐，促进项目成功。

（1）预测冲突

冲突是一个能动的、互相影响的过程，其发展过程一般经历潜伏、被认知、被感觉、出现及结局五个阶段。项目部必须指定预警部门或预警人员，通过监测、识别、诊断、评价等步骤来分析面临的冲突状况，做好冲突的预测工作，了解冲突的性质，然后把分析结果反馈给决策部门，采取加强沟通等措施及时进行控制，并保存相关记录。

（2）解决冲突

1）策略一：回避和冷处理

管理者对所有的冲突不应一视同仁。当冲突微不足道、不值得花费大量时间和精力去解决时，回避是一种巧妙而有效的策略。通过回避琐碎的冲突，管理者可以提高整体的管理效率。尤其当冲突各方情绪过于激动，需要时间使他们恢复平静时，或者立即采取行动所带来的负面效果可能超过解决冲突所获得的利益时，采取冷处理是一种明智的策略。总之，管理者应该审慎地选择所要解决的冲突，不能天真地认为优秀的管理者就必须介入到每一个冲突中。

2）策略二：强调共同的战略目标

共同的战略目标以及认同“工程第一”的价值观，能够使冲突各方感到使命感和向心力，意识到任何一方单凭自己的资源和力量无法实现目标，只有在项目各参与方以及全体成员通力协作下才能取得成功。如项目中各参与单位、部门、个人往往容易把自己看得很重要，这就需要使其意识到遵循“工程第一”原则的重要性，要从项目的整体高度看待问题，而不是从单位、部门、甚至个人的角度。在这种情况下，冲突各方可能为这个共同的战略目标相互谦让或作出牺牲，避免冲突的发生。

3）策略三：制度的建立和执行

制度规定了做正确的事、怎么正确做事以及如何把事做正确。用制度足以规范各项目干系人的行为。项目部应该通过制定一套科学合理、切实可行的规章制度，将各项目干系人的行为纳入到制度的规范范围，靠法治而不是人治来回避和降低冲突。

4）策略四：各方的妥协合作

所谓妥协就是在彼此之间看法、观点的交集基础上，建立共识，彼此都作出一定的让步，达到各方都有所赢、有所输的目的。当冲突双方势均力敌或焦点问题纷繁复杂时，妥协是避免冲突、达成一致的有效策略。

5）策略五：按合同强制执行

这是同妥协相对立的解决方式，当需要对重大事件作出迅速的处理时，或者需要采取不同寻常的行动而无法顾及其他因素时，而且合同中又有明确的规定，管理者毅然决定以牺牲某些利益来保证决策效率，也是解决冲突的途径之一。

6）策略六：按仲裁决定执行

矛盾与争执按上述五种方法都无法解决时，可以按合同中仲裁条款的规定执行仲裁，最终按仲裁决定执行。

三、项目沟通管理规划的主要控制措施

（一）建立项目沟通管理系统

项目部应根据项目具体情况建立项目沟通管理系统，健全组织架构，明确管理职责，落实项目沟通管理的责任人。项目沟通管理应该与项目其他管理融合在一起共同进行，一方面有效的项目管理要充分发挥沟通的作用，另一方面项目沟通管理的目的是为了有效实现项目的各项职能管理。

（二）项目沟通规范化

项目部应通过对项目沟通制度、程序、流程、方式、方法等的规范化，确保项目的内部沟通——项目部与上级公司管理层、项目部内部的各部门和相关成员之间的沟通与协调畅通、及时、有效。

项目内部沟通可采用授权、会议、文件、培训、检查、项目进展报告、思想教育、考核与激励及电子媒体等方式。项目内部沟通的重点是解决业务环节之间的需求与矛盾。

（三）制定和执行项目沟通管理计划

项目部应通过制定和执行项目沟通管理计划、规章制度以及签订和执行合同，并根据

相关法律法规、伦理道德、社会责任，确保项目的外部沟通——项目部与项目干系人、媒体、社会公众之间的沟通与协调畅通、及时、有效。项目的外部沟通可采用电话、传真、召开会议、联合检查、宣传媒体和项目进展报告等方式。项目外部沟通的目的是满足项目干系人对信息的需求。

(四) 建立和维持良性的沟通机制

(1) 沟通从“头”做起，从“心”开始，项目负责人及项目部的主要领导应努力端正对沟通的认识，以身作则，带头营造积极的、开放的沟通氛围。

(2) 建立健全规范的项目会议系统，对各种会议的任务、内容、程序、主持者、参加人、准备工作、会议时间、纪要及记录的要求作出明文规定。使项目各种指令、计划信息能上传下达，相互协调，围绕项目各项指标的完成统筹执行。通过月会、周例会、调度会、座谈会等形式，快速地将信息进行有效的传递，使大家按计划有条不紊地进行，步调一致，方向目标明确，提高工作效率和效能，使目标完成得到保障。

(3) 实施项目沟通管理的跟踪监督，严格执行绩效考核与履约考评制度。通过跟踪检查发现沟通障碍和偏差，经过障碍排除和偏差纠正，使沟通渠道始终保持畅通无阻；通过跟踪检查，督促各方面管理职责的执行到位，保证项目沟通管理的各项活动纳入规范化、科学化的轨道之内。

(五) 积极应用现代信息技术

项目部应根据项目的实际情况，积极运用各种手段，特别是计算机、互联网平台等信息技术，对项目全过程所产生的各种项目信息加以收集、汇总、处理、储存、传输与应用，进行信息沟通与协调并形成完整的档案，以满足各项目干系人的大信息量需求。

(六) 认真开展工程项目统计工作

充分发挥工程统计在信息收集和信息沟通中的重要作用。

第十六章　项目收尾管理策划

一、概述

(一) 定义

1. 项目收尾

根据 PMI（美国项目管理协会）的概念，项目收尾包括合同收尾和管理收尾两部分。合同收尾就是按照合同，和承包商一项项地核对，是否完成了合同所有的要求，是否可以把项目结束掉，也就是我们通常所讲的验收。合同收尾就是了结合同并结清账目，包括解决所有尚未了结的事项。管理收尾涉及为了使项目干系人对项目产品的验收正式化而进行的项目成果验证和归档，具体包括收集项目记录、确保产品满足预定的需求并将项目信息归档，还包括项目审计。管理收尾是对于内部来说的，把做好的项目文档等归档；对外宣称项目已经结束；转入维护期，把相关的产品说明转到维护组；进行经验教训总结。

2. 项目收尾管理

项目收尾管理是指对项目的收尾、试运行、竣工验收、竣工结算、竣工决算、考核评价、回访保修等进行的计划、组织、协调和控制等活动。

3. 项目试车调试

项目的试车调试有单机无负荷试车调试、联动无负荷试车调试和有负荷试车调试三种类型。单机无负荷试车调试的目的是检验单机（或单元）设备和动力装置的安装质量是否可以正常启动运行。联动无负荷试车调试的目的是检验和考核整个生产工艺的每个单元（小系统）设备在无负荷情况下能否按照电气联锁、自动控制的要求同步正常进行联动运行，从而检验设备质量、安装质量以及整个工艺布局是否合理，运行是否稳定。有负荷试车调试的目的是检验和考核单机设备（或单元）或整个（项目、综合系统）生产工艺流程，在投入一定数量的生产物料或模拟物料时，能否按照工序要求正常运行，考验单元设备或整个工艺流程在有负荷情况下，能否正常运行，各种仪器仪表运转是否正常。

4. 项目试运行

项目的试运行是在完成所有试车调试以及竣工验收之后进行的，是对整个项目工程建设的符合性进行实践检验的管理活动，目的是通过试运行以判断工程是否可以投入生产或营运，或者还要进行完善。检验其制造、安装质量和其性能等是否符合规范和设计要求，是否实现项目建设的目的。试运行至少 30 天，一般不超过 180 天。

5. 项目竣工验收

项目竣工验收是指承包人按施工合同完成了项目全部任务，经检验合格，由发包人组织项目参与各方进行验收的过程。

项目竣工验收是项目管理的重要内容和收尾阶段的重要工作，是建设工程建设周期的最后一道程序，也是我国建设项目的一项基本法律制度，是全面考核建设工程，检查工程是否符合设计文件要求、工程质量是否符合验收标准及合同要求，能否交付使用、投产、发挥投资效益的重要环节。

6. 项目竣工结算

工程竣工结算是指施工企业按照合同规定的内容全部完成所承包的工程，经验收质量合格，并符合合同要求之后，向发包单位进行的最终工程款结算。

7. 项目竣工决算

项目竣工决算是由建设单位编制的，反映建设项目实际造价和投资效果的文件。项目竣工决算是指整个建设工程项目完工验收，业主与施工单位办理了项目竣工结算手续后，建设项目法人按国家规定的建设项目竣工决算编制办法，编制好项目竣工决算，并报上级主管部门审批的所有活动的总称。项目竣工决算综合反映了项目从筹建开始到项目交付使用、投产的全部建设费用。

8. 项目回访保修

国家相关法律规定，工程项目实行回访保修服务制度，要求承包人在项目竣工验收交付后，自签署工程质量保修书起的一定期限内，应对发包人和使用人进行工程回访，发现由施工原因造成的质量问题，承包人应负责工程保修，直到在正常使用条件下，建设工程的法定质量保修期结束为止。

9. 项目考核评价

项目考核评价是对管理主体行为，项目实施效果的检验和评估，是项目管理目标实现情况的总结。项目考核评价分为中间考核评价和终结考核评价。

10. 项目竣工文件

项目竣工文件是反映项目实施全过程工程技术与管理档案资料的总称，是在工程建设过程中形成的各种形式的信息记录，包括工程准备阶段文件、监理文件、施工文件、竣工图和竣工验收文件，也可简称为工程文件。

工程准备阶段文件包括工程开工以前，在立项、审批、征地、勘察、设计、招投标等工程准备阶段形成的文件。

监理文件是指监理单位在工程设计、施工等监理过程中形成的文件。

施工文件是指施工单位在工程施工过程中形成的文件。

竣工图是指工程竣工验收后，真实反映建设工程项目施工结果的图样。

竣工验收文件是指建设工程项目竣工验收活动中形成的文件。

（二）项目收尾管理概述

1. 项目收尾管理的内容

项目收尾管理是项目收尾阶段各项管理工作的总称，是工程项目管理全过程的最后阶段，包括竣工收尾、验收、结算、决算、回访保修、考核评价等方面的管理。其主要收尾管理工作分解结构如图 16-1 所示。

2. 项目收尾管理要求

要十分强调工作的计划性。项目收尾工程的特点是零星、分散、工程量小，但分布面广，给施工组织和施工管理增加了许多难度，花了不少功夫，还不易见成效，效率、效益

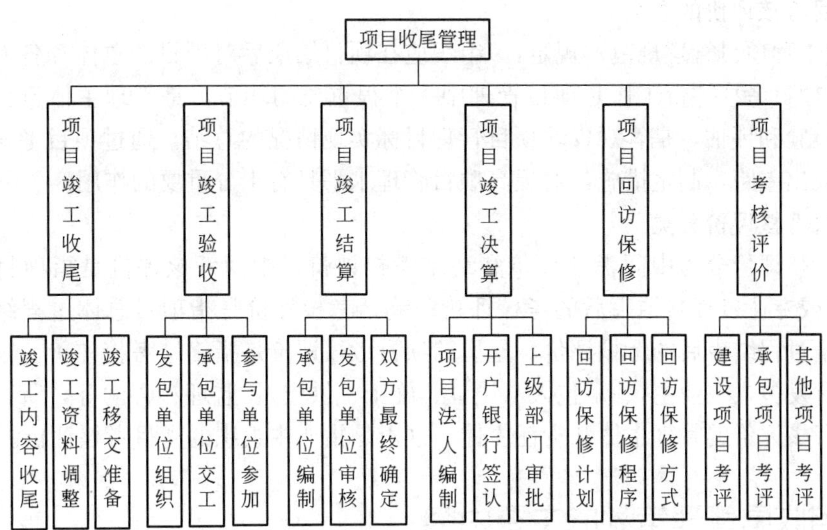

图 16-1　项目收尾工作分解结构图

难求。所以，要十分强调工作的计划性，预见要达到的目标，估计会碰到的问题，提出需要解决问题的办法，归纳起来，就是制定收尾阶段的行动方案。认真处理好有什么工作要做、该怎么做、什么人去做、什么时候做好的工作关系，以便指导收尾阶段的各项工作有条不紊地进行，能够达到预期的目的。

3. 项目竣工结算的类型和作用

竣工结算分为单位工程结算、单项工程结算和建设项目结算。竣工结算书是反映工程建设投资效果的文件，是核定新增固定资产和工程办理交付使用的依据，是项目竣工验收报告的重要组成部分，也是建设单位向上级主管部门上报的建设项目竣工文件之一。

4. 竣工结算工作程序

竣工结算由施工单位编制，经监理单位和业主审核同意后，通过相关银行按合同规定办理工程价款的结算。由政府投资的项目，还需通过政府财政部门或财政部门委托的专业机构的终审后，才能办理工程价款的结算。

5. 项目竣工决算的重要性

项目竣工决算是建设工程经济效益的全面反映，是项目法人核定各类新增资产价值，办理其交付使用的依据。通过竣工决算，一方面能够正确反映建设工程的实际造价和投资结果；另一方面可以通过竣工决算与概算、预算的对比分析，考核投资控制的工作成效，总结经验教训，积累技术经济方面的基础资料，提高未来建设工程的投资效益。

项目竣工决算是建设项目竣工后，由建设单位向国家报告项目建设成果和财务情况的总结性文件，且是项目竣工验收的重要组成部分。凡是国家投资的新建、改建、扩建的各类建设工程项目，都必须编制竣工决算。

6. 项目回访保修过程

建设单位（代建单位）、承包人在施工项目竣工验收后，就项目使用状况和质量问题向使用业主访问了解，并按照有关规定及“工程质量保修书”的约定，在保修期内对发生的质量问题进行修理并承担相应经济责任的过程。

7. 项目考核评价的意义

《建设工程项目管理规范》规定："组织应在项目结束后对项目的总体和各专业进行考核评价。"项目考核评价工作是项目管理中一个很重要的环节，是管理主体行为，项目实施效果的检验和评估，是客观反映项目管理目标实现情况的总结。通过项目考核评价，总结经验，找出差距，制定措施，对提高项目管理水平具有十分重要的作用。

8. 项目考核评价分类

项目考核评价分为中间考核评价和终结考核评价。中间考核评价是指项目中间过程（某一阶段或专业过程）结束后的考核评价；终结考核评价是指项目总体过程结束，即指项目建设全过程结束后的考核评价。这里的项目考核评价是指终结考核评价。项目管理的行为主体有发包人（业主）、承包人（设计、施工、供应）、监理、咨询等，所以构成了不同的项目考核评价的管理主体和责任主体。这里是指业主组织的项目考核评价。

二、项目收尾管理策划的主要内容

（一）项目竣工收尾的策划

项目竣工收尾的程序：项目竣工计划的制定→项目竣工计划的实施和控制→项目竣工收尾的验收。

1. 项目竣工计划的制定

项目竣工计划应纳入项目进度管理系统之内，并与项目质量管理系统相结合。

（1）项目竣工计划的内容

1）项目现场施工收尾。

① 工程实体（土建）收尾；

② 设备安装调试收尾。

2）项目竣工资料整理归档。

项目部在编制项目竣工计划之前，应该根据项目目标、可行性研究报告、设计文件、招标文件和合同，认真列表核查、清理项目实施中的所有未尽事项，做好项目完成状况的摸底工作。一方面应检查合同约定的哪些工作内容已经完成，或完成到什么程度，未完工程还有哪些连带工作需要收尾接口；另一方面应检查合同约定外还有哪些未尽事项，是否存在没有安排在招标或实施计划之内，但是按项目使用功能的要求又必须完成的工作。项目完成状况的摸底必须周密细致，土建工程不要忽视小项目以及各种边角部位收口等细节；机电设备工程不要忽视清洁、试压、吹扫、油漆、保温以及试运转等环节。同时，也要认真核查承包商施工界面、专业接口处存在的问题。应将核查清理结果记录列成清单，详细说明项目竣工收尾的工程内容，做到安排的项目竣工计划有切实可靠的依据。

（2）项目竣工计划的格式

项目竣工计划可采用表格式。表格的设计应结合项目竣工收尾的具体情况，表格的内容至少包括：收尾项目名称、工作内容、质量要求、起止时间、整改执行人（作业队组、负责人）、竣工资料整理（资料内容、整理人）、验证人等；表格应符合"四定""三查"的要求（"四定"——定项目、定工作、定要求、定时间；"三查"——查工程整改、查资料整理、查尾工验收）。

（3）项目竣工计划的审批程序

项目竣工计划由承包商编制，经承包商项目经理审批同意后连带计划的辅助资料报监理工程师，经总监或总监代表审核同意后实施，必要时报业主审批。监理在审批项目竣工计划前，应调查核实项目竣工收尾状况。

2. 项目竣工计划的实施和控制

（1）总体部署

业主应统揽项目收尾的全局，审时度势，让项目的参与各方都明确自己的责任和义务，诚信、务实地做好各自的收尾工作，保证项目管理善始善终实现项目目标。为此，业主应先对项目竣工收尾工作做出书面的总体部署，作为施工单位编制项目竣工计划的依据。总体部署至少应包括以下内容：

1）应明确项目收尾目标

① 总目标

完成全部收尾项目，工程符合竣工验收条件；工程质量经过检验合格，各种质量验收记录完整；工程经过安全和功能检验，各种测试、运行记录齐全；施工现场达到工完、料净、场地清，具备工程验收条件；项目竣工资料整理齐全，符合工程文件归档整理规定；其他要求。

② 分目标

项目收尾落实到位；安装调试检验到位；工程质量验收到位；总包分包交接到位；文件收集整理到位；竣工验收准备到位；竣工结算编制到位；项目管理小结到位。

2）明确项目收尾标准

根据项目收尾目标和内容的要求，制定质量验收标准、进度要求标准、安装调试标准、成品保护标准、现场清理标准、竣工资料标准等，并将这些标准的要求纳入竣工计划管理。

3）确定关键节点的时限

完成主要收尾工作以及质量验收、试车调试、问题整改、资料整理、现场清理、项目竣工收尾验收等项目的时间要求。

（2）跟踪检查

项目竣工计划的实施是确保项目竣工收尾的关键。为保证计划的贯彻落实，应对计划执行的情况跟踪检查，通过现场检查、巡视和资料收集等途径，获取计划与实际对比的数据与信息，从而判定计划执行中存在的偏差。

（3）实施纠偏

对项目竣工计划执行中的偏差，应制定专门对策及时处理。对策应根据偏差产生的原因，采取相应的组织、技术、经济和管理措施，防止收尾拉得很长，确保圆满完成项目竣工计划。

3. 项目竣工收尾的验收

（1）逐项检查验收

凡是列入竣工计划的收尾内容、质量验收、试车调试、问题整改、资料整理、现场清理等，在执行中使用《四定三查核查表》逐项检查，做好记录。做到完成一项，验证一项，确认一项，消除一项。

(2) 自下至上逐步组织自查

施工单位完成项目竣工计划后，应向上级公司报告，进行项目收尾自查验收，并建立相关记录。项目收尾自查程序，是承包人自下至上逐步组织进行的，并按法律和法规的规定，承担总分包连带责任。

(3) 监理复查

经自查承包商确认已全部完成项目竣工计划后，书面报告工程监理。监理接到承包人报告后应立即组织复查，复查中发现的问题应责成承包人整改，并验证整改的有效性。

工程监理应跟踪承包人执行项目竣工计划的全过程，若发现重大问题应及时报告业主。

(二) 项目竣工验收策划

1. 制定建设项目竣工验收管理办法

项目竣工验收是一项具有强烈的针对性、可变性、政策性、专业性和系统性的工作，为确保项目竣工验收工作的有序进行和工作质量，业主应主持制定《建设项目竣工验收管理办法（手册）》，以作为项目竣工验收各项工作的依据。建设项目竣工验收管理办法的主要内容包括：竣工验收的依据和条件、竣工验收的范围和标准、竣工验收的组织和程序、竣工验收的准备和分工、专项验收、项目竣工文件的收集编制和归档以及相关附件。

(1) 竣工验收的依据和条件

1) 竣工验收的依据

① 相关的国家及地方有关的法律、法规；相关的国家及行业现行的标准、规范。

② 建设项目批准的可行性研究报告、施工图及业主审批成立的设计变更文件、设备技术说明书以及主管部门的相关审批文件。

③ 招标投标文件、工程合同以及协作配合协议。

④ 承包人提供的有关质量保证文件和技术资料等。

2) 竣工验收的条件

① 交付竣工验收的建筑工程，必须符合规定的建筑工程质量标准。

② 完成建设工程设计和合同约定的各项内容。

③ 有完整的技术档案和施工管理资料。

④ 有工程使用的主要建筑材料、建筑构配件和设备进场试验报告。

⑤ 有勘察、设计、监理、施工等单位分别签署的质量合格文件。

⑥ 有施工单位签署的工程保修书。

(2) 竣工验收的范围和标准

1) 竣工验收的范围

凡列入固定资产计划的建设项目或单项工程，按照批准的设计文件（初步设计、技术设计或扩大初步设计）所规定的内容和施工图纸的要求全部建成，具备投产和使用条件，不论新建、改建、扩建和迁建性质，都要经建设单位及时组织验收，并办理固定资产交付使用的手续。若建设项目尚未全部达到竣工验收条件，应根据实际情况，作如下处理：

① 基本符合竣工验收条件，只是零星土建工程和少量非主要设备未按规定全部建成，

但不影响正常生产或使用，按竣工验收管理级别报主管部门批准后，办理竣工验收和固定资产移交手续。对剩余工程应按设计留足投资，限期完成。

② 建设项目投产或使用初期，由于原料供应不足或其他原因，不能达到设计规定的能力，但生产操作或使用运行是正常的，按竣工验收管理级别报主管部门批准后，应先行办理竣工验收和固定资产移交手续。

③ 已形成部分生产能力或已形成部分使用功能，但近期不能按设计规模全部建成的，应从实际情况出发，缩小规模，按竣工验收管理级别报主管部门批准后，对已完成的工程，应办理竣工验收和固定资产移交手续。

④ 对具备分期建设、分期投产（使用）条件的建设项目，分期建成后相应的辅助设施配套建成，具备生产合格产品（服务）的条件，能够正常生产（服务），按竣工验收管理级别报主管部门批准后，可分批组织验收，交付生产（服务），同时办理固定资产移交手续。

2）竣工验收的标准

由于建设工程项目门类很多，要求各异，因此必须有相应竣工验收标准，以资遵循。

① 土建工程验收标准

凡生产性工程、辅助公用设施及生活设施按照设计图纸、技术说明书、验收规范进行验收，工程质量符合各项要求，在工程内容上按规定全部施工完毕，不留尾巴。以建筑工程为例，即对生产性工程要求室内全部做完，室外明沟勒脚、踏步斜道全部做完，内外粉刷完毕；建筑物、构筑物周围 2m 以内场地平整、障碍物清除，道路及排水道畅通。对生活设施和住宅除上述要求外，还要求水通、电通、道路通。

② 安装工程验收标准

按照设计要求的施工项目内容、技术质量要求及验收规范的规定，各道工序全部保质保量施工完毕，不留尾巴。以建筑工程为例，即工艺、燃料、热力等各种管道已做好清洗、试压、吹扫、油漆、保温等工作，各项设备、电气、空调、仪表、通信等工程项目全部安装结束，经过单机、联动无负荷及投料试车，全部符合安装技术的质量要求，具备形成设计能力的条件。

③ 人防工程验收标准

凡有人防工程或结合建设的人防工程的竣工验收必须符合人防工程的有关规定，并要求：按工程等级安装好防护密闭门；室外通道在人防密闭门外的部位增设防护门进、排风等孔口，设备安装完毕。目前没有设备的，做好基础和预埋件，具备有设备以后即能安装的条件。应做到内部粉饰完工；内部照明设备安装完毕，并可通电；工程无漏水，回填土结束；通道畅通等。

④ 大型管道工程验收标准

大型管道工程（包括铸铁管和钢管）按照设计内容、设计要求、施工规格、验收规范全部（或分段）按质量敷设施工完毕和竣工，泵验必须符合规定要求达到合格，管道内部垃圾要清除，输油管道、自来水管道要经过清洗和消毒，输气管道还要经过通气换气。在施工前，对管道材质用防腐层（内壁及外壁）要根据规定标准进行验收，钢管要注意焊接质量，并加以评定和验收。对设计中选定的闸阀产品质量要慎重检验。地下管道施工后，对覆地要求分层夯实，确保道路质量。

⑤ 施工现场验收标准

施工现场要按"工完料净、场地清"的标准进行验收。项目施工后剩余的材料、构件、半成品、施工机械、各类临时建筑物构筑物和管线应尽早撤场，拆除的工地围蔽、地面硬化等的建筑垃圾应清运干净。整个工地做到整齐、清洁。

更新改造项目和大修理项目，可以参照国家标准或有关标准，根据工程性质，结合当时当地的实际情况，由业主提出适用的竣工验收具体标准。

（3）竣工验收的组织和程序

1）竣工验收的组织形式

① 竣工验收工作体系

竣工验收的组织形式，要根据建设工程的重要性、规模大小、隶属关系、承发包关系、工程项目管理方式等具体情况而定。但是无论哪种情况，都必须建立起一个与竣工验收工作相关的，包括业主、勘察、设计、施工、监理以及政府主管部门在内的竣工验收工作体系；业主、监理、施工单位应分别成立专门的组织机构具体负责竣工验收工作，业主负责人或现场总代表、工程监理的总监、施工单位的项目经理应分别担任各自的竣工验收工作组组长之职。

② 验收领导小组和验收工作组

重点工程、大型项目、技术较复杂的工程，业主宜组成验收领导小组和验收工作组；验收领导小组负责审批《建设项目竣工验收管理办法》、项目竣工验收实施计划、缓建（甩项）项目报告、《工程竣工验收报告》和竣工验收中重大问题的协调与处理等。验收工作组代表业主主持、组织建设项目竣工验收的各项具体工作，圆满完成竣工验收任务。为了完成竣工验收任务，验收工作组下设若干验收小组，负责各专业工程即分部工程的验收工作。

一般小型工程项目，组成验收工作组即可。业主、监理、施工单位的验收组，应由具有项目验收资格的人员组成。监理的验收工作组负责项目竣工初验工作，施工单位的验收工作组负责项目竣工预验工作。

2）竣工验收的程序

① 单位工程竣工验收是项目验收的基础

工程交付竣工验收一般分为单位工程竣工验收、单项工程竣工验收和全部工程竣工验收三种情况。单位工程竣工验收是后两种验收的基础，大量的竣工验收基础工作已在单位工程竣工验收中进行。所以，后两种验收的主要任务是：负责审查前阶段各个环节验收情况；查阅有关单位（设计、监理、施工等）的工作报告；审阅工程竣工档案资料的情况；实地查验工程并对设计、监理、施工等方面的工作和工程质量、试车情况等作综合全面评价。

② 单位工程竣工验收程序

单位工程竣工验收分三级进行：预验收→初验→正式验收。

A. 预验收

施工单位在项目完成后，由项目经理主持，自行组织对拟报竣工工程的情况和条件，根据施工图要求、合同规定和验收标准，进行检查验收。主要包括竣工项目是否符合有关规定，工程质量是否符合质量检验评定标准，工程资料是否齐全，工程完成情况是否符合施工图及使用要求等。若有不足之处，及时组织力量，限期修理完成。施工单位经过预验收确定项目已达到合同约定的要求，而且所有不足均整改完毕时才能向工程监理提交《竣工工程验收报告》。

B. 初验

监理工程师收到施工单位的正式验收申请报告后，应在总监的主持下按照工程合同的要求、施工图纸、验收标准等进行仔细的审查。在初验中发现的问题，应责令施工单位限期整改。经监理复查确认符合要求后，则将《竣工工程验收报告》转交业主。

C. 正式验收

业主接到监理转交的施工单位的《竣工工程验收报告》后，由业主主持，勘察、设计、监理、施工及质监站等参加单位工程竣工验收。

业主应对工程竣工的预验、初验、正式验证的活动步骤、审查内容、审查方法、验收会议程序、使用的表格、应形成的记录和纪要等作出明确规定。

（4）竣工验收的准备和分工

1）业主的准备工作

① 负责及时做好项目建议书及批准文件、可行性研究报告及批准文件、初步设计及批准文件等项目前期文件的收集、整理、归档工作。

② 清理未完工程和遗留问题，并进行安排落实。

③ 对项目竣工验收作出规划，制定《建设项目竣工验收管理办法》和《项目竣工验收实施计划》，并检查督促监理、施工单位执行落实上述两个文件。

④ 组成项目验收领导小组和项目验收工作组，主持单位工程、单项工程和建筑项目的正式验收。

⑤ 主持项目规划、测量、消防、档案、环保、燃气、电梯、室内环境污染、人防、防雷等专项验收和竣工备案验收。

2）设计单位的准备工作

① 及时绘制需重新绘制的施工图纸作竣工图使用。

② 编制《勘察设计总结》。

3）监理单位的准备工作

① 按规定整理、汇编、归档监理工作文件。

② 组成验收工作组，检查、督促、验收施工单位按业主统一规定开展的项目验收工作，并主持单位工程的初验。

③ 受业主委托组织项目规划、消防、档案、环保、燃气、电梯、室内环境污染、卫生防疫、人防、防雷等专项验收和竣工备案验收。

④ 编制项目监理工作总结。

4）施工单位的准备工作

① 按单位工程及时收集、汇编施工文件、竣工资料和竣工图，并按规定报工程监理。

② 成立项目验收工作组，按业主的统一规定，认真进行单位工程的预验收，并对预验收中存在的各种不足进行限时整改。接受和配合由监理主持的项目竣工初验和由业主主持的项目竣工正式验收。

③ 配合做好项目专项验收工作。

④ 编制项目施工总结。

（5）建筑工程的专项验收及项目竣工备案验收

1）专项验收

专项验收一般包括规划、消防、档案、环保、燃气、电梯、室内环境污染、卫生防疫、人防、防雷等验收项目，应由业主主持、监理组织、施工单位配合，三者协作办理。业主应制定专项验收管理办法和实施计划，统筹专项验收工作，尤其对消防验收应作出精心策划，指派有经验的人专门负责此项工作。

2）项目竣工备案验收

项目竣工备案验收是指建设单位在建设工程竣工验收后，将建设工程竣工验收报告和规划，公安消防、环保等部门出具的认可文件或者准许使用文件报建设行政主管部门审核的行为。工程竣工验收备案应当提交的文件包括工程竣工验收备案表；工程竣工验收报告由规划、环保等部门出具的认可文件或者准许使用文件；由公安消防部门出具建设工程验收合格的证明文件；施工单位签署的工程质量保修书；法规、规章规定必须提供的其他文件。

（6）项目竣工文件的收集、编制和归档

项目竣工文件必须真实记录和反映项目实施全过程的实际情况，应符合工程文件形成的规律性和规定性。为此，业主应制定并执行《项目竣工文件的收集、编制和归档的管理规定》。该《规定》的主要内容应包括：

1）责任分工

项目竣工文件是项目承包人按国家和政府主管部门关于工程档案管理的有关规定，以及业主的统一要求，在项目实施过程中按时收集、整理，竣工验收后移交业主汇总归档备案的。

① 业主应履行下列职责：

A. 在工程招标及与勘察、设计、施工、监理等单位签订协议、合同时，应对工程文件的套数、费用、质量、移交时间等提出明确要求。

B. 收集和整理工程准备阶段、竣工验收阶段形成的文件，并应进行立卷归档。

C. 负责组织、监督和检查勘察、设计、施工、监理等单位的工程文件的形成、积累和立卷归档工作；也可委托监理单位监督、检查工程文件的形成、积累和立卷归档工作。

D. 收集和汇总勘察、设计、施工、监理等单位立卷归档的工程档案。

E. 在组织工程竣工验收前，应提请当地的城建档案管理机构对工程档案进行预验收；未取得工程档案验收认可文件，不得组织工程竣工验收。

F. 对列入城建档案馆（室）接收范围的工程，工程竣工验收后 3 个月内，向当地城建档案馆（室）移交一套符合规定的工程档案。

② 勘察、设计、施工、监理等单位应将本单位形成的工程文件立卷后向业主移交。

③ 项目实行总承包的，总包单位负责收集、汇总各分包单位形成的工程档案，并应及时向业主移交；各分包单位应将本单位形成的工程文件整理、立卷后及时移交总包单位。建设工程项目由几个单位承包的，各承包单位负责收集、整理立卷其承包项目的工程文件，并应及时向业主或业主指定的承包人移交，指定承包人汇总各承包人形成的工程档案，并应及时向业主移交。

④ 城建档案管理机构应对工程文件的立卷归档工作进行监督、检查、指导。在工程竣工验收前，应对工程档案进行预验收，验收合格后，需出具工程档案认可文件。

2）项目竣工文件归档范围

对与工程建设有关的重要活动、记载工程建设主要过程和现状、具有保存价值的各种载体的文件，均应收集齐全，整理立卷后归档。具体归档范围应列表明确。

3）项目竣工文件整理要求

① 应符合国家以及地方政府主管部门基本建设项目档案资料管理和城市建设档案资料管理的有关规定。如《建设工程文件归档规范》GB/T 50328—2014 等。

② 项目竣工文件资料的收集要建立岗位责任制，遵循施工的程序和内在规律，不得遗漏、丢失和损毁。

③ 项目竣工文件整理，应做到图物相符、数据准确，填写、审批、签章手续完备，不得擅自修改、伪造和后补。归档的工程文件应为原件。

④ 工程文件的内容及其深度必须符合国家有关工程勘察、设计、施工、监理等方面的技术规范、标准和规程。

4）项目竣工文件整理程序

为保证竣工资料完整、准确、系统和规范，应执行统一领导、分级管理、按时交接、归口立卷的原则，并按此原则制定一套行之有效的项目竣工文件收集、编制、交接、立卷、归档的程序和管理办法。

5）项目竣工文件立卷的原则和方法

① 立卷的原则

立卷应遵循工程文件的自然形成规律，保持卷内文件的有机联系，便于档案的保管和利用。一个建设工程由多个单位工程组成时，工程文件应按单位工程组卷。

② 立卷的方法

A. 工程文件可按建设程序划分为工程准备阶段的文件、监理文件、施工文件、竣工图、竣工验收文件 5 部分。

B. 工程准备阶段文件可按建设程序、专业、形成单位等组卷。

C. 监理文件可按单位工程、分部工程、专业、阶段等组卷。

D. 施工文件可按单位工程、分部工程、专业、阶段等组卷。

E. 竣工图可按单位工程、专业等组卷。

F. 竣工验收文件按单位工程、专业等组卷。

6）项目竣工文件的归档

应对工程文件归档的质量要求、归档时间、归档前的审查、归档文件的数量作出明确规定。

7）项目竣工文件的验收与移交

列入城建档案馆（室）档案接收范围的工程，建设单位在组织工程竣工验收前，应提请城建档案管理机构对工程档案进行预验收。建设单位未取得城建档案管理机构出具的认可文件，不得组织工程竣工验收。

城建档案管理部门在进行工程档案预验收时，重点验收以下内容：

① 工程档案齐全、系统、完整。

② 工程档案的内容真实、准确地反映工程建设活动和工程实际状况。

③ 工程档案已整理立卷，立卷符合规范的规定。

④ 竣工图绘制方法、图式及规格等符合专业技术要求，图面整洁，盖有竣工图章。

⑤ 文件的形成、来源符合实际，要求单位或个人签章的文件，其签章手续完备。

⑥ 文件材质、幅面、书写、绘图、用墨、托裱等符合要求。

列入城建档案馆（室）接收范围的工程，建设单位在工程竣工验收后 3 个月内，必须向城建档案馆（室）移交一套符合规定的工程档案。

2. 项目竣工验收的实施与控制

（1）编制项目竣工验收实施计划

业主根据建设项目实际情况和《建设项目（工程）竣工验收办法》的要求，制定《项目竣工验收实施计划》，对建设项目竣工验收的全过程、应开展的业务工作和管理活动作出具体与详细的安排。《计划》应提前发给相关者，由监理负责主持和组织计划的执行，并按要求将计划执行情况和执行中的问题与处理结果报告业主。监理应按 PDCA 的原理，认真贯彻计划管理的原则、程序、方法，确保计划执行的到位与管理有效。监理应实行重大问题报告业主的制度，业主应及时跟踪《计划》的执行。

（2）建立和实施监督、协调、纠偏的机制

1）坚持执行“严格标准、干净利落、按时完成”的原则

“严格标准”，就是坚持国家、行业主管部门、承包合同、《建设项目（工程）竣工验收办法》规定的标准和要求，不允许有丝毫折扣。

“干净利落”，就是纳入《项目竣工验收实施计划》的全部工作都按要求完成妥当，不留尾巴、不留后患。

“按时完成”，按《项目竣工验收实施计划》的时间要求，准时完成。

2）加强领导和组织落实

应对项目竣工验收加强领导，业主、监理、施工、设计单位的主管领导、总监、项目经理应亲自挂帅、及时跟踪、有效解决执行中的重大问题，并提供必要的资源。

项目竣工验收应做到组织落实，业主、监理、施工、设计单位都应按《建设项目（工程）竣工验收办法》的规定，组建专职机构、配足相应人员。

3）实施严格的监督

建立与执行一套有效的监督制度，包括自查、复查、验收三阶段程序和活动内容在内的规定。

明确并落实负责监督的责任部门和责任人。

建立与执行监督活动与纠偏结果的通报、反馈的制度。

4）重视沟通与协调

应重视各干系人之间的沟通与协调，确保沟通渠道的畅通，规范沟通方式、方法，规范协调会议，确保沟通与协调的及时与有效。

（三）项目竣工结算策划

1. 制定《项目竣工结算管理办法》

为确保项目竣工结算符合国家和政府主管部门的有关规定，业主应制定《项目竣工结

算管理办法》，对项目竣工结算的编制、审查、确定等主要环节作出规定。《项目竣工结算管理办法》的主要内容应包括：

(1) 项目竣工结算的依据

1) 合同文件（招标文件、招标答疑文件、投标书、中标通知、工程合同、补充协议等)。

2) 施工图、竣工图纸和工程变更文件。

3) 施工技术核准资料和材料代用核准资料。

4) 工程计价文件、工程量清单、取费标准及有关调价规定。

5) 双方确认的有关签证和工程索赔资料。

(2) 项目竣工结算的编制范围

1) 工程合同（含补充合同）约定的承包范围，包括施工单位在履约中发生的奖罚事件及金额。

2) 业主关于合同承包范围、质量、数量、性质、施工次序和实施方案等作出变更的有效文件，且又符合工程计价文件规定的部分。

(3) 项目竣工结算的编制原则

1) 未完工程、质量不合格、未通过竣工验收的工程不得办理竣工结算。

2) 竣工结算应依据合同约定、项目立项、资金来源，并结合项目竣工验收进展情况进行编制。除业主已明确可分批次结算的项目外，均应将结算资料一次性提交，对结算书中未申报的内容，业主保留不予办理结算的权力。

(4) 项目竣工结算的编制要求

1) 结算单元以单位工程或施工合同约定为基础，补充合同纳入原合同一并结算。建设工程项目由多个单位工程构成的，应按建设项目划分标准的规定，将各单位工程结算书汇总，编制单项工程竣工综合结算书。若建设工程由多个单项工程构成的项目，实行分段结算并办理了分段验收计价手续的，应将各单项工程竣工综合结算书汇总编制成建设项目总结算书，并撰写编制说明。

2) 结算书需依据合同内工程量清单原有全套表格内容进行编制。同一合同内，分部分项、措施项目清单计价表，还需区分不同资金来源、不同立项进行编制后相应汇总。

(5) 项目竣工结算资料组成及要求

1) 结算资料组成

① 结算资料目录。

② 结算书。

③ 电子光盘。

④ 合同换算及合同外新增项目综合单价审批表（含呈批审核过程资料）。

⑤ 乙供材料设备定价审批表（含呈批审核过程资料）。

⑥ 人工及材料价差调整费用审批表（含呈批审核过程资料）。

⑦ 工程签证费用审批表（含工程签证联系单、工程洽商记录、工程量签证表）。

⑧ 工程量计算书（含计算底稿、钢筋抽料表、房建工程按单栋汇总计算建筑面积）。

⑨ 合同文件（含施工合同、补充协议、招标文件、图纸、答疑、澄清、投标文件）。

⑩ 其他。

A. 竣工资料、竣工图（含目录）。

B. 设计变更、图纸会审纪要。

C. 施工资料（实施性施工组织设计、施工方案、开工报告、竣工验收报告等）。

D. 施工管理资料（总监理工程师通知、业主指令、会议纪要等）。

E. 图像资料：施工前地形原貌图片，施工过程中图片，工程竣工时的图片，工程声像资料等。

F. 需填报的各类表单。

2）结算资料要求

对结算资料的形式、数量、装订顺序、资料箱编号和目录，以及结算资料在业主信息系统录入、审核及输出等作出具体规定。

（6）业主、监理、施工单位的职责

1）业主的职责

① 制定并颁布《项目竣工结算管理办法》和《项目竣工结算实施计划》，主持建设项目竣工结算工作按国家和地方政府的有关规定有序进行。

② 跟踪检查《项目竣工结算实施计划》的执行情况，及时协调解决执行中需业主负责处理的各种问题。

③ 审核由施工单位上报并经监理初审同意的项目结算书，确保在约定的期限内签署审核意见后，按规定上报财政部门终审。

④ 竣工结算完成后，按合同规定办理结算支付。

2）监理的职责

① 审核施工单位竣工结算专职人员和竣工结算实施计划。指导、配合、督促施工单位按规定的要求提交结算资料和结算书。对结算工作中存在的问题和不足及时向业主提出相应对策的建议。

② 全面核查施工单位提交的结算资料的完整性、真实性、合规性，确保审核结果的准确。审核结束后需在规定时间内按规定要求上报业主。

③ 施工单位送审的结算资料不完整不合规时，应及时通知和督促施工单位在规定时间内补充完善。

3）施工单位的职责

① 依据合同约定和业主的要求，组织竣工结算的专职人员制定实施计划，在规定期限内提交真实、完整、合规的结算资料。

② 认真负责地配合监理、业主和财政部门对结算资料的审查。

（7）结算编制和报审流程

1）结算编制流程

结算编制流程如图 16-2 所示。

2）结算报审流程

结算报审流程如图 16-3 所示。

3）结算审核

① 结算审核准则

应按合同约定的结算方法、计价定额、取费标准、主材价格和优惠条款等，对竣工结

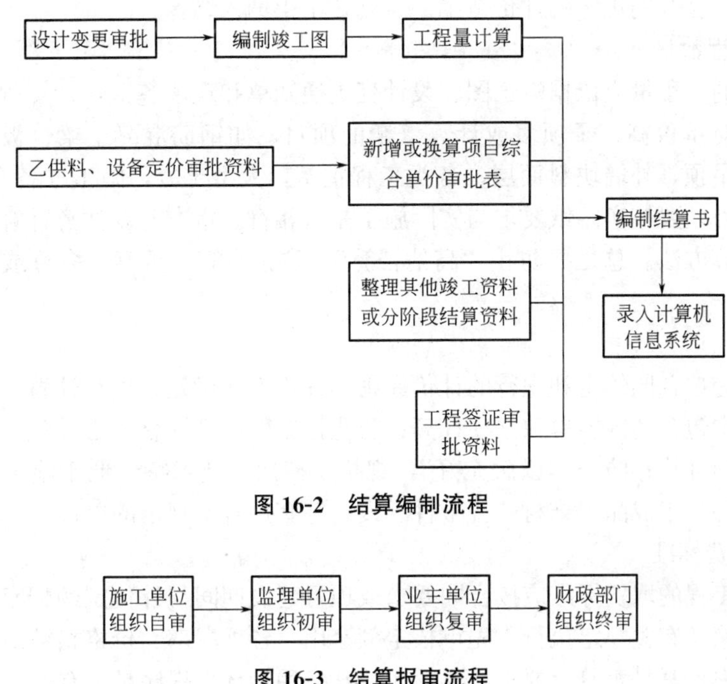

图 16-2　结算编制流程

图 16-3　结算报审流程

算进行审核。若合同存在遗漏或含义不清等问题时，甲乙双方应根据合同规定的原则，协商决定结算方法。

② 结算审核方法

结算审核方法应以全面审查法为主，辅以重点抽查法、对比审查法、分组计算审查法等方法相配合。全面审查法是按照清单编制顺序，逐项地全部进行审查的方法。该法由于全面、细致，所以差错少，质量高。重点抽查法就是选择工程量较大、单价较高和工程结构复杂的工程进行抽查。

③ 结算审核内容

A. 合规法审查

首先，应审查竣工工程内容是否符合合同规定的范围，是否符合施工图的要求，是否竣工验收合格，凡是不符合上述要求的不准纳入竣工结算。

B. 隐蔽工程验收记录是否真实、完备与合理

所有隐蔽工程验收记录均需核查其是否真实、完备与合理。隐蔽工程验收必须使用政府主管部门规定的表格，填写内容真实，各种附件齐全，手续完整，质量合格，与竣工图相一致。否则，不得纳入结算。这里所指的隐蔽工程应包括穿墙穿梁板的工程项目（穿墙管材等）。

C. 核查设计变更资料

设计变更通知单和修改图纸的审批程序应符合相关管理规定，且手续完整。竣工图应与设计变更通知单或修改图纸、现场工程实际状况三者必须一致，并且质量验收合格。否则，不得纳入结算。

D. 核查工程签证资料

工程签证应使用规定的表格，填写内容真实，各种附件齐全，手续完整，质量合格。

其签证内容应符合合同规定的计价范围。否则，不得纳入结算。

E. 核实工程数量

竣工结算的工程量应依据竣工图、设计变更通知单和现场签证，计算规则应符合合同的约定。尤其对单价高、子项多或计算繁杂的项目，如钢筋混凝土梁、板、柱的钢筋抽样，异形多级吊顶，外墙块料面层，各类工程桩基，大型土方，施工准备和“三通一平”的项目等。此外，要核实图纸要求与实际施工是否相符。审查时要注意计算工程量尺寸数据的来源和计算方法。总之要防止“高估冒算”；防止漏算、重算、多算或计算错误等现象的发生。

F. 核实单价

结算单价应按合同约定和现行的计价原则和计价方法确定，不得违背、不得高套。防止把定额子目中包含的内容单独立项计算；防止把定额中已综合考虑并包含在综合单价里的内容单独立项计算；防止“以次充好”，规格、档次、技术特性低于施工图纸和合同要求的材料、构件、半成品、饰材、五金件、设备等套用合同规定的单价。

G. 核查取费标准

建筑安装工程的取费标准应按合同要求或项目建设期间与计价定额配套使用的建筑安装工程费用定额及有关规定执行。先审核定额套用、各项费率、价格指数或换算系数是否正确，价差调整计算是否符合要求；再核实特殊费用和计算程序是否有误。

H. 结算书中常见的问题

a. 巧立名目，高套定额

——把定额中已综合考虑并包含在综合单价里的内容单独列项。例如，挖土方已按照工程量套用定额计价，有的施工单位又把挖掘机台班单独列项计算。

——把费率中包含的内容另外列项计算。例如，综合费率中已包含冬雨期施工增加费，有的又把雨期抽水费另计。

——利用定额单价的换算抬高项目单价。

b. 虚设费用

——有的工程在实施过程中没有使用大型机械和特种机械，但竣工决算中却列入了大型机械调转费。

——有些变更表面看起来是新增的项目，实际上在投标文件中已经包含，这样的项目应不予计量。

——施工单位投标文件中的漏项，结算时却列入，要扣除。

c. 提高计费标准，扩大取费范围

——不按合同要求套用费用定额。

——工程没有达到约定的文明施工程度却按约定计算文明施工增加费等。

④ 结算争议处理

A. 因施工单位原因影响竣工结算工作的正常开展或结算进度严重滞后的，业主有权差异送审或甩项送审。

B. 对于结算中的争议问题，应尽量通过甲乙双方协商解决。协商未果的问题可按合同规定通过仲裁处理。

⑤ 结算评审结果确认

结算终审机构出具《结算评审结果确认书》后，施工单位应在规定时间（3 天）之内加盖原合同公章予以确认。

2. 项目竣工结算的实施与控制

《项目竣工结算实施计划》由业主制定、由监理主持和组织执行、由施工单位贯彻落实。《项目竣工结算实施计划》对竣工结算工作全过程的实施作出进度安排，明确施工单位结算书上报时间、监理对结算书初审完成时间、业主对结算书复审完成时间、结算书确认时间的具体日期。实施计划应分别对各项合同、各个单位工程、单项工程以及整个建筑项目的结算工作，均提出明确的进度要求。

为保证《项目竣工结算实施计划》执行到位，应按计划管理的相关规定，按照 PDCA 循环的要求开展管理活动，具体内容参见相关章节。

(四) 项目竣工决算策划

1. 项目竣工决算的编制依据

主要有：

(1) 经批准的可行性研究报告及其投资估算书。

(2) 经批准的初步设计或扩大初步设计及其概算书或修正概算书。

(3) 经批准的施工图设计及其施工图预算书。

(4) 设计交底或图纸会审会议纪要。

(5) 招投标的标底、承包合同、工程结算资料。

(6) 施工记录或施工签证单及其他施工发生的费用记录。

(7) 竣工图及各种竣工档案资料。

(8) 历年基建资料、财务决算及批复文件。

(9) 设备、材料等调价文件和调价记录。

(10) 有关财务核算制度、办法和其他有关资料、文件等。

2. 项目竣工决算的编制内容

(1) 项目竣工财务决算（报告）说明书

项目竣工财务决算（报告）说明书，是综合归纳项目竣工情况的报告性文件，主要反映项目建设成果、各项技术经济指标完成情况，亦是全面考核评价工程建设投资和工程造价控制的文字总结说明。其主要内容是：

1) 建设项目概况。主要是对项目的建设工期、工程质量、投资效果以及设计、施工等方面的情况进行概括分析和说明。

2) 对建设项目投资来源、占用（运用）、会计财务处理、财产物资情况以及项目债权债务的清偿情况进行概括分析和说明。

3) 建设项目资金节超、竣工项目资金结余、上交分配等说明。

4) 建设项目各项主要技术经济指标的完成比较、分析评价等。

5) 建设项目管理及竣工决算中存在的问题和处理意见。如曾发生的重大事件、投资与方案决策效果、项目管理模式、投资估算与资金使用情况等。

6) 建设项目竣工决算中需要说明的其他事项等。

(2) 项目竣工财务决算报表

项目竣工财务决算报表的编制要求依据建设项目的建设规模有所区别，根据财政部的规定，项目竣工财务决算报表分为两种情况编制，其财务决算报表的内容要求如下：

1）大、中型建设项目竣工财务决算报表内容

① 建设项目竣工财务决算审批表。

② 大、中型建设项目概况表。

③ 大、中型建设项目竣工财务决算表。

④ 大、中型建设项目交付使用资产总表。

⑤ 建设项目交付使用资产明细表。

2）小型建设项目竣工财务决算报表内容

① 建设项目竣工财务决算审批表。

② 小型建设项目竣工财务决算总表。

③ 建设项目交付使用资产明细表。

大型、中型和小型建设项目的划分，依据《基本建设项目大中小型划分标准》的规定进行。

（3）竣工图

竣工图的编制方法应按国家和业主有关竣工图编制的规定执行。

（4）工程造价比较分析资料

工程造价比较分析资料的主要内容应涵盖主要实物工程量、主要材料消耗量和工程造价构成的主要费用等。

3. 项目竣工决算的编制程序

项目竣工决算的编制程序，如图 16-4 所示。

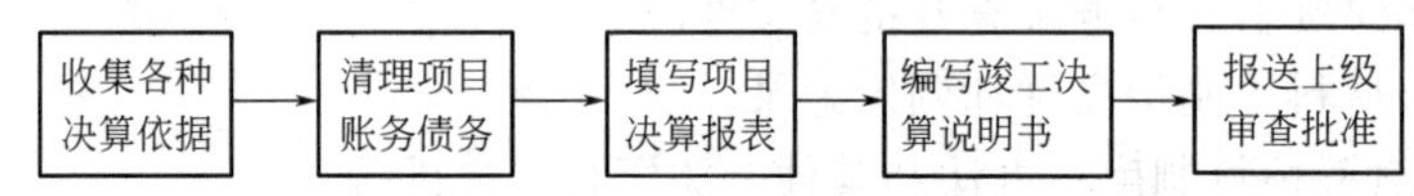

图 16-4　项目竣工决算编制程序

4. 项目竣工决算的编制要求

（1）保证竣工决算依据的完整性

在项目竣工决算编制之前，应认真收集、整理各种有关的项目竣工决算依据，做好各项基础工作，保证项目竣工决算编制的完整性。

（2）清理项目账务债务的准确性

项目账务债务的清理核对是保证项目竣工决算编制工作准确有效的重要环节。要认真核实项目交付使用资产成本，做好各种账务、债务和结余物资的清理工作，做到及时清偿、及时回收。清理的具体工作要做到逐项清点、核实账目、整理汇总、妥善管理。

在清理项目债权债务和核实账目的基础上，正确编制项目竣工财务决算，汇总建设期财务决算资料，保证项目竣工决算编制的准确性。

（3）填写项目决算报表的符合性

项目决算报表的编制内容是项目建设成果的综合反映。项目决算表格中的内容，应依据编制资料进行计算和统计，并符合有关规定。

项目决算报表的编制内容，应根据大、中、小型项目的不同情况和不同要求分别对号入座，完成报表的填写。

（4）编写竣工决算说明的概括性

项目竣工决算说明具有建设项目竣工决算系统性的特点，综合反映项目从筹建开始到竣工交付使用为止，全过程的建设情况，包括项目建设成果和主要技术经济指标的完成情况。

编写内容较为全面、概括性较强的项目竣工决算说明书，是全面、正确考核评价建设项目投资成果的重要文件。应按项目竣工决算说明的内容要求，根据编制报表中的结果，编写成文字总结说明材料。

（5）报送上级审查批准的及时性

项目竣工决算编制完毕，应将编写的文字说明和填写的各种报表经过反复认真校稿核对无误后装帧成册，形成完整的项目竣工决算文件报告，及时（应在项目竣工验收移交使用后一个月内）上报审批。

审批程序如图 16-5 所示。

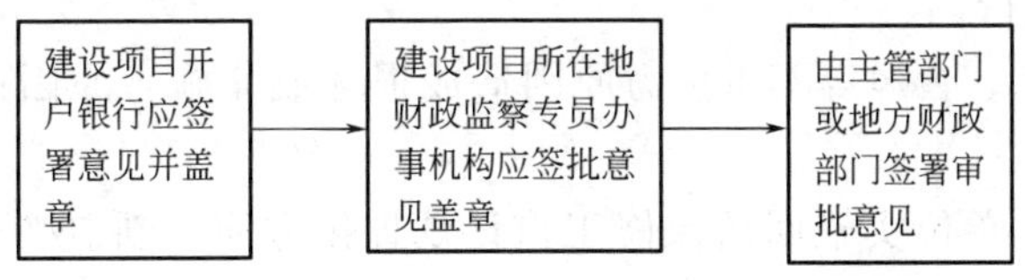

图 16-5　审批程序

项目竣工决算一般由建设单位的财务部门主持，业主项目部配合。为确保项目管理工作的完整性，本指南对项目竣工决算的重要性、编制依据、编制内容、编制要求、编制程序进行了介绍，以便对项目竣工决算工作的全过程有一个全面的了解，能够做好项目竣工决算的配合工作。

（五）项目回访保修的策划

1. 制定项目回访保修管理制度

项目回访保修应统一管理、专人负责、定期回访、及时保修。业主应制定项目回访保修的管理制度和实施办法，项目回访保修管理制度的主要内容至少包括如下：

（1）一般规定

1）回访保修的责任应由承包人承担，承包人应将回访保修纳入承包人的工作计划、服务控制程序和质量管理体系。

2）承包人应建立施工项目交工后的回访与保修制度，听取用户意见，提高服务质量，改进服务方式。

3）承包人应建立与发包人及用户的服务联系网络，及时取得信息，并按计划、实施、验证、报告的程序，搞好回访与保修工作。

4）保修工作必须履行施工合同的约定和“工程质量保修书”中的承诺。

（2）明确施工、监理、业主三方的责任

1）施工单位的责任

① 由于承包人未按照国家标准、规范和设计要求施工造成的质量缺陷，应由承包人负责修理并承担经济责任。

② 施工单位应落实保修必需的资源（劳力、材料、施工设备、资金以及管理力量等）。

2）监理的责任

监理应主持和组织项目回访保修全过程的管理。应审批施工单位的回访保修工作计划，认真监督施工单位对回访保修工作计划的实施情况，及时处理回访保修中存在的各种问题，并验证保修项目的质量及不合格的整改。

3）业主的责任

① 由于设计人造成的质量缺陷，应由设计人承担经济责任。当由承包人修理时，费用数额应按合同约定，不足部分应由发包人补偿。

② 由于发包人供应的材料、构配件或设备不合格造成的质量缺陷，应由发包人自行承担经济责任，或按合同的相关规定执行。

③ 由发包人指定的分包人造成的质量缺陷，应由发包人和分包人承担经济责任，或按合同的相关规定执行。

④ 因地震、洪水、台风等不可抗力原因造成损坏或非施工原因造成的事故，承包人不承担经济责任。

⑤ 业主应为施工单位实施回访保修工作计划提供方便，创造必要的工作条件，做好协调服务。

4）其他

① 因使用人使用不当或未经许可自行改建造成的质量缺陷，应由使用人自行承担经济责任。

② 当使用人需要责任以外的修理维护服务时，承包人应提供相应的服务，并在双方协议中明确服务的内容和质量要求，费用由使用人支付。

③ 由于监理、业主的违章指挥而造成的质量缺陷，承包人不承担经济责任，应由监理或业主承担经济责任。当由承包人修理时，费用数额应按合同约定，不足部分应由发包人补偿。

（3）落实责任人

应明确业主、监理、施工三方的责任人和联系方式（移动和固定电话号码），施工单位的主责任人应是项目部的上级公司（施工合同的签约法人），所以，应明确两个责任联系人，除施工单位的项目经理之外，还应明确其上级公司主管生产的领导或其委托的一名公司职能部门的负责人。

（4）明确回访保修的管理程序

管理程序如下：计划→实施→验证→报告。

1）计划

施工单位应逐月编制回访保修工作计划，经监理审批同意后执行；经监理审批同意的计划，应在执行前呈报业主备查。工作计划应包括下列内容：

① 主管回访保修业务的部门。

② 回访保修的执行单位。

③ 回访的对象（发包人或使用人）及其工程名称。

④ 回访时间安排、主要内容和方式。

2）回访

回访可采用书面征集、电话询问、登门座谈、例行回访等方式。回访应以业主对竣工项目质量的反馈及特殊工程采用的新技术、新材料、新设备、新工艺等的应用情况为重点，并根据需要及时采取改进措施。

回访工作方式常用的有例行性回访、季节性回访、技术性回访、专题性回访。

例行性回访：按回访工作计划实施，一般是定期进行的；保修初期宜间隔一个月或一个季度，保修的中、后期，时间间隔可为半年左右。

季节性回访：如夏季（雨季）回访屋面工程、墙面工程、地下工程的防水和渗水情况、地面沉降情况以及空调系统的使用情况。冬季回访采暖系统，了解有无施工质量缺陷或使用不当造成的损坏问题。

技术性回访：专门针对“四新技术”的回访，通过回访用户获得使用后的第一手材料，掌握所采用的“四新技术”使用后的技术状态，运行中有无安装施工质量缺陷。

专题性回访：对某些特殊工程、重点工程、关键工程部位应组织专访，以便提早发现问题，可将服务工作往前延伸。

回访不能草率行事，流于形式。应综合采取多种方式，全面覆盖，确保信息收集的真实、完整和及时。

每次回访应撰写回访工作纪要，其内容包括：存在哪些质量问题；使用人有什么意见；事后应采取什么措施处理；正反两方面的评价意见应公正客观地记录。

3）保修

①“工程质量保修书”应是施工合同的一个重要附件。“工程质量保修书”中应具体约定保修范围及内容、保修期、保修责任、保修费用等。保修期为自竣工验收合格之日起计算，在正常使用条件下的最低保修期限。

② 在保修期内发生的非使用原因的质量问题，使用人应填写“工程质量修理通知书”，经监理核实后第一时间告知承包人，并注明质量问题及部位、联系维修方式。

③ 承包人应按“工程质量保修书”的承诺向发包人或使用人提供服务。保修业务应列入施工生产计划，并按约定的内容承担保修责任。

④ 监理应跟踪、监督保修全过程，并负责质量验证和确认。

4）报告

全部回访保修工作结束，应提出回访服务报告。回访服务报告的主要内容应涵盖：回访建设单位和工程项目的概况；业主和用户对交工工程的意见；对回访工作的单项分析和全面总结；举一反三提出质量改进的对策措施等。

2. 实施项目回访保修管理制度

（1）实施严格的计划管理

监理应对施工单位的回访保修计划进行审批，确保计划的科学、合理和可操作，不符合要求的计划应退回重新编制。

监理应跟踪计划执行的全过程，及时发现与纠正不符合项。

（2）核查与纠偏

监理应对回访服务报告进行审核，对全部回访保修工作和报告提出评价意见，对存在的不足和遗留问题提出相应的处理意见，并上报业主。

（3）业主跟踪

业主应对回访服务报告进行审批，并根据现场核实情况对全部回访保修工作提出结论意见，若施工单位存在经济责任问题，则结合项目竣工结算一并处理。

（六）项目考核评价策划

1. 项目考核评价的依据

项目考核评价的依据是指对项目考核评价起评估作用的目标性、管理性、法规性、标准性文件的总称。目标性文件如《项目目标责任书》；管理性文件是指各项管理手册、管理制度、管理办法、管理程序、管理方案等文件；法规性文件指国家、地方政府、主管行政部门发布的与工程建设有关的法律、行政法规、部门规章和相关规定。法规性文件具有强制约束力；标准性文件指有关工程建设的国家、行业和地方性的工程技术、管理的规范。

2. 项目考核评价的程序

项目考核评价的基本程序：项目考核评价指标体系的选择确定→制定考核评价方案→建立考核评价组织→确定考核评价方法→实施考核评价工作→提出考核评价报告→工程项目管理的全面总结。项目考核评价策划就是按照项目考核评价的基本程序去进行。

（1）项目考核评价指标体系的选择确定

项目考核评价的指标体系，应采用项目管理目标规划所确定的项目，它是由项目的成果性目标和约束性目标构成的目标系统。而这些目标又是由定量指标和定性指标构成，它是对项目管理的实施效果作出客观、正确、科学分析和论证的依据。

1）项目考核评价定量指标

① 工程质量指标

总的指标：单位、单项或整个建设项目获取国家、省市优质工程奖。

分指标：单位工程一次验交成功（率）；单位、分部、分项工程优良率。

② 工期指标

总的指标：总工期（天）/工期提前率。

分指标：里程碑工期完成率。

③ 投资指标

总的指标：整个建设项目总投资不超概算。

分指标：单项、单位工程项目或各分部工程项目的投资不超概算。

④ 安全指标

总的指标：杜绝（重大）伤亡事故、杜绝重大机械事故、杜绝（重大）火灾事故。

分指标：工伤频率、工地治安保卫案件发生率。

⑤ 环境指标

总的指标：获省/市文明施工样板工地奖、不发生重大环境污染事故。

分指标：现场施工噪声、工作环境及污染、固体废弃物的处理、废水排放、扬尘控制、节能降耗等。

2）项目考核评价定性指标

① 项目管理理念

考核评价项目管理理念，主要是审视项目实施者是否正确运用现代项目管理理论，甚至有所创新。关键体现在以下几方面：

A. 运行机制：总部宏观调控、项目委托管理、专业承包保障、社会力量协调。

B. 组织结构：

“两层分离”——管理层与作业层分离。

“三层关系”——项目层次与企业层次的关系，项目经理与企业法人代表的关系，项目经理部与承包人的关系。

C. 推行主体：

“两制建设”——项目经理责任制和项目成本（投资）核算制。

“三个升级”——技术进步、科学管理升级，项目（总承包）管理能力升级，智力结构和资本运营升级。

D. 基本内容：

“五控制，四管理，一协调”——进度、质量、成本（投资）、安全、环境控制，合同、信息、现场、生产要素管理和组织协调。

E. 管理目标：

“四个一”——一套新方法、一支新队伍、一代新技术、一项好工程。

F. 主要特征：

动态管理、优化配置、目标控制、节点考核。

② 项目管理策划

评价项目管理策划，主要是审视项目实施者是否遵循了《建设工程项目管理规范》GB/T 50326—2006。

③ 管理基础工作

评价项目管理基础工作，主要是审视项目实施中各项基础工作是否及时、准确、严格、持续地贯彻执行，思想工作是否有效，管理规定能否做到令行禁止。具体工作应包括：项目管理有关标准、规范的执行情况；项目管理有关制度、办法的贯彻情况；项目管理有关文件档案的整理情况。

④ 项目管理方法

评价项目管理方法，主要是审视项目管理过程中采用了哪些现代管理方法和技术手段，如决策技术、预测技术、网络和信息技术、时间管理技术、质量/安全管理技术、成本管理技术、系统工程、价值工程、目标管理等，尤其要审视采用了哪些独具匠心的方法。

⑤ 新技术的推广

评价项目新技术的推广应用，主要是审视项目建设中是否运用了创新的理念，以一流的技术（四新）成果、一流的质量水平、一流的施工工艺组织项目实施。

⑥ 项目社会评价

项目社会评价是指市场对项目的反映，包括使用者、顾客、媒体、同行、政府主管部门、社会各界的评价。

市场和社会对项目的认同，一般取决于四个条件：一是取决于项目管理机制，有无效率，能否吸引顾客；二是取决于项目管理水平，有无硬功，能否征服顾客；三是取决于项目管理信用，有无承诺，能否取信顾客；四是取决于项目管理传媒，有无宣传，能否抓住顾客。

（2）项目考核评价方法的策划

1）考核内容

根据建设项目的具体情况，结合选择确定的项目考核评价的指标体系，确定考核内容，必要时可进行调整、增减，以顾及各单项、单位工程可能存在的特殊性。

2）考核方法

采用检查表的形式。检查表的项目依据考核内容设置，并明确每一个考核项目的评价方法和标准，若采用综合评分法时，应确定考核项目的权重系数和评分计算办法。

3）审核文件资料

考核人员审查企业或项目部按规定提供的相关文件资料，通过文件资料的内容及数据分析得出考核结论。

4）现场检查考核

考核人员深入建设项目现场，查看工程的外观质量、项目的运行和使用状况，查找证据，以判定企业的项目管理能力或项目部管理绩效的状况。

5）专职机构评价与自我评价相结合

由专门成立的考核评价组，现场检查考核。

按本节的规定进行考核评价的同时，组织项目部按《追求组织的持续成功　质量管理方法》GB/T 19004—2011 的规定进行自我评价。

（3）项目考核评价组织的策划

项目考核评价组织是为项目考核评价提供智力服务的专家组织。项目考核评价组织因项目的需要而建立，既可以委托第三方进行项目考核评估，也可以由企业内部各方面的专家、企业分管项目管理的领导及负责项目管理部门的专职人员组成。

项目考核评价组织的职责和任务：

1）编制考核评价的实施方案。

2）负责评价期间的工作联系和组织协调。

3）具体实施项目考核评价的各项工作。

4）查阅资料，考察现场，作出评价结论。

5）整理移交项目考核评价各类资料等。

项目考核评价组织的组成人数，应根据评价工作量和成员的素质能力而定，大型工程项目一般由 7～11 人组成。

（4）项目考核评价方案的策划

项目考核评价是组织运用科学的考核评价方法，对项目管理是否有效及结果是否达到预期目标，所作的系统的、综合的考核、鉴定、评估和咨询。因此，项目考核评价方案是对上述一系列活动的具体安排，是指导项目考核评价工作的实施文件，业主方项目考核评价的重点主要是项目的决策正确与否，包括建设工期、工程质量、投资效果、安全生产、环境保护等目标的实现状况，其编制内容应包括：

1）工程项目概况。

2）项目考核评价的目的。

3）项目考核评价组织的构成情况。

4）项目考核评价的指标分解。

5）项目考核评价的时间安排。

6）项目考核评价的具体方法。

7）项目考核评价的结论报告。

8）项目考核评价的统一表式等。

（5）实施项目考核评价工作

1）项目考评组织进入现场，听取项目管理组织的情况汇报。

2）查阅项目实施过程中形成的工程文件、管理制度、各类报表、原始记录等。

3）考察工程项目现场，召开必要的座谈会，查看场容场貌、质量安全、环境保护、项目运行和使用情况。

4）项目考评组成员按专业、指标分工进行定量和定性指标分析、比较，提出评价意见。

5）项目考评组织按评价方案，对项目实现目标、考核指标完成情况进行评分。

6）项目考评组织对项目作考核评价结论。考核评价结论正式作出之前应广泛征求考评对象的意见，统一认识。

（6）提出项目考核评价报告

项目考核评价报告的内容应全面、具体，具有较强的逻辑性、客观性和说服力，本着肯定成绩、找出差距的原则，对项目管理行为、项目管理效果、项目管理目标的实施和完成情况作出公平、公正的评价，以理（数据）服人，并提出建设性咨询意见。

项目考核评价报告的主要内容一般应包括：

1）项目考核评价报告正文。

2）项目考核评价报告附件。

① 若干项目考核评价表。

② 项目考核评价鉴定书。

③ 其他附件等。

（7）工程项目管理的全面总结

《建设工程项目管理规范》规定：项目管理结束后，组织应按照下列内容编制项目管理总结。

1）项目概况。

2）组织机构、管理体系、管理控制程序。

3）各项经济技术指标完成情况及考核评价。

4）主要经验和问题处理。

5）其他需要提供的资料。

工程项目管理总结是工程文件归档整理的重要资料之一，应按照工程文件归档整理的规定，及时存入建设工程文件档案和企业档案。

3. 项目管理成熟度评价

按照《追求组织的持续成功 质量管理方法》GB/T 19004—2011，利用该标准提供的准则，评价项目管理达到的等级（最低为一级、最高为五级，共5级）。

三、项目收尾管理策划的主要控制措施

（一）加强组织领导

项目收尾工作零星、分散、工程量小，但分布面广，尤其是竣工结算工作与利益攸关，这给组织和管理增加了许多难度。为了使项目收尾的各项工作能按规定的要求去完成，业主和监理都应该加强组织领导和组织指挥，业主的主管领导和项目总监均应亲自挂帅、亲自过问，督促承包人的资源和工作到位，及时处理和解决各种矛盾与问题，并根据收尾工作的需要充实管理和专业人员。同时，应确保业主项目管理人员队伍的稳定，项目负责人和主要管理人员的调动，应不影响项目收尾管理工作的正常开展。

（二）严格计划管理

项目收尾的各项工作都必须纳入计划管理之中，加强收尾工作的计划性，一体化的项目收尾工作计划和调度是项目收尾管理的关键，应加强对计划管理的领导并充实计划管理力量，认真执行计划管理办法，充分发挥计划管理在项目收尾管理中的有效作用。

严肃施工纪律、维护计划的权威，凡是计划已经明确的工作，必须按时、保质、保量地完成。

（三）加强沟通与协调

在项目生命期中，项目收尾阶段的沟通与交流比任何阶段显得更重要，保持沟通渠道的畅通，及时、准确、有效地交流与沟通，及时解除思想障碍、确保认识统一，是顺利推进项目收尾工作的基础和前提。

在项目收尾阶段存在许多需要协调的问题，这些协调工作不仅数量多而且难度大，项目经理和总监应亲自主持重大的组织协调，有效排除各种干扰和障碍，使项目收尾按事前策划的计划按部就班地推进。

（四）加强检查监督

应增加检查监督的频次和力度，尤其是工程验收交接之后，施工单位已撤场，必须通过强化检查监督确保工作的进度和质量。

（五）确保资源投入

检查督促施工单位落实工程保修施工队伍和管理力量，施工单位撤场后，原来的施工队伍和管理人员已接受了新的项目，为了避免施工单位甩手和不能及时完成项目保修工作，必须十分重视检查督促工作，事先对检查督促的组织、计划、方法等做好安排，并视实际情况适时调整或加强，以确保施工单位落实施工队伍和管理力量，使各项收尾工作按

时、按规定要求顺利完成。

(六) 落实合同责任

施工合同中应明确规定承包人在项目收尾阶段的合同责任以及违约受罚的条款，并保证业主/工程师对项目收尾管理进行控制的权力，明确业主/工程师的主要控制措施和途径。这些权力和措施应得到充分和有效的落实。

应将工程款的10%作为工程尾款，其中3%作为质保金，待质保期满时结算；7%必须在工程竣工结算办结后支付。

[例 16-1]

×××关于明确建设项目竣工验收及移交管理程序的通知

各部（室)、各参建单位：

为进一步加强我办建设项目竣工验收及移交管理工作，根据《广州市房屋建筑和市政基础设施工程竣工验收备案办事指南（2013-05-01)》、《广东省建筑工程竣工验收技术资料统一用表（2010版)》等要求，特制定明确我办建设项目竣工验收及移交管理程序和要求，现予以公布，请遵照执行。

一、建设项目竣工验收必须具备的条件

具备下列条件和技术资料的工程，方可组织竣工验收：

（一）工程已完成设计和合同约定的全部内容。

（二）分部工程全部验收合格。施工单位组织的自验、监理单位组织的预验收合格。

（三）建筑节能分部工程验收合格、单位工程规划验收、环保验收、卫生防疫验收、电梯验收、消防验收、燃气验收、防雷验收、档案预验收等专项验收必须获通过并取得验收合格的证明文件。

（四）质量监督站已对报送的工程技术资料进行审查，同意组织质量验收。取得市建设工程质量监督机构的《工程竣工前质量检查情况通知书》。

二、建设项目竣工验收备案流程

（一）入案时需提交资料：

1.《房屋建筑工程和市政基础设施工程竣工验收备案表》；

2.《工程竣工前质量检查情况通知书》；

3.工程质量保修书；

4.住宅质量保证书和住宅使用说明书；

5.电梯验收合格证明；

6.单位工程施工安全评价书；

7.预拌砂浆使用报告。

（二）组织竣工验收后补正资料：

1.建设工程施工许可证复印件；

2.工程施工质量验收申请表；

3.工程质量评估报告；

4.勘察文件质量检查报告；

5. 设计文件质量检查报告；

6. 单位（子单位）工程质量验收记录；

7. 市政基础设施的有关质量检测和功能性试验资料等记录；

8. 工程款已按合同支付的证明；

9. 建设工程竣工验收报告；

10. 建设工程档案验收合格证明；

11. 建设工程规划验收合格证（附《建设工程验收测量报告》）；

12. 消防验收合格意见或准许认可使用文件；

13. 环保验收合格证或准许认可使用文件；

14. 民防验收合格证；

15. 白蚁防治验收合格证明；

16. 防雷验收合格证明；

17. 工程质量监督报告。

（三）竣工验收备案办事流程：

1. 工程已完成设计和合同约定的全部内容；住房城乡建设行政主管部门及其委托的工程质量监督机构，规划、消防和环保等部门责令整改的问题全部整改完毕。建设单位取得市建设工程质量监督机构的《工程竣工前质量检查情况通知书》。

2. 建设单位进行网上申报，填写《房屋建筑工程和市政基础设施工程竣工验收备案表》后打印。

3. 建设单位持入案时需提交资料：《房屋建筑工程和市政基础设施工程竣工验收备案表》等1～7项资料送政务中心办事窗口提交资料申请受理。

4. 备案单位收到建设单位备案申请材料后，符合受理条件的，向建设单位发出《竣工验收阶段申请受理决定通知书》。

5. 备案单位受理备案事项后，将工程竣工验收备案信息告知规划、消防、环保、防雷、民防、白蚁防治专业主管部门，专业主管部门实行并联审批，同步开展验收审批工作。

6. 备案单位在5个工作日内收齐专业部门的验收意见后，对专业验收合格的工程，通知建设单位组织工程竣工验收，该阶段不计入备案单位办理时间。

7. 建设单位组织完成竣工验收工作后，按城市档案管理的有关规定整理工程档案，向城市档案管理机构申请出具建设工程档案验收文件。

8. 工程竣工验收合格后，建设单位向备案单位补充提交《建设工程竣工验收报告》《档案验收文件》等1～17项资料。

9. 备案单位收到建设单位的《建设工程竣工验收报告》后，符合条件的，在《房屋建筑工程和市政基础设施工程竣工验收备案表》签署同意备案的意见，并发给建设单位。

10. 建设单位可办理返退新型墙体材料专项基金、返退散装水泥专项资金、建设工程劳动保险金调剂手续。

三、建设项目移交应具备的条件

（一）工程项目已完成建设全部设计和合同约定的各项内容，达到设计使用功能的要求。

（二）工程项目已竣工验收合格。

（三）有完整的技术档案和工程管理资料，完成工程档案备案工作。

（四）工程竣工验收中存在的工程质量缺陷及工程档案资料问题的整改全面完成。

（五）设备运转正常并有承包商和设备供应商签署的质量保修书。

（六）工程移交相关各方对工程遗留问题已有妥善处理办法。

四、建设项目管理要求

（一）项目完工后，及时办理各项专项验收及竣工验收手续，做到合法、合规。

（二）项目建设过程中发生设计变更的，除依法办理相关审批手续外，需及时将设计变更图纸整理归档。在项目竣工后，注意按城建档案要求整理成套竣工资料。

（三）建设项目竣工验收会议通知需经过办领导签发，同时根据验收意见尤其是施工现场验收存在的问题，必须明确整改时间，并形成竣工验收会议纪要。

（四）为满足竣工验收备案工作的要求，建设项目竣工验收时同时签署省通表及市通表中涉及的竣工验收相应表格，两者记载的内容不能发生矛盾，并且保持一致，签署日期应在各专项验收合格并取得相应验收证明文件中显示的日期之后。

（五）竣工验收备案时提供市通表中相应的竣工验收表格。如省通表与市通表均需同时对外使用，则将省通表及市通表同时作为竣工验收文件进行工程技术资料的档案归档。

（六）严格按照法律法规规定，在规划、消防验收等专项验收合格并取得证明文件后方可组织建设工程竣工验收工作。

（七）《建设工程竣工验收报告》必须经过严格审核，签署的建设单位验收意见应清晰，报我办领导审批，经批准后盖我办印章。

（八）建设工程竣工验收完成后在法定的时间内及时组织进行建设工程竣工验收备案工作。

（九）项目完工后，及时办理移交工作，并注意明确移交各方的工作界面，按各自工作界面落实到位。对移交清单中内容的填写必须全面，尤其是数量、规格、型号、安装位置等进行认真复核。

（十）严格执行我办图档中心的档案保管及借阅登记制度。

（十一）为确保竣工验收工作合法合规地组织，对建设项目涉及的专项验收工作必须提前介入。工程管理部门依据施工合同的相关约定对白蚁防治、规划、消防、环保、室内环境、防雷和节能验收等专项验收所涉及的检测（测量、监测）费用及委托单位提前进行请示审批工作。

特此通知。

案例一：施工阶段业主代表管理工作手册

1 总则

1.1 业主代表

业主代表指建设工程施工期间，代表建设单位对工程质量、进度、投资、职业健康安全和环境进行管理的主要责任人，主要任务是负责建设项目从施工、验收到移交过程的组织、协调和管理，业主代表必须掌握所负责工程的基本情况，如规模、合同标的、工期、主要技术标准、功能要求以及周边建筑环境。

1.2 重点办关于工程管理的九大机制

1.前期例会机制

关于印发《广州市重点公共建设项目管理办公室建设项目沟通管理实施办法（试行）》的通知（穗重建办字〔2012〕114号）

2.项目风险的防范和化解机制

关于印发《广州市重点公共建设项目管理办公室建设项目风险防范与化解分析表》的通知（穗重建办字〔2012〕62号）

3.项目验收、评优及移交工作机制

关于印发《广州市重点公共建设项目管理办公室建设项目工程验收及备案管理细则（修订）》的通知（穗重建办字〔2012〕42号）

关于印发《广州市重点公共建设项目管理办公室建设项目工程移交管理办法（试行）》的通知（穗重建办字〔2012〕43号）

关于印发《广州市重点公共建设项目管理办公室工程质量目标管理规定（试行）》的通知（穗重建办字〔2012〕44号）

4.项目沟通机制

关于印发《广州市重点公共建设项目管理办公室建设项目沟通管理实施办法（试行）》的通知（穗重建办字〔2012〕119号）

5.项目计划调度例会机制

关于印发《广州市重点公共建设项目管理办公室建设项目计划调度会议管理办法（试行）》的通知（穗重建办字〔2012〕115号）

6.项目结算领导小组例会机制

关于印发《广州市重点公共建设项目管理办公室建设项目结算会议管理办法（试行）》的通知（穗重建办字〔2012〕61号）

7.项目招标领导小组例会机制

关于印发《广州市重点公共建设项目管理办公室建设项目招标领导小组会议管理办法》的通知（穗重建办字〔2012〕51号）

8.项目合格供应商和乙供材料看样定板机制

关于印发《广州市重点公共建设项目管理办公室建设项目乙供材料（设备）管理办法（试行）》的通知（穗重建办字〔2012〕150号）

9.建设资金的风险防范机制

《广州市重点公共建设项目管理办公室工程建设资金风险控制的预警管理办法（试行）》

2 业主代表岗位职责

2.1 对驻地监理的管理

1.对驻地监理的管理，包括指导、检查、督促、考核等。

2.审查驻地监理的监理规划、监理细则，并报主管领导。

3.督促驻地监理组织图纸会审和技术交底。

4.对驻地监理的支付报告提出审查意见。

5.按合同对驻地监理人员到位情况及其工作情况考核。

6.督促、检查隐蔽工程及各工序施工，检查重要工序、部位监理旁站情况。

2.2 对施工单位的管理

1.组织协调驻地监理、承包商和相关各方的关系。

2.落实合同规定中提供的开工边界条件，审查开工报告，报主管领导。

3.根据工期计划，参与编制本项目的年度实施计划，并督促执行。

4.审核月度、季度计划及相关工期的变更并报主管领导。

5.检查工程项目计划及目标落实情况，协调处理现场问题，确保施工正常推进。

6.审查本项目承包商的施工组织设计并报主管领导。

7.参与对本项目设计变更提出审查意见。

8.根据相关各项技术标准检查并控制工程质量，审查用于工程的各种材料，采取有效的措施和手段控制材料、成品、半成品的质量。

9.督促承包商按要求及时整理竣工文件和竣工资料，确保文件的质量和完整性。

10.参加本项目工程各阶段的验收及移交，并督促对遗留问题的整改。

11.组织处理本项目内各专业相关的施工接口问题，主动协调其他职能部门。

12.审查承包商的验工计价资料，保证支付的工程量准确，并及时上报主管领导。

13.协助合同管理部门进行本项目内的合同索赔处理，提供技术支持和原始资料。

14.参加工程事故的调整、分析、处理工作。

15.审查工程的分包情况，参与合同变更处理。

16.检查职业健康安全和环境管理情况，并进行有效控制。

17.建立健全监理、工程方面的台账及工程档案。

18.主动积极参与周围环境的协调。

19. 做好与合同有关的会议纪要、来往信函、报表等资料的收集存档工作。

2.3 内业管理

1. 正确处理好内业与外业的关系。一般应有三分之一时间用于内业处理，熟悉合同、内部文件及管理流程、图纸、施工组织；工程量审核，完善项目档案；起草、收集相关文件资料；预先考虑项目控制中的难点及应采取的措施。

2. 及时准确做好工作记录。项目档案应翔实准确，任何指令和要求均应书面下达或文字记载。填写项目《施工日志》和《工作台账》。

3. 任何与项目有关或对项目有实质性影响的事和物，均应密切跟踪并做好翔实记录，事前应分析影响程度，影响严重者应及时专题书面向上级报告。

3 施工准备阶段管理工作

3.1 工程开工前需完成的事项

1. 可行性研究报告	（业主单位提供、前期设计部）
2. 立项批文（已具备环评报告、交通评估等）	（业主单位提供、前期设计部）
3.《建设项目选择意见书》	（业主单位、前期设计部）（已具备现况地形图）
4.《建设用地预审意见》	（业主单位、前期设计部）（已具备地质灾害评估）
5.《建设用地规划许可证》及规划设计条件	（业主单位、前期设计部）
6.《建设用地批准书》及附图或《国有土地使用证》	（业主单位、前期设计部）
7.《建设工程项目编码》	（工程部）
8.《修建性详细规划设计方案》	（业主单位、前期设计部）
9. 建筑及市政道路、管线规划设计方案报审	（业主单位、前期设计部）
10. 消防审核意见	（前期设计部）
11. 人防审核意见	（前期设计部）
12. 卫生防疫意见	（前期设计部）
13. 地保办审核意见	（前期设计部，如项目进入地铁保护范围）
14. 水务审核意见	（前期设计部）
15. 文化局审核意见	（前期设计部，如涉及文物保护）
16. 工程项目施工策划	（工程部）
17.《地质详细勘察报告》	（前期设计部）
18. 施工图审查单位招标	（技术评审部、采购部）
19.《建设工程规划许可证》及附图、附件	（功能明细表、审核书）（前期设计部）

20.《建筑节能设计审查备案表（民用或公共建筑）》　（前期设计部）
21.施工图审查及施工图审查备案意见　（前期设计部）
22.人防施工图审核意见书　（前期设计部）
23.工程监理、施工招标　（采购部）
24.《监理中标通知书》及合同　（采购部）
25.《施工中标通知书》及合同　（采购部）
26.《单项工程编码》　（工程部）
27.《新型墙体保证金》　（工程部）
28.劳动保险统筹金缴纳凭证　（财务部）
29.工程安全监督登记手续　（工程部、监理、施工）
30.质量监督登记手续　（工程部、监理、施工）
31.散装水泥专项资金收据　（工程部、施工）
32.建设单位和施工单位印花税凭证　（采购部、工程部、施工）
33.施工单位工资保证金专用账户存款凭证　（工程部、施工）
34.意外伤害及工伤保险凭证　（工程部、施工）
35.施工许可证　（工程部、监理、施工）

3.2　建设工程项目编码

- 工程部职责：　负责办理。
- 开展时段：　工程开工前。
- 受理部门、时限：　广州市工程交易中心。
  http：//www.gzgcjg.com/gzxmbj/XMBJ/Index.a spx
  账号：　密码：
  3个工作日。
- 成果：　取得工程项目编码，网上直接打印。
- 依据、要点：　办理项目编码登记，提供以下资料原件核对，复印件上加盖建设单位公章。
  1.《广州市建设项目编码登记表》。
  2.立项批文：指各级发改委、国务院（各部委）、国资委下属企业的立项批复文件或投资备案文件（例如基本建设投资项目备案证、商品房屋建设预备项目计划备案等）。
  3.用地批文：用地批准书或国有土地使用证或国土部门关于已完成征地的其他证明文件。
  4.建设用地规划许可证。
  5.固定资产投资许可证或资金来源证明材料。

3.3　工程项目施工策划

- 工程部职责：　负责编写。

- 开展时段： 工程招标前。
- 成果： 完成《工程项目施工管理策划》的编写。

3.4 单项工程编码

- 工程部职责： 负责办理。
- 开展时段： 施工招标完成后、工程开工前。
- 受理部门、时限： 广州市工程交易中心窗口。
  http：//www.gzgcjg.com/gzxmbj/XMBJ/Index.a spx
  账号： 密码：
  3个工作日。
- 成果： 取得单项工程编码，网上直接打印。
- 依据、要点： 办理单项工程编码登记，提供以下资料原件核对，复印件上加盖建设单位公章。
  (1)《广州市单项工程编码登记表》；
  (2) 建设工程规划许可证；
  (3) 对进入中心招标的工程，提供中标通知书；
  (4) 对未进入中心进行招标的工程，提供建设单位与责任主体签订的合同。

3.5 新型墙体保证金

- 工程部职责： 负责办理。
- 开展时段： 办理施工许可证之前。
- 受理部门、时限： 广州市墙体材料革新与建筑节能管理办公室。
  http：//www.gzqgb.com
- 成果： 新型墙体材料专项基金预收《缴款通知书》。
  《广东省非税收入（电子）票据》到市墙改节能办盖章确认。

3.6 工程安全监督登记

- 工程部职责： 负责办理。
- 开展时段： 办理施工许可证之前。
- 受理部门、时限： 广州市或区工程安全监督站。
  http：//www.gzcc.gov.cn
  【广州城乡建设网】“办事公开”的“办事指南”。
- 成果： 工程安全监督通知书。

3.7 质量监督登记

- 工程部职责： 负责办理。

- 开展时段：　办理施工许可证之前。
- 受理部门、时限：　广州市或区工程质量监督站、15 个工作日。http：//www. gzcc. gov. cn
- 成果：　【广州城乡建设网】“办事公开”的“办事指南”盖有“报监受理专用章的”《广州市建设工程质量监督申报表》。

3.8 散装水泥专项资金缴纳

- 工程部职责：　督促施工单位办理。
- 开展时段：　办理施工许可证之前。
- 受理部门、时限：　广州市散装水泥管理办公室业务科。http：//www. gzcc. gov. cn
- 成果：　【广州城乡建设网】“办事公开”的“办事指南”。
  《缴交发展散装水泥专项资金证明》。
  《广东省政府性基金（预收、退费、结算）通用票据》。
  盖有广州市散装水泥管理办公室印章的《广州市散装水泥专项资金预缴款申报表》。

3.9 建设单位和施工单位合同印花税缴纳

- 工程部职责：　督促施工单位办理，了解建设单位缴纳情况。
- 开展时段：　办理施工许可证之前。
- 受理部门、时限：　地方税务局。
  当地税务登记部门。
- 成果：　取得印花税贴花。

3.10 施工单位工资保证金专用账户存款凭证

- 工程部职责：　督促施工单位办理。
- 开展时段：　办理施工许可证之前。
- 成果：　施工单位提供工资保证金专用账户存款凭证。

3.11 意外伤害及工伤保险

- 工程部职责：　督促施工单位办理。
- 开展时段：　办理施工许可证之前。
- 成果：　施工单位提供意外伤害及工伤保险凭证。

3.12 施工许可证

- 工程部职责：　负责办理。

- 开展时段：　　工程开工前。
- 受理部门、时限：　　广州市城乡建设委员会（质安处）或区建设局。
  http：//www. gzcc. gov. cn
  【广州城乡建设网】“办事公开”的“办事指南”。
  15 个工作日。
- 成果：　　取得《建筑工程施工许可证》。

3.13　临时用水报批

- 工程部职责：　　办理临水报装手续。
- 开展时段：　　开工前。
- 受理部门、办结时限：　　辖区供水管理所。
- 成果：　　供水管理所安装计量水表组、供水。

3.14　临时用电报批

- 工程部职责：　　办理临电报装手续。
- 开展时段：　　开工前。
- 受理部门、办结时限：　　辖区供电局。
- 成果：　　供电局安装箱式变压器、供电。

4　施工过程管理工作

4.1　施工组织设计审批

- 工程部职责：　　负责流程管理。对重大技术或专题方案，提请技术评审部主持评审。
- 开展时段：　　开工前。
- 受理部门、办结时限：　　总监理工程师和发包人在接到承包人提交的施工组织设计和工程进度计划后 7 天内予以确认或提出修改意见（总监理工程师在 4 天内审核并签署意见，发包人在 3 天内审核并签署意见）。
- 成果：　　签署施工组织设计及施工方案审批表。
- 依据、要点：　　招标文件、《施工合同》、国家规范。

4.2　施工图会审管理

- 工程部职责：　　负责组织施工图会审工作，并确保会审工作按照本办法规定的流程和时限开展；
  解答施工图会审工作中有关施工类问题；确认

会审记录。

· 开展时段：自施工图下发后的第 7 天。

· 受理部门、办结时限：负责在施工图会审会议召开后的 24 小时内完整打印《施工图会审记录》、会议纪要，以及组织《施工图会审记录》确认盖章工作。

· 成果：完成《施工图会审记录》签字盖章。

· 依据、要点：《广州市重点公共建设项目管理办公室施工图技术交底及会审管理办法》。

4.3 乙供材料看样定板管理

· 工程部职责：组织乙供材料看样定板工作，对乙供材料的资质审查、订货、生产、进场质量检验、安装、调试及工地现场的乙供材料封板材料专用房的管理和保管负全责，对口联系第三方检测单位对现场乙供材料进行抽检并对不合格品作出处理。

· 开展时段：材料进场前。

· 审批部门（办结时限）：乙供材料管理工作小组，必要时乙供材料管理工作领导小组（2 天）。

· 成果：签署《乙供材料（设备）选用/变更审批表》、《零星乙供材料选用审批表》；乙供材料管理工作组、设计单位代表、监理单位总监或副总监、施工单位、生产厂家或企业共同签署《乙供材料现场定板封样表》。

· 依据、要点：《关于印发广州市重点公共建设项目管理办公室建设项目乙供材料（设备）管理办法（试行）的通知》（穗重建办字〔2012〕150 号）。

4.4 材料设备合格供应方管理

· 工程部职责：负责工程实施阶段供应方使用过程的现场管理，包括材料设备的看样定板、供货、检验、施工、结算等工作。参与合格供应方评审和使用再评价。建立本部门所负责工程材料设备合格供应方使用档案。

· 开展时段：看样定板、供货、检验、施工、结算过程。

· 成果：每年度末或独立项目工程竣工验收前将材料设备合格供应方使用档案交质安验评部存档。

· 依据、要点：关于印发《广州市重点公共建设项目管理办公室材料设备合格供应方管理办法》的通知（穗重建办字〔2012〕145 号）；关于印发《广州市重点公共建设项目管理办公室材料设备合格供应方再评价工作细则》（修订）的通知（穗重建办字〔2012〕146 号）。

4.5 质量样板引路管理

- 工程部职责：负责工程样板引路日常工作，审批驻地监理和总承包商上报的工程样板创优计划、工程样板质量标准及作业指导书，组织实施工程样板引路；根据样板标准组织相关专业人员对工程样板检查，参与评定、确认验收，并办理相关验收手续。
- 开展时段：工程各工序（检验批或分项工程）施工之前。
- 受理部门、办结时限：重点办工程样板引路工作小组（由质安验评部，工程管理一、二部人员组成）。
- 成果：签署《重点办工程样板验收表》一式四份
- 依据、要点：关于印发《广州市重点公共建设项目管理办公室建设项目工程质量样板引路实施细则》（修订）的通知（穗重建办字〔2012〕142 号）。

4.6 分部（子分部）工程验收工作

- 工程部职责：可参与关键部位、关键工序隐蔽工程验收，运用动态控制原理进行隐蔽工程的质量标准控制，对隐蔽工程质量状况进行检查、分析，并制定和实施质量改进措施。除了建筑节能分部工程验收由工程管理部主持、总监组织外，其他的分部工程由总监理工程师主持组织验收，工程管理部参加分部（子分部）工程验收。
- 开展时段：分部（子分部）所含分项工程的质量均应验收合格；质量控制资料核查完整；有关安全及功能的检测和抽样检测结果应符合有关规定；观感质量验收符合要求。
- 受理部门：工程部、质安验评部、监理单位。
- 成果：督促监理组织参建单位签署分部（子分部）工程验收记录表。
- 依据、要点：关于印发《广州市重点公共建设项目管理办公室建设项目工程验收及备案管理细则（修订）》的通知（穗重建办字〔2012〕42 号）《广州市重点公共建设项目管理办公室建设项目隐蔽工程质量验收实施细则》。

4.7 重要分部（子分部）工程备案工作

- 工程部职责：组织施工单位向建设工程质量监督机构提交资料办理登记手续。
- 开展时段：重要分部工程验收合格之日起5个工作日内，向建设工程质量监督机构提交相关资料办理登记手续。
- 受理部门：建设工程质量监督机构。
- 成果：建设工程质量监督机构应当在收齐资料后向建设单位出具分部（子分部）工程验收登记表。
- 依据、要点：关于印发《广州市重点公共建设项目管理办公室建设项目工程验收及备案管理细则（修订）》的通知（穗重建办字〔2012〕42号）。

4.8 工程测量管理

- 工程部职责：组织业主测量队确认经监理、施工单位复核后的测量资料并由工程部审定。
- 开展时段：施工单位进行场地平整前、场地平整后；工程施工所发生的管线土方、基础土方、签证土方、设计变更土方。
- 受理部门、办结时限：工程部、监理单位。
- 成果：作为土方计量、结算的依据，资料报工程部备案。
- 依据、要点：《广州市重点公共建设项目管理办公室工程测量管理办法》。

4.9 第三方检测单位管理

- 工程部职责：(1) 组织设计、勘察、监理、施工等单位，研究讨论并确定《检测方案》；
(2) 制定《检测进度计划》，经审批后下发第三方检测机构执行；
(3) 审批第三方检测机构的《检测实施计划》；
(4) 负责第三方检测的现场管理，做好整体统筹规划、协调管理工作；
(5) 根据合同安排施工单位配合做好第三方检测所涉及的结构处理或预埋工作；
(6) 抽检检测工作的完成情况；
(7) 审查检测报告，将工程质量合格的报告整理归档；
(8) 组织召开专题会议，处理工程质量不合格情况；
(9) 安排相关责任单位对工程质量不合格情况进行整改；
(10) 审核检测进度款支付申请单。

· 成果：将经审批后的《检测方案》交质安验评部报送质量监督机构进行审核及备案；收集检测单位提交的《检测报告》。

· 依据、要点：关于印发《广州市重点公共建设项目管理办公室第三方检测管理办法》的通知（穗重建办字〔2008〕308号）、附件《广州市重点公共建设项目管理办公室第三方检测管理办法》。

4.10 计划管理

· 工程部职责：督促各项目组按时上报建安与工作计划并下达；年（季、月）计划由项目负责人（重要项目由部长）组织工程管理部项目组长、专业工程师、项目监理部总监、进度控制专业监理工程师、各现场监理组组长、施工单位项目经理、计划管理负责人和计划编制人每月20～23日到施工现场实地对照检查；对施工进度计划进行过程控制（进场开工时间、结构封顶、中间验收、竣工验收、移交时间，各分部工程施工的进度）。

· 计划的上报时间：年、季（月）、旬计划编制提交时间分别为上一年度11月30日，上一季度最后一个月的23日，每月6，16，26日。

· 计划的下达时间：年度计划为1月15日，季度计划为上季度最后一个月的28日前，月计划为上个月的28日前，总体调整计划在收到上报计划后15天内。

· 成果：完成主任办公会下达的建安计划与工作计划以及督办事项。

· 依据、要点：《广州市重点公共建设项目管理办公室计划管理规定》（穗重建办字〔2007〕83号）。

4.11 竣工图编制管理

· 工程部职责：工程管理部为竣工图归口管理部门，负责指导和组织竣工图编制工作，负责竣工图编制的过程控制，确保及时生成，负责组织监理单位审核及确认竣工图，协调竣工图编制过程中各种问题，确保按照本办法完成项目竣工图。

- 开展时段：竣工图的编制必须在施工过程中与施工同步进行，坚持边施工边编制的原则，工程做完，竣工图编制完。
- 成果：作为结算及移交资料。建设工程竣工图至少应编制4套，1套与工程建设其他档案材料一同移交城建档案馆（室），2套分别由使用单位和市重点办保管，1套由施工单位留作竣工结算用。
- 依据、要点：《广州市重点公共建设项目管理办公室工程竣工技术资料管理办法及编制指南》《广州市重点公共建设项目管理办公室建设工程竣工图编制细则》。

4.12 工程签证管理

- 工程部职责：负责监督检查工程建设中发生签证的实施情况。对签证事项的合法性、真实性，签证资料的完整性及有效性，工程量准确性，签证费用进行全面审核，并对签证事项的真实性、工程量准确性负责。负责工程签证资料在承包单位、监理单位及重点办各部门的流转跟踪。财务审价部是重点办内部工程签证的最终审核部门。
- 开展时段：“一事一签、随发生随签”。
- 受理部门、办结时限：要求监理1天内签署《工作联系单》、2天内签署《工程量签证表》；要求工程部2天内签署《工程量签证表》，要求监理、工程部、采购部各2天内签署《工程签证费用审批表》；财审部3天内审核完毕。
- 成果：判断签证是否成立，如成立，则签署《工作联系单》《工程量签证表》《工程签证费用审批表》。
- 依据、要点：《广州市重点公共建设项目管理办公室工程签证管理办法及实施细则》。

4.13 质量管理

- 工程部职责：（1）主要负责工程质量策划，编制质量管理计划，运用动态控制原理进行工程质量控制，对项目质量状况进行检查、分析并制定和实施质量改进措施。负责组织工程材料质量与设备的过程控制，参与关键部位、关键工序、隐蔽工程验收，组织工程样板引路，是工程施工质量管理的实施部门。

(2) 负责工程质量创优计划、目标、方案的具体贯彻落实，依据合同和重点办授权，代表重点办负责对具体建设项目工程质量创优跟踪检查。

(3) 主要负责工程质量通病的检查、分析并制定和实施质量改进措施，是工程施工质量通病管理的实施部门。

- 开展时段：贯穿施工阶段全过程。
- 成果：达到合同要求的目标（市优良、省优、鲁班奖等奖项）。
- 依据、要点：《广州市重点公共建设项目管理办公室建设项目工程施工质量管理规定》《广州市重点公共建设项目管理办公室建设项目隐蔽工程质量验收实施细则》《广州市重点公共建设项目管理办公室建设项目工程质量安全专职机构及人员管理实施细则》《广州市重点公共建设项目管理办公室建设项目工程质量创优细则》《广州市重点公共建设项目管理办公室建设项目样板引路实施细则》。

4.14 工程进度控制

- 工程部职责：进度控制任务：审查施工单位编制施工总进度计划（经监理审核）并上报办审批；督促审查施工单位编制年度、季度、月度及周计划并控制其执行；过程控制。
- 进度控制目标：以施工合同约定的竣工日期为最终目标。
- 依据、要点：施工合同；办下发的一、二级建设计划。

4.15 工程投资控制

- 工程部职责：上报工程资金计划，制定拨款计划并报办，审核合同范围内的进度款、工程签证（经济索赔），过程结算。
- 投资控制目标：确保总投资不超过合同的10%，未经上级部门批复，严禁超过项目概算。

4.16 职业健康安全、环境管理

· 工程部职责：负责建设施工阶段组织、指挥、协调和现场综合管理；负责督查监理项目施工现场职业健康安全的实施工作；负责落实安全生产检查责任制，督促监理单位、施工单位整改安全隐患。

· 开展时段：贯穿施工阶段全过程。

· 应急处理：质安验评部、工程管理部是工程安全事故调查、处理的主要协办部门，配合政府行政部门的调查组有关工作，向调查组提供事故的有关情况、有关文件或材料。

· 安全、文明目标：杜绝一般事故等级以上的伤亡事故；新建项目确保广州市安全文明施工样板工地，争创广东省安全文明施工样板工地。

· 依据、要点：《广州市重点公共建设项目管理办公室建设工程项目安全检查制度》《广州市重点公共建设项目管理办公室安全工作会议制度》《广州市重点公共建设项目管理办公室安全事故应急救援预案制度》《广州市重点公共建设项目管理办公室生产安全事故报告和调查处理规定》《广州市重点公共建设项目管理办公室建设项目职业健康安全管理规定》《广州市重点公共建设项目管理办公室建设项目环境管理规定》。

4.17 事故应急救援管理

· 工程部职责：工程部负责应急救援的组织实施工作。

· 开展时段：贯穿施工阶段全过程。

· 应急处理：事故发生单位必须于1小时内将事故的简要情况向重点办现场工程管理组、本项目安全监督机构和住房城乡建设行政主管部门以及相关的其他部门报告。

分包单位发生事故的，要立即向总承包单位报告，由总包单位按上述要求报告。

重点办现场工程管理组接到事故发生报告后逐级上报至工程管理部、质安验评部、分管领导。

事故发生单位必须在24小时内提交书面事故报告，报工程安全监督机构、住房城乡建设行政主管部门、重点办工程管理部和质安验评部各1份。

质安验评部、工程管理部是工程安全事故调查、处理的主要协办部门，配合政府行政部门的调查组有关工作，向调查组提供事故的有关情况、有关文件或材料。

- 依据、要点：《广州市重点公共建设项目管理办公室安全事故应急救援预案制度》《广州市重点公共建设项目管理办公室生产安全事故报告和调查处理规定》。

4.18 永久用水接驳

- 工程部职责：办理永久用水手续。
- 开展时段：施工过程中。
- 受理部门、办结时限：辖区供水管理所：25个工作日。
- 成果：辖区供水管理所装表供水。

4.19 永久用电接驳

- 工程部职责：办理永久用电手续。
- 开展时段：施工单位完成配电房设备安装、报供电局验收通过后。
- 受理部门、办结时限：辖区的供电局：20个工作日。
- 成果：供电局安装计量电表、供电。

5 验收移交阶段管理工作

5.1 建筑节能分部验收

- 工程部职责：主持验收。
- 开展时段：工程完工后，竣工验收前。
- 受理部门、时限：总监理工程师组织验收。
  参加单位：施工、监理、设计单位。
- 成果：《建筑节能分部工程质量验收记录》(汇总表)；
  《建筑节能工程质量检查报告》(设计)；
  《建筑节能工程质量评估报告》(监理)。
- 依据、要点：《建筑工程施工质量验收统一标准》GB 50300。

5.2 规划验收

- 工程部职责：组织验收。

- 开展时段：　　工程完工后，竣工验收前。
- 受理部门、时限：　　广州市城市规划局；
  参加单位：施工、监理、设计单位。
- 成果：　　《规划验收合格证》；
  《建设工程竣工验收测量报告》。
- 依据、要点：　　根据广州市城市规划局《建设工程规划验收》《道路交通工程规划验收》程序。在规划验收前，委托广州市城市规划勘测设计研究院进行规划验收测量，出具《广州市建设工程规划验收测量记录册》。

5.3 消防验收

- 工程部职责：　　组织验收。
- 开展时段：　　工程完工后，竣工验收前。
- 受理部门、时限、对象：　　广州市公安消防局。
- 成果：　　取得项目《消防验收意见书》。
- 依据、要点：　　广州市公安消防局《申报建筑工程消防验收程序》。

5.4 环保验收

- 工程部职责：　　组织验收。
- 开展时段：　　工程完工后，竣工验收前。
- 受理部门、时限、对象：　　广州市环保局。
- 成果：　　取得项目《环保验收合格证》。
- 依据、要点：　　环保验收前，还应委托环保监测部门对规定的监测项目进行测试，并提供监测报告。

5.5 室内环境验收

- 工程部职责：　　组织验收。
- 开展时段：　　工程完工后，竣工验收前。
- 受理部门、时限、对象：　　委托有资质的检测单位对室内氡、甲醛、苯、氨、总挥发性有机物等五种有害物质进行检测，并形成检测报告。
- 成果：　　取得项目《室内环境检测报告》。
- 依据、要点：　　室内环境验收依据为《关于开展建筑工程室内环境质量管理工作的通知》（穗建筑〔2002〕146号）。

5.6 卫生防疫验收

- 工程部职责：　　组织验收。

- 开展时段：　　工程完工后，竣工验收前。
- 受理部门、时限、对象：　　广州市卫生局。
- 成果：　　取得项目《卫生防疫验收合格证》。

5.7 电梯验收

- 工程部职责：　　组织验收。
- 开展时段：　　工程完工后，竣工验收前。
- 受理部门、时限、对象：　　广州市质量技术监督局。
- 成果：　　取得特种设备检验所验收合格、电梯安装分部工程质量验收登记表、电梯使用许可证。

5.8 燃气验收

- 工程部职责：　　组织验收。
- 开展时段：　　工程完工后，竣工验收前。
- 受理部门、时限、对象：　　广州市燃气公司。
- 成果：　　取得《燃气输配及应用工程交工验收证书》。
- 依据、要点：　　燃气安装调试自检后应报广州市燃气公司主管部门验收领取广州市燃气输配及应用工程（交工验收证书）。

5.9 档案验收

- 工程部职责：　　组织验收。
- 开展时段：　　工程完工后，竣工验收前。
- 受理部门、时限、对象：　　广州市城建档案馆。
  验收后 3 个工作日。
- 成果：　　《建设工程竣工验收档案认可书》。
- 依据、要点　　《广州市城市建设工程档案预验收规定》。

5.10 人防工程验收

- 工程部职责：　　组织验收。
- 开展时段：　　工程完工后，竣工验收前。
- 受理部门、时限、对象：　　市、区人防办。
  出具《防空地下室建设意见书》的部门。
- 成果：　　《人防工程验收记录》
  《人防工程专项验收备案表》
- 依据、要点：　　《广州市人民防空工程专项竣工验收备案管理暂行规定》（穗人防办〔2004〕89 号）。

5.11 防雷验收

- 工程部职责：　　组织验收。

- 开展时段：工程完工后，竣工验收前。
- 受理部门、时限、对象：广州市气象局防雷研究所。
- 成果：取得《防雷装置验收合格证》。
- 依据、要点：防雷验收依据《防雷工程竣工验收程序》进行，防雷装置检测机构出具的《防雷装置检测报告》。

5.12 单位（子单位）工程竣工验收

- 工程部职责：组织验收。
- 开展时段：工程完工后，各专项验收完成后。
- 受理部门、时限、对象：

阶段	主持	组织单位	参加单位
自验	施工单位负责人	施工单位	驻地监理、施工单位
预验	驻地监理总监	驻地监理	施工单位、驻地监理、设计单位、工程管理部、质安验评部、前期设计部
正式验收	重点办质安验评部	重点办工程管理部	重点办验收组、施工单位、监理单位、督导单位、设计单位、质监站、安监站、使用单位

- 成果：《单位工程质量验收记录》
《单位工程质量验收纪要》
《建设工程竣工验收报告》
- 依据、要点：《建筑工程施工质量验收统一标准》GB 50300；《广州市重点公共建设项目管理办公室建设项目工程验收及备案管理实施细则（修订）》（穗重建办字〔2012〕42 号）。

5.13 工程竣工验收——施工单位组织的自验收

- 工程部职责：督促验收。
- 开展时段：工程完工后，各专项验收完成后。
- 受理部门、时限、对象：必须由施工单位技术负责人主持，公司一级相关部门（工程质量和资料管理部门）与项目部指挥长、项目经理、各部门负责人参加，监理单位专业监理工程师参加监督自验收工作。
- 成果：验收小组对检查情况进行汇总，签名形成统一意见（应有表格记录，对问题的处理意见，检查结论）。
监理单位或督导单位对自验收进行确认。

- 依据、要点：《建筑工程施工质量验收统一标准》GB 50300；《广州市重点公共建设项目管理办公室建设项目工程验收及备案管理实施细则（修订）》（穗重建办字〔2012〕42号）。

5.14 工程竣工验收——监理单位组织的预验收

- 工程部职责：督促验收。
- 开展时段：工程完工后，各专项验收完成、施工单位自验收后。
- 受理部门、时限、对象：监理单位组织、项目总监任组长并主持，参加单位：重点办质安验评部，工程管理部，监理单位，施工单位，督导单位，设计单位，施工图审查单位，勘察单位，档案馆，使用单位组成。
- 成果：建设项目单位工程预验收意见；
  土建工程实体施工质量预验收小组验收意见；
  土建工程竣工预验收存在问题及整改意见记录表；
  建筑设备安装工程实体施工质量预验收小组验收意见；
  建筑设备安装工程竣工预验收存在问题及整改意见记录表；
  工程资料预验收小组验收意见；
  工程资料竣工预验收存在问题及整改意见记录表。
- 依据、要点：《建筑工程施工质量验收统一标准》GB 50300；《广州市重点公共建设项目管理办公室建设项目工程验收及备案管理实施细则（修订）》（穗重建办字〔2012〕42号）。

5.15 竣工验收备案

- 工程部职责：组织备案。
- 开展时段：工程竣工验收完成后。
- 受理部门、时限、对象：广州市（区）质监站。
- 成果：取得工程竣工验收备案证书。
- 依据、要点：《广州市房屋建筑工程和市政基础设施工程竣工验收及备案管理实施办法》（穗建筑〔2002〕61号）；
  《广州市重点公共建设项目管理办公室建设项

目工程验收及备案管理实施细则（修订）》（穗重建办字〔2012〕42 号）。

5.16 竣工资料中要求移交城建档案馆的建设程序文件

1.工程立项审批文件

立项申请报告批复。

2.建设用地、规划审批（许可）文件

建设用地规划许可证；

建设用地批准书或土地使用证；

建设项目选址意见书；

乡村建设规划许可证。

3.环境保护文件

环境影响报告书或环境影响报告表或环境影响登记表。

4.设计审查文件

公安消防审核意见书；

施工图审查合格书；

初步设计批复文件；

超限高层建筑工程抗震设防审查批复文件；

民用建筑节能设计审查备案登记表。

5.招、投标及合同文件

施工中标通知书；

监理中标通知书；

施工合同；

监理合同。

6.工程报监、报建文件

工程质量监督登记表；

建设工程安全监督通知书；

建筑工程施工许可证。

5.17 项目竣工移交

- 工程部职责：主办移交。
- 开展时段：工程竣工验收备案完成后。
- 受理部门、时限、对象：接收单位：业主单位。
参加单位：勘察、设计、施工、监理单位。
- 成果：取得《工程移交证书》。
- 依据、要点：《广州市重点公共建设项目管理办公室建设项目工程移交管理办法（试行）》（穗重建办字〔2012〕43 号）。

6 施工过程造价管理

6.1 搭建造价组织架构

- 工程部职责：督促，检查，参加部门：施工单位、监理单位。
- 开展时段：工程实施阶段前期。
- 管理对象：施工单位、监理单位。
- 成果：建立通讯录、人员架构能完成造价工作。

6.2 造价文件的交底培训

- 工程部职责：组织、培训、指导。
- 开展时段：工程实施阶段前期。
- 管理对象：施工单位、监理单位。
- 成果：计量支付、签证、新增单价、新增综合单价、合价项目费用确认规定、合同外变更费用和乙供材料看样定板等六大管理办法的交底培训并完成会议纪要。
- 依据、要点：

(1) 计量支付：关于印发《广州市重点公共建设项目管理办公室建设工程施工合同计量支付管理办法及实施细则（试行）》的通知（穗重建办字〔2008〕4号）；关于印发《广州亚运城建设工程甲供材料/设备计量支付管理办法及实施细则》（试行）的通知（穗重办亚城字〔2009〕352号）；

(2) 签证：关于印发《广州市重点公共建设项目管理办公室建设项目工程签证管理办法及实施细则》（试行）的通知（穗重建办字〔2008〕237号）；

(3) 新增单价、新增综合单价：按我办文件；

(4) 合价项目费用确认：可参照《关于广州亚运城建设工程施工合同清单内合价项目办理确认的通知》（穗重办亚城字〔2009〕203号），必要时可以重新发文要求明确；

(5) 合同外变更费用：关于印发《广州市重点公共建设项目管理办公室施工类合同变更费用管理实施细则（试行）》的通知（穗重建办字〔2009〕296号）；

(6) 乙供材料看样定板：关于印发《广州市重点公共建设项目管理办公室建设项目乙供材料

（设备）管理办法》（试行）的通知（穗重建办字〔2012〕150号）。

6.3 拟订隐蔽类项目工程量确认细则并交底培训

- 工程部职责：起草拟订、组织培训、指导、督促、存档。
- 开展时段：工程实施阶段前期。
- 管理对象：业主测量单位、施工单位、监理单位和设计院。
- 成果：对群体性或大型工程可拟订土方、钢板桩、搅拌桩、软基换填等基础隐蔽类项目的工程量确认细则，下发文件和交底，并督促各单位按要求完善资料及存档。
- 依据、要点：按照合同约定。

6.4 各类合同台账系统的建立

- 工程部职责：建立各类合同台账系统、定期组织各单位核对台账以保证台账的准确性。
- 开展时段：工程实施阶段和结算阶段。
- 管理对象：施工单位和监理单位。
- 成果：建立部门台账系统，为部门的造价类报表及时提供数据支持。
- 依据、要点：需要结合办的PMS系统功能情况，自建部门台账电子系统，通过维护，保证造价数据实时更新和准确。

6.5 进度款支付工作

- 工程部职责：审核和跟踪协调。
- 开展时段：工程实施阶段。
- 管理对象：施工单位、监理单位等。
- 成果：完善进度款申报的纸质资料和分别在PMS系统和纸质审批表审核审批意见。
- 依据、要点：合同约定，关于印发《广州市重点公共建设项目管理办公室建设工程施工合同计量支付管理办法及实施细则（试行）》的通知（穗重建办字〔2008〕4号）；关于印发《广州亚运城建设工程甲供材料/设备计量支付管理办法及实施细则》（试行）的通知（穗重办亚城字〔2009〕352号）。

6.6 新增主材单价定价

- 工程部职责：初审、组织询价或提供参考价格。
- 开展时段：工程实施阶段和结算阶段。
- 管理对象：施工单位和监理单位。
- 成果：实现施工过程完成定价的目标，为合同外变更费用的申报提供基础数据。
- 依据、要点：合同专用条款 33.2.2 条约定。

6.7 签证审核

- 工程部职责：确定工程量和造价初审。
- 开展时段：工程实施阶段和结算阶段。
- 管理对象：施工单位和监理单位。
- 成果：完成签证审核意见。
- 依据、要点：关于印发《广州市重点公共建设项目管理办公室建设项目工程签证管理办法及实施细则》（试行）的通知（穗重建办字〔2008〕237 号）。

6.8 组织申报合同外变更费用

- 工程部职责：组织、初审和协调。
- 开展时段：工程实施阶段。
- 管理对象：施工单位和监理单位。
- 成果：结合办的 PMS 系统，实现施工过程中合同外费用的实时调整。
- 依据、要点：关于印发《广州市重点公共建设项目管理办公室施工类合同变更费用管理实施细则（试行）》的通知（穗重建办字〔2009〕296 号）。

6.9 结算疑难问题的处理

- 工程部职责：收集、组织、初审和协调。
- 开展时段：工程实施阶段。
- 管理对象：施工单位、监理单位和设计单位（必要）。
- 成果：确定结算意见。
- 依据、要点：成果符合合同约定，按关于印发《广州市重点公共建设项目管理办公室建设项目结算会议管理办法》（试行）的通知（穗重建办字〔2012〕61 号）办法推进。

6.10 年度资金计划的申报

- 工程部职责：测算、确定和上报计统部。
- 开展时段：工程各阶段。
- 管理对象：施工单位、监理单位。
- 成果：按照规定表格完成资金计划并经办领导同意后上报。
- 依据、要点：按计统部表格要求。

7 验收阶段造价管理

7.1 竣工图编制实施细则交底

- 工程部职责：组织、培训、指导。
- 开展时段：工程验收阶段。
- 管理对象：施工单位、监理单位。
- 成果：管理办法的交底培训并完成会议纪要。
- 依据、要点：关于印发《广州市重点公共建设项目管理办公室建设工程竣工图编制细则（试行）》的通知（穗重建办字〔2008〕267号）；关于对《广州市重点公共建设项目管理办公室建设工程竣工图编制细则（试行）》修正的通知（穗重建办字〔2009〕156号）。

7.2 督促完成剩余合同外变更费用的申报

- 工程部职责：组织、动员、清理、初审和协调。
- 开展时段：工程验收阶段。
- 管理对象：施工单位和监理单位。
- 成果：清理出剩余未申报的合同费用并及时完成系统录入。
- 依据、要点：关于印发《广州市重点公共建设项目管理办公室施工类合同变更费用管理实施细则（试行）》的通知（穗重建办字〔2009〕296号）。

7.3 推动87%尾款支付工作

- 工程部职责：组织、动员、清理、初审和协调。
- 开展时段：工程验收阶段。
- 管理对象：施工单位和监理单位。
- 成果：在完成合同外变更费用申报工作的基础上，推动办理87%进度款的支付。

- 依据、要点： 合同约定；关于印发《广州市重点公共建设项目管理办公室建设工程施工合同计量支付管理办法及实施细则（试行）》的通知（穗重建办字〔2008〕4 号）；关于印发《广州亚运城建设工程甲供材料/设备计量支付管理办法及实施细则》（试行）的通知（穗重办亚城字〔2009〕352 号）。

8 结算阶段造价管理

8.1 结算编制指引交底

- 工程部职责： 组织、培训、指导。
- 开展时段： 工程结算阶段。
- 管理对象： 施工单位、监理单位。
- 成果： 管理办法的交底培训并完成会议纪要。
- 依据、要点： 结算编制指引和相关表格；关于印发《广州市重点公共建设项目管理办公室广州亚运建设项目施工类合同结算编制指引（试行）》的通知（穗重建办字〔2010〕168 号）。

8.2 结算资料的完善和审核

- 工程部职责： 组织、跟踪落实、指导、审核，并对真实性、合规性和完整性负责。
- 开展时段： 工程结算阶段。
- 管理对象： 施工单位、监理单位。
- 成果： 清理出结算剩余问题、提出整改意见和按照结算计划完成结算资料的送审。
- 依据、要点： 办的结算编制指引和相关表格。

8.3 结算书的初审

- 工程部职责： 督促按照计划完成送审，并初步审核结算造价。
- 开展时段： 工程结算阶段。
- 管理对象： 施工单位、监理单位。
- 成果： 按照结算计划完成结算资料的送审。
- 依据、要点： 在《结算送审审批表》上签署意见和出工程部结算书。

8.4 送审前结算问题的处理

- 工程部职责：收集结算问题、提出拟处理意见、组织部门例会讨论。
- 开展时段：工程结算阶段。
- 管理对象：施工单位、监理单位。
- 成果：形成结算初审意见，推进部门结算初审工作。
- 依据、要点：关于印发《广州市重点公共建设项目管理办公室建设项目结算会议管理办法》（试行）的通知（穗重建办字〔2012〕61 号）。

8.5 定审前结算问题的处理

- 工程部职责：根据办反馈的结算问题提出拟处理意见，组织部门例会讨论或提交办结算领导小组议题。
- 开展时段：工程结算阶段。
- 管理对象：施工单位、监理单位。
- 成果：协助定审配合工作（如负责现场参观、补充资料完善）和结算领导小组议题讨论。
- 依据、要点：关于印发《广州市重点公共建设项目管理办公室建设项目结算会议管理办法》（试行）的通知（穗重建办字〔2012〕61 号）。

8.6 各类合同台账系统的维护

- 工程部职责：继续保证各类合同台账系统的稳定性和准确性。
- 开展时段：结算阶段。
- 管理对象：施工单位和监理单位。
- 成果：维持台账系统稳定，为部门造价类报表及时提供数据支持。
- 依据、要点：需要结合办的 PMS 系统功能情况，维护电子台账系统更新和准确。

8.7 尾款的支付

- 工程部职责：协助合同部调整系统定审清单，按照合同约定支付尾款。
- 开展时段：结算阶段。
- 管理对象：施工单位和监理单位。
- 成果：PMS 系统具备尾款支付条件和审批尾款支付。
- 依据、要点：合同约定。

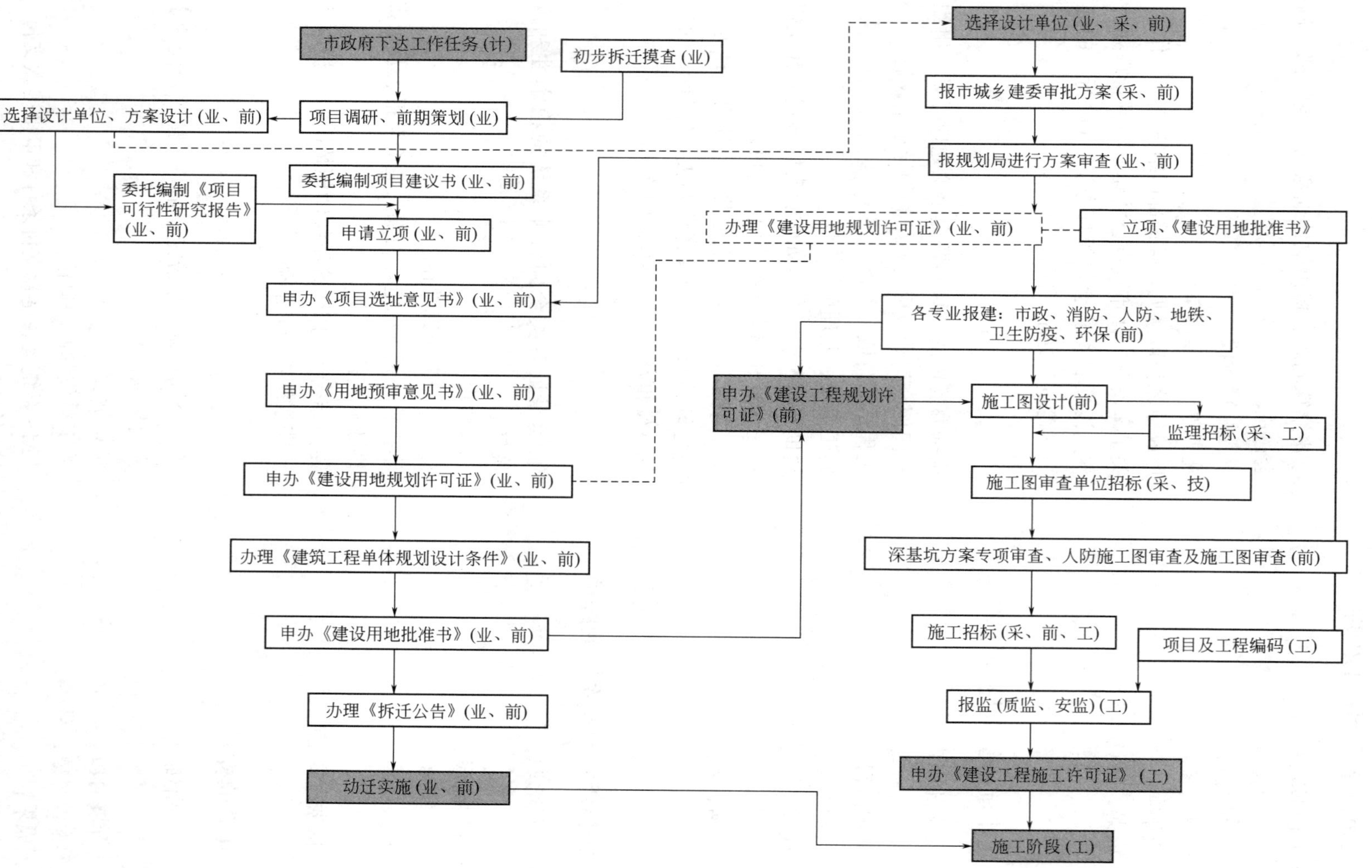

图1 项目前期工作流程图

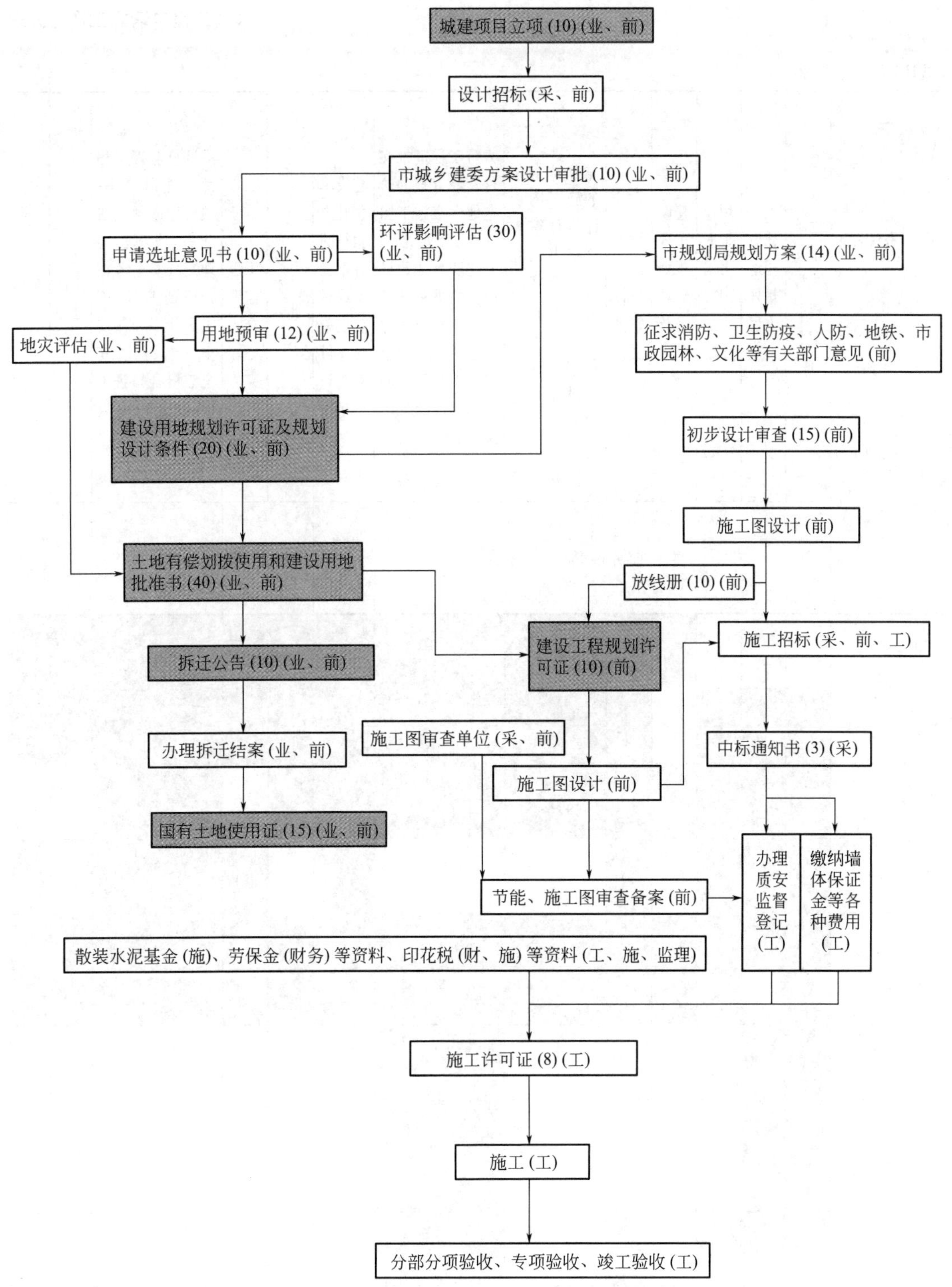

图 2　市区建筑工程城建项目实施报批流程图

说明：1. 本图“——→”表示各项目报建的路径；括号中表示各项报建审批所需的工作天及完成情况。

2. 附后办理《施工许可证》需提供的材料清单。

××工程申请施工许可办理

统计部门:工程管理一部

资料名称 办理步骤		立项批文或投资备案文件	建设用地规划许可证	用地批准书或国有土地使用证	建设工程规划许可证及其附件	建设工程环评审批文件	盖有备案章的施工图设计文件审查合格书及经审查合格的施工图一套;如有基坑工程,需提供基坑设计审查意见书	人防工程审批文件及经审查的防空地下室施工图一套;经批准不修建和易地建设防空地下室的项目,提交《防空地下室易地建设意见书》或其他同意不修建的批准文件	建设单位开户银行的存款证明或对建设单位支付和履约的担保	监理中标通知书	工程监理合同	项目总监理工程师的注册证书;项目建造师注册证书(或项目经理证)、安全考核合格证B证;施工员上岗证;安全员上岗证、安全考核合格证C证;以及以上人员身份证	施工中标通知书	施工总承包合同
		前期设计部							财务审价部	采购合同部		工程部	采购合同部	
工程编码					—	—	—	—	—	—	—	—	—	—
单项工程编码		—	—	—		—	—	—	—	—	—	—	—	—
安全监督		—	—	—	—	—	—	—	—	—		—		
质量监督		—	—	—		—			—		—	—		—
安全文明施工现场查勘		—	—	—	—	—	—	—	—	—	—	—	—	—
施工许可证	房建	—	—					—						
	市政(含管线)	—	—					—						
	装修	—	—	—		—		—						

进度及资料准备一览表（一） 表1

统计时间：

监理规划(或监理实施细则)或旁站监理方案	施工总承包单位3个专职安全员安全考核合格证	施工总承包单位企业负责人安全生产考核合格证	总承包(专业分包)单位注册建造师证书	施工总承包单位项目负责人安全生产考核合格证	施工总承包单位安全生产许可证	施工员上岗证及身份证	施工组织设计(或分期专项施工方案)	工程分包单位企业资质证书	工程分包单位安全生产许可证	工程分包单位企业负责人安全生产考核合格证	工程分包单位项目负责人安全生产考核合格证	工程分包单位3个专职安全员安全生产考核合格证
工程部												
	—	—	—	—	—	—	—	—	—	—	—	—
—	—	—	—	—	—	—	—	—	—	—	—	—
—			—			—	—					
	—	—		—	—	—		—	—	—	—	—
	—	—	—	—	—	—	—	—	—	—	—	—
	—	—	—	—		—	—	—		—	—	—
	—	—	—	—		—	—	—		—	—	—
	—	—	—	—		—	—	—		—	—	—

××工程申请施工许可办理

统计部门：工程管理一部

资料名称 / 办理步骤		《广州市建设项目编码登记表》	固定资产投资许可证或资金来源证明材料	《广州市单项工程编码登记表》	对未进入中心进行招标的工程，提供建设单位与责任主体签订的合同	《广州市建设工程安全监督申报表》	广州市建设工程安全监督申报资料目录表	《广州市建设工程质量监督申报表》	《建设工程质量管理人员从业资格审查表》	《质量监督申报办理审核表》	《工程明细表》	岩土工程勘察资料
		工程部	财务审价部	工程部	采购合同部	工程部						前期设计部
项目编码				—	—	—	—	—	—	—	—	—
单项工程编码		—	—			—	—	—	—	—	—	—
安全监督			—		—			—	—	—	—	—
质量监督		—	—	—	—	—	—					
安全文明施工现场查勘		—	—	—	—	—	—	—	—	—	—	—
施工许可证	房建	—	—	—	—	—	—		—	—	—	—
	市政（含管线）	—	—	—	—	—	—		—	—	—	—
	装修	—	—	—	—	—	—		—	—	—	—

填表说明：表格内标明“—”为该资料在该项审批中不需提供；在空格内填写“×”为缺少该资料；在空格内填

进度及资料准备一览表（二） **表 2**

统计时间：

责任主体安全管理架构	安全管理生产制度	安全专项措施	现场安全条件检查	现场平面布置图	房产证（或经房管部门备案的房屋租赁合同和产权人同意装修的证明）	《建筑工程施工许可申请表》	保证工程质量和安全措施的有关文件	《质量安全监督登记表》	安全监督通知书	重点项目绿色通道可 2 个月内补交						施工现场查勘表
										劳动保险统筹金缴纳凭证	散装水泥专项资金收据（第二联）	建设单位和施工单位印花税凭证	意外伤害及工伤保险凭证	施工单位工资保证金专用账户存款凭证	新型墙体材料专项基金凭证（第二联）	
工程部					前期设计部	工程部				财审部	工程部	财审部/工程部	工程部			
—	—	—	—	—	—	—	—	—	—	—	—	—	—	—	—	—
—	—	—	—	—	—	—	—	—	—	—	—	—	—	—	—	—
—	—	—	—	—	—	—	—	—	—	—	—	—	—	—	—	—
—	—	—	—	—	—	—	—	—	—	—	—	—	—	—	—	—
					—	—	—	—	—	—	—	—	—	—	—	—
	—	—	—	—	—											
	—	—	—	—	—											
	—	—	—	—												

写“该资料文号”为具备该资料；如该项审批所需资料均已齐备，仍未报审的，请项目组长书面写明原因部内备案。

表 3

××项目全生命周期建设程序汇总表

序号	一级总控计划（项目策划方案）完成情况	二级实施计划编制及下达情况	阶段	建设内容	责任部门	工作开展前置条件	开始时间	完成时间	完成与否	原因或制约因素	下一步工作措施		需要办领导协调解决的问题
											拟采取措施	纠偏完成时间	
1			前期阶段	组织签订建设协议书（如有需要）	计划统筹部 采购合同部	市政府关于委托我办实施项目的批文							
2				新技术应用目标研究	技术评审部								
3				质量、安全目标设定	质安验评部								
4				制定一级总控计划	计划统筹部								
5				项目建议书编制及批复	前期设计部								
6				初步勘察（地质条件摸查、地下管线测量等）服务采购	采购合同部	（达到公开招标标准的须进行公开招标；否则按非公开招标采购程序进行采购） 1. 合同执行部门明确采购需求。 2. 如按公开招标采购，立项批复且相关采购需求确定后进行；非财政性投资项目提供全额超过预计发包价的 30% 资金证明							
7				各类项目评估（环境评估、地质灾害评估）服务采购									
8				可研报告编制服务采购									
9				城市排水设施设计条件咨询办理	前期设计部								
10				水土保持方案报批									
11				建设项目环境影响评价的报批									
12				节能评估报批									
13				可行性研究报告编制及批复									
14				建设项目选址意见书									
15				建设项目用地预审									

续表

序号	一级总控计划（项目策划方案）完成情况	二级实施计划编制及下达情况	阶段	建设内容	责任部门	工作开展前置条件	开始时间	完成时间	完成与否	原因或制约因素	下一步工作措施		需要办领导协调解决的问题
											拟采取措施	纠偏完成时间	
16			前期阶段	建设用地规划许可证	前期设计部								
17				建设用地批准书									
18				土地划拨决定书									
19				国有土地使用证									
20				组织勘察设计任务书的编制									
21				勘察设计服务招标	采购合同部	按公开招标采购前置条件： 1. 立项（项目建议书）获得批复。 2. 资金证明(非财政性投资项目提供全额超过预计发包价的 30%资金证明，开具时限是提交备案前三个月内)。 3. 合同执行部门提供勘察、设计任务书							
22				规划咨询服务采购		(达到公开招标标准的须进行公开招标；否则按非公开招标采购程序进行采购) 1. 合同执行部门明确采购需求。 2. 如按公开招标采购，立项批复且相关采购需求确定后进行；非财政性投资项目提供全额超过预计发包价的 30%资金证明							

续表

序号	一级总控计划（项目策划方案）完成情况	二级实施计划编制及下达情况	阶段	建设内容	责任部门	工作开展前置条件	开始时间	完成时间	完成与否	原因或制约因素	下一步工作措施		需要办领导协调解决的问题
											拟采取措施	纠偏完成时间	
23			前期阶段	施工图审查服务招标采购	采购合同部	公开招标采购前置条件： 1. 立项（项目建议书）获得批复。 2. 资金证明（非财政性投资项目提供全额超过预计发包价的 30% 资金证明，开具时限是提交备案前三个月内）。 3. 合同执行部门提供任务书							
24				方案（估算）设计	前期设计部								
25				修建性详细规划的审批									
26				管线综合报批									
27				人防要点的申请									
28				建筑设计方案审查									
29				地质灾害危险性评估									
30				初步设计（含概算）									
31				超限审查									
32				初步设计审查									
33				场地地震安全性评价报告编制及批复									
34				卫生防疫审查									
35				防雷设计审查									
36				雷击风险评估									

续表

序号	一级总控计划（项目策划方案）完成情况	二级实施计划编制及下达情况	阶段	建设内容	责任部门	工作开展前置条件	开始时间	完成时间	完成与否	原因或制约因素	下一步工作措施		需要办领导协调解决的问题
											拟采取措施	纠偏完成时间	
37			前期阶段	园林绿化审查	前期设计部								
38				地铁保护审查									
39				财政局概算批复									
40				施工图设计（含预算）									
41				消防审查									
42				消防性能化评审（评估）									
43				人防施工图报建									
44				基坑支护审查									
45				建筑节能备案									
46				施工图审查备案	技术评审部								
47				管线报装	前期设计部								
48				土壤氡浓度检测									
49				房建《建设工程规划许可证》									
50				市政道路《建设工程规划许可证》									
51				管线《建设工程规划许可证》									
52				施工图预算审查									
53				施工监理、施工总承包施工策划	工程管理部								
54				各专项方案策划（含土方、临水临电等）									

续表

序号	一级总控计划(项目策划方案)完成情况	二级实施计划编制及下达情况	阶段	建设内容	责任部门	工作开展前置条件	开始时间	完成时间	完成与否	原因或制约因素	下一步工作措施		需要办领导协调解决的问题
											拟采取措施	纠偏完成时间	
55			实施阶段	监理单位招标	采购合同部	按公开招标采购前置条件: 1. 立项(项目建议书)获得批复。 2. 资金证明(非财政性投资项目提供全额超过预计发包价的30%资金证明,开具时限是提交备案前三个月内)。 3. 具有对应的设计图纸,供投标单位编制监理方案							
56				施工总承包招标		按公开招标采购前置条件: 1. 立项(项目建议书)获得批复。 2. 用地批文。 3. 规划文件(建设工程规划许可证)。 4. 初步设计审查及概算批准文件。 5. 施工图审查的证明文件(属于7m以上深基坑的,还需提供对深基坑的评审意见)。 6. 工程预算财政投资评审证明。 7. 资金证明(非财政性投资项目提供全额超过预计发包价的30%资金证明,开具时限是提交备案前三个月内)。 8. 招标图纸(含技术需求文件)							

续表

序号	一级总控计划（项目策划方案）完成情况	二级实施计划编制及下达情况	阶段	建设内容	责任部门	工作开展前置条件	开始时间	完成时间	完成与否	原因或制约因素	下一步工作措施		需要办领导协调解决的问题
											拟采取措施	纠偏完成时间	
57			实施阶段	其他工程招标（如有需要，如土石方工程、市政配套工程、幕墙工程、机电安装工程、智能化工程、室内精装修工程等）	采购合同部	如按公开招标，前置条件同上							
58				材料设备采购（招标）		按公开招标采购前置条件： 1. 立项（项目建议书）获得批复。 2. 资金证明（非财政性投资项目提供全额超过预计发包价的 30% 资金证明，开具时限是提交备案前三个月内）。 3. 招标图纸（含技术需求文件）							
59				白蚁防治服务采购		（达到公开招标标准的须进行公开招标；否则按非公开招标采购程序进行采购） 1. 合同执行部门明确采购需求。 2. 如按公开招标采购，立项批复且相关采购需求确定后进行；非财政性投资项目提供全额超过预计发包价的 30% 资金证明							
60				发包人委托第三方检测技术服务采购									
61				结构安全性检测技术服务采购									
62				节能检测技术服务采购									

续表

序号	一级总控计划（项目策划方案）完成情况	二级实施计划编制及下达情况	阶段	建设内容	责任部门	工作开展前置条件	开始时间	完成时间	完成与否	原因或制约因素	下一步工作措施		需要办领导协调解决的问题
											拟采取措施	纠偏完成时间	
63			实施阶段	项目编码、单项工程编码申报	工程管理部	立项批文、建设用地规划许可证《建设用地批准书》、建设工程规划许可证、监理施工招标完成				建设工程规划许可证、监理施工招标未完成			
64				安全监督申报						前期基建文件未完成、招标工作未完成			
65				质量监督申报						前期基建文件未完成、招标工作未完成			
66				施工许可证报建及批复						前期基建文件未完成、招标工作未完成			
67				开工仪式						招标工作完成			

续表

序号	一级总控计划（项目策划方案）完成情况	二级实施计划编制及下达情况	阶段	建设内容	责任部门	工作开展前置条件	开始时间	完成时间	完成与否	原因或制约因素	下一步工作措施		需要办领导协调解决的问题
											拟采取措施	纠偏完成时间	
68			实施阶段	地下室工程施工	工程管理部								
69				主体结构施工									
70				幕墙工程施工									
71				机电安装工程施工									
72				智能化系统工程施工									
73				室内装修工程施工									
74				室外工程施工									
75				其他工程施工									
76			验收及移交阶段	专项验收 1. 规划验收	工程管理部								
77				2. 消防验收									
78				3. 环保验收									
79				4. 人防验收									
80				5. 燃气验收									
81				6. 电梯验收									
82				7. 卫生防疫验收									
83				8. 防雷验收									
84				9. 供配电验收									
85				10. 建筑节能验收									
86				11. 排水排污工程验收									
87				12. 给水工程验收									

续表

序号	一级总控计划(项目策划方案)完成情况	二级实施计划编制及下达情况	阶段	建设内容	责任部门	工作开展前置条件	开始时间	完成时间	完成与否	原因或制约因素	下一步工作措施		需要办领导协调解决的问题
											拟采取措施	纠偏完成时间	
88			验收及移交阶段	13. 外电工程验收	工程管理部								
89				14. 城建档案验收									
90				竣工验收	质安验评部								
				(1)施工单位对预验收发现的问题整改完毕,并报监理单位、工程管理部复核,经重点办质安验评部核查,符合要求后提交《工程质量验收申请表》等资料报监理单位审查									
				(2)监理单位对施工上报资料进行审查,符合要求后配合重点办组织的质量验收,同时编制《质量评估报告》,编制《工程质量验收计划书》报质监站									
				(3)勘察、设计单位根据验收计划,编制《勘察文件质量检查报告》和《设计文件质量检查报告》交监理单位汇总									
				(4)工程管理部负责工程质量验收计划的实施,组织编制《单位工程质量验收记录》《单位工程质量验收纪要》《建设工程竣工验收报告》等资料									

续表

序号	一级总控计划（项目策划方案）完成情况	二级实施计划编制及下达情况	阶段	建设内容	责任部门	工作开展前置条件	开始时间	完成时间	完成与否	原因或制约因素	下一步工作措施		需要办领导协调解决的问题
											拟采取措施	纠偏完成时间	
90			验收及移交阶段	(5)各分部工程及建筑节能分部工程验收合格并取得质监站的中间验收登记	质安验评部								
				(6)单位工程电梯验收、规划验收、环保验收、消防验收、室内环境验收、卫生防疫验收、燃气验收、防雷验收、档案验收、人防验收、节能等专项验收必须验收通过并取得验收证明文件									
				(7)质监站已对报送的文件进行审查，同意组织质量验收									
				(8)重点办组织竣工验收，并形成《竣工验收报告》									
				(9)质监站出具《建设工程施工质量监督意见书》									
91				竣工验收备案		(1)建设工程竣工验收备案表；(2)建设工程竣工验收报告；(3)建设工程施工许可证；(4)工程质量验收申请表；(5)单位工程质量验收记录表；(6)工程质量评估报告；(7)设计文件质量检查报告；(8)勘察文件质量检查报告；(9)施							

续表

序号	一级总控计划（项目策划方案）完成情况	二级实施计划编制及下达情况	阶段	建设内容	责任部门	工作开展前置条件	开始时间	完成时间	完成与否	原因或制约因素	下一步工作措施		需要办领导协调解决的问题
											拟采取措施	纠偏完成时间	
91			验收及移交阶段	竣工验收备案	质安验评部	工图设计文件审查报告；(10)建设工程规划验收合格证；(11)建筑工程消防验收意见书；(12)工程竣工验收档案认可书；(13)环保验收意见书；(14)建设工程施工质量验收监督意见书；(15)燃气验收文件；(16)电梯安装分部工程质量验收登记表；(17)室内环境污染物检测报告；(18)工程质量保修书；(19)单位工程施工安全评价书；(20)中标通知书；(21)建设施工合同；(22)工程款支付清单及发票复印件；(23)业主工程款支付证明；(24)人防工程验收证明；(25)建设工程质量监督报告；(26)预拌砂浆使用报告、购销合同、有效发票、检测报告、出厂合格证							
92				组织移交	工程管理部								
93				移交协议签订	采购合同部								

续表

序号	一级总控计划（项目策划方案）完成情况	二级实施计划编制及下达情况	阶段	建设内容	责任部门	工作开展前置条件	开始时间	完成时间	完成与否	原因或制约因素	下一步工作措施		需要办领导协调解决的问题
											拟采取措施	纠偏完成时间	
94			工程结算及财务决算阶段	编制竣工图	前期设计部								
95				结算资料组卷	工程管理部								
96				新增主材、新增综合单价、签证、工程结算	采购合同部 财务审价部								
97				财务决算	财务审价部	编制财务决算的前提：工程项目建设程序性文件已批复、中标通知书等过程合法文件资料收集齐全、工程项目已经完成竣工验收、工程项目已经完成工程竣工结算、尾工工程已确定并不超过项目投资总概算5%							

填写说明：1.请按照项目进行填写，一个项目一份表格。填写的内容有“开始时间”“完成时间”“完成与否”“原因或制约因素”“下一步工作措施”“需要办领导协调解决的问题”。

2.请按照责任部门分工，根据已下达的一级总控计划和二级实施计划填写表中“开始时间”“完成时间”，未明确一级总控计划和二级实施计划的，填报计划“开始时间”及“完成时间”。

3.“需要办领导协调解决的问题”请据实填明需要哪位办领导（不含分管办领导）协调解决问题。

案例二：××项目城市应急救援指挥中心综合工程

项目代建管理方案

（实施期代建）

编制人：

审批人：

××项目城市应急救援指挥中心综合工程

代建项目管理部

××××年××月××日

目　录

一、工程项目概况

工程名称：××项目城市应急救援指挥中心综合工程。

结构类型：框架剪力墙结构。

工程地点：××市××区××路。

建筑规模：××项目城市应急救援指挥中心综合工程由业务用房和配套服务用房、特警支队备勤楼、办公用房、地下停车场及特殊警用车辆停车场和室外配套工程组成，总建筑面积约为×万平方米地下2层、地上××层。

工　　期：××××年××月××日前交付使用。

项目总投资：×亿元。

二、工程项目代建管理工作依据、内容及目标

（一）工程项目代建管理工作依据

（1）国家、部门、地方有关建设项目的法律、法规及相关规定。

（2）工程建设规范、标准、强制性条文。

（3）服从《××市城市总体规划》的原则要求。

（4）项目委托代建服务合同。

（5）工程各参建单位的承包合同和服务合同。

（6）工程设计文件。

（二）工程项目代建管理工作内容

项目代建管理单位负责××项目城市应急救援指挥中心综合工程实施期代建管理，代建工作内容：

（1）从组织项目概、预算编制及报批、项目工程监理、施工、设备材料等的招标至项目竣工验收、竣工结算、决算、移交和保修期结束之日止的代建统筹管理。

（2）对使用人在项目前期阶段所完成工作进行协调管理和移交接收。

（三）工程项目代建管理工作目标

（1）投资目标：确保工程总投资额不超过市财政局批准的概算总额。

（2）进度目标：在××××年××月底以前交付使用。

（3）质量目标：工程质量合格。

（4）安全文明目标：无一般安全事故。

三、工程项目代建管理组织机构设置

（一）代建项目组织机构图（图1）

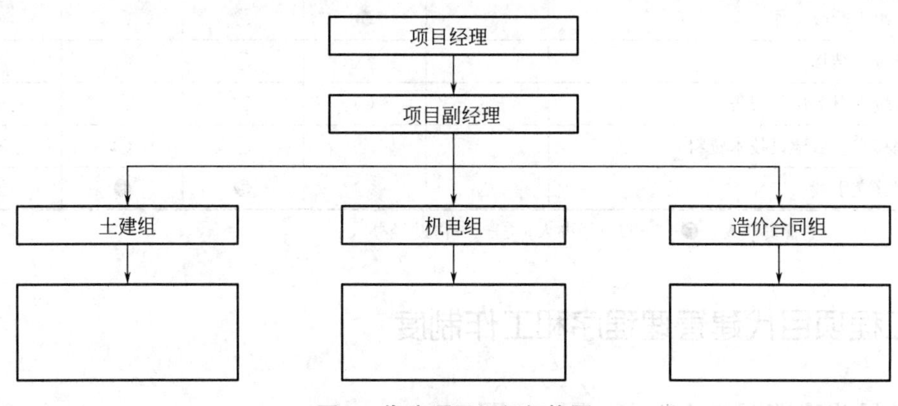

图1　代建项目组织机构图

（二）代建管理职责分工（表1、表2）

代建管理架构及工作内容表　　表1

管理架构名称	工作内容
项目经理	全面负责项目代建管理工作的组织实施
项目副经理	负责代建管理工作的技术管理，分管设计及计划经济方面工作，督促和完善其他单位技术管理体系，负责技术、报建报批协调工作
造价合同组	实施代建管理工作的招标、投资、合同计划管理工作，协助开展现场管理工作，归口投资方面报批，四价备案协调工作，资料管理工作
土建组	实施代建管理工作的土建技术管理工作，归口管理建筑、结构设计管理工作、现场土建质量管理工作，负责土建工程移交工作，并协助开展报批、招标工作
机电组	实施代建管理工作的安装技术管理工作，归口管理电气（强弱电）、给水排水、电梯、空调设计管理工作、现场安装质量管理工作，负责安装工程移交工作，并协助开展报批、招标工作

本项目代建管理工作职能分工表　　表2

工作＼部门	项目经理	副经理	土建组	机电组	造价合同组
取得项目规划、环保等方面批准文件	△	●	○	○	○
设计图纸报审报批工作及施工图审查工作		△	○	○	○
场地清理工作	△	○	●	○	
项目建设招标工作	△	○	○	○	●
编制项目年度投资计划和年度基建支出预算		△	○	○	●
项目施工批准手续办理工作	△	△	●	●	●

续表

工作 \ 部门	项目经理	副经理	土建组	机电组	造价合同组
项目实体代建方目标控制	△	●	○	○	○
组织工程竣工验收工作	△	●	○	○	○
审核项目竣工结算		△	○	○	●
编制项目竣工财务决算报告	△	○	○	○	●
整理汇编移交项目建设技术资料		△	○	○	●
办理工程移交手续	△	○	●	●	○

说明：△——主管责任人；●——归口经办人；○——协助经办人。

四、工程项目代建管理程序和工作制度

（一）项目代建管理工作程序（图 2～图 10）

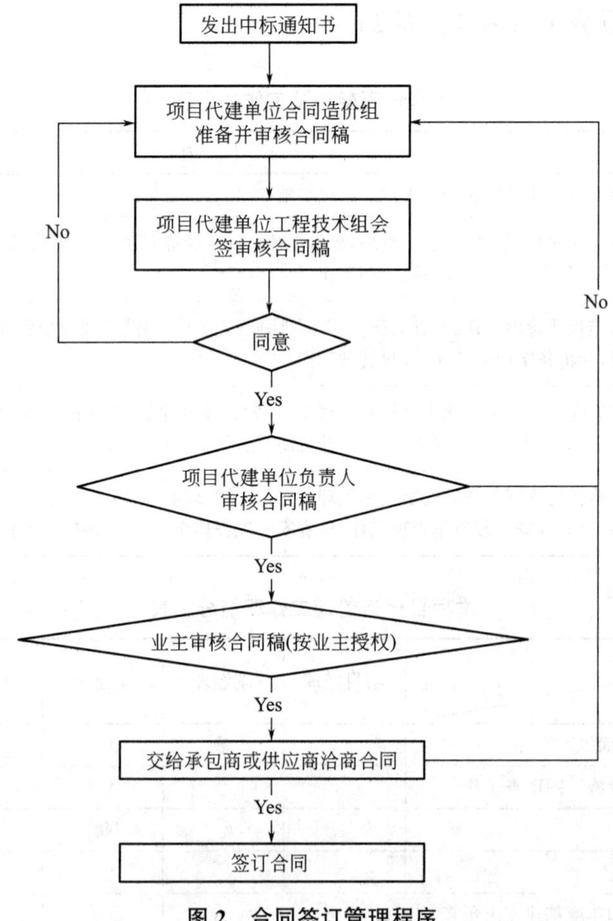

图 2　合同签订管理程序

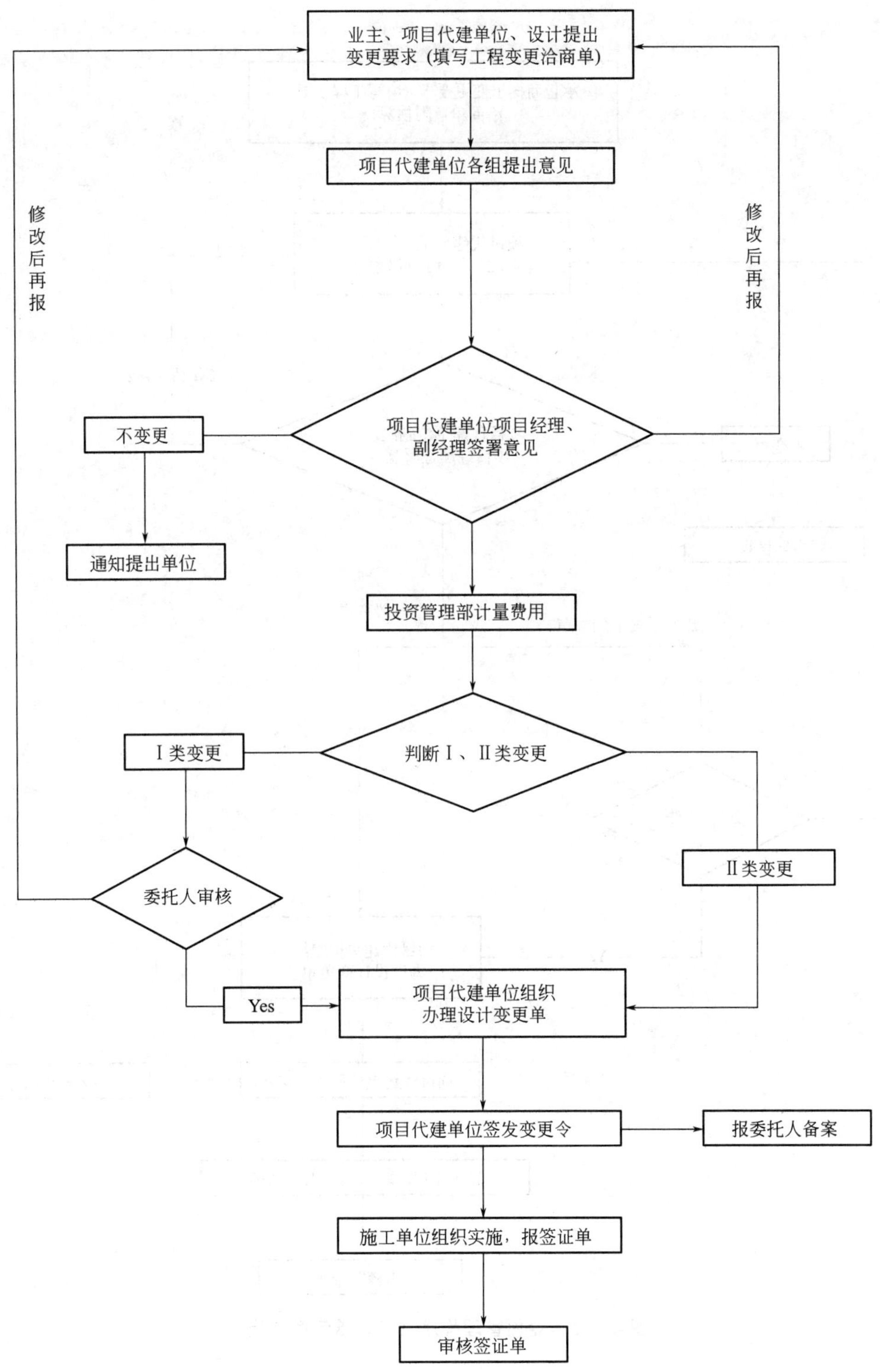

图3 工程变更管理程序（一）委托人、设计、项目代建单位提出

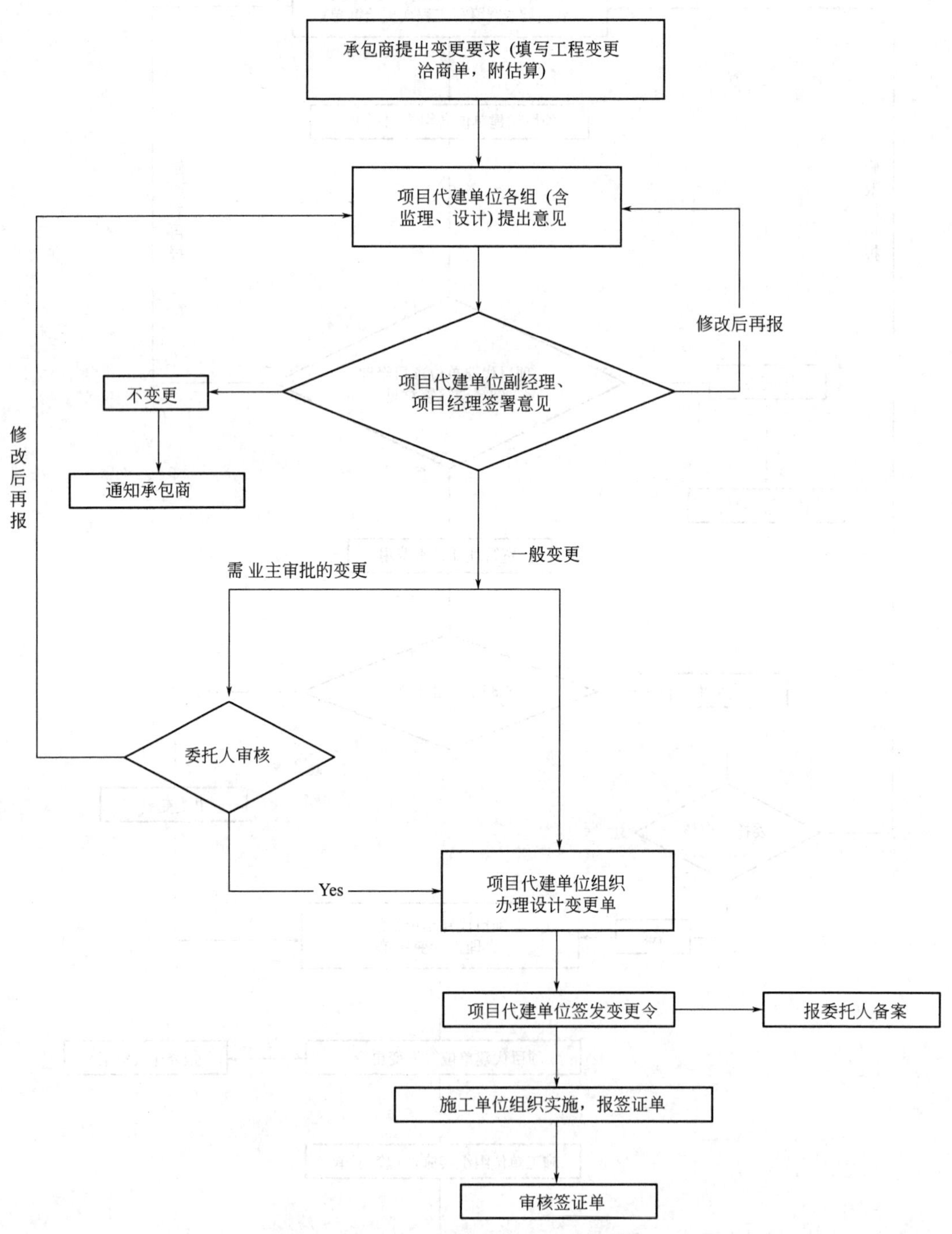

图4 工程变更管理程序（二）承包商提出

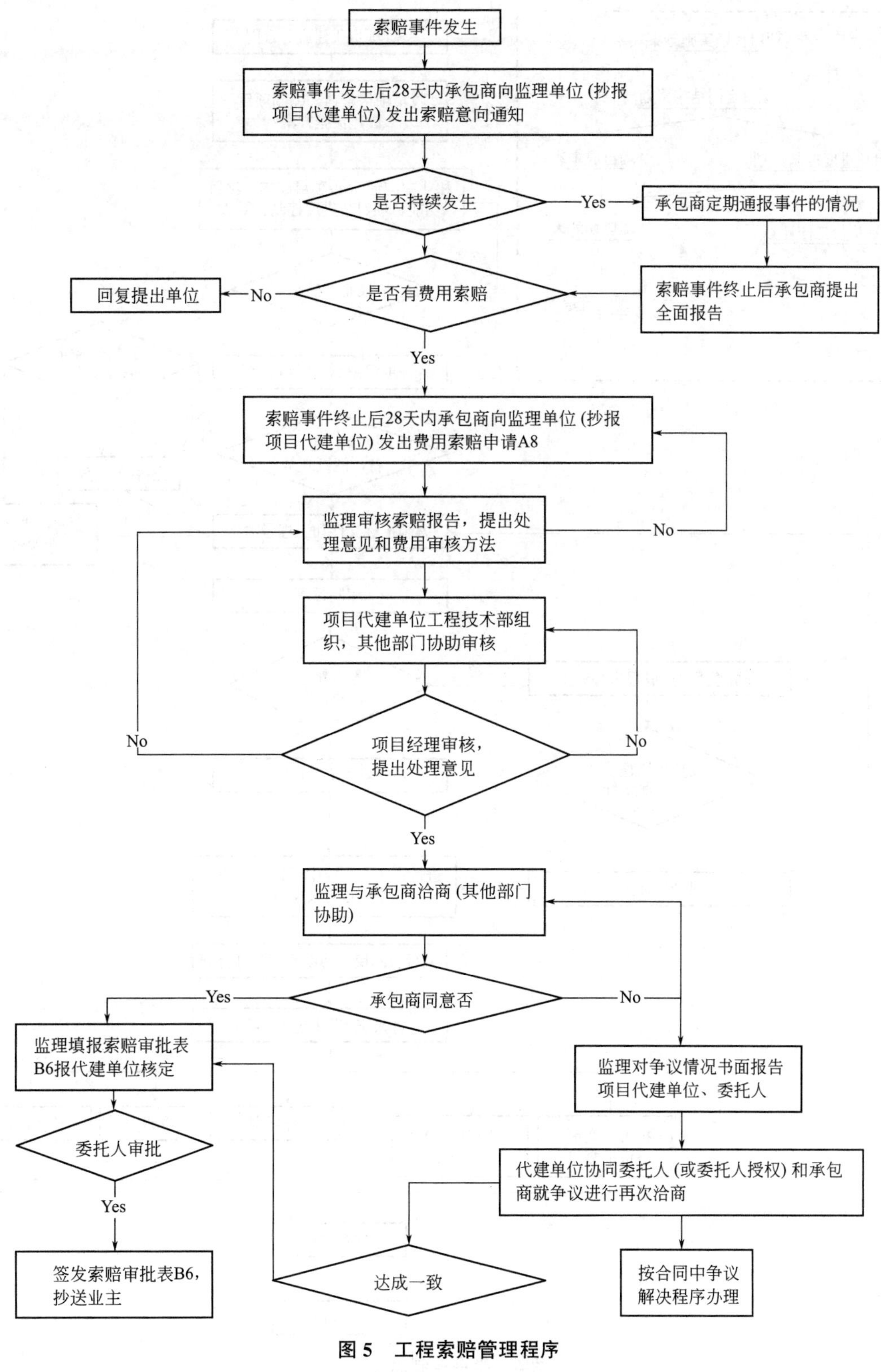
索赔事件发生
索赔事件发生后28天内承包商向监理单位 (抄报项目代建单位) 发出索赔意向通知
是否持续发生
Yes
承包商定期通报事件的情况
索赔事件终止后承包商提出全面报告
是否有费用索赔
No
回复提出单位
Yes
索赔事件终止后28天内承包商向监理单位 (抄报项目代建单位) 发出费用索赔申请A8
监理审核索赔报告，提出处理意见和费用审核方法
No
项目代建单位工程技术部组织，其他部门协助审核
项目经理审核，提出处理意见
No
No
Yes
监理与承包商洽商 (其他部门协助)
承包商同意否
Yes
No
监理填报索赔审批表B6报代建单位核定
监理对争议情况书面报告项目代建单位、委托人
委托人审批
Yes
代建单位协同委托人 (或委托人授权) 和承包商就争议进行再次洽商
签发索赔审批表B6，抄送业主
达成一致
按合同中争议解决程序办理

图 5　工程索赔管理程序

项目代建实施方案
项目合同结构策划
项目总进度控制计划
项目成本表
招标询价工作计划
项目功能表
现金流量表
签订项目代建服务合同
收集项目资料，编制项目代建实施方案
和业主沟通,完善项目成本、项目功能、项目总进度控制计划表
No
报业主批准
Yes
各分项组织（含招标）策划
是否需准备技术条件
No
Yes
No
技术条件是否具备，图纸齐全
完善技术条件
Yes
编制招标文件和工程量清单
完善技术条件和图纸
编制预算
超
分析原因，形成报告报业主
是否超过投资预算
委托人调整设计或功能指标
进入招标程序
编制标底价
进行评审，完成中标报告，确定中标单位及中标价
编写合同稿，协助洽商签订合同
进入施工阶段造价控制
报价、变更、签证批复单
中期（进度款）支付凭证
索赔批复
变更研究
造价控制措施
结算审核
后评价

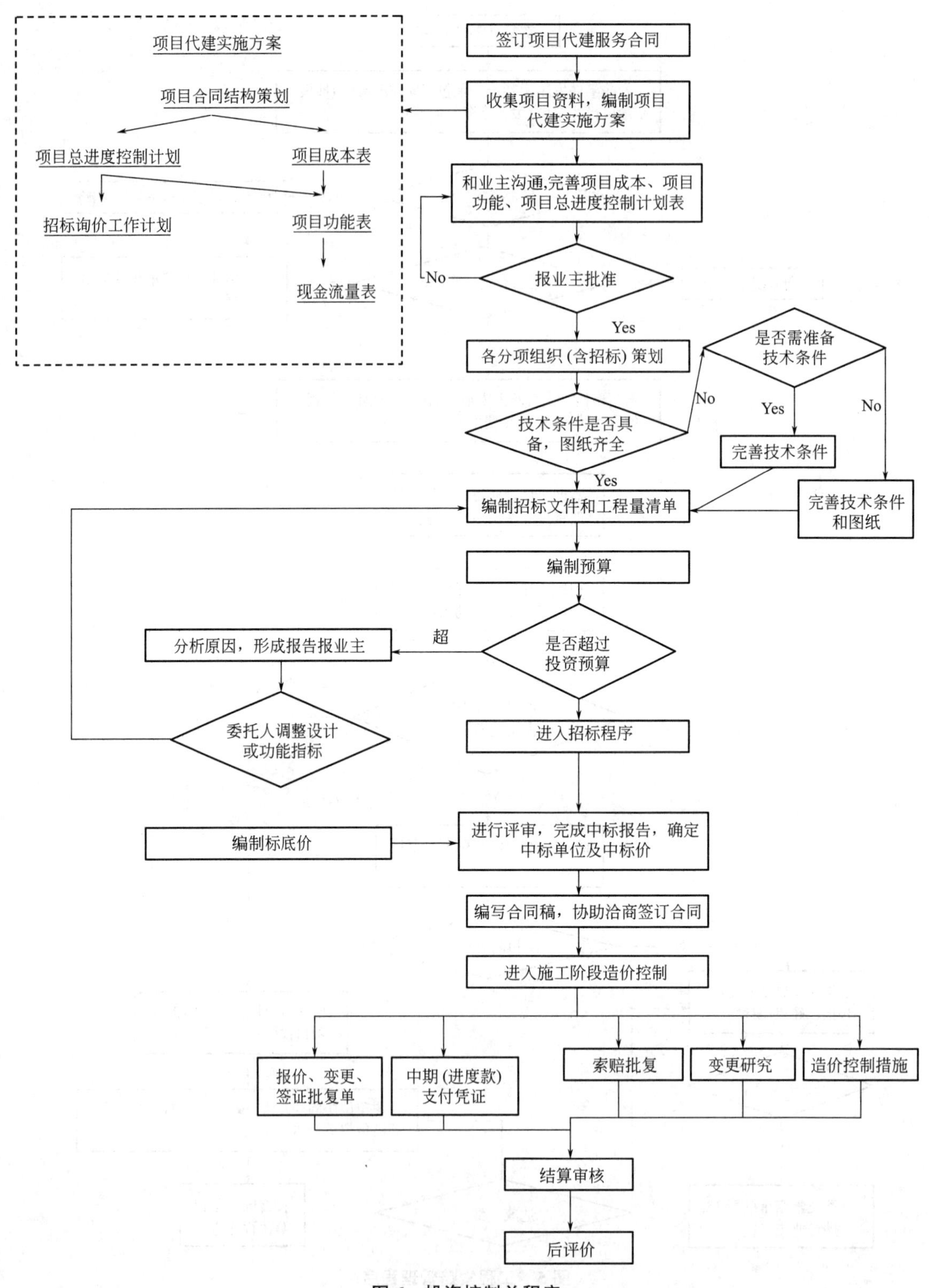

图 6　投资控制总程序

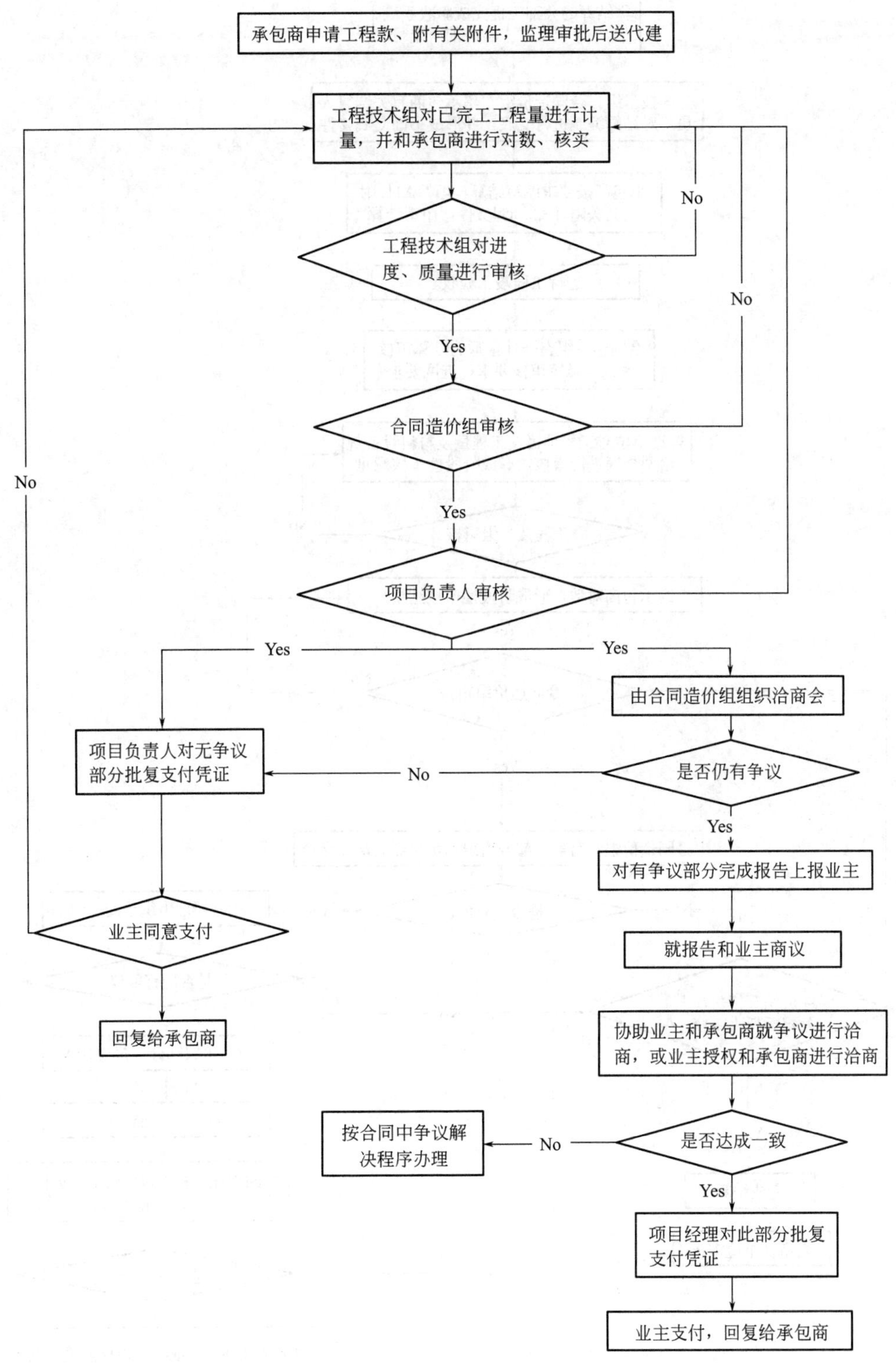

图 7　进度款审核支付程序

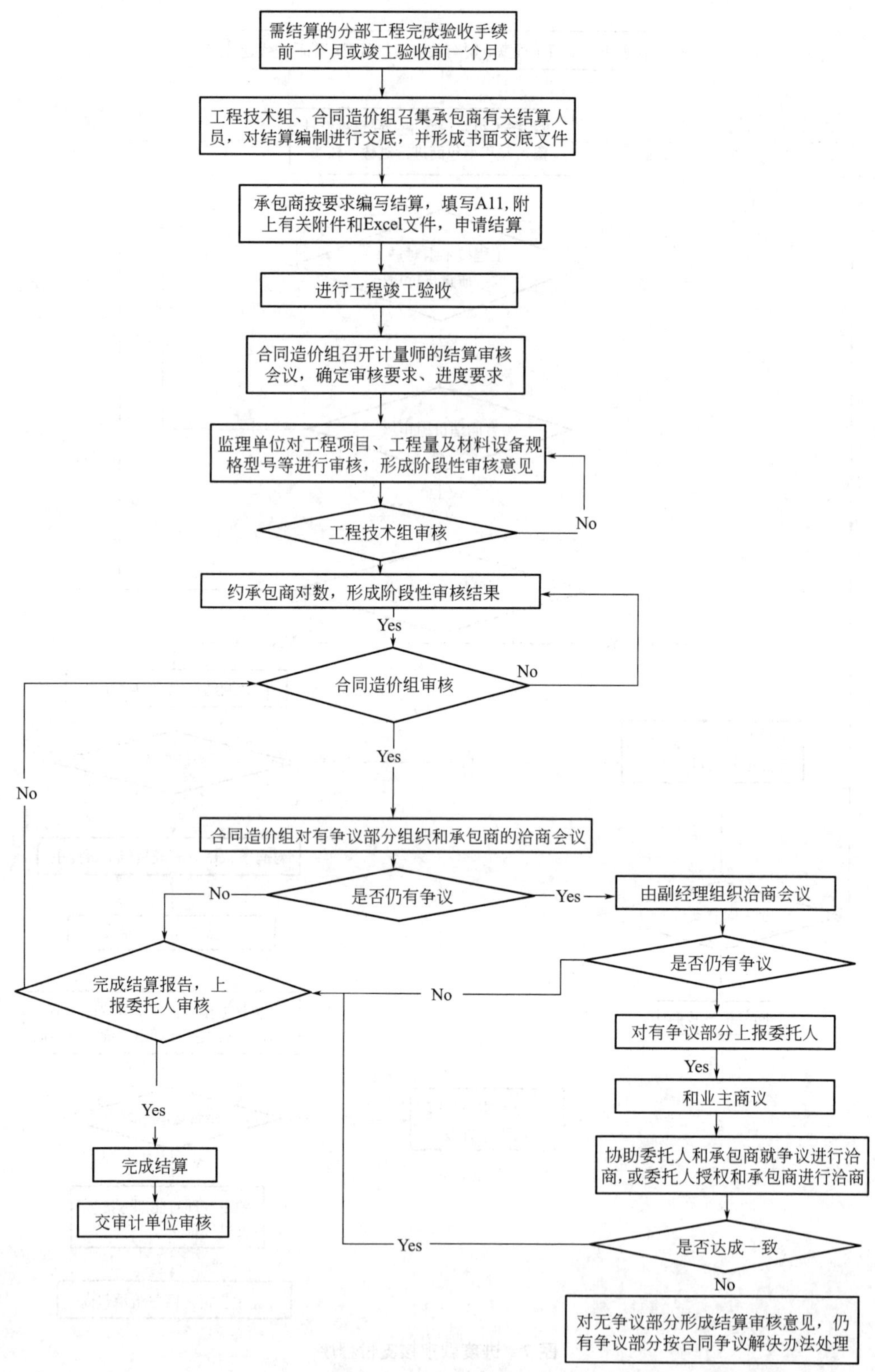
需结算的分部工程完成验收手续前一个月或竣工验收前一个月
工程技术组、合同造价组召集承包商有关结算人员，对结算编制进行交底，并形成书面交底文件
承包商按要求编写结算，填写A11，附上有关附件和Excel文件，申请结算
进行工程竣工验收
合同造价组召开计量师的结算审核会议，确定审核要求、进度要求
监理单位对工程项目、工程量及材料设备规格型号等进行审核，形成阶段性审核意见
工程技术组审核
No
约承包商对数，形成阶段性审核结果
Yes
合同造价组审核
No
Yes
No
合同造价组对有争议部分组织和承包商的洽商会议
是否仍有争议
No
Yes
由副经理组织洽商会议
是否仍有争议
完成结算报告，上报委托人审核
No
对有争议部分上报委托人
Yes
和业主商议
Yes
完成结算
协助委托人和承包商就争议进行洽商，或委托人授权和承包商进行洽商
交审计单位审核
Yes
是否达成一致
No
对无争议部分形成结算审核意见，仍有争议部分按合同争议解决办法处理

图8　结算审核程序

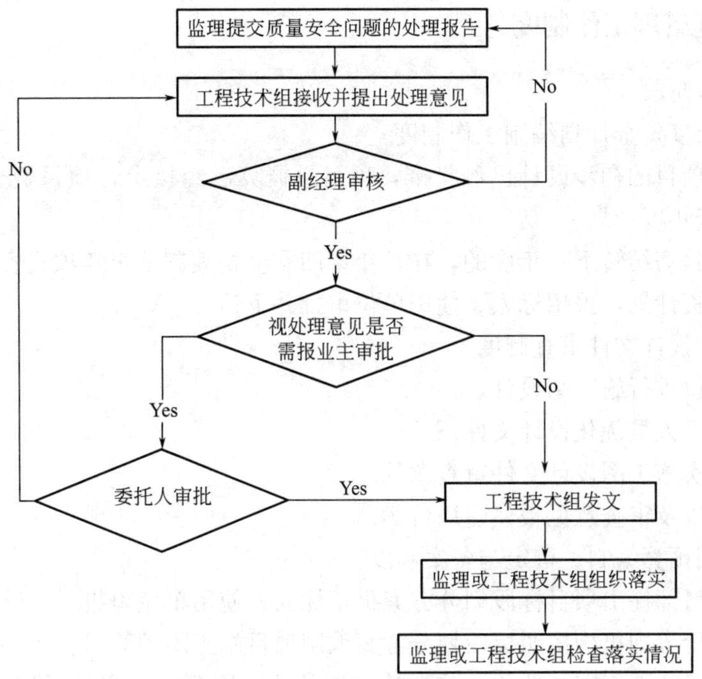

图 9　工程质量安全管理程序（一）

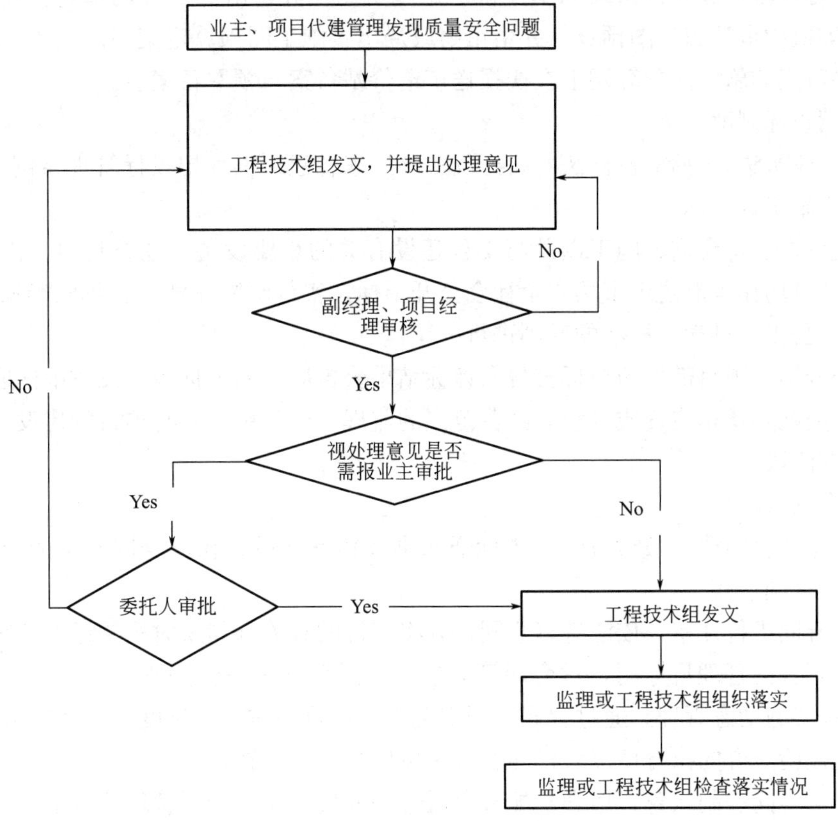

图 10　工程质量安全管理程序（二）

（二）项目代建管理工作制度

1.实施准备阶段

（1）项目年度资金计划编制工作制度

1）新开工项目的初步设计已经批准，项目总概算已经核定，项目资金已经落实，方可编制项目投资年度计划。

2）在建项目需结转下一年度的，在每年第四季度初编制下半年项目资金计划。

3）项目投资计划，报招标人、使用单位审批并下达。

（2）施工图设计文件审查制度

1）设计单位进行施工图设计。

2）组织技术人员优化设计文件。

3）跟进落实施工图设计文件审查意见。

4）施工图以及审查意见报住建局备案。

（3）施工图预算编制、审定与备案制度

1）代建项目部提出项目标段划分方案报招标人、使用单位审批。

2）组织造价咨询机构按照标段划分方案编制项目施工图预算。

3）代建项目部组织审核造价咨询机构编制的施工图预算。审核后施工图预算不超过各标段内容的概算值。

4）将各标段预算报市财政局基建科审定施工图预算，由市财政局基建科安排其委派的造价咨询机构审核施工图预算，并由市财政局出具施工图预算定案书。

5）将审定的施工图预算网上在线报送市造价站备案，领取备案表。

（4）招投标制度

根据《建筑法》《招标投标法》《合同法》《广东省建筑工程招投标管理条例》，项目建设全过程实施工程招标。

1）监理、造价咨询、施工以及与工程建设有关的重要设备、建筑材料、构配件的采购等各个环节均在有形建筑市场向全社会公开招标，实行阳光作业，杜绝暗箱操作，确保按照公平、公正、科学、择优的原则进行。

2）公开招标项目需发布招标公告，评标结果公告后，向中标单位发放中标通知书。

3）需委托具备相应资质等级和经营范围的监理、施工单位参与项目的建设。

2.实施阶段

（1）合同管理制度

1）根据《合同法》《建筑法》、中标通知书及招标文件、相应合同范本的要求，与中标单位进行合同洽商。

2）对合同进行评审，依法签订合同，并将签订的有关合同及时报招标人备案。

3）推行合同管理目标制，对合同订立前、合同订立时、合同履行中、合同发生纠纷时的全过程实施动态管理。通过合同管理实现工程项目的质量、进度、投资控制任务。

4）定期检查合同执行情况，督促各有关单位按合同实施。

5）普及合同法制教育，培训、配备合同管理人员，建立合同管理信息系统。

（2）图纸会审制度

工程开工前，组织项目各相关人员对图纸再深入学习和审查，通过审查预见施工薄弱环节和隐患，研究确定实施方案和预控措施，避免图纸中的差错遗漏。会审要作出书面纪要，发给参加会审单位执行。

（3）施工组织设计或施工方案审核制度

在单位工程开工前，承建商依据施工图纸及有关技术资料，编制该项目的施工组织设计或施工方案，监理审核后仍需报代建人审核。代建人按照施工承包合同规定的项目目标，提出书面审查意见，可同意按此设计或方案施工，或要求承建商修改后再报审。

（4）开工报告审批制度

当单位工程的主要施工准备工作已完成时，承建商可提出《工程开工报告》，经监理现场落实后，由代建人审批。

（5）质量管理制度

1）严格遵守国家及省、市有关工程建设的法律、法规，认真学习和执行有关的技术规范和标准，编制项目代建管理实施方案。

2）代建管理部根据建设工程的特点和技术要求，按国家及省、市有关规定确定具有相应资质等级的监理、勘察、专业设计、施工单位。

3）建立工程质量管理的组织机构，做到职责分明、运行有效。建立定期质量检查制度，制定和确保实现年度质量目标。

4）建设工程开始之前，应认真办好各种报建和开工手续。

5）勘察、设计文件必须符合国家有关的法律、法规、规范、标准的要求。做好设计交底、图纸会审以及施工复测工作。

6）项目建设使用的建筑材料、构配件和设备必须符合国家和行业有关的技术标准。

7）抓好建筑材料、构配件和设备的进场试验工作，要求按规定取样送检。

8）进行工程质量回访，做好服务工作，履行工程保修职责。

9）发生质量事故，逐级上报，组织力量进行调查处理。

（6）安全生产、文明施工、消防管理制度

1）认真贯彻执行国家、省、市有关安全生产的方针政策和劳动保护法规，做好环境保护工作，做好现场的消防安全，防止火灾灾害。

2）按照市行业管理的有关规定，办理项目安全监督申报手续。

3）建立健全安全生产、文明施工、消防管理责任制，明确有关单位的职责，建立各项管理制度，督促并检查各单位安全措施的制定和落实。

（7）设计变更核准制度

1）设计变更由监理单位项目总监书面提出报告，明确变更事由，填写工程设计变更核准表，工程总监及监理单位签字盖章确认后报代建管理部。

2）代建管理部负责人在核准表上加注审核意见并通报设计单位现场考察，由设计单位提出变更通知单，经项目总监、代建管理部负责人审核后实施。对影响投资增减、工期延长、功能调整的变更执行《代建合同》规定的审批手续。

（8）施工索赔核准制度

1）施工单位提出的施工索赔由施工单位项目经理书面提出报告，明确索赔事由、索赔金额及相关文件资料，由施工单位项目经理签字并加盖项目部章及施工单位公章后报监理单位。

2）监理单位在收到索赔报告后认为合理的则填写施工索赔核准表，现场监理、工程总监及监理单位签字盖章确认后报代建管理部。

3）代建管理部负责人在施工索赔核准表加注审核意见并报请项目招标人审批。

（9）工程进度款审批制度

1）施工单位在签订合同后7天内，根据投标报价书，编制工程进度基础报表，报监理工程师。

2）监理工程师审核后报代建管理部。

3）施工单位必须在进度表申报日按当月实际完成工程量填报月工程进度报表，填写工程付款申请表，加盖公章后报监理工程师审核。

4）监理工程师对施工单位申报的月进度报表进行实地审核复验，确认无误后填写工程款支付证书报代建管理部负责人审定。

5）代建管理部负责人复核无误后报项目招标人审查后报财政部门。

6）监理费由代建管理部负责人审核后报项目招标人审查后报财政部门。

7）勘察、设计费由代建管理部负责人复核后报项目招标人审查后报财政部门。

（10）工程隐蔽验收、中间验收制度

1）工程具备隐蔽条件或达到专用条款约定的中间验收部位，施工单位进行自检，监理工程师复核。

2）复核合格后，由监理工程师以书面形式通知质量监督站和代建项目部负责人，必要时通知设计单位。经联合验收合格，相关人员在验收记录上签字确认后，施工单位方可进行隐蔽和继续施工。验收不合格，施工单位在限定的时间内修改，重新验收。

3）代建管理部需将中间验收结果报项目招标人。

（11）工程质量事故处理制度

凡在施工过程中，由于施工质量不符合规范或设计要求，或者超出《验评标准》规定的偏差范围，需作返工处理的统称工程质量事故。发生工程质量事故，承建商必须用电话或书面形式逐级上报。填报“质量问题报告单”，应抄代建人和监理各一份。

对于一般工程质量事故，应由承建商研究处理，报代建人和监理备查，对重大质量事故，由承建商填写事故报告，由监理组织有关单位研究报业主批准后，承建商方能进行事故处理。事故处理后，经复查，确认无误，方可继续施工。未经监理单位同意，承建商自己处理的质量事故，工程应视为不合格，不予验收计量。对重大工伤事故，需立即上报业主。

（12）工程质量监理制度

监理工程师对承建商的施工质量负有监督管理的责任。监理工程师在检查工作中发现的工程质量缺陷，应及时记入监理日志，指明质量部位、问题及整改意见，限期改正复验。对较严重的质量问题或已形成隐患的问题，应由监理工程师正式填写“不合格工程项目通知”，通知承建商，同时抄报代建人，承建商应按要求及时作出整改，克服缺陷后通知监理工程师及代建人复验签认。如所发现工程质量问题已构成工程事故时，应按规定程序办理。不合格的工程不能进入下道工序施工。

（13）施工进度控制制度

每月底由代建人组织有关人员依据工程进度计划对实际工程进度情况进行一次检查，分析计划完成情况，提出措施，向主管领导提出书面报告。

（14）成本管理制度

凡设计变更增加工程，新材料新技术推广，将事先进行技术经济对比后报代建人审批，以严格控制工程成本。

（15）建立代建例会、监理例会和请示汇报制度

每周由代建人组织召开至少一次项目代建工作会议，小结上周工作，布置下周管理要求，讨论建设过程中有关的问题，由使用单位、招标人、代建项目部主要人员参加。

每周由监理单位总监组织一次监理例会。

每月由项目总监理工程师向代建人签发当月监理月报。月报内容包括：工程进度和计划情况、工程质量情况、控制工程投资造价情况、重大设计变更和工地洽商、重大质量事故情况，以及需要上报的其他问题。

施工过程中一般专业技术问题由专业监理工程师负责处理，并及时将处理结果向代建人汇报。

（16）工程竣工验收制度

工程具备竣工验收条件后，由施工单位向监理单位提供完整的竣工资料及验收报告，并按以下程序验收：

1）工程完工后，施工单位编制《工程竣工验收报告》交监理公司核查，总监理工程师签署意见后，提交给代建项目部。

2）代建项目部在组织工程竣工验收前必须提请规划、公安消防、环保、电梯、电力、燃气等部门进行专项验收，取得合格文件或准许使用文件。

3）代建项目部对符合竣工验收要求的工程，组织勘察、设计、施工、监理、招标人、使用等单位和其他有关方面的专家组成验收组，制定验收方案。

4）代建项目部应当在工程竣工验收 7 个工作日前将验收的时间、地点及验收组名单通知负责监督该工程的工程质量监督机构。

5）代建项目部组织工程竣工验收：

① 代建人、勘察、设计、施工、监理单位分别汇报工程合同履约情况和在工作建设各个环节执行法律、法规和工程建设强制性标准的情况。

② 审阅勘察、设计、施工、监理单位提供的工程档案资料。

③ 查验工程实体质量。

④ 对工程施工、设备安装质量和各管理环节等方面作出整体评价，形成工程竣工验收意见，各方面参加验收人员一并签字。

⑤ 代建项目部将验收结果报项目招标人。

（17）工程竣工验收备案制度

代建项目部自工程竣工验收合格之日起 15 日内，依照有关规定，到××市住房城乡建设行政主管部门办理备案手续，办理工程竣工验收备案应提交下列文件：

1）竣工验收备案表。

2）工程竣工验收报告。代建人应及时提出工程竣工验收报告，《工程竣工验收报告》主要包括：工程概况，代建人执行基本建设程序情况，对勘察、设计、施工、监理等方面

的评价，工程竣工验收时间、程序、内容和组织形式，工程竣工验收意见等。

3）施工许可证。

4）施工图设计文件审查意见。

5）工程竣工报告。

6）工程质量评估报告。

7）勘察、设计文件质量检查报告。

8）市政基础设施的有关质量检测和功能性试验资料。

9）规划验收认可文件。

10）消防验收文件或许可使用文件。

11）环保验收文件或许可使用文件。

12）由技术监督局出具的电梯验收准用证及分部验收文件。

13）燃气工程验收文件。

14）《建设工程质量保修书》。

15）法规、规章、规定必须提供的其他文件。

（18）工程竣工结算制度

1）工程竣工验收报告经联合验收认可后，施工单位向监理公司递交竣工结算报告及完整的结算资料。

2）监理单位对结算进行初审，并将审核意见报代建项目部。

3）代建项目部组织或委托有资质的造价咨询单位对结算进行审核，将审核结果向项目招标人汇报终审。

4）代建项目部根据终审结果编制竣工财务决算报表并报项目招标人审核，作为办理资产移交和产权登记的依据。

5）代建项目部到市有关部门办理产权登记。

6）代建项目部向项目使用单位办理资产移交手续。

（19）投产竣工阶段

1）保修回访制度

① 工程项目的保修按建设部令第 80 号《房屋建筑工程质量保修办法》执行。

② 代建项目部组织各有关单位到项目使用单位进行工程回访，听取项目使用单位人意见，对存在的问题采取有效措施及时解决。

2）工程档案资料管理制度

① 代建项目部负责工程档案资料的收集、整理、汇编工作，并根据《档案法》《城市建设档案管理规定》《城市建设档案案卷质量规定》的要求装订成册。

② 工程竣工验收后 3 个月内，向城建档案馆报送一套符合规定的建设工程档案。

（20）防腐廉政管理制度

为坚持依法、公正、独立、自主地开展工作，维护业主的合法权益及本公司的企业形象，强化对公司各项目的防腐廉政管理工作，对公司所有工作人员提出以下要求，要求所有项目代建管理人员廉洁自律、自觉遵守：

1）不准向业主、施工单位和相关单位及其工作人员索要、接受或赠送礼金、有价证券、贵重物品及回扣、好处费、感谢费等。

2）不准在施工单位和相关单位报销任何应由个人支付的费用。

3）不准参加有可能影响公正执行公务的施工单位和相关单位的宴请、娱乐等活动。

4）不准向施工单位介绍或为配偶、子女、亲属参与同甲方项目工程施工合同有关的设备、材料、工程分包、劳务等经济活动。

5）不准接受或暗示为甲方、相关单位或个人装修住房、婚丧嫁娶、配偶子女的工作安排以及出国（境）游等提供方便。

6）不准违反合同约定而使用甲方、相关单位提供的通信、交通工具和高档办公用品。

7）不准以任何理由为相关单位或个人组织有可能影响公正执行公务的宴请、健身、娱乐等活动。

五、前期工作管理

（一）设计管理

项目施工图阶段：

（1）组织进行设计、优化和深化等各阶段的协调，组织深化设计审查的论证和专业设计审查的论证，使工程项目满足建筑超前、环保达标、节能达标、功能配置齐全。

（2）建立与招标人、设计单位和国家有关行业及管理部门的沟通渠道，规定沟通的方式。

（3）组织协调市政管网与安装专业之间、各专业设计及室内外装修设计之间的配合；协调供货期长的材料、设备供货计划与设计进度的配合。

（4）参与或组织专家评审、施工图会审、设计交底、施工技术交底。

（5）检查设计过程中可能出现的疏漏、缺陷或资料提供不全，经核实确认后，督促设计单位进行修改。

（二）投资管理

（1）做好投资控制计划工作，确保项目的技术标准、系统设置符合投资控制计划指标。项目投资控制计划是项目投资管理的基础，投资控制计划指标分解是否科学合理、切实可行，对于后续投资管理工作具有关键性作用。为确保项目投资控制计划的编制合理，应在有针对性的市场调研及询价等工作准备充分后，方可编制项目投资控制计划。

（2）确保细致地做好各招标分项的界面划分工作，尽量减少工作界面划分不当导致的灰色地带。参加单位相互之间的工作范围划分必须清晰明确，不重不漏，同时又利于施工，否则将可能导致合同纠纷，造成工期延误、费用增加。界面划分工作应作为项目投资管理的一项重要工作，在编制招标工作计划时即开始着手对界面划分进行统一考虑，组织造价、土建、电气、空调、给水排水等各专业人员共同参与界面范围划分的讨论，完成各招标范围的界面。在工作中，通过经济技术分析，减少界面不清、错项、漏项、重项的情况发生，从而达到有效利用投资的目的。

（3）核查勘察成果文件，避免因勘察质量的原因造成设计质量风险以及基础施工过程中大量签证造成的工程投资控制风险。

（4）组织设计概算的审查工作，必要时对设计概算组织专家进行论证，做到设计概算审查的科学性、准确性、全面性。

（5）组织概算报批工作。

（6）重视设计优化工作，包括施工图设计等设计优化工作。使各标段施工图预算控制在批复的设计概算内。

（7）确保施工招标中工程量清单和标底编制的准确性，避免工程量和标底编制的错漏。

（8）组织施工图预算送审工作以及预算成果文件的备案工作。

（9）采用合同条款的约束来控制工程造价，明晰合同条款，总承包管理、界面划分、各主要分部分项工程清单涵盖内容、技术要求列清楚，减少施工索赔情况。

（10）做好基坑支护工程的造价控制，在实施准备阶段，应由设计单位对基坑支护进行方案设计，代建项目部审查后，编制工程预算，列入工程招标控制价内，由投标单位参与竞价。

（11）重视年度投资计划和季度、月度资金使用计划的编报工作，使项目使用资金及时得到落实，是确保项目顺利推进的关键。

（三）招标管理

（1）做好标段划分、界面划分工作，提出招标方案、招标计划。

（2）组织好招标工作。

1）按照法律法规的要求组织公开招标或内部招标程序。

2）组织工程施工图预算的编制，跟进审定、备案工作。

3）编制招标文件，办理招标的相关审批手续。

4）组织开标、评标工作。

5）负责招投标结果的备案、档案的归集整理。

6）其他招标工作。

7）编制本工程招标技术要求。

（四）报建管理

（1）编制项目建设总体进度计划及年度投资计划流程（图 11）

代建项目部负责编制项目建设总体进度计划，并以此作为依据编制阶段性进度计划和年度投资计划，报招标人审批，以利于财务资金的安排。在项目初步设计概算审定后，对项目年度投资计划进行相应补充修改。

（2）设计概算的审查与报批程序

1）资料准备：

项目建议书、可行性研究报告；

初步设计资料：初步设计文件；

概算书；

当地技术经济条件下的概算资料及取费标准；

设备型号、市场价格及数量表；

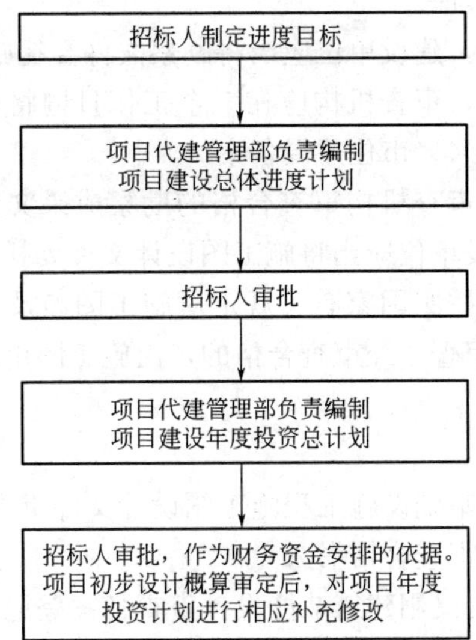

图 11　编制项目建设总体进度计划及年度投资计划流程

发改部门核发的基本建设投资计划；

立项批文。

2）到××市财政局基建科办理。

3）大于 1 亿元的，审批工作时间为 25 个工作日，审批完成后领取建设项目概算审批表。

（3）办理项目规划报建手续及相应流程

1）资料准备：

《××市建（构）筑物建设工程规划许可申请表》（原件 1 份）；

法人组织机构代码证及办证授权委托书；

《建设用地规划许可证》及附图附件（复印件 1 份）；

《建设用地批准书》；

已办理的建设项目规划条件（含附图，复印件 1 份，核原件）；

已审批的总平面规划方案（复印件 1 份，核原件）；

环保、消防、人防、发改、公用等相关主管部门的审查意见（复印件 1 份，核原件）；

建筑施工图（总平面图、各层建筑平面图、各向立面图、剖面图等）和给水排水等市政设计施工图一式两套装订成册（电子文件 1 份，建筑施工图电子文件要求有“面积核算层”，包含建筑基底及各层建筑外框闭合多义线）；

实测地形图（使用××市统一坐标系，中央子午线 113°，1980 西安坐标系及 1985 国家高程基准）；

《项目总经济技术数据表》《套型结构比例明细表》《单体建筑面积核对表》（原件 1 份）。

2）到××市××区行政服务中心五楼规划窗口向××市城乡规划局申请办理《建设工程规划许可证》。

3）规划局 5 个工作日办理完成，领取《建设工程规划许可证》。

(4) 施工图审查与备案程序

1) 勘察文件编制完成后，建设单位应当将勘察文件委托施工图审查机构进行审查。

2) 勘察文件经审查合格，审查机构应在5个工作日内将审查意见书、审查合格书和《勘察文件审查备案表》报送××市住建局备案。

3) 设计单位必须根据经审查机构审查合格的勘察成果文件进行建设工程设计。施工图设计文件编制完成后，建设单位应当将施工图设计文件委托施工图审查机构进行审查。

4) 施工图审查机构应当按照国家有关规定对施工图涉及公共利益、公众安全和工程建设强制性标准的内容进行审查。经审查合格的，由施工图审查机构出具施工图审查合格书，并报××市住建局备案。

5) 备案资料准备：

《××市房屋建筑和市政基础设施工程施工图设计文件审查备案表》；

《广东省建设工程施工图审查合格书》；

民用建筑工程还需提交《民用建筑节能设计审查备案登记表》；

施工图审查意见书；

《外地施工图审查机构进××承接单项工程审查项目登记申请表》(经市住房城乡建设主管部门审批同意跨市审查项目，市外施工图审查机构提交)。

6) 到××市××区行政服务中心五楼住房城乡建设管理局窗口办理《房屋建筑和市政基础设施工程(燃气、环境卫生、风景园林工程)施工图设计文件审查备案》。

(5) 工程人防申报程序

1) 初步设计审查阶段：出具初步设计审查意见。

资料准备：

结合民用建筑修建防空地下室设计要点批文(复印件，盖单位章)；

初步设计图纸(1套)及电脑光盘资料(人防部分)；

委托书。

2) 施工阶段：办理开工通知书。

资料准备：

××市人防工程质量监督申请表5份；

准建文件(规划、建设、人防等部门)复印件；

施工承包合同复印件；

监理合同复印件；

防护设备安装合同复印件；

地质勘探资料复印件；

设计图纸[人防地下室部分建筑、结构(基础)、给水排水、电、通风、消防、防护]；

施工组织技术设计(或方案)和主要质量安全技术措施；

委托书。

3) 竣工验收备案阶段：办理人防工程竣工验收备案意见书。

① 资料准备：

《人防工程技术档案登记表》3份；

《人防工程质量评定表》3份；

《防护构件竣工验收报告》3份；

《广东省人防工程平战转换手册》3份；

总平面图；

防空地下室平时使用平面图（建筑工程）；

防空地下室战时使用平面图（建筑工程）；

防空地下室平战转换平面图（建筑工程）。

② 人防工程现场验收。

③ 办理人防工程竣工验收备案意见书。

（6）工程消防申报程序

1）办理建设工程消防设计审核意见书。

① 资料准备：

建设工程规划许可证；

《建设工程消防设计申报表》；

组织机构代码证等法人身份证明及授权委托书；

设计单位资质证明文件；

消防设计文件。

② 公共建筑高度≥50m，向市消防局办理建设工程消防设计审核意见书。

2）办理建设工程消防验收。

① 资料准备：

使用单位组织机构代码证等法人身份证明及授权委托书；

《建设工程竣工验收消防申报表》；

工程竣工验收报告；

消防产品质量合格证明文件（检测报告、产品型式认可证明、出厂合格证、供货证明）；

有防火要求的建筑材料合格证明文件、出厂合格证；

消防设施、电气防火技术检测合格文件；

施工、监理、检测单位合法证明、资质证明文件。

② 现场消防验收。

③ 领取消防验收意见书。

（7）工程环保申报程序

① 资料准备：

申报报告；

环境影响报告书；

市发改局立项批文；

规划工程许可证；

总平面图、初步设计说明书；

《建筑施工（噪声）排放许可证》。

② 报区环保部门审核。

③ 领取审批意见。

(8) 防雷申报程序

1) 防雷装置初步设计审核。

① 资料准备:

防雷装置初步设计审核申请书;

总平面图(包括电子版);

设计单位资质证明文件。

② 向市气象局申请。

③ 气象局提出初步设计审核意见。

2) 防雷装置施工图审核。

① 资料准备:

《防雷装置设计审核申报表》;

防雷所出具的防雷设施设计施工图技术审查意见;

设计单位资质证明文件;

立面图;

建设工程规划许可证;

防雷设计文件及电子版。

② 向气象局申请。

③ 领取《防雷装置设计核准书》。

3) 防雷工程验收。

① 资料准备:

《防雷装置设计核准书》复印件;

《防雷装置竣工验收申请书》;

防雷设施检测报告。

② 向气象局申请。

③ 领取《防雷装置验收合格证》。

(9) 施工图预算审定程序

① 资料准备:

工程送审资料清单汇总表及工程项目送审金额汇总表;

工程资金来源情况说明;

由有相应设计资质的单位设计的且办理了施工图审查手续的工程施工图(附设计图形文件光盘);

由有资质单位编制的工程预算书及电子文档;

工程勘察地质资料;

建设单位向设计单位发出的限额设计委托书;

有关部门批准的建设项目立项批文及概算资料;

主要材料设备名称、型号、规格、质量要求;

建设单位提供的工程预算送审资料承诺书。

②到××市财政局基建科办理施工图预算,领取施工图预算审定表、审定的工程量

清单。

（10）工程概算价、招标（公开招标）控制价、施工合同价及竣工结算价的备案，即“四价备案”程序

1）概算备案。

① 项目建设单位或概算编审单位应当在项目概算价经批准部门批准后的15日内，办结备案手续。

② 应在××工程造价管理信息网登入“四价备案系统”，在线填写《建设工程项目概算价备案表》，并上传下列资料。

工程项目概算价的审定或批准意见（原件扫描件）；

经审定的项目概算价成果文件（电子版）；

工程项目初步设计图纸（需要时提供）。

③ 市造价管理站收到资料后3工作日确认，即可到市造价管理站领取确认的《建设工程项目概算价备案表》。

2）招标控制价备案。

① 招标人或招标控制价编审单位应当在招标控制价公布前，办结备案手续。招标控制价未按时报送备查的，视为工程未具备招标条件，招标文件不予备案。

② 招标控制价成果文件备案时，应在××工程造价管理信息网登入“四价备案系统”，在线填写《建设工程招标控制价备案表》，并上传下列材料：

招标文件扫描件（含工程量清单）；

招标控制价成果文件（电子版）；

施工图纸（需要时提供）。

③ 市造价管理站收到资料后3工作日确认，即可到市造价管理站领取确认的《建设工程招标控制价备案表》，建设工程交易中心在收到盖章确认的《建设工程招标控制价备案表》后，予以安排招标答疑、开标等招标活动日程。

3）施工合同价备案。

① 发包人或承包人应在施工合同签订之日起15日内，办结备案手续。施工合同价未报送备案的，视为工程未具备办理施工许可证条件，施工许可证不予办理。

②施工合同价备案时，应在××工程造价管理信息网登入“四价备案系统”，在线填写《建设工程施工合同价备案表》，并上传下列资料：

施工合同扫描件（需要时提供原件）；

中标价文件或合同价文件（电子版）；

施工组织设计或方案扫描件（需要时提供）。

③ 经备案的施工合同价作为确定双方当事人权利义务关系的依据，是进行工程造价审计、结算、处理造价纠纷等的依据。

④ 施工合同在履行过程中，如有补充、解除等事项发生，应当签订书面补充协议，并在签订补充协议后15日内上传备案。

⑤ 市造价管理站收到资料后3工作日确认，即可到市造价管理站领取确认的《建设工程施工合同价备案表》。

4）竣工结算价备案。

① 竣工结算办理完毕，发包人或竣工结算编审单位应自发承包双方签字确认之日起21日内，办结竣工结算价备案手续。

② 竣工结算价备案时，应在线填写《建设工程竣工结算价备案表》，并上传下列资料：

工程竣工结算价审核报告书扫描件；

完整的工程竣工结算价成果文件（电子版）；

合同价变更部分的相关结算资料扫描件。

（11）招标工作程序（图12）

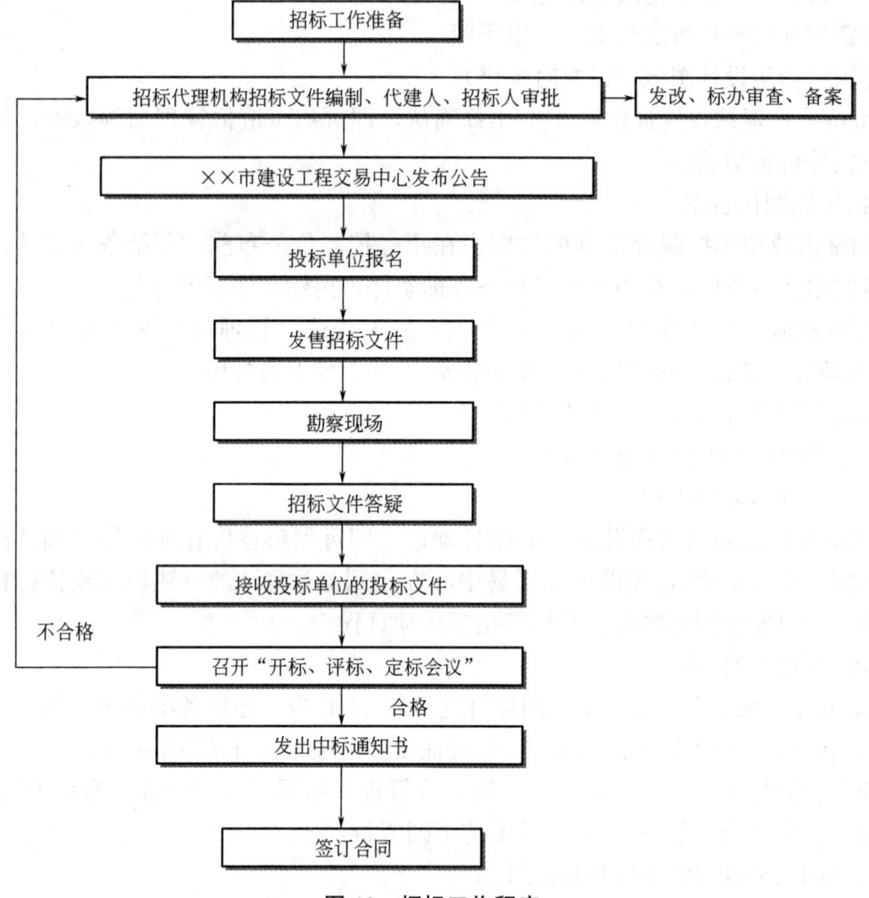

图12　招标工作程序

（12）办理“三通一平”工作报批流程

1）管线迁改、绿化迁移工作流程（图13、图14）

因场地管线因素影响项目正常开展的情况比比皆是，经过现场的实地考察，现场的管线影响因素应该不是很大，为稳妥起见，如中标，需向各管线单位（电信、联通、移动、燃气、给水、排水排污、电力等管线单位）征询该地块内管线情况，准备地块总规划平面图，向管线单位发出征询函，以掌握场地内及周边的管线情况。如果场地内存在管线，或因为施工需要需迁移周边管线，在开工前需在××市行政服务中心窗口按照管线迁移程序报迁，完成管线的迁移工作。

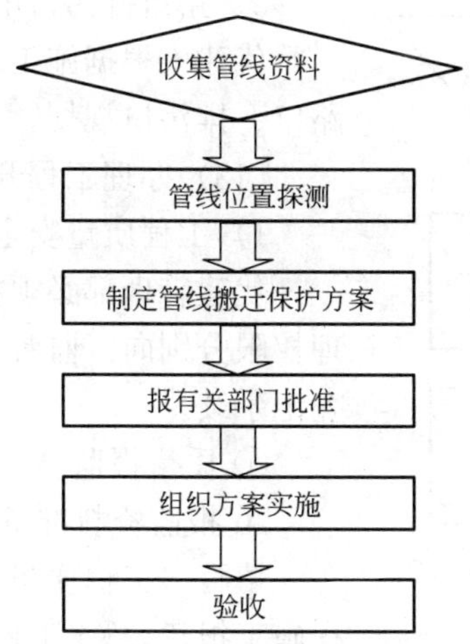

图 13　管线迁改工作流程图

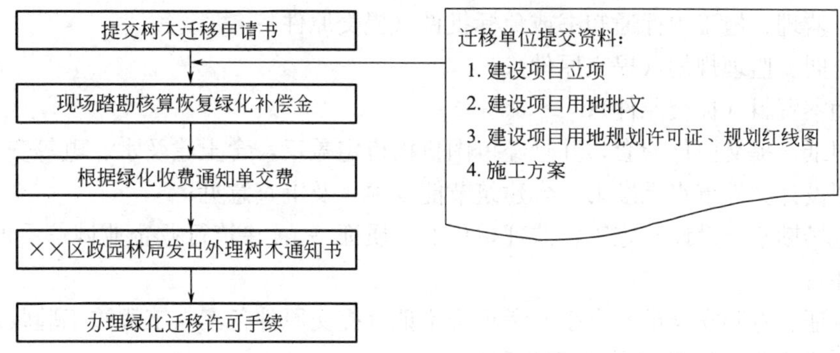

图 14　绿化迁移工作流程图

根据初步设计，以有关部门签发的规划许可证、建设用地批准书等对地下管线及绿化树木等进行迁移。

2）施工用水用电报装（图 15）

项目代建人根据工程规模，估算工程项目总体施工用水、用电负荷，向供水、供电部门提出施工用水、用电计划申请，按通施工水源、电源。

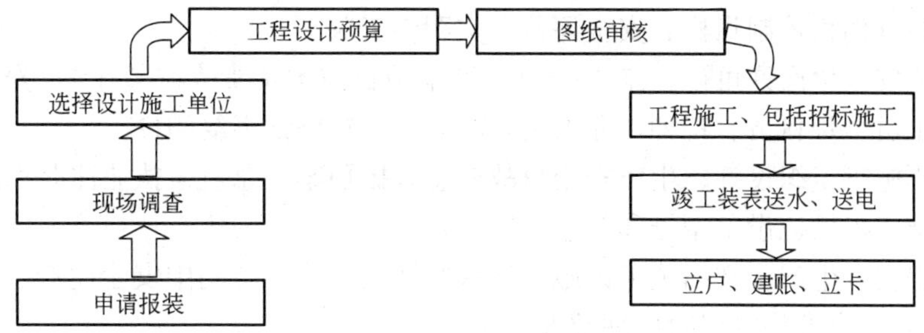

图 15　施工用水用电报装流程图

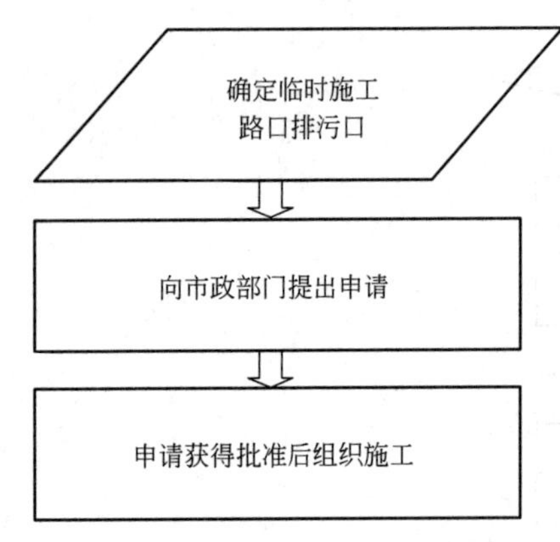

图 16　路口排污口申报流程图

3）路口排污口申报流程（图 16）

代建人根据施工总平面规划图，作出临时施工路口、排污口规划，向市政部门提出申请。

（13）办理工程开工申报程序

1）工程质量安全监督申报程序

代建管理部必须在领取施工许可证前按规定管理权限分别向区监督站办理建设工程质量安全监督登记手续。

① 质量报监。

A. 报监资料准备：

填写《工程质量监督登记表》《××市建设工程施工报建表》《工程质量保证体系审查表》；

建设工程规划许可证（核查原件后，提交有效复印件）；

施工承包合同（提交原件）；

设计、监理、施工中标通知书或免标批件（提交原件）；

监理合同、监理规划（提交原件）；

地质勘察资料（提交原件）；

设计图纸（提交原件一套，并且经审图机构审定盖章，含土建及水、电等安装项目）；

施工图设计文件审查批准书（含建筑节能专项）及审查意见；

外地进场勘察、设计、施工、监理单位的资质证书、《建筑行业企业诚信手册》（提交有效复印件）；

质量员证、专职安全员安全生产考核合格证（提交原件备案，工程竣工验收后退回）。

B. 向区安全监督站办理质量报监手续。

C. 监督站审核后开始实施质量监督工作。

② 安全报监。

A. 报监资料准备：

《建设工程安全监督登记表》《建设工程安全监督补充登记表》《建设工程施工前期安全措施登记表》；

施工、监理单位项目安全、文明施工管理机构（网络图），安全管理各项制度，责任制度（施工单位和监理单位盖公章确认）；

管理目标（伤亡控制指标、安全评价、文明施工）；

施工企业安全生产许可证，施工企业分管本项目技术负责人（总工）、安全员及项目负责人、施工员、资料员、特种作业人员等花名册，资格证书复印件；

单位工程施工组织设计、生产安全事故应急救援预案（总监盖执业注册章同意）；

拟进场施工机械、设备型号和数量一览表；

建设工程安全生产、文明施工设施经费落实情况（施工合同中安全生产、文明施工措施费相关内容），意外伤害保险办理情况；

专职安全员、建造师、安全员、企业法人安全生产考核合格证（核对原件，留复印件），项目总监理工程师、专业监理工程师岗位证书（复印件）；

危险性较大的分部分项工程安全管理措施和工程专项施工方案，重大危险源的登记、公示与监控措施。

B. 向区质量监督站办理安全报监手续。

C. 监督站审核后开始实施安全监督工作。

2）工程施工许可证申报程序

① 报建资料准备：

建设用地批文；

建设用地规划许可证、建设工程规划许可证；

施工中标通知书、施工合同、商品混凝土供货合同、劳务分包合同；

监理中标通知书、监理合同；

已经办理质量、安全监督手续文件；

建设资金证明文件（不少于30％工程合同金额到位资金证明；

施工建造师安全生产考核合格证书原件、专职安全员考核合格证原件、总监岗位证书原件、监理员上岗证书原件；

建设单位填写的《建设工程施工许可申请表》；

建设单位与监理、施工单位签订的《廉政责任书》；

施工企业资质证书、安全生产许可证、××市建筑业企业诚信手册、监理企业资质证（复印件，原件核查）；

施工图设计审查意见、备案表；

预交散装水泥专项资金凭证。

② 向区住房城乡建设管理部门提出申请。

③ 领取核发的施工许可证。

3）建设工程放线验线测量程序（图17）

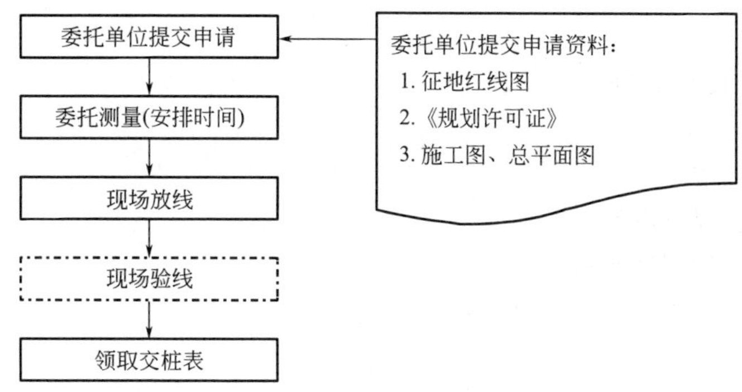

图17　建设工程放线验线测量工作流程图

（14）用水、用电、燃气报装

1）管道燃气报装程序（图18）

项目代建人受招标人委托，根据工程规模，估算工程项目总体燃气负荷，向管道燃气部门提出安装管道燃气计划申请，按通管道燃气。

2）办理永久用水程序

① 资料准备：

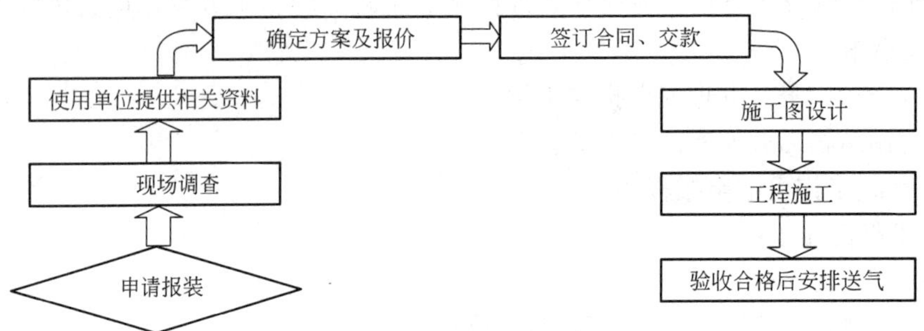

图 18　管道燃气报装流程图

使用单位组织机构代码证以及授权委托书；

申请表后给水管工程审批表；

公安部门申报新地址批文；

总平面图（包括建筑总平面、给水排水总平面、各层给水排水平面、消防平面、给水排水系统图、消防系统图、泵房平面图）；

《建设工程消防设计审核意见书》；

水表管井立面图。

② 工程用水工程验收。

③ 外接水工程费用缴纳。

④ 接驳市政供水。

3）办理永久用电程序

① 资料准备：

使用单位组织机构代码以及授权委托书；

用电申请单；

用地批文；

委托银行划收电费资料；

《供电合同》。

② 确定供电方案。

③ 委托设计、提供设计。

④ 供电部门设计图纸审查。

⑤ 用户委托工程施工，供电部门审查施工资质。

⑥ 工程竣工查验。

⑦ 签订供电合同。

⑧ 供电部门装表供电。

六、工程施工阶段项目代建管理工作

（一）工程质量管理

（1）工程质量管理主要工作内容

1）按照国家和省、市颁布的建筑管理条例和施工规范，以及对本项目建设标准的要求，委托监理负责施工质量、材料设备质量及工程整体质量管理，建立质量保证体系，严格监督，确保工程质量达到预定目标。

2）协助办理工程质量监督申报等手续。

3）负责定期和不定期地对工程进行检查和检测，发现质量问题及时要求整改，每月5日前书面向委托人提供上月的工程质量报告（重大工程质量问题及时专题报告）。

4）发生重大质量事故时及时查明原因和具体责任，积极组织事故处理，并报告委托人。

5）组织工程竣工验收。

（2）工程质量控制原则与方法

1）工程质量控制的原则

以施工图纸，施工及验收技术规范、规程，工程质量验评标准等为依据，委托监理督促承包单位全面实现施工合同中的约定质量标准。

对工程项目的人、机、料、法、环等因素进行全面质量控制，监督监理单位对承包单位的质量保证体系落实到位并正常发挥作用。

审核检查监理单位报送的监理规划和监理细则的实施状况，以及对施工质量的监控能力。

督促检查监理单位履行合同中质量监控责任状况。

2）工程质量的控制方法

① 以委托监理控制为主，代建单位抽检、核检为辅的方法。

② 监督监理单位对施工全过程进行全面检查、验收，及时纠正违规操作，消除质量隐患，跟踪质量问题，验证纠正效果，以保证工程质量始终处在监控之中。

③ 监督监理单位采取必要的检查、量测、试验、观察手段，以验证施工质量。

④ 监督监理单位对关键部位和重要工序的施工过程进行旁站监理。

⑤ 监督监理单位严格执行进场材料检查验收、抽检试验及现场见证取样和送检制度。

⑥ 监督监理对进场工程物资的质量控制：

用于工程的各类物资，监督监理单位和承包单位必须严格执行工程物资选样和进场报验工作流程。

新型材料、新产品，应有法定单位的鉴定证明和确认文件，并对其技术性能及可靠性专门考察与测定。

对于重要的材料、半成品（如商品混凝土）、构配件，要协助业主对其生产制造厂家进行生产流程及产品质量可靠性的考察。

用于工程的重要设备，于订货前必须进行考察及认定，设备必须满足设计要求、有关规范及现行政策、法令的规定。

参与加工订货厂家的考察、评审和订货质量标准的确认。

⑦ 监督监理单位对承包单位报审的分包商资质、施工组织设计方案的审核工作，参与重大施工方案的审查与论证。

⑧ 监督监理单位和承包单位严格执行设计变更、工程洽商制度。

⑨ 监督监理单位定期召开项目工程例会或质量专题会议，研究和改进工程质量。

⑩ 委托第三方对工程质量进行检测。

⑪ 负责施工现场障碍物排除的检查、验收以及工程定位轴线、高程（标准）的测量与交付。

⑫ 对不称职的监理、施工管理人员，不合格的分包单位提出撤换要求并报业主认可。

⑬ 做好工程质量问题及质量事故的处理工作；

⑭ 要求承包单位改正不合格的工程部位，严重时可督促监理向承包单位下达部分工程停工令。

（二）工程进度管理

（1）项目进度管理主要工作内容

1）编制工程进度总体计划及各单项工程、单位工程进度计划，并报委托人审定。督促各参建单位按工程总体进度计划要求，编制各参建单位的控制进度计划，并对其审核、批准执行。

2）严格按批准的计划进度管理，一旦达不到计划进度要求或发生进度滞后倾向，应及时查明原因，采取有效措施予以补救并向委托人报告。

3）定期组织召开工程会议，及时分析、协调、平衡和调整工程进度，每月 5 日前向委托人提供上月工程进度报告。

（2）项目进度控制方法、措施和主要任务

1）项目进度控制方法

规划、编制进度计划。

进行实际进度与计划进度的比较，出现偏差及时采取措施调整。

协调与项目进度有关的单位、部门之间的关系。

2）项目进度控制的措施

组织措施主要是落实各层次进度控制的人员和具体任务；建立进度控制的组织系统；按项目结构、进展阶段或合同结构等进行项目分解，确定其进度目标，建立控制目标体系；确定进度控制工作制度，如检查时间、方法、协调会议时间、参加人等；对影响进度的因素加以分析和预测。

技术措施主要是采取加快施工进度的技术方法。

合同措施是承包合同的合同工期与工程总进度计划目标相协调。

经济措施是提供实现进度计划的资金保证和按合同约定条件进行奖惩。

信息管理措施是不断地收集实际进度的有关资料进行整理统计，与计划进度比较，及时采取相应的对策，保证总进度的要求并定期向委托人报告。

3）项目进度控制的任务

编制总进度计划、季度＼月＼旬控制计划，并控制其执行。严格按批准的计划进度管理，一旦达不到计划进度要求或发生滞后倾向，应及时查明原因，采取有效管理措施予以补救，以完成规定的目标。

（3）项目进度计划的检查

在项目的实施进程中，除监理对计划进度的检查外，项目代建管理工程师也要经常、定期地跟踪检查实际进度情况，主要是收集项目进度资料，进行统计整理和对比分析，确定实际进度有无滞后，并对检查结果作相应处理。

(三) 工程投资管理

(1) 根据工程的节点要求，编制工程总用款计划和实施过程中的年、季、月资金使用计划，并依据工程合同和工程进度提出资金拨付申请，经业主审定后支付进度款；项目建成后，负责审核工程决算报委托人审定；申请决算审查和项目审计，办理各专业工程在保修期内工程尾款的支付。

(2) 根据审定的工程施工进度计划，复核经监理审核的施工单位当月完成并经验收合格的工程量及造价和下月用款报表（应细分各单项工程），作为每月应拨付工程款项的依据和下月的用款计划。

(3) 所有临时追加用款需由项目代建管理部提出书面追加申请，报委托人审定后追加或动用不可预见费。

(4) 负责将年、季、月的投资完成工作报送委托人。

(5) 严格按照批准的建设规模、功能、标准和概算组织建设，如有改变工程投资控制范围的调整意见和重大设计变更，应提供投资增减情况分析书面报告报委托人审批后，才能组织实施。

(6) 工程造价咨询管理及其他工程投资管理工作。

(7) 工程竣工验收后，敦促施工单位报送工程总决算书（要求把各部分工程项目分列清楚）。项目代建管理部在收到工程总决算书后组织审查并上报委托人，由委托人加盖印章后送主管部门审计评审且在已批准的总决算书上签字盖章，作为本工程总决算的依据，办理决算手续，支付工程结算款余额。

(四) 安全施工管理

(1) 安全生产管理主要内容

1）按照政府和行业管理的有关规定，负责办理工程安全监督申报等有关手续。

2）项目代建管理部应对本工程的安全生产负有管理责任，保证不因管理过失出现重大责任事故。

3）明确监理、施工单位的安全职责，督促并检查施工单位对本工程主要安全危险和环境因素识别与监控等安全措施的制定、落实和施工人员的安全培训教育，增强安全保护意识。

4）如有事故发生，项目代建管理部应积极参加事故调查，采取措施保护事故现场，按安全事故责任管理办法等有关规定及时向有关部门上报。

5）严格控制安措费的使用范围和审批、支付程序。

(2) 安全生产施工管理控制的五项重要工作

1）控制施工人员的不安全行为。

2）控制机械设备的不安全状态。

3）合格的材料才允许使用。

4）采用正确的作业方法。

5）作业环境的防护安全。

（3）安全生产管理措施

贯彻落实国家安全生产方针政策，督促监理机构履行工程建设安全监督管理的法律责任，督促承包人按照建筑施工安全生产法规和标准，组织消除施工中的冒险性、盲目性和随意性行为，落实各项安全技术措施，有效地杜绝各类安全隐患，杜绝、控制各类伤亡和工程事故，实现安全生产。

1）贯彻执行“安全第一，预防为主”的方针，严格执行国家现行安全生产及环境保护的法律、法规和住房城乡建设行政主管部门安全生产的规章和标准。

2）督促施工单位落实安全生产的组织保证体系，设立专职安全员，建立健全安全生产责任制。

3）检查监理履行工程安全监督管理的法律责任及对安全文明施工的监控状况。

4）参加审查重大的专项施工方案及安全技术措施。

5）抽检并督促施工单位，按照施工安全技术标准和规范要求，落实安全防护措施。

6）监督核查施工现场的消防工作、夏季防暑、文明施工、卫生防疫等项工作。

7）参加监理组织的定期或不定期的安全综合检查（按施工安全检查评分标准）、评价，提出处理意见并限期整改。

8）严格安全措施费的审查并检查安全措施费是否用于本工程安全措施上，进行核定后报委托人审批支付。

9）发现违章冒险作业及重大安全隐患时要责令其停工整改。

10）建立安全领导小组，对工程安全文明施工进行管理和指导。

（4）本工程主要安全危险因素识别与监控表（表3）

安全危险因素识别与监控表 **表3**

序号	危险因素	危险类别	监控方法与措施	备注
1	基坑坍塌	重大	①,②,③,④	
2	施工用电	一般	①,③,④	
3	高空作业	一般	①,③,④	
4	重物吊装	一般	①,③,④	
5	火源及易燃品	一般	①,③,④	
6	台风与雷击	一般	①,③,④	

注：

①专业工程师核查经监理审核的安全专项施工方案及应急预案。

②专业工程师核查经监理审核的安全专项施工方案，再经项目经理核签。

③巡查安全施工措施是否落实。

④巡查监理人员和施工安全员是否到位。

（五）文明施工管理

（1）工程文明施工管理主要内容

1）负责督促施工单位保证施工场地及现场设施齐全、环境保护、工地卫生清洁和内业资料完备。交工前清理现场应符合政府主管部门的有关规定，整个工程施工周期内均应达到市文明工地的要求。

2）负责建立文明施工监督体系，与施工单位签订文明施工责任书，检查文明施工落实情况。

3）在施工中发现文物古迹，项目代建管理部有责任督促施工单位予以保护，不得擅自处理。由此影响工程进度和产生损失，项目代建管理部可在审查施工单位所提交的合理工期延误和损失索赔要求的基础上报委托人审定。

（2）工程文明施工管理措施

1）制定环境保护与文明施工管理制度。

根据省部及国家有关的法律、法规及当地有关文明施工及环境保护要求，结合本工程施工特点，制定出适合本工程的环境保护与文明施工管理制度。

2）成立安全文明施工管理机构。

为确保文明施工及环境保护目标的实现，成立安全文明施工领导小组，成员由项目代建管理部、监理、承包单位主要负责人组成，负责转达上级有关文明施工管理与环境保护的精神，落实月检制度，并对工地环境保护与安全文明施工进行定期和不定期检查。

3）环境保护措施。

除要求设计作整体考虑外，施工过程中委托监理监督施工单位落实如下措施：

项目经理部各种临时生活、施工设施均统一设计，合理布置，做到整洁、美观、安全，并要做到"施工不扰民"。

宿舍、办公室等施工临设严格按照有关文明施工规定实施。

生活饮用水应保证符合国家对饮用水标准的要求。

临设区域内设置化粪池和污水处理池，污水经处理合格后排放；污水净化池中的污泥应定期清除。

设置生活和固体垃圾的固定弃置场和垃圾箱，并进行集中定期处理。

工程期间，现场配备必要的急救和医药服务设施。

驻地临时设施配备足够的防火和消防设施，并制定相应的防火措施，建立消防应急救援机制并确定各区域防火负责人。

工场、料场、配电房、易燃易爆物品合理布置，做到工完场清，保持场区整洁。

余泥、渣土应按指定地点集中处理，力争当天清理、当天运输，保持场地内清洁。

施工场内交通道路每天根据实际情况用洒水车洒水，防止尘埃污染。

周边附近建筑物和财产的保护。施工过程中，承包人要采取有效措施，加强对周边附近的建筑物、栅栏、道路、树木及花草等财产的保护。未经项目代建管理人员批准，不得拆毁和移动。在开沟、挖方及拆除原有建筑物等作业中，及时采取支撑或安设支架等措施，避免影响工程附近建筑物及财产的安全。

（3）本工程环境因素识别与监控表（表4）

环境因素识别与监控表 **表4**

序号	环境因素	影响类别	监控方法与措施	备注
1	施工污水	一般	①,③,④,⑤	
2	施工污物	一般	①,③,④,⑤,⑦	
3	施工尘土	一般	①,③,④,⑥	

续表

序号	环境因素	影响类别	监控方法与措施	备注
4	施工垃圾	一般	①,③,④,⑤,⑦	
5	施工废气	一般	①,③	废气量很少
6	施工噪声	一般	①,③	
7	对周边居民的影响	一般	①,③	
8	台风与雷击	一般	①,③	

注：

①专业工程师核查经监理审核的专项施工方案。

②专业工程师核查经监理审核的专项施工方案，再经项目代建管理部经理核签。

③巡查施工环保措施是否落实。

④督促监理定期和不定期地组织施工安全文明大检查，且不定期参与。

⑤及时清理。

⑥粉尘大时，用洒水车洒水。

⑦深坑掩埋。

（六）合同管理

（1）合同管理的职责范围

1）合同变更的审查；

2）工程延期处理；

3）索赔处理；

4）价格调整；

5）违约处理；

6）争端处理。

（2）合同管理的内容

1）合同变更

在合同执行过程中，由于某些不可预见的因素或客观环境的改变，需要对工程或其任何部分进行修改或变更，但应经双方协商并签署补充协议。

2）工程延期审理

工程延期的办理按工程延期审批程序进行。

申请延期的工程必须在关键线路上，并对整个工程的完工造成直接影响。

在延期事件发生后承包人应在合同规定的时间内书面通知监理工程师并抄报项目代建管理单位和委托人，提供延期的事件影响详细申述材料和最终情况报告，同时附有全部证明材料（包括详细说明、有关的信件、图纸、计划资料、报告、照片、计量、计算等资料）。

3）索赔处理

索赔的发生是由工程建设的复杂性决定的，索赔可以是委托人向承包人索赔，也可以是承包人向委托人索赔。委托人向承包人的索赔，主要是对由于承包人的风险、责任造成工程质量、工期延期的索赔。承包人对委托人提出索赔，主要是由于委托人风险或其他原因（如政策调整、外界影响、其他参建单位的过失或责任等），使承包人在施工中增加了额外的费用或遭受了损失，承包人可以根据合同条款规定的程序向委托人提出索赔。

① 索赔的申报程序和注意事项：

承包人应在索赔事件首次发生后合同规定的时间内将要求索赔的意向通知监理工程师并抄报代建单位和委托人，以便项目代建管理人员和监理能够及时调查索赔原因，采取必要措施，避免或减少索赔的发生，同时项目代建管理人员和监理应对索赔事件发生过程进行记录和跟踪管理。

索赔事件开始发生时，承包人应记录和保存该事件的当时记录，以便必要合理地证明其后来提出的索赔，在不必承认是否为委托人责任的情况下，项目代建管理人员和监理工程师在接到承包人的索赔意向通知后，应检查这些临时记录并指示承包人继续保留其他合理的、可能对索赔具有重要意义的记录。承包人应允许项目代建管理人员和监理工程师查阅承包人保持的所有有关资料，并根据项目代建管理人员和监理工程师的要求向其提供记录的复印件。

索赔人应送交监理工程师和项目代建管理单位书面报告，报告中应详细说明索赔人认为应得到的额外费用、受影响情况和即将造成的后果，以便及时提醒和催促监理工程师、代建单位和委托人，尽快对事件进行处理，并为保证工程的顺利施工和索赔事件结束后的费用审理提供依据，在索赔事件未结束的情况下，上述报告被视为中期报告。承包人应按监理工程师合理要求的时间间隔，向监理工程师和项目代建管理单位送交给出索赔累计金额和进一步索赔依据的中期报告和最后索赔报告。索赔最终报告必须附上索赔事件的详细说明、有关的信件、图纸、计划资料、报告、照片、计量、计算、价格分析、试验室的试验结果等。

② 上述索赔事件发生后，项目代建管理单位应及时要求承包人对工程施工进行调整，最大限度减少工程直接和间接损失以减少索赔额度，监理工程师应安排现场人员对事件的影响过程进行每天记录，并核查承包人的现场记录。索赔事件结束后，项目代建管理单位和监理应组织合同造价管理人员严格按照合同条款及现场记录，对索赔事件的影响以及索赔金额，进行认真的分析和审理，初步确定索赔金额，经项目代建管理部经理审查后报委托人审批；确认索赔金额后，通知承包人。

4）违约处理

① 承包人的违约

由监理工程师确定是一般违约或者是严重违约。如果一般违约，监理工程师应书面通知承包人在尽可能短的时间内，予以弥补改正；如果通知无效，监理工程师应书面通知项目代建管理单位和委托人，确定因承包人违约造成对委托人的费用影响，提交扣除相应费用的证明。承包人如果严重违约，项目代建管理部和委托人可部分或全部中止合同，同时，认真调查并充分考虑因此受到的直接和间接影响，暂停签发部分或全部工程款的支付证明。

② 项目代建管理单位和委托人违约

监理工程师接到承包人因项目代建管理单位和委托人违约而提出的部分或全部中止合同的通知后，应立即与承包人沟通、深入调查，搜集掌握有关情况，澄清事实，并将调查报告及处理建议报项目代建管理单位和委托人，项目代建管理单位将及时和委托人承包人协商，尽快达成一致意见，以消除违约影响。

(3) 合同管理的方法和措施

做好各种合同管理记录，以合同条款、事实记录、协商意见为依据，严格按合同有关规定处理各种合同问题，避免出现合同处理纠纷。

对合同条款解释不清、清单说明不清等情况，可根据惯例和以往类似问题的处理方法，提出解决方案建议，与委托人、承包人充分协商、确定。

建立合同档案，使合同的订立、履行全过程的文件资料与状况、记录等都可以采用计算机检索；同时及时更新修改合同条款、图纸、规范、清单等，以便及时掌握合同条款的最新内容。

(七) 信息管理

(1) 信息管理主要工作内容

1) 负责在项目实施过程中，对施工、监理单位工程档案的编制工作进行指导，督促各单位编制合格的竣工及备案资料。

2) 本工程竣工验收通过后，督促相关单位将本工程经验收备案合格的工程档案资料移交给市档案馆。

(2) 信息管理的方法

1) 信息处理

信息处理采取人员决策加以计算机辅助管理的方法。

2) 信息发布

经过计算机辅助管理和项目代建管理人员决策处理的各项信息结论，由项目经理部下达给各参建单位和专业项目代建管理人员，反馈给委托人，并保证其及时性和准确性。

3) 信息存储

信息存储采取文档分类管理和计算机存储管理两种方式。

(八) 工程项目决算与管理

(1) 竣工决算在工程完工后，应及时办理。

(2) 竣工决算的审查要求：

单项工程完工后，由施工单位提交工程结算书，首先由工程监理仔细复核工程量及单价、相关工程结算资料，复核无误签名并盖章；然后报项目代建管理部，由相关专业工程造价管理工程师审查无误签名，项目经理签名并盖章；最后将所有结算资料报送委托人委托的第三方工程结算评审机构审定，作为该单项工程最终结算的财务依据。

对整个工程的财务收支情况进行核对，真实反映工程全部造价及投资。

审核其他基建支出中各项工程费用的状况。

根据相关文件，编制竣工决算审核意见书。

(九) 组织协调管理

(1) 组织协调的目的与内容

组织协调的目的：实现工程项目的四大目标，完成工程建设。

组织协调的内容：协调解决工程实际问题，决议相关责任；按合同所确定的权利与义务，协调工程参建各方的关系。

1）委托监理负责协调施工现场其他管理。

2）负责协调各参建单位的关系，确保工程建设的顺利进行。

（2）工程参建各方的协调

委托监理对工程参建各方：设计勘察单位、施工单位（含分包单位）、检测试验单位、材料设备供应单位等的组织协调工作，解决工程纠纷和矛盾，保证项目的顺利进行。

（3）外部协调

项目代建单位协助委托人对有关政府部门、质安监督单位、工程周边协作配合相关单位等进行协调，为项目建设工作创造条件。

（4）组织协调的方法

定期进行协调分析，区分轻重缓急，抓住协调的重点；

根据工程的实际状况，确定协调的内容；

通过项目组织体系协调；

利用责权体系协调；

召开专门会议协调。

（5）工程会议

现场协调工作的主要方式是召开工程会议（例会、专题会议等），解决工程中出现的矛盾和干扰，以保证各方工作的顺利进行。

七、工程竣工验收阶段项目代建管理工作

（一）工程竣工验收阶段项目代建管理工作主要内容

（1）负责组织工程单项验收和项目总体竣工验收。

（2）项目总体竣工验收合格后，应尽快向项目委托人移交有关图文资料、建设设施和库存物品，并按有关规定办理全部移交手续。

（3）竣工验收合格，但仍存在少量不影响质量评定的缺陷时，可先评定验收，但项目代建管理部必须要求监理监督责任方对仍然存在的缺陷限期修复，全部缺陷修复完成后进行补项验收。缺陷责任期内，负责处理竣工验收中的工程质量问题及督促施工单位解决质量保修期的工程质量问题。

（二）工程竣工验收及移交

（1）竣工验收的依据

竣工验收应当依据下列条件进行：

1）国家施工验收规范、专业技术规范和质量标准。

2）地方政府颁布的有关规程和标准。

3）建设单位与承包商签订的工程合同。

4）设计文件。

（2）竣工验收准备

1）成立竣工验收小组，编制项目竣工验收计划。

2）配合监理单位对竣工收尾计划执行情况进行检查、验收。

3）督促施工、监理、设计、勘察等单位按照国家有关规定，做好工程质量评价。

4）参建各方整理各项竣工文件及技术资料。

5）督促监理单位按工程建设验收标准组织预验收，对存在的缺陷列出尾项清单，限期施工单位进行整改，对各参建单位的竣工验收备案文件、资料认真审查，合格后送档案馆审查，获取档案验收认可书。

（3）组织现场竣工验收

1）在内部验收合格的基础上，向委托人及有关政府管理部门发出预约竣工验收的通知书，说明拟交工项目的情况，商定有关竣工验收事宜。

2）负责组织施工单位、监理单位和设计勘察单位会同有关住房城乡建设主管部门进行工程各单项的验收工作。

3）组织工程整体竣工验收，形成工程竣工验收报告，各参加单位负责人签字并盖单位公章，作为竣工验收依据。

4）工程竣工验收后，按相关规定办理工程竣工备案。

（三）项目结算

（1）工程价款的竣工结算。

工程价款的结算办法及时间要求，在施工合同中要详细明确，并严格按合同要求办理。

（2）组织造价工程师、专业工程师一起进行审查，并认真收集整理审查竣工结算的依据，包括：

工程竣工验收报告和竣工验收证明；

建筑安装工程承包合同、补充协议；

施工图、设计变更通知单及施工变更记录；

工程量清单和工程预算；

其他有关施工技术资料（含招投标文件）；

有关造价方面的原始资料如经济签证、设计变更、隐蔽验收、报价审批单、方案、纪要等。

（3）竣工结算的管理程序。

1）施工单位应在工程验收后一个月内，向监理单位、项目代建管理部递交工程竣工结算报告及完整的结算资料。包括：①施工合同；②工程量清单、投标报价及工程预算；③施工图及设计变更通知单，施工变更记录，技术经济签证；④定额、取费及调价依据；⑤有关施工技术资料；⑥工程竣工验收报告；⑦工程质量保修书；⑧其他有关资料。在规定或约定时间内未递交结算报告及资料的，由此造成工程结算不能及时办理，施工单位应自行承担相应的责任。

2）工程竣工结算报告及结算资料经施工单位确认送出后，监理单位、项目代建管理单位应在规定的期限内，进行竣工结算审核，对施工合同内容进行检查和核对，包括工程项目、工程量、单价和计算结果等。若有修改意见，要及时协商达成共识。对结算价款有争议的，可提交造价管理部门仲裁，或按约定的解决方式处理。对影响到工程造价的其他部分如工期奖罚、质量奖罚、各种索赔等，都要尽快落实，并办妥有关手续。

3）将经监理单位、项目代建管理单位审核的工程结算书送交委托人审查。工程竣工结算书经过确认后，办理工程价款的最终结算拨款手续。

4）办完工程竣工结算手续，项目代建管理单位应按国家有关竣工验收规定，将竣工结算报告及结算资料纳入工程竣工资料进行汇总，作为项目代建管理的工程技术经济档案资料存档，并应按规定及时间向委托人移交档案资料备案。